股票期货
兼容版

U0860809

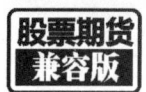

蛙式交易实战直播

Washi Jiaoyi
Shizhan Zhibo

——谁敢实况直播，唯我蛙大将军！
速度与激情：两月三倍跟我学

肖兆权◎著

SPM
南方出版传媒
广东经济出版社
·广州·

图书在版编目（CIP）数据

蛙式交易实战直播 / 肖兆权著. —广州：广东经济出版社，2015.5

ISBN 978 - 7 - 5454 - 3990 - 8

Ⅰ. ①蛙… Ⅱ. ①肖… Ⅲ. ①股票交易 - 分析②期货交易 - 分析 Ⅳ. ①F830.9

中国版本图书馆 CIP 数据核字（2015）第 095115 号

出版发行	广东经济出版社（广州市环市东路水荫路 11 号 11~12 楼）
经销	全国新华书店
印刷	湛江日报社印刷厂 （广东省湛江市赤坎康宁路）
开本	730 毫米 × 1020 毫米　1/16
印张	18.75
字数	357 000 字
版次	2015 年 5 月第 1 版
印次	2015 年 5 月第 1 次
印数	1~6 000
书号	ISBN 978 - 7 - 5454 - 3990 - 8
定价	50.00 元

如发现印装质量问题，影响阅读，请与承印厂联系调换。

发行部地址：广州市环市东路水荫路 11 号 11 楼

电话：(020) 38306055　37601950　邮政编码：510075

邮购地址：广州市环市路水荫路 11 号 11 楼

电话：(020) 37601980　邮政编码：510075

营销网址：http://www·gebook.com

广东经济出版社常年法律顾问：何剑桥律师

·版权所有　翻印必究·

划时代的娃式剃刀

人类社会自1609年荷兰人在阿姆斯特丹建立了最早的现代意义上的证券交易所以来，就为经济发展开辟了通过公开市场交易直接融资的新天地，也为投资者提供了施展投资才能的大舞台。随着证券价格的跌宕起伏，投资者有盈有亏，如何才能在市场投资中取得好成绩并与"市场先生"成为朋友，一直是投资者们与时俱进不断探讨的一个永恒的话题。

随着市场规模的日益扩大和它在资本配置中的作用不断增强，一些大师级的先贤们不断总结市场运行的规律性，也不断总结理性投资制胜的新方法，李嘉图、凯恩斯、格雷厄姆、费雪等一大批经济学家都建立了自己的理论和方法，巴菲特、索罗斯、邓普顿、林奇、罗杰斯、曹仁超等一大批投资大师都有自己的投资法宝。证券市场在不断发展，投资理论和方法也必然随之与时俱进。

进入20世纪90年代之后，以中国为代表的发展中国家迅速崛起，改变了世界经济增长的格局。伴随着我国改革开放而产生发展起来的证券市场，正在谱写着世界证券发展史的崭新篇章。有中国特色的证券市场的发展，在创造人类奇迹的同时也必然会产生出一大批有自己的理论和方法风格各异的投资大师。

十八届三中全会的决议开辟了我国证券市场的新纪元，我国的证券市场必然会从一个圈钱的市场彻底转变成为一个投资的市场，这为投资者施展自己的聪明才智提供了前提条件，投资者们也会从打探小道消息、跟庄、赌政策进行投资而转变成理性投资，势必不断探讨投资制胜的新方法。

在这一历史背景下，肖兆权同志勤于思考勇于探索，是这个时代呼唤的感应者。"如无必要，勿增解析；如无必要，勿增时间；如无必要，勿增空间。"这把蛙式剃刀体现了肖兆权同志极高的哲学素养和丰富的实战经验。依我的体会，非久经沙场身经百战的人是说不出这种话来的。我认为，兆权同志的蛙式交易具有明显的原创性和独创性，是一种崭新的交易思想，说是为世界交易史划上一个时代都不过分。

《蛙式交易》一经问世，便引起了投资界的广泛共鸣，人们表现出了极大的兴趣和尝试欲望，真正是蛙声一片。然而，在实践中，由于蛙式交易本身对资金的要求比较大，导致了很多中小散户很难做；由于蛙式交易适应范围及适应品种较为狭窄，以致很多品种都不能做；再由于蛙式交易蹲跳的单量比较大，蹲跳时机比较难把握，导致有的投资者不敢做。

怎样解决这些问题呢？

肖兆权同志通过大量实践，终于推出了这本蛙式交易的兼容版，可以说这本著作从实践中来，到实践中去，具有很强的操盘指导意义。希望大家认真研究。

常清

2015年4月

目 录

第一章 1/7 操作系统实战

第一节 实战演绎 1/7 操作系统（节录《蛙式交易》《蛙式交易天天赚》） 3
 一、预警系统 4
 二、选择系统 13
 三、建仓系统 21
 四、平仓系统 27
 五、延伸系统 32
 六、压缩系统 35
 七、纠错系统 36

第二节 1/7 操作系统操盘日记 38
 一、玉米1405 38
 二、强麦1405 53
 三、上证指数 68
 四、中信证券 69
 五、广发证券 71
 六、民生银行 72
 七、平安银行 73

第三节 股指期货两月三倍实战指导 74

第二章　蛙式交易实战

第一节　实战演绎蛙式交易理论（节录作者答程序化交易爱好者问） ………… 153
一、关于蛙式交易 ………… 153
二、蛙式交易的前提 ………… 154
三、蛙式交易的决策依据 ………… 155
四、蛙式交易的分类 ………… 161

第二节　蛙式交易操盘日记 ………… 170
一、强麦 ………… 171
二、棉花 ………… 175
三、玉米 ………… 179
四、豆粕 ………… 182
五、白糖 ………… 187
六、股票 ………… 193

第三章　蛙式交易兼容版实战

第一节　实战演绎蛙式交易兼容版理论（节录《蛙式交易天天赚》） ………… 199
一、蛙式交易已经是理想的交易方法了，为什么还要推出蛙式交易兼容版 ………… 199
二、"1/7 操作系统""蛙式交易""蛙式交易兼容版"三者之间有什么区别 ………… 200
三、除了倚墙跳操作法，还有什么方法适合蛙式交易投资者呢 ………… 201

第二节　蛙式交易兼容版实况直播 ………… 204

第三节　蛙式交易兼容版操盘日记 ………… 278
一、玉米 ………… 278
二、纤维板 ………… 282
三、股票 ………… 292

第一章

1/7 操作系统实战

第一节 实战演绎 1/7 操作系统
（节录《蛙式交易》《蛙式交易天天赚》）

什么是"1/7 操作系统"？

1/7 操作系统是按照"1/7 操作系统"的原理、原则和方法进行资本运作的一种操作系统。它适用于股票、国债、期货（金融期货和商品期货）、外汇等博弈资本运作领域。

用直白的语言挂一漏万地解释一下：1/7 操作系统是一种预警、建仓和平仓的办法。将总资金划分为建仓资金和防守资金两部分，激进型的投资者建仓资金可以多一些，防守资金可以少一些；保守型的投资者建仓资金可以少一些，防守资金可以多一些。如多头建仓（基于建仓资金）可分三步完成：第一步建 1/7 仓量，第二步建 2/7 仓量，第三步建 4/7 仓量，平仓则按"进三退一"的原则灵活掌握。由于每次建仓是按照 1/7、2/7、4/7 这样一个等比数列进行，仓位的重心在下方，具体说是在 0.382 的黄金分割位附近，这样，即使前次建仓失误，只要有一次弱反弹也有机会平仓出局。举个例子：郑糖（见图 1-1）在 2008 年 12 月 19 日以 3050 买入 10 手，随后价格下跌，再以 2880 的价格在 2008 年 12 月 30 日买入 20 手；2009 年 1 月 2 日左右以 2840 的价格买入 40 手，建仓完毕，三次建仓成本价为 2881.4。2009 年 2 月 3 日糖价升至 3250，若按保证金 10% 计算，此时收益率为 128%，随时可以获利平仓。假如当初在 2008 年 12 月 19 日以 3050 的价格一次买入 70 手收益率为 65.6%。由此可见 1/7 操作系统的优越性：进可攻，退可守。

"1/7 操作系统"包括哪些系统？

"1/7 操作系统"包括预警系统、选择系统、建仓系统、平仓系统、纠错系

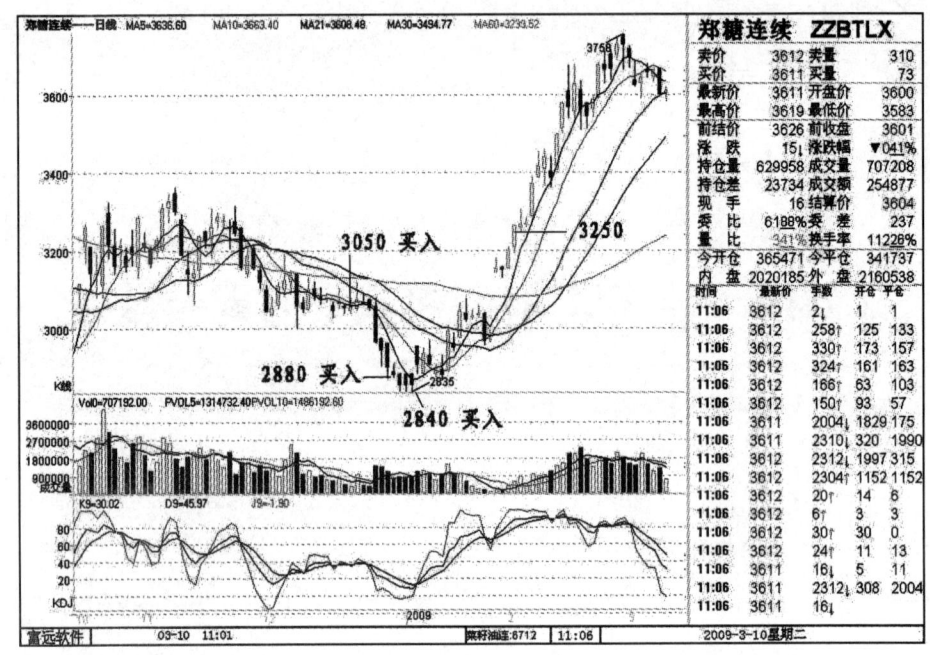

图 1-1

统、延伸系统和压缩系统 7 个子系统，我们运用"1/7 操作系统"时要把它们作为一个整体考虑，千万不能断章取义。

一、预警系统

（一）1/7 雷达

在开始介绍预警系统前，先介绍一个重要的工具——1/7 雷达，它可以用于整个操作系统始终。把道氏理论、波浪理论、江恩理论、周期理论、相反理论等史无前例地结合起来形成的 1/7 雷达，对预警、建仓、平仓、纠错具有开创性作用。具体地说，由波浪理论的八浪与江恩角的交点构成建仓或平仓最原始的依据，加上周期理论对其进行调整，再加上仓位控制，便构成 1/7 雷达。

1. 确定大势所趋。由大势确定主要操作方向，一般来说，牛市不做空，熊市不做多。下图 1-2 为 2007 年上证综指截图，在主支撑线上方可认为是牛市，60 日支撑线也可认为是主支撑线。图 1-3 为 2007—2008 年上证综指截图，在主压力线线下方可认为是熊市,由此粗略寻找买卖点。图1-4为图1-2图1-3的全貌,可见由主支撑线粗略判断牛市熊市是有效的。

图1-2

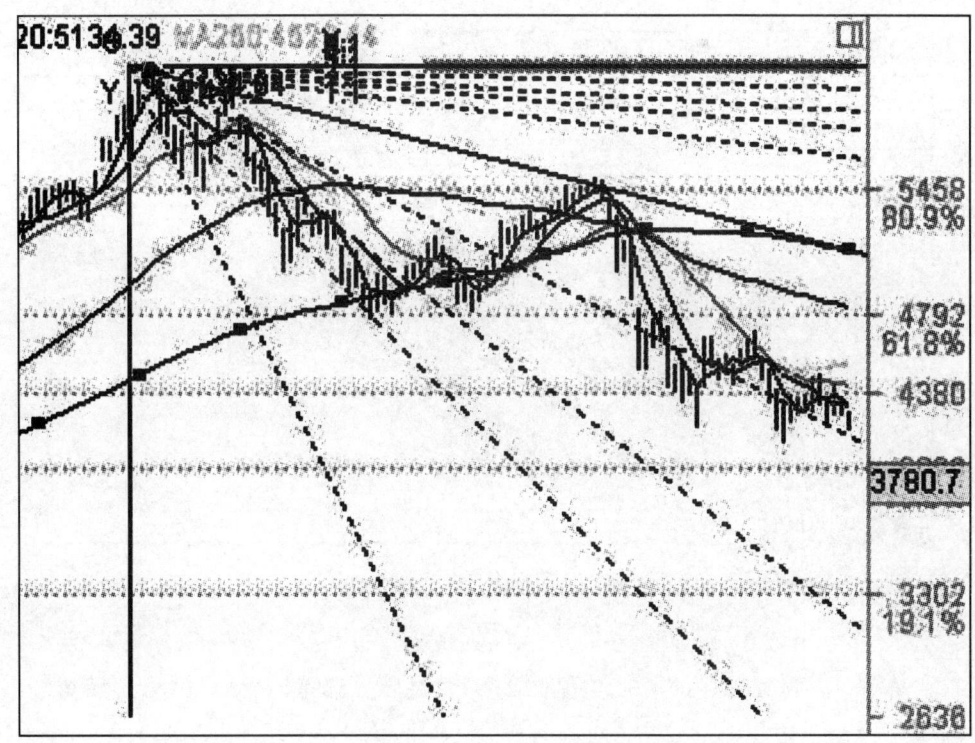

图1-3

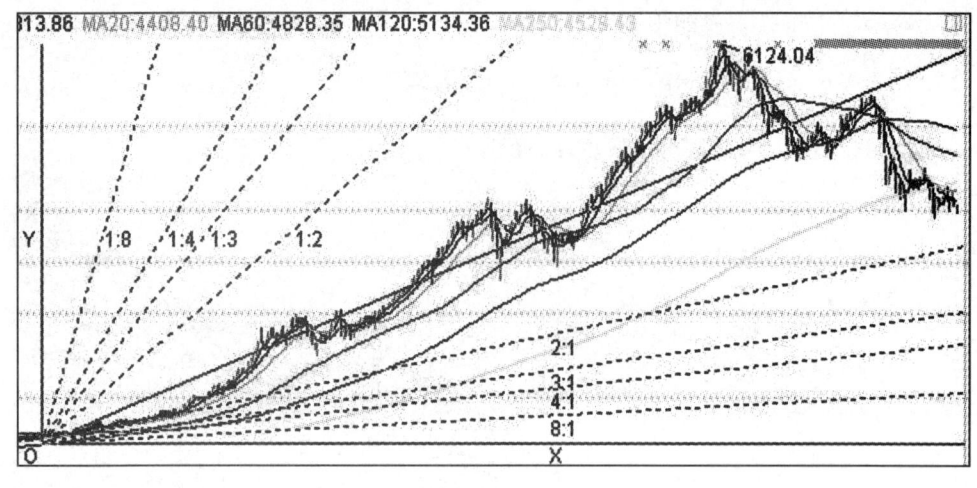

图 1-4

2. 在一波向上或者向下行情后出现箱体震荡，突破箱体后行情往往向突破方向发展。图 1-5 为沪深 300 指数 2008 年上半年突破时的截图，走势刚刚向下突破高位箱体震荡区域，预示着行情可能向下发展。图 1-6 为沪深 300 指数 2008—2009 年的截图，印证了这一观点。

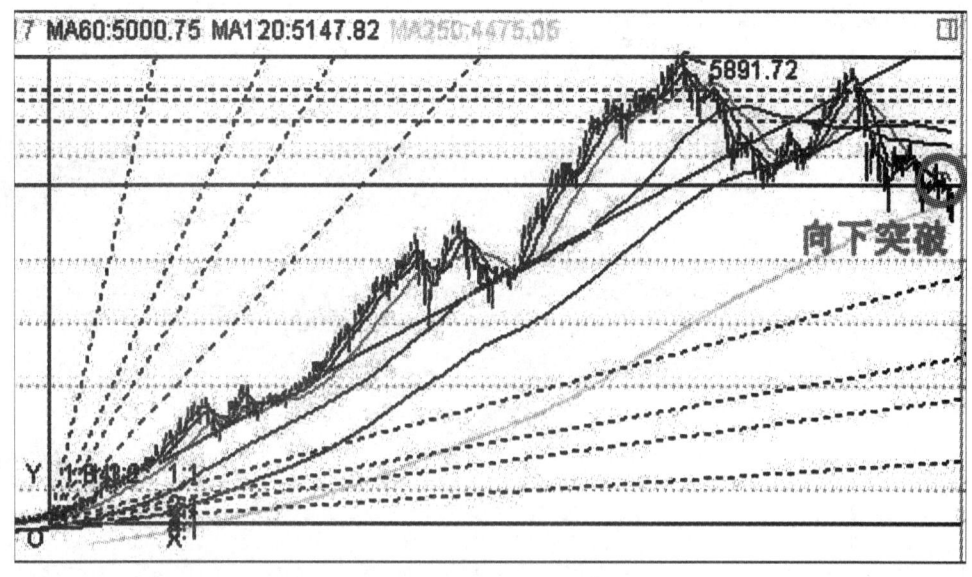

图 1-5

另例：大商所黄豆 0805 走势见图 1-7，突破底部箱体后迎来一波大的向上行情。

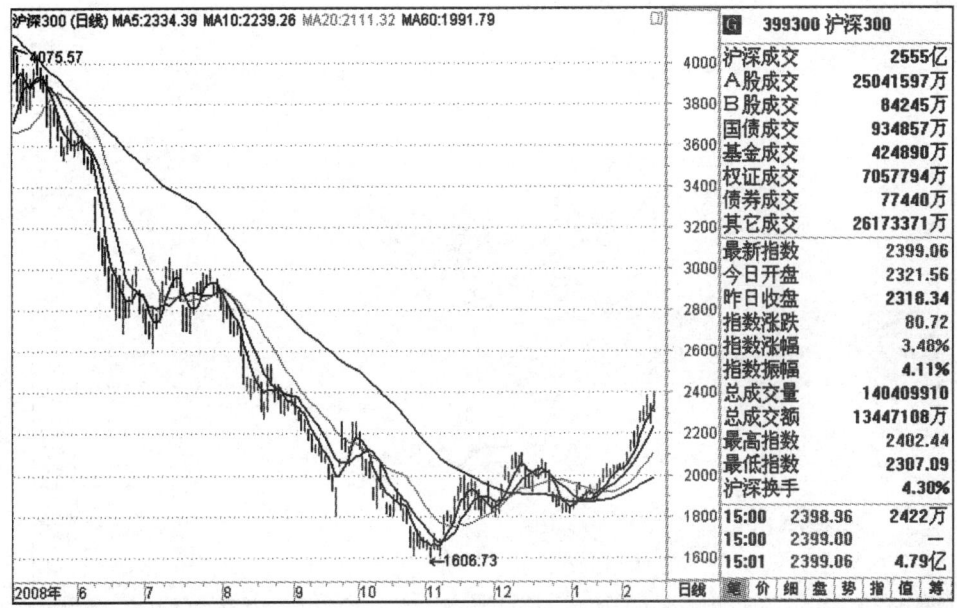

图 1-6

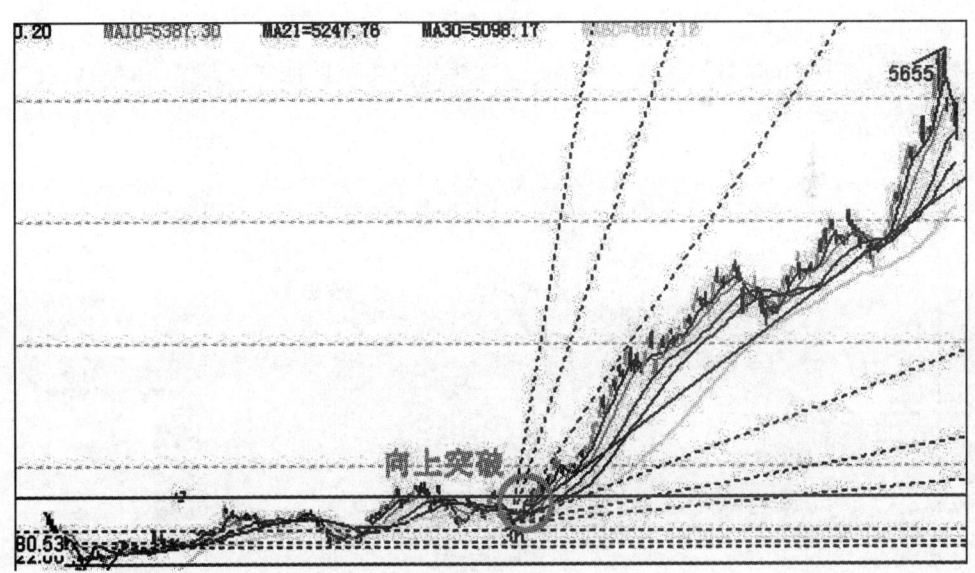

图 1-7

3. 宝塔线与 kdj 指标的结合。

图 1-8 为 2005—2007 年沪深 300 周线。宝塔线双底宝塔柱绿变红，红的部分更大或在第二天出现大红柱上升动力更强 j 值偏低，是买入信号。

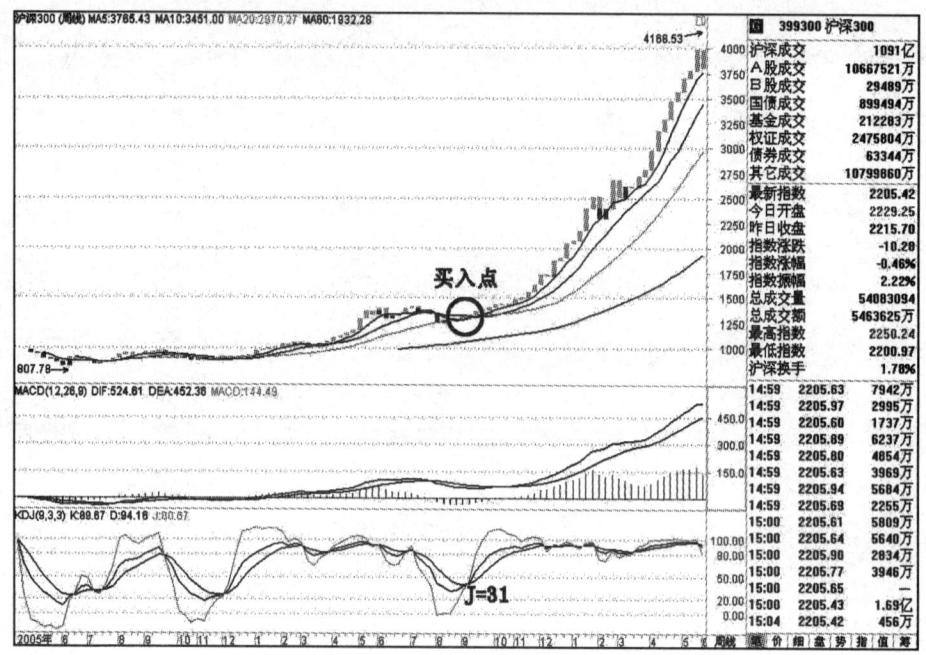

图 1-8

图 1-9 为 2007—2008 年初沪深 300 周线，当时指数高位直逼 6000 点，上证指数已经到达 6000 多的高点，但是此时宝塔线双头宝塔柱红变绿，j 值偏高（80 以上），是卖出信号。

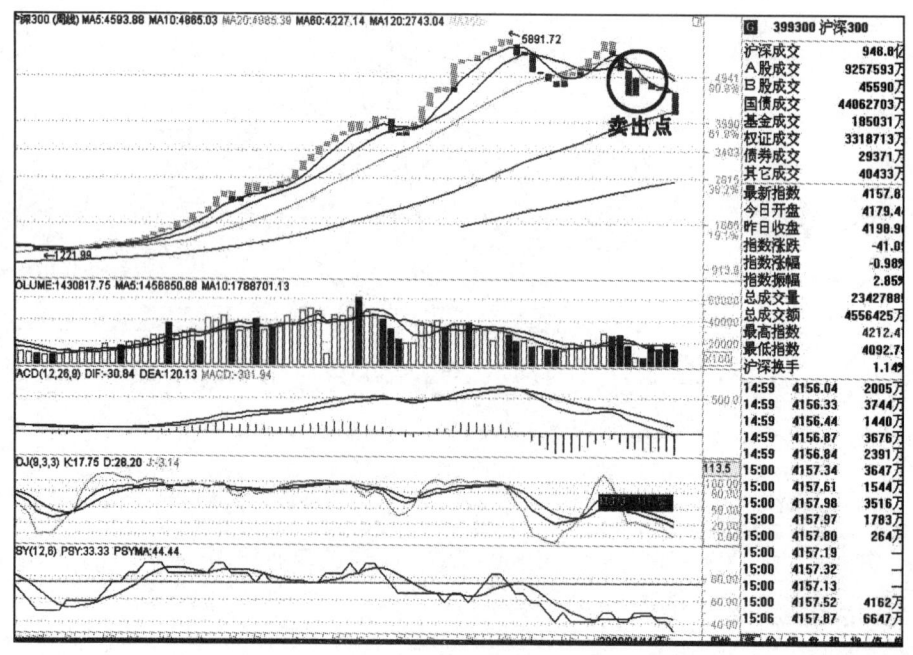

图 1-9

图1-10为一年后的走势,最低跌到1606的低点。

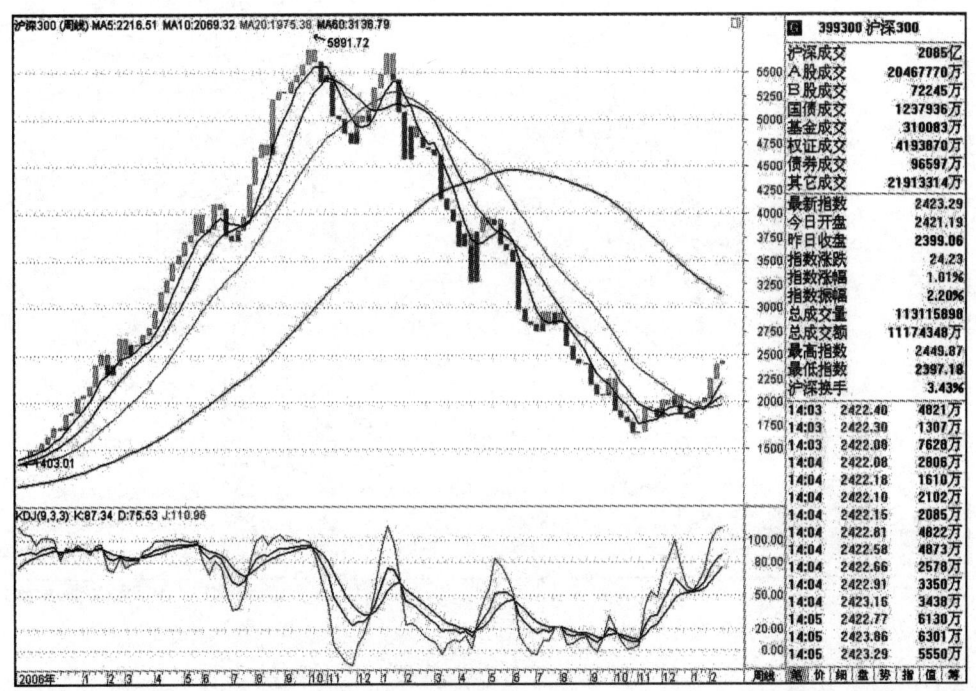

图1-10

(二) 买入预警

根据预警理论,结合大盘和个股图形,最终由1/7雷达发出买入预警信号。

1. 短线买入预警。

图1-11为郑糖0909在2008年年底和2009年年初日线,图中两个圈内均为买入信号。

2. 中线买入预警。

图1-12为黄豆0909日线在2008年年底和2009年年初走势,图中圈内发出了中线买入信号。

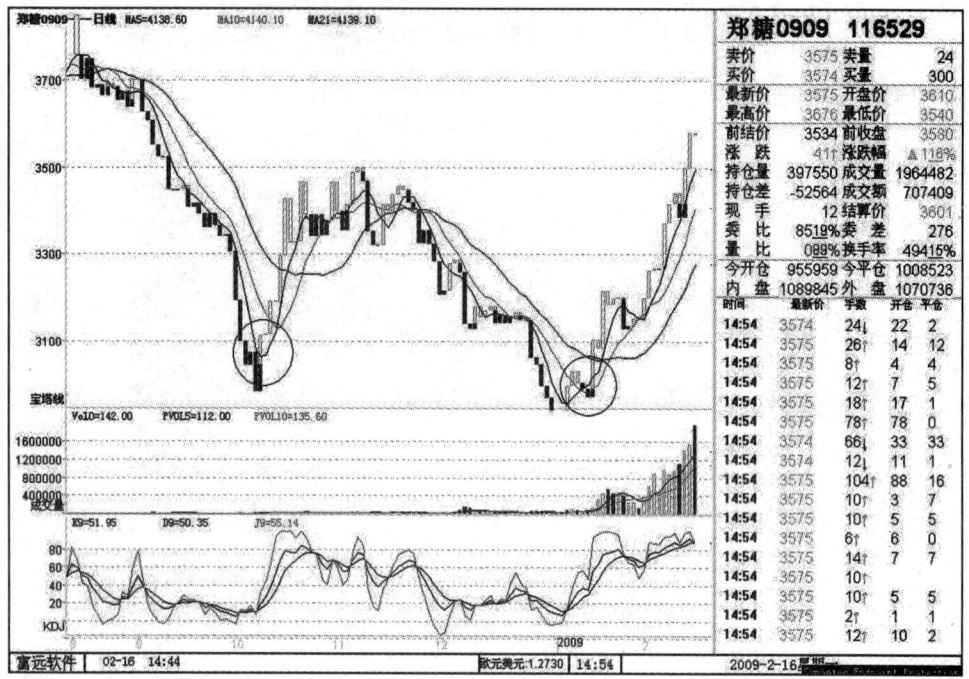

图 1-11

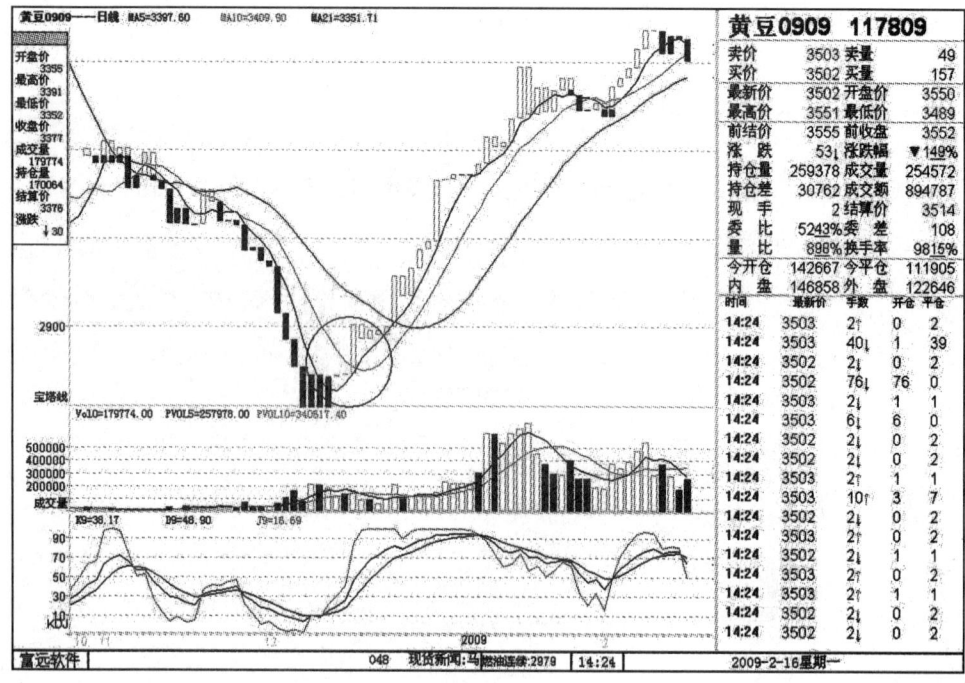

图 1-12

3. 长线买入预警。

图 1-13 为上证综指 2004—2007 年周线，图中圈内均为长线买入信号点。

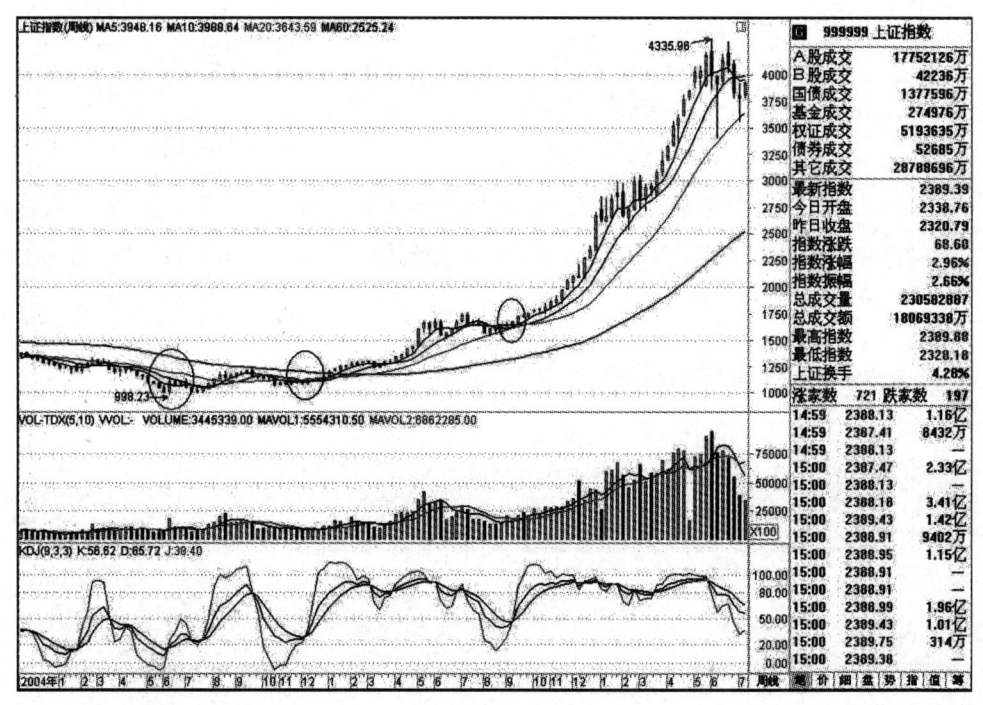

图 1-13

（三）卖出预警

根据预警理论，结合大盘和个股图形，最终由 1/7 雷达发出卖出预警信号。

1. 短线卖出预警。

图 1-14 为沪金 0906 在 1 月 5 日到 1 月 6 日的 5 分钟线，图中圈内发出卖出短线信号。

2. 中线卖出预警。

图 1-15 为郑糖 0909 在 2008 年下半年的日线图，图中圈处发出了中线卖出信号。

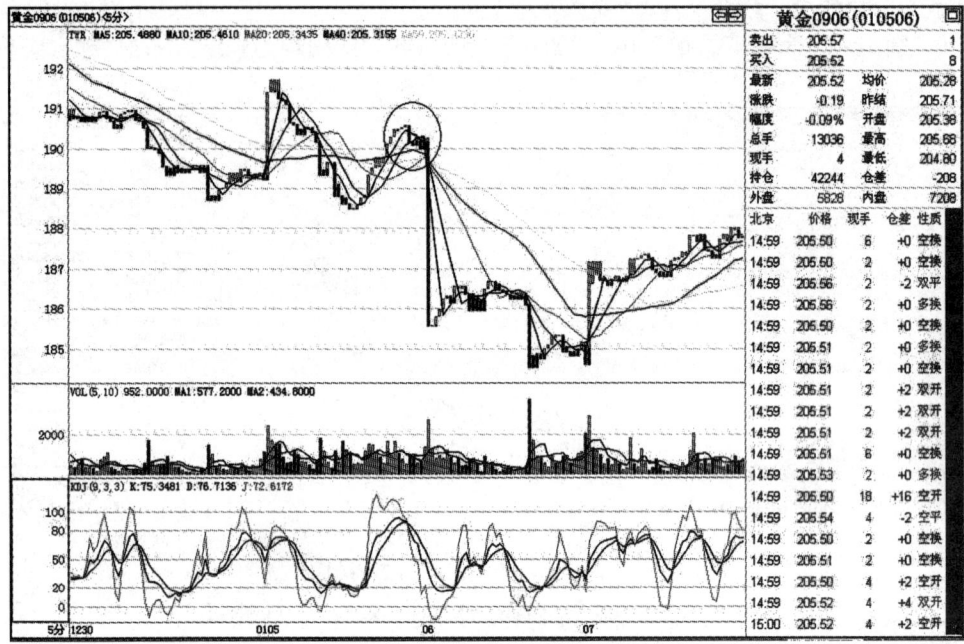

图 1－14

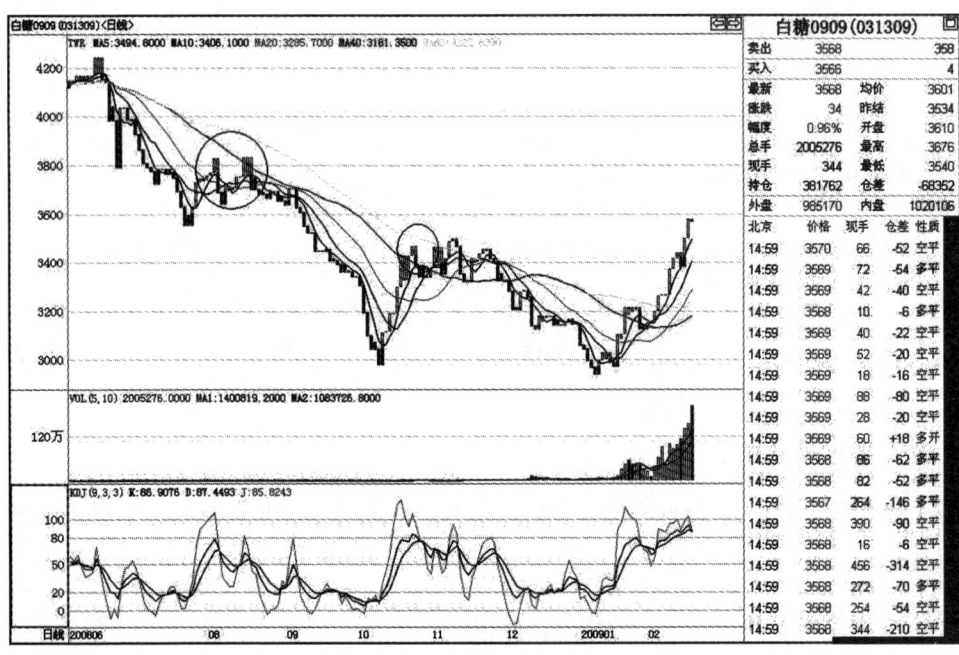

图 1－15

3. 长线卖出预警。

图 1-16 为沪燃料油 0905 在 2008 年的周线，图中圈内发出了长线卖出信号。

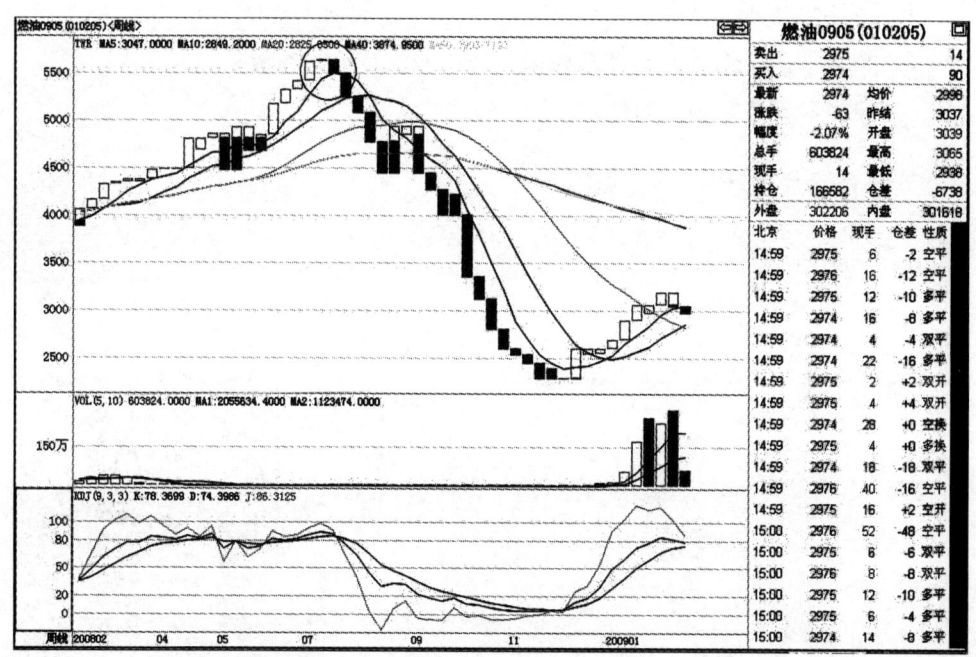

图 1-16

二、选择系统

（一）中长线雷达选股理论

1. 价量组合显示走出底部。
2. K 线组合显示底部图形，如大圆底、双底、三底、头肩底等。
3. 符合波浪理论的底部条件。
4. 符合江恩理论的底部条件。
5. 各种技术指标发出买入信号。
6. 正向、反向灵活地应用心理学的规律。

（二）短线选股条件

1. 短线指标大部分发出买入信号。
2. 短线 K 线组合显示有短线机会，如旗形、三角性、圆底、头肩底。
3. 突发利空或利多，而价量显示有短线机会。

（三）1/7 操作系统 K 线

1. 双头。

双头见图 1-17。

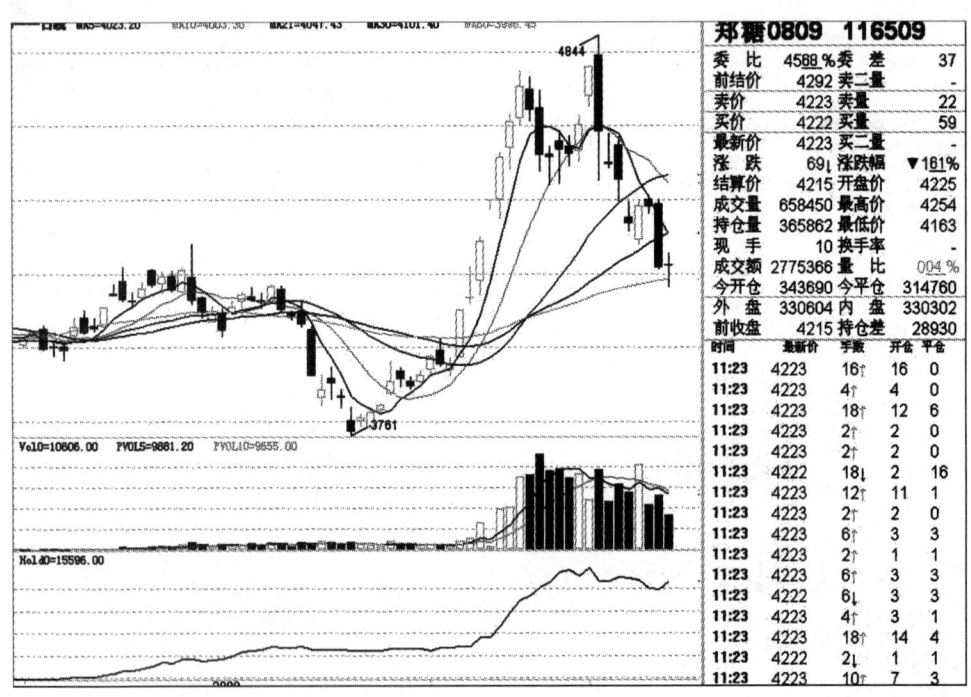

图 1-17

一年后郑糖的走势，见图 1-18。

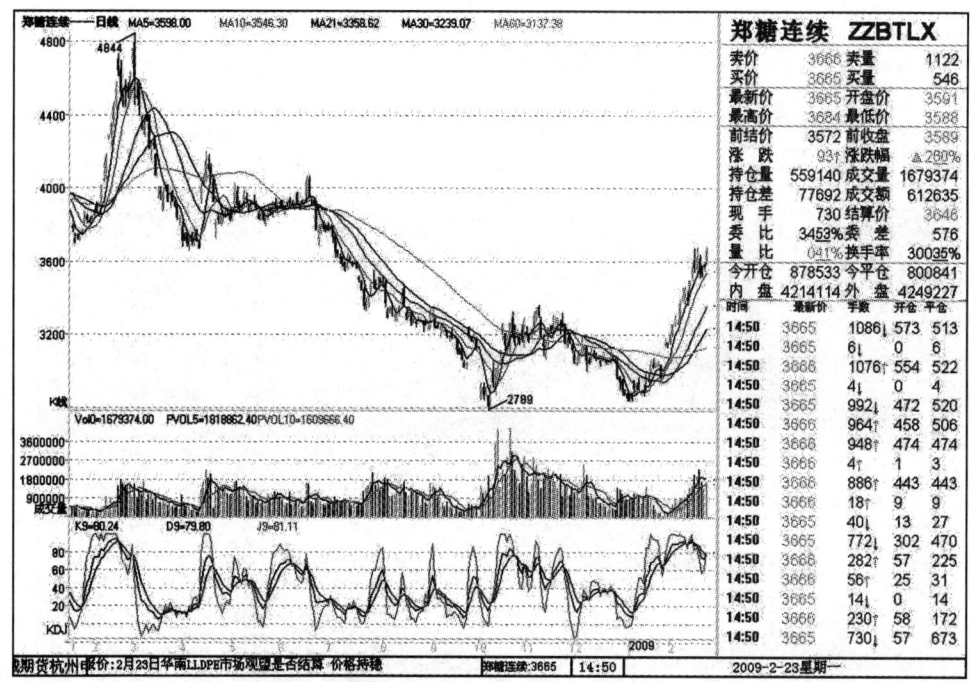

图 1-18

2. 头肩顶，见图 1-19。

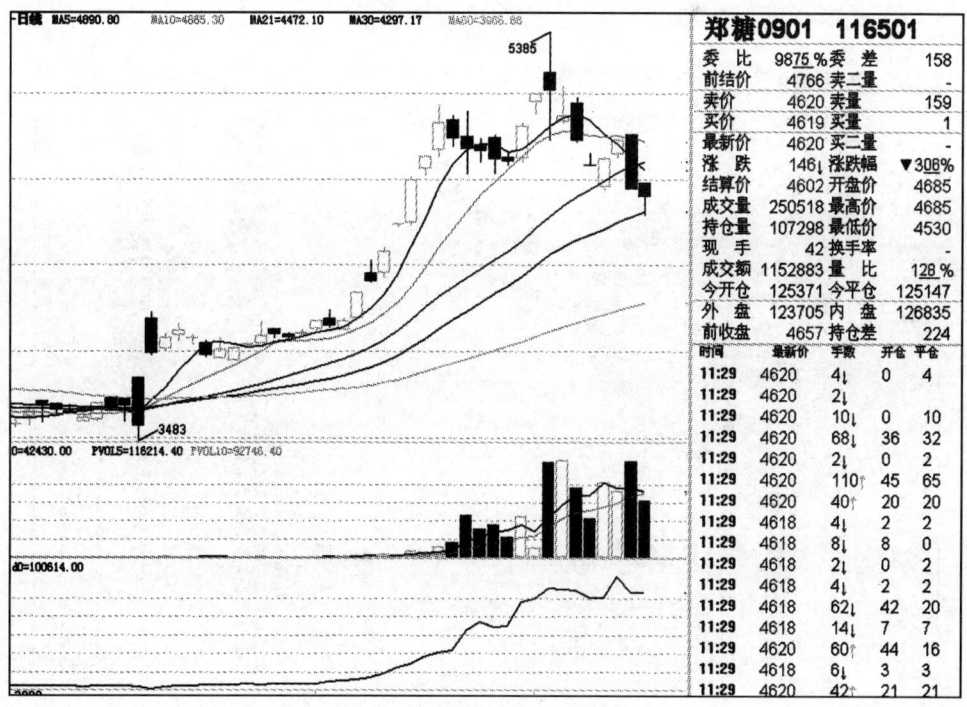

图 1-19

一年后一月份郑糖的走势，见图1-20。

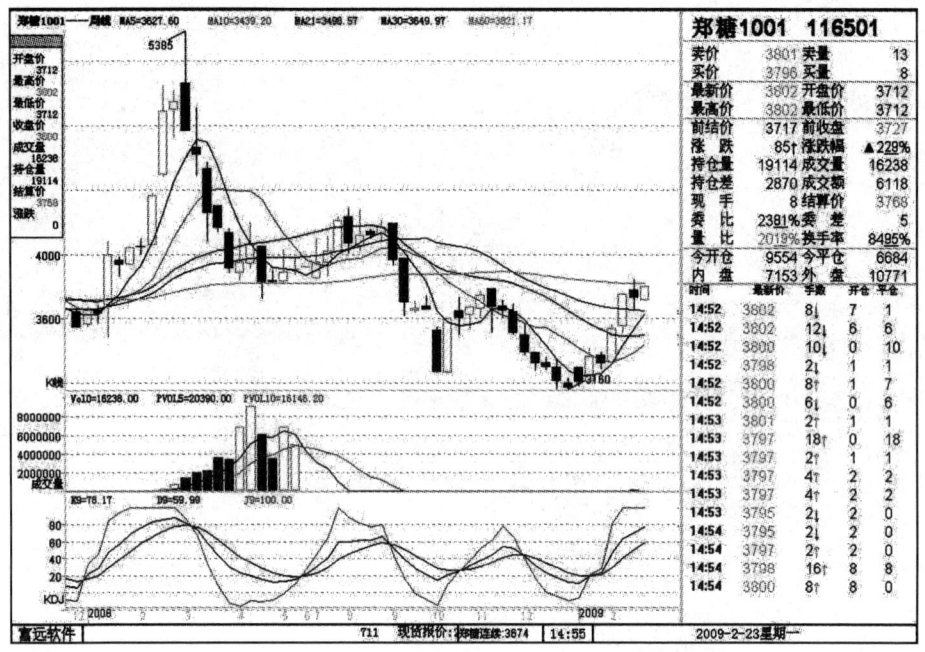

图1-20

3. 箱形，见图1-21。

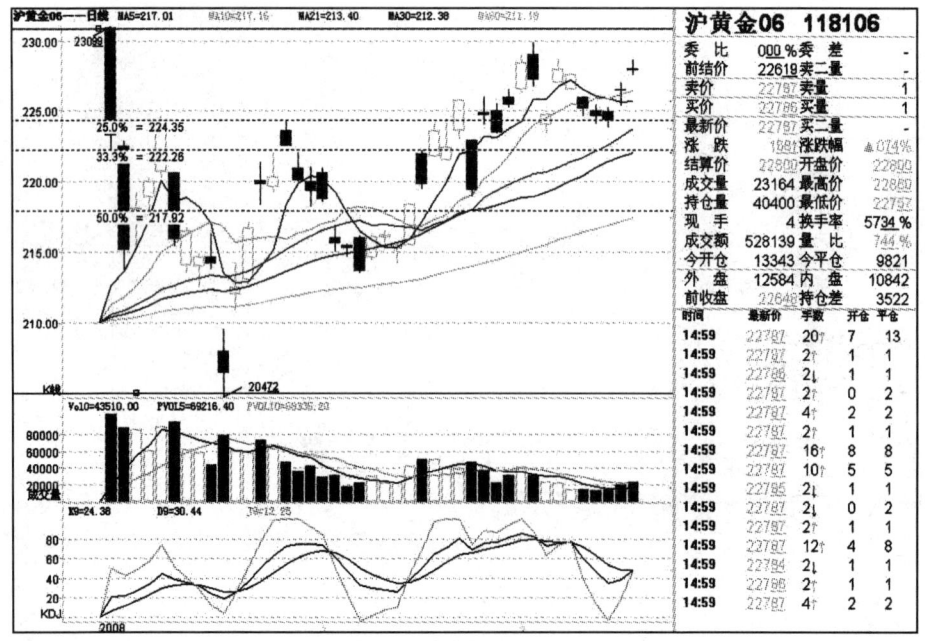

图1-21

顶部箱形,见图1-22。

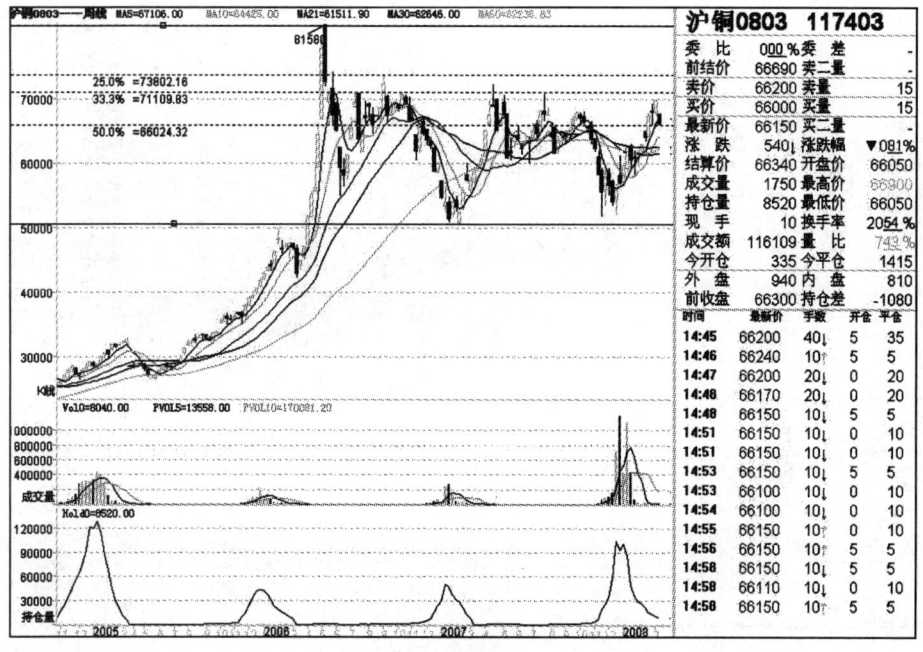

图1-22

底部箱形,见图1-23。

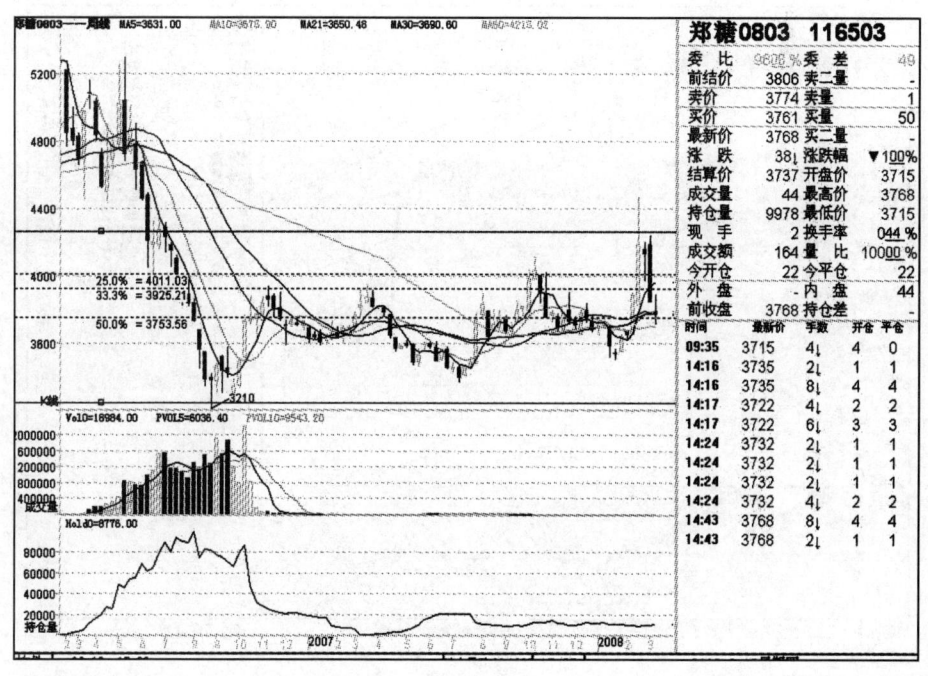

图1-23

4. 下降通道，见图1-24。

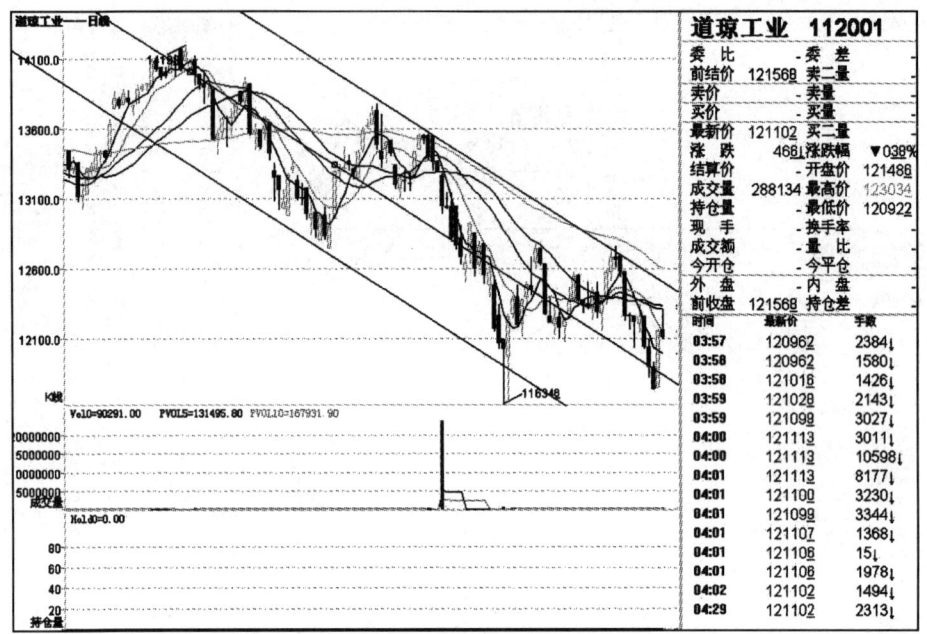

图1-24

一年后的道琼斯指数走势，下降通道往下突破后引发一轮急跌，见图1-25。

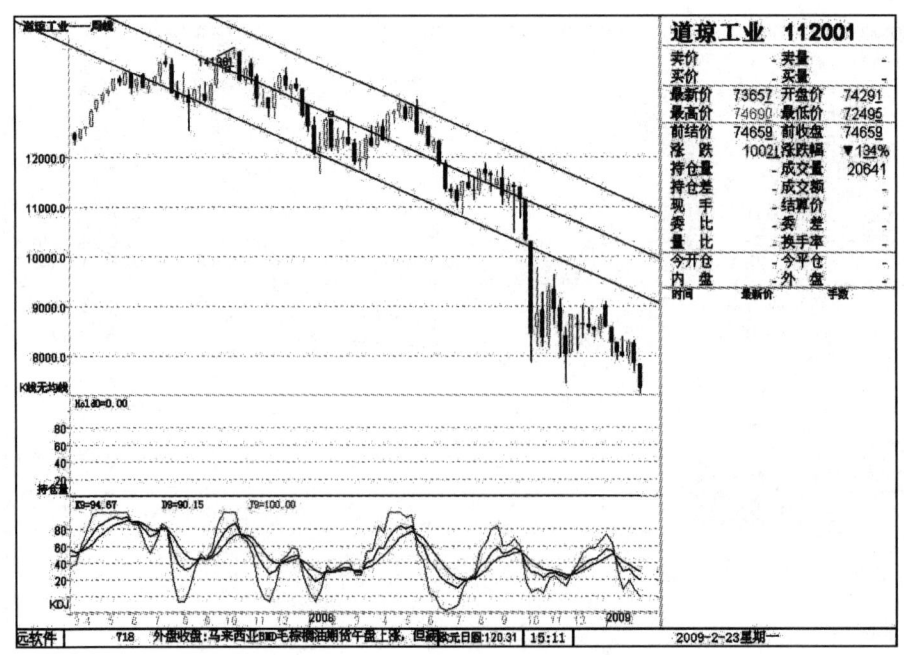

图1-25

5. 反压线，见图1-26。

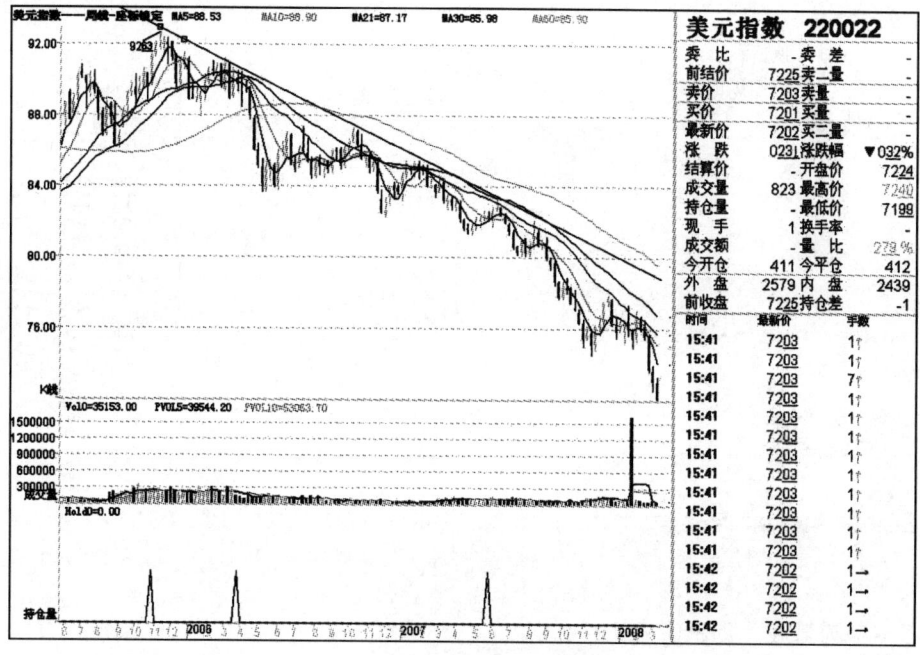

图1-26

6. 头肩底，见图1-27。

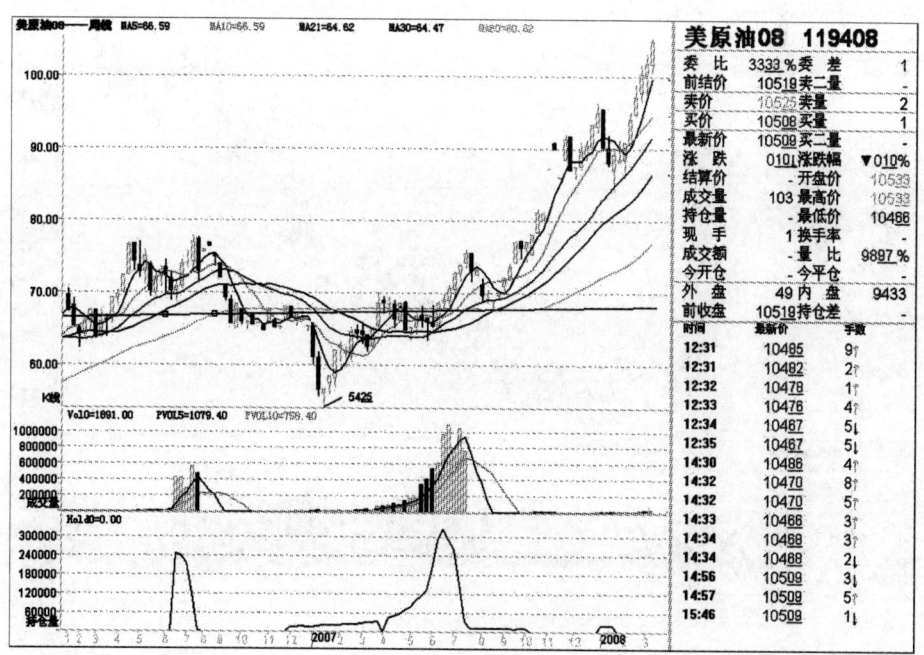

图1-27

7. 圆弧顶，见图 1-28。

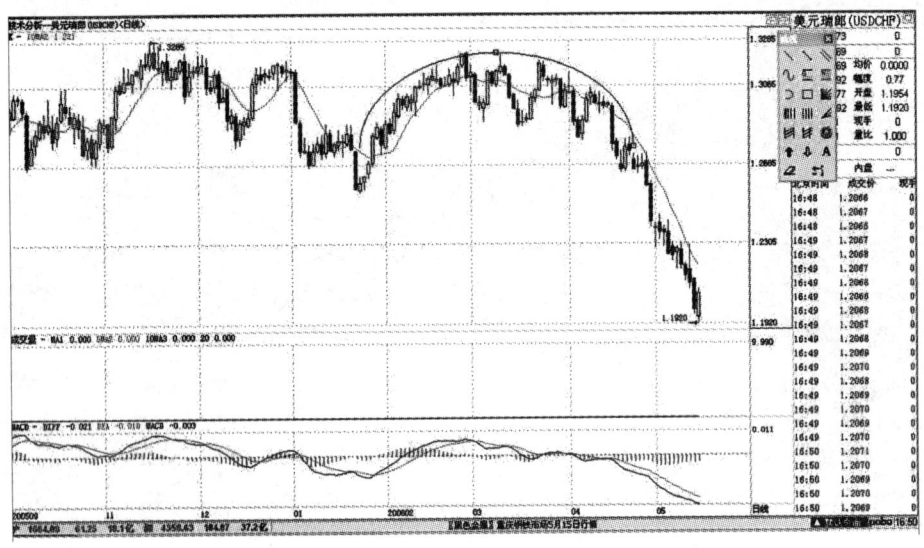

图 1-28

8. 圆弧底，见图 1-29。

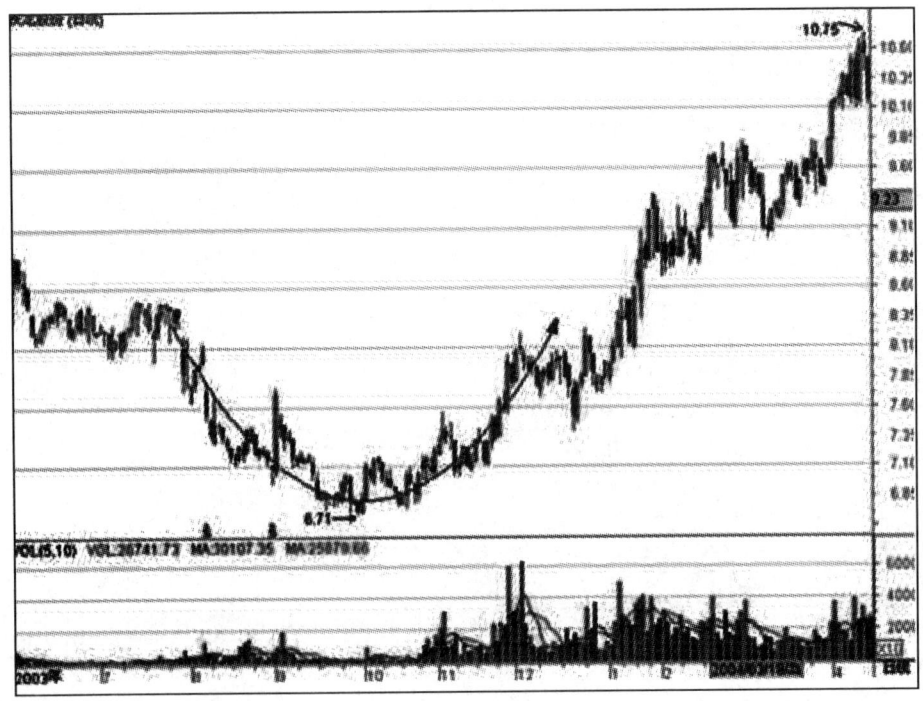

图 1-29

三、建仓系统

（一）建仓理论

按照1/7雷达给出的建仓点和按照 1/7 建仓系统理论建仓。

（二）多头建仓系统

1. 多头摊低成本建仓系统。

本系统适用于股票等非杠杆类品种，运用于杠杆系统则建仓比例和建仓时间都要做相应变动，在此只讲述摊低成本建仓系统的理论。

长线（如图1-30）：

（1）首次建仓：建总仓位的1/7，如建仓后价格上升，不追。

（2）当价格下跌5%左右时，二次建仓2/7，使总仓位达3/7，如建仓后价格上升，不追。

（3）当价格再下跌5%时，三次建仓4/7，使总仓位达7/7，建仓完毕。

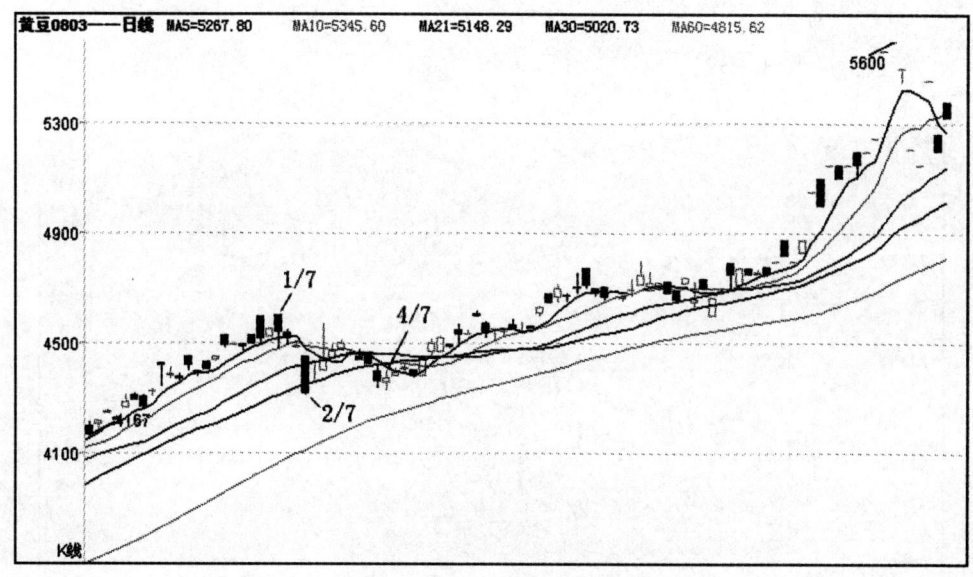

图1-30

中线（如图1-31）：

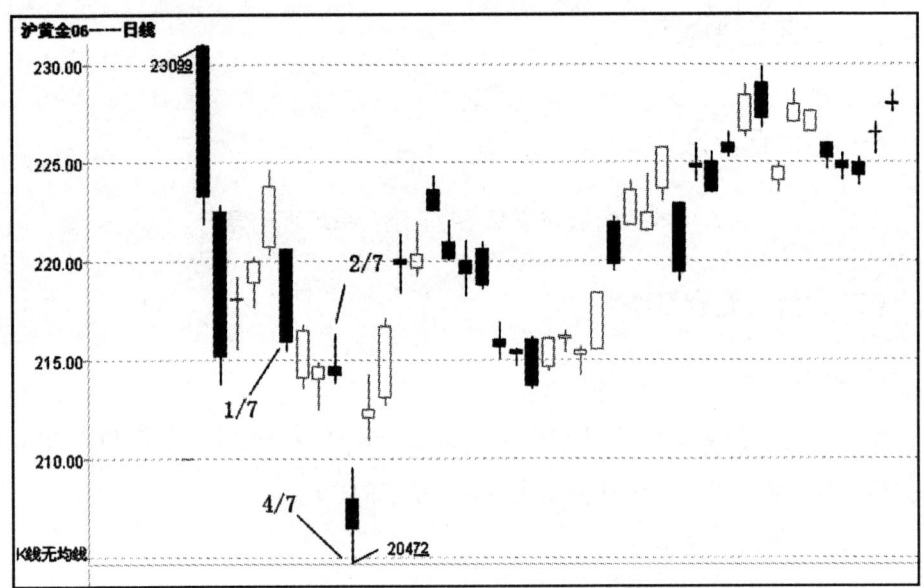

图 1-31

(1) 首次建仓：建总仓位的1/7，如建仓后价格上升，不追。

(2) 当价格下跌4%时，二次建仓2/7，使总仓位达3/7，价格上升，则不追。

(3) 当价格再下跌4%时，三次建仓4/7，使总仓位达7/7，建仓完毕。

短线（如图1-32）：

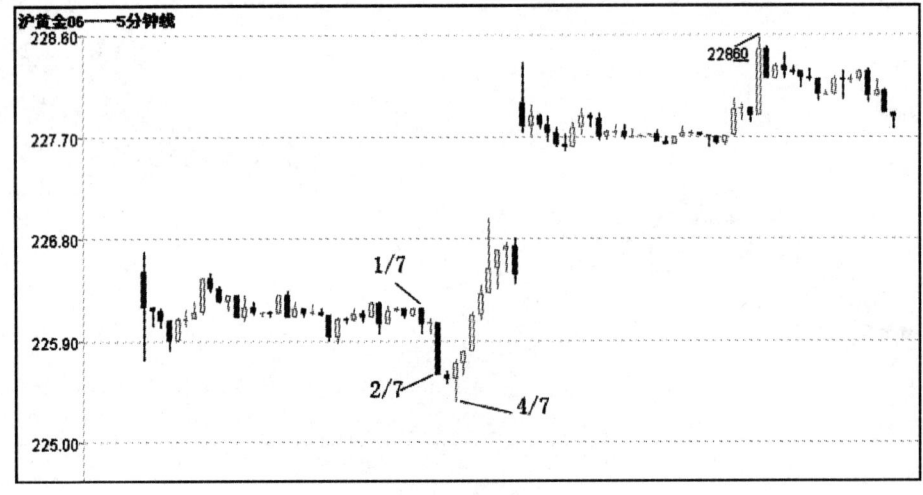

图 1-32

（1）首次建仓：建总仓位的1/7，如建仓后价格上升，不追。

（2）当价格下跌3%时，二次建仓2/7，使总仓位达3/7，价格上升，则不追。

（3）当价格再下跌3%时，三次建仓4/7，使总仓位达7/7，建仓完毕。

2. 多头追击建仓系统。

追击建仓分为大追击和小追击。大追击首次建仓4/7，第二次建仓2/7，第三次建仓1/7。小追击首次建仓1/7，第二次建仓1/14，第三次建仓1/28。下例为大追击。

长线（见图1-33）：在长期的复合型底部确立以后一旦形成加速上扬则追击建仓。

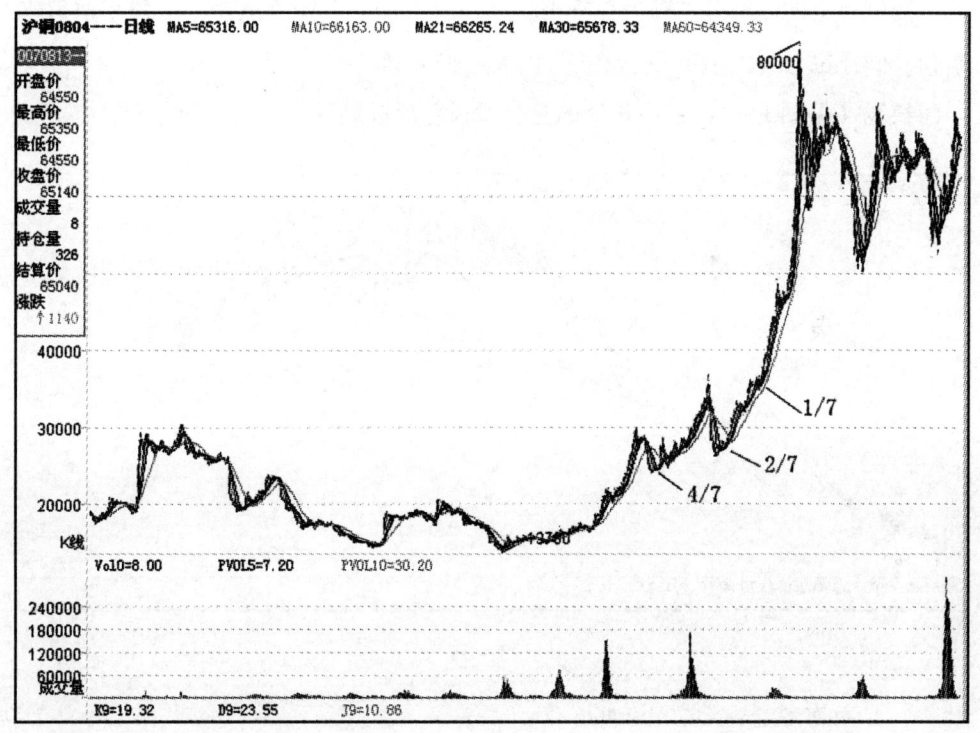

图1-33

（1）首次建仓：建总仓位的4/7。

（2）当第一次建仓回抽受支撑在支撑点二次建仓2/7，使总仓位达6/7。

（3）当价格证实加速上扬时第三次建仓1/7，使总仓位达7/7，建仓完毕。

中线：在一个中期底部形成并伴有瞬间消息刺激。

（1）首次建仓：建总仓位的 4/7。

（2）当第一次建仓回抽受支撑在支撑点二次建仓 2/7，使总仓位达 6/7。

（3）当价格证实加速上扬时第三次建仓 1/7，使总仓位达 7/7，建仓完毕。

短线：当天有突发性消息刺激且前期价格在底部运行，可作 T+0 操作。

（1）首次建仓：建总仓位的 4/7。

（2）当第一次建仓回抽受支撑在支撑点二次建仓 2/7，使总仓位达 6/7。

（3）当价格证实加速上扬时第三次建仓 1/7，使总仓位达 7/7，建仓完毕。

（三）空头建仓系统

能够沽空的品种基本都为杠杆类品种，所以摊平系统不适用，一般采取追击建仓，同样也分为大追击和小追击。以大追击为例。

长线（见图 1-34）：在长期的复合型顶部形成以后有突发性利空消息。

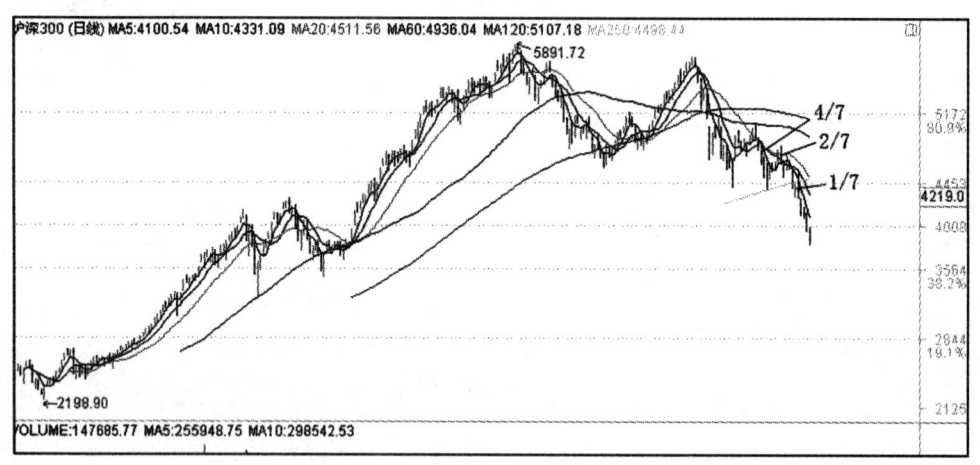

图 1-34

（1）首次建仓：建总仓位的 4/7。

（2）当价格反弹至局部高点时二次建仓 2/7，使总仓位达 6/7。

（3）当价格再次反弹至局部高点时第三次建仓 1/7，使总仓位达 7/7，建仓完毕。

中线（见图 1-35）：中期顶部形成以后有突发性利空消息。

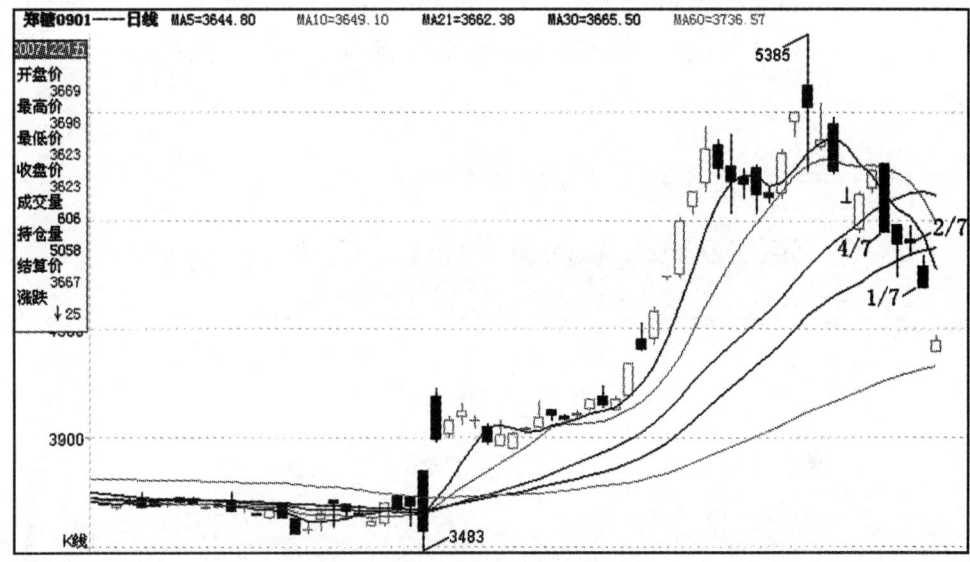

图 1-35

（1）首次建仓：建总仓位的 4/7。

（2）当价格反弹至局部高点时二次建仓 2/7，使总仓位达 6/7。

（3）当价格再次反弹至局部高点时第三次建仓 1/7，使总仓位达 7/7，建仓完毕。

短线（见图 1-36）：在头部区域且有突发性利空消息可进行 T+0 交易。

图 1-36

(1) 首次建仓：建总仓位的4/7。

(2) 当价格反弹至局部高点时二次建仓2/7，使总仓位达6/7。

(3) 当价格再次反弹至局部高点时第三次建仓1/7，使总仓位达7/7，建仓完毕。

（四）牛皮市建仓系统（箱形震荡）

不论长中短线，都按高抛低吸原则（见图1-37），资金管理参照建仓系统。

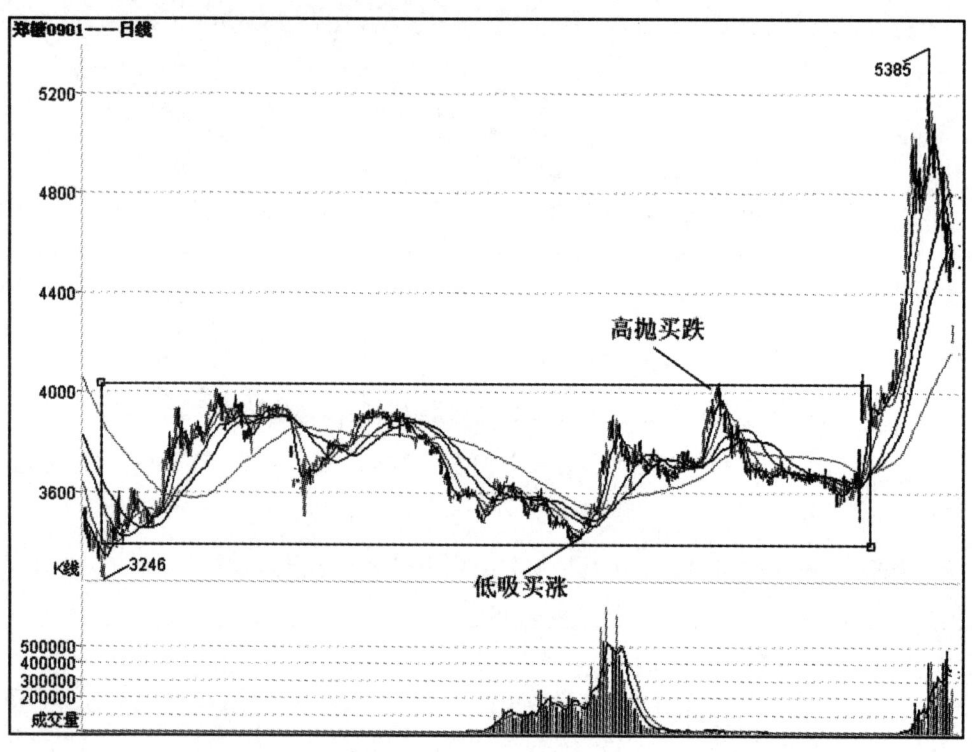

图1-37

四、平仓系统

(一) 多头平仓系统

下述系统为在正常市场状态下的一般性原则。

1. 摊高收益平仓系统。

长线（见图1-38）：

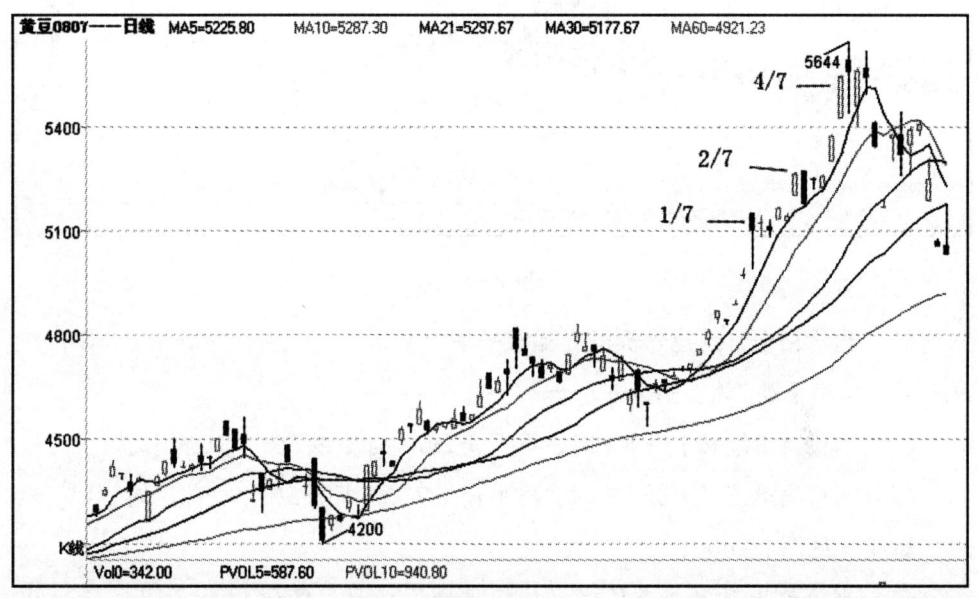

图1-38

(1) 当价格上升到建仓价格（加权平均价）以上30%时，平仓1/7。如首次平仓后，价格下跌7%，则全部平仓。

(2) 当价格继续又上升7%时，再平仓2/7，如下跌7%，全部出局。

(3) 当价格继续又上升7%时，再平仓4/7，全部出局。若达不到7%，全部平仓出局。

中线（见图1-39）：

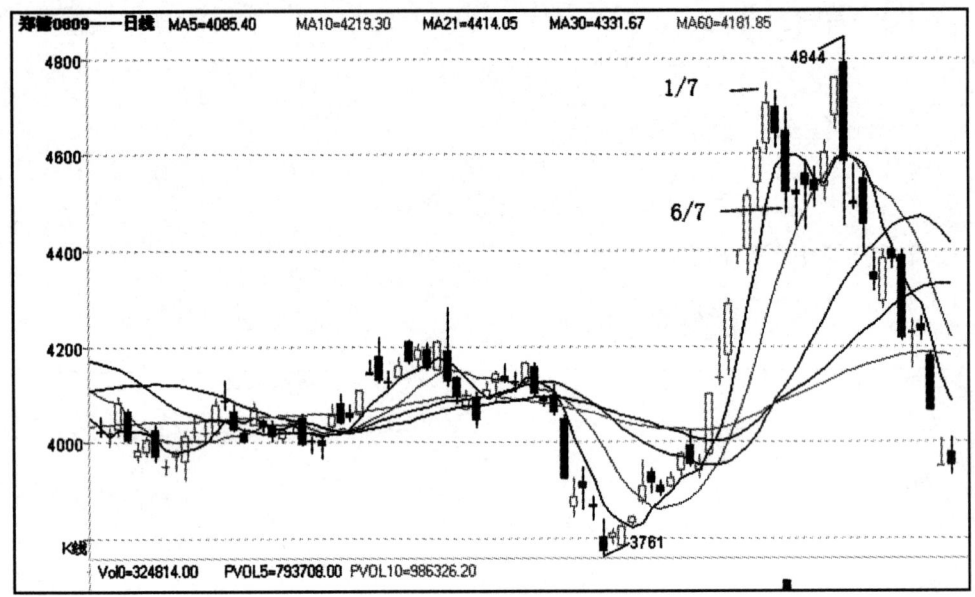

图1-39

（1）当价格上升到建仓价格（加权平均价）20%以上时，平仓1/7，如首次平仓后，价格下跌7%，则全部平仓。

（2）当价格继续又上升5%时，再平仓2/7，如下跌5%，全部出局。

（3）当价格继续又上升5%时，再平仓4/7，如下降5%，全部出局。

短线（见图1-40）：

（1）当价格上升到建仓价格（加权平均价）时，平仓1/7，回撤，全部出局。

（2）如价格继续上升时，再平仓2/7，如下跌，全部出局。

（3）当价格继续又上升时，再平仓4/7，若下跌，亦全部平仓出局。

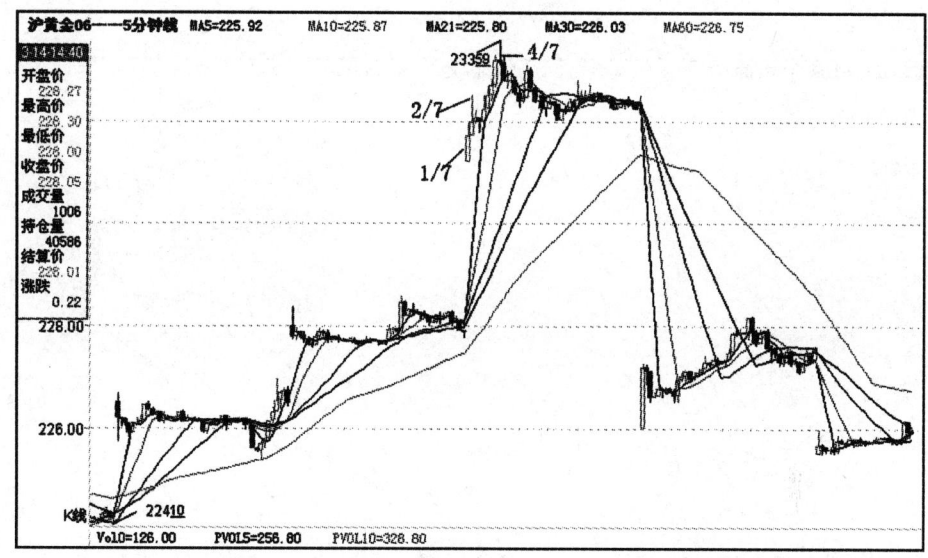

图 1-40

2. 追击型平仓系统。

与追击型建仓系统的理论类似情况下可采取追击型平仓系统。第一次平仓4/7，第二次平仓2/7，第三次平仓1/7。

长线（见图1-41）：

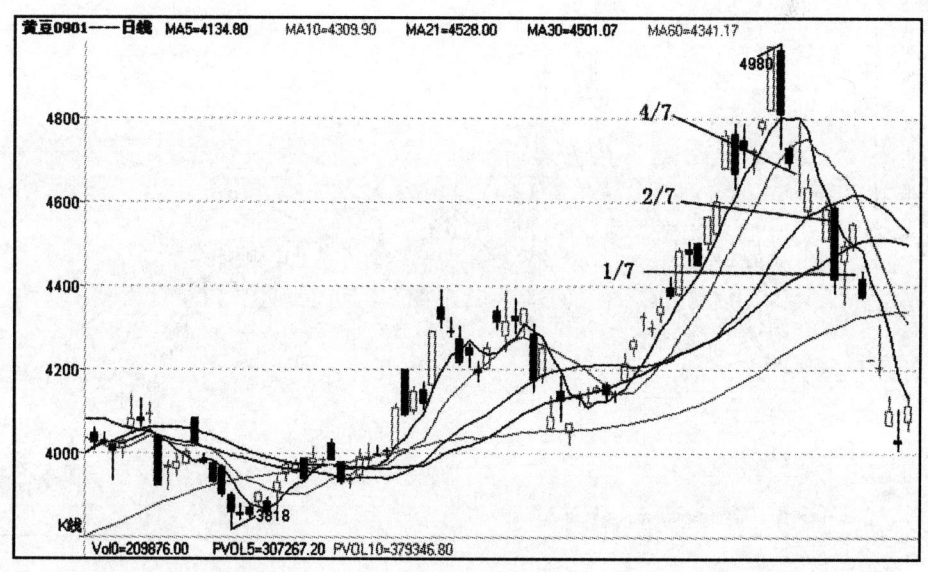

图 1-41

中线（见图 1-42）：

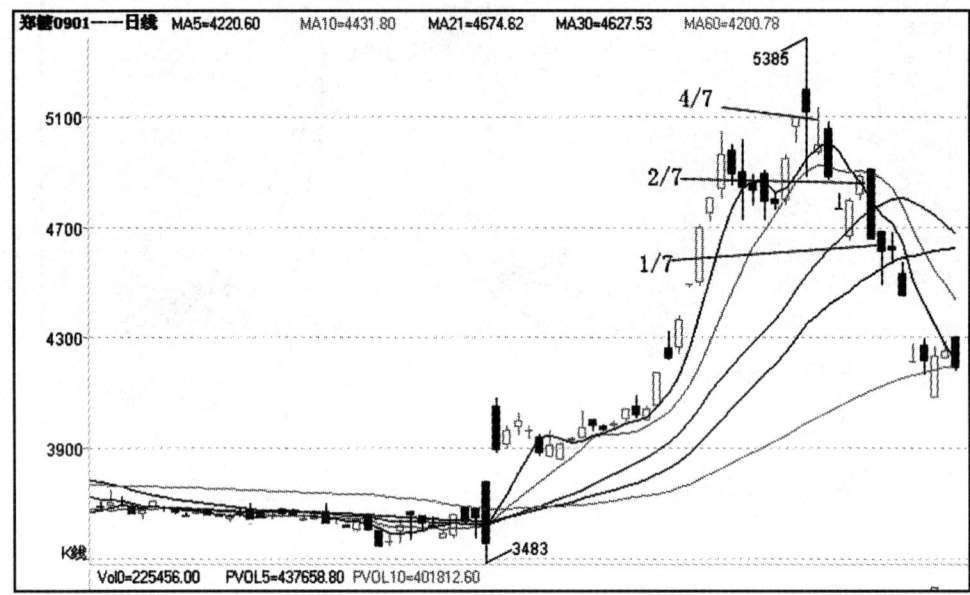

图 1-42

短线（见图 1-43）：

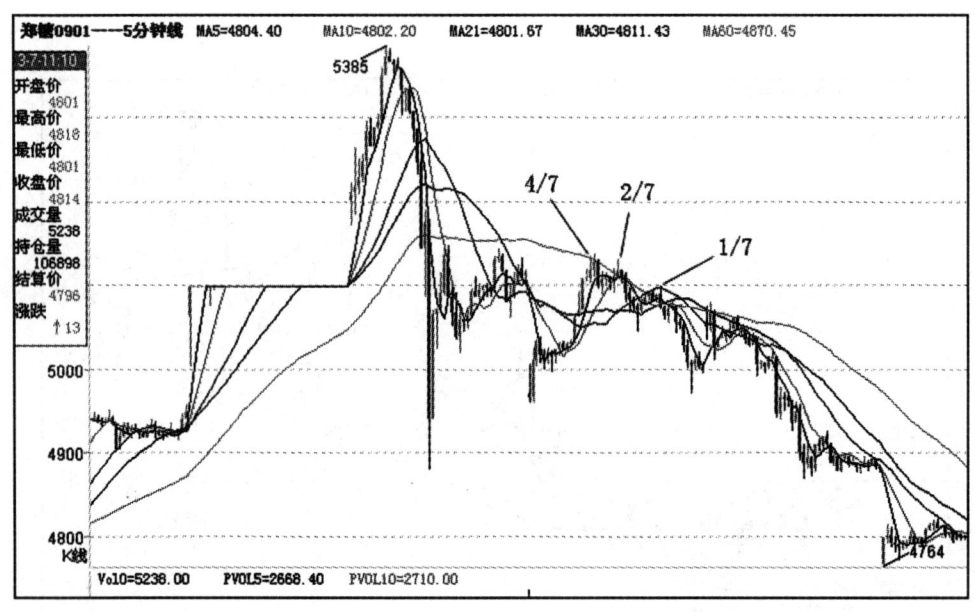

图 1-43

(二) 空方市场平仓系统

本节所述系统与前面所说的原理相同，操作方向相反。注意区分摊平平仓和追击型平仓。

1. 长线（见图1-44）：

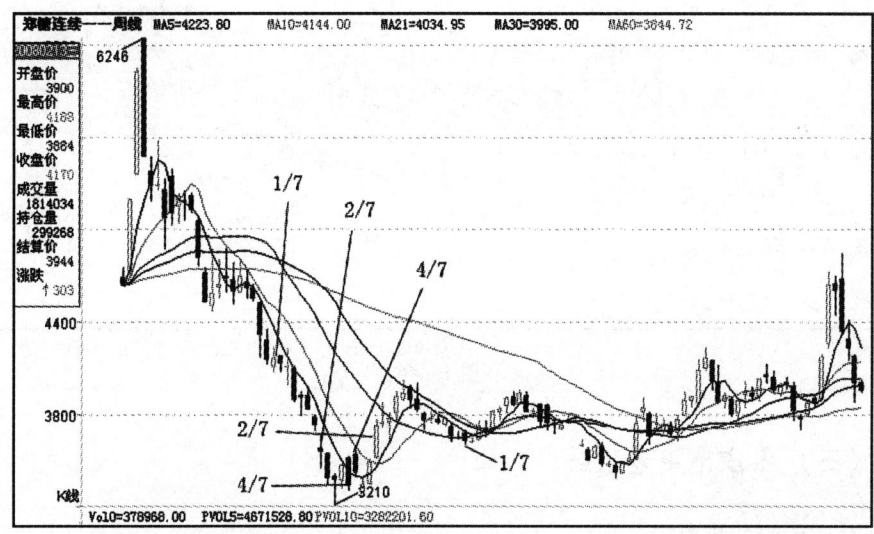

图1-44

2. 中线（见图1-45）：

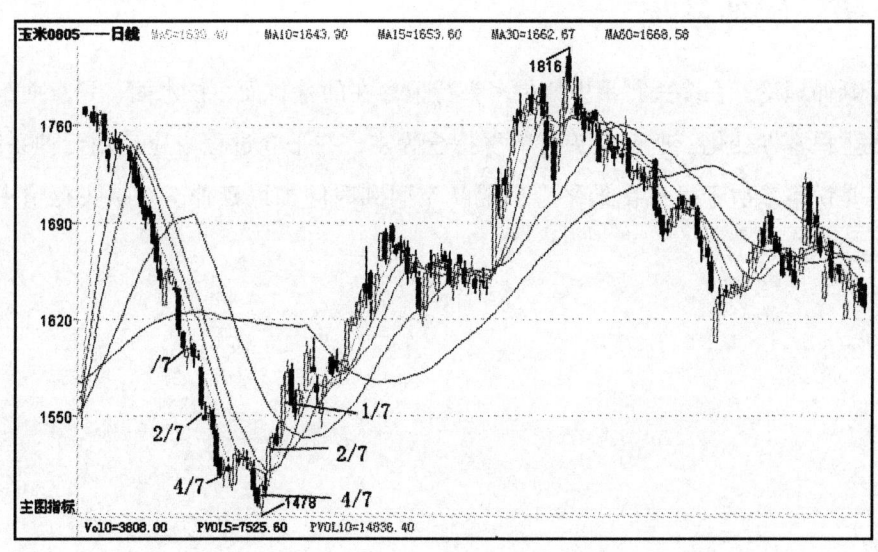

图1-45

31

3. 短线（见图1-46）：

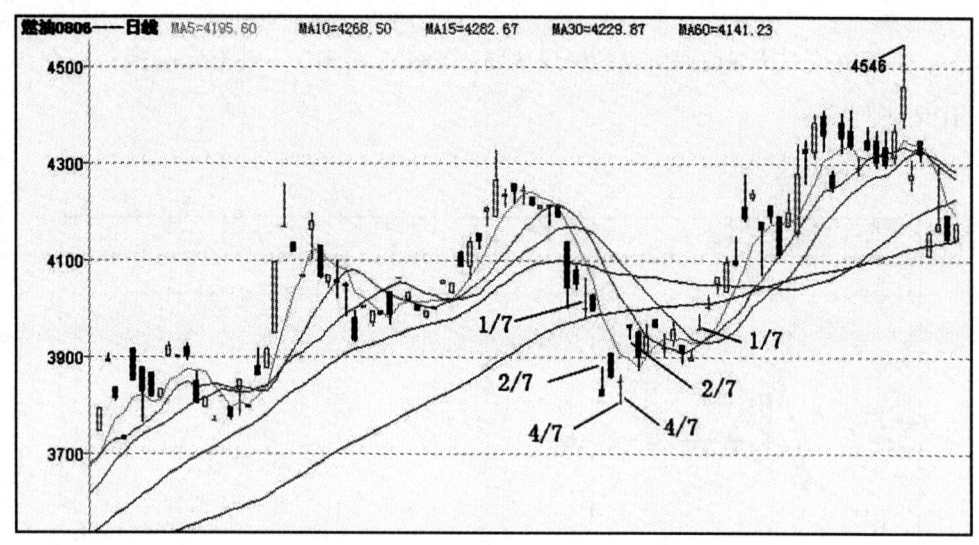

图1-46

（三）牛皮市平仓系统

参照中短线平仓系统。

五、延伸系统

延伸理论。在多头行情中如果多头行情存在的基本面、技术面、消息面都没有发生根本性变化，所建立头寸将以持仓为主，在平仓过程中应启用延伸系统。也就是说第二次于第三次的平仓间隔从空间和时间加以延伸。在空头行情中类似。

例一：沪深300延伸平仓（见图1-47）。

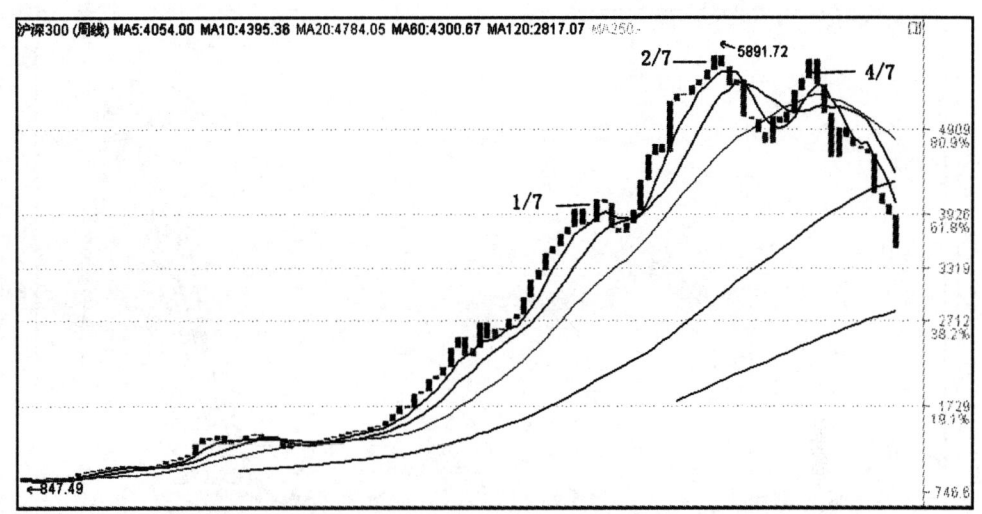

图1-47

例二：沪深300追击型建仓（见图1-48）。

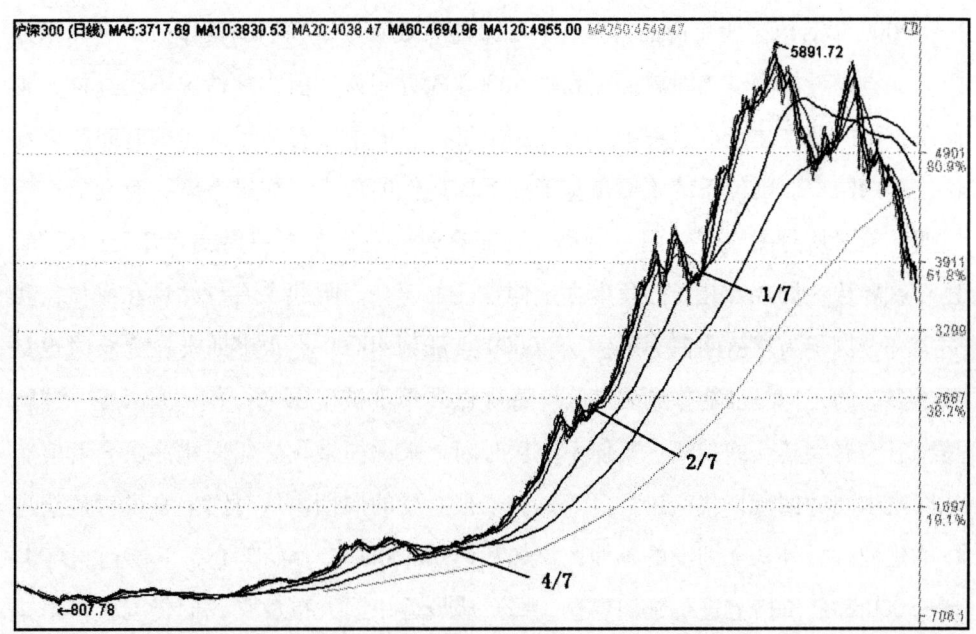

图1-48

例三：上证摊平型建仓（见图1-49）。

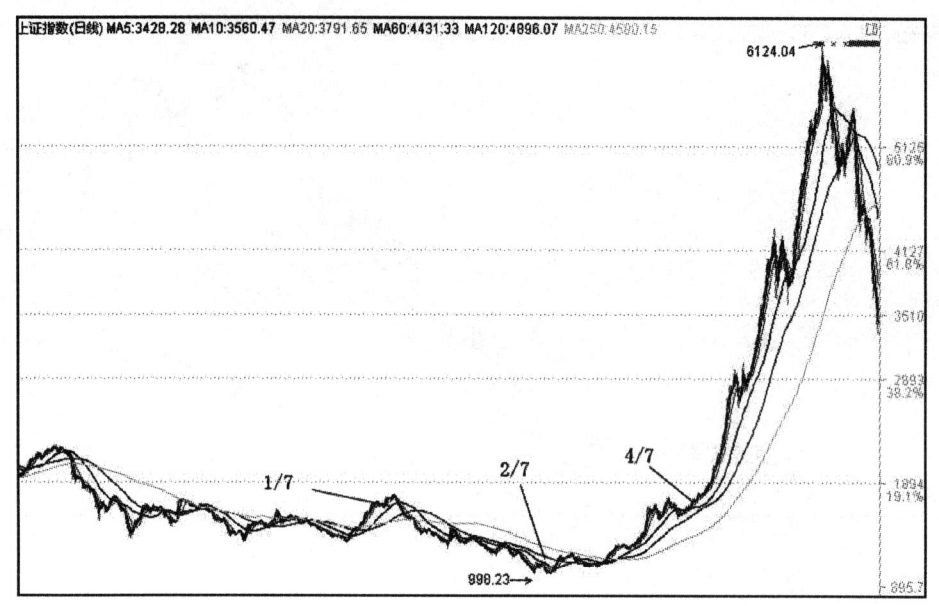

图 1-49

2009年后以来所有商品行情我们如果能有效利用，我们的操作效果会非常理想。比方说看多铜，当时就应在高位40000附近买入，但实际情况不是这样，延伸系讲的是在建仓的过程中或者是在出货的过程中它有一个逐步的时间跨度和价位上的距离。延伸系统主要是基于一个周期性的考虑，如果考虑一个大的运行周期，就要从月图或者年图考虑周期，而有时候我们考虑一周或者几天的周期，建仓就要从一周或者几天的角度去延伸自己的建仓。听起来有点枯燥和拗口，我们举一个例子大家就明白了。铜从20000点涨到40000点很多朋友在建仓时也是做了多单的，但是没能挣到多少钱，每次做多单都被洗出来，什么原因呢？这就是没有掌握到建仓的技巧。延伸系统从时间上来说如果我们每周建一次仓就能有效回避中间的回调，我们讲过7天是一个很重要的周期，从时间上来说对建仓进行了延伸。另外从空间上的延伸，比如我们从40000点开始建仓，下调到38000，到33000都从价格上进行延伸建仓，那么从最近一周大幅反弹我们仍能获得不错的收益。这就是一个时间上的延伸和空间上的延伸。各位投资者千万不要小看这种延伸的技巧，但细节的技巧能够决定成败，如果没有延伸的技巧，我们的操作往往会显得机械，有的时候还会显得粗鲁，结果可能天壤之别。

六、压缩系统

(一) 长线压缩理论

在长期底部盘整之后在重大消息的刺激之下爆发性向上突破，建仓的时间和空间大大压缩以免贻误战机。在空头行情中类似。同样，如遇突发性消息，持仓与平仓的时间与空间也需要大大压缩。

例一：郑糖。2008 年年初处于盘整状态，由于春季暴雪，甘蔗大面积冻坏，市场出现短期爆发性上扬，采取压缩性建仓（见图 1 - 50）。

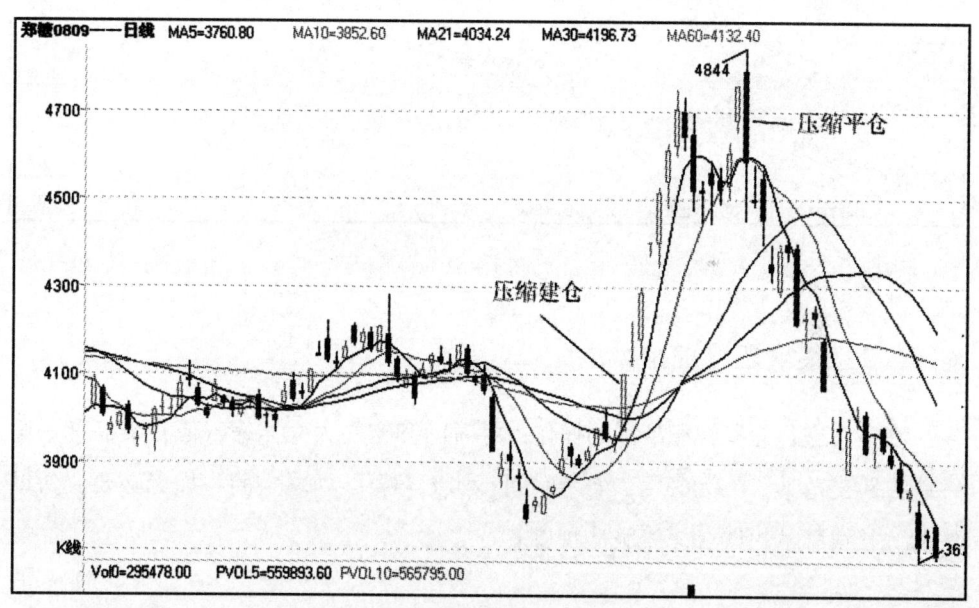

图 1 - 50

例二：美黄豆连。市场传闻贝尔斯登、雷曼公司农产品头寸被强行平仓（见图 1 - 51）。

我们可以看到近期，特别是最近 4~5 个月以来行情逐浪滚动前进，用到压缩系统的机会还没真正到来。目前除在经济危机的第一周期的末端，还没到萧条，也没到复苏，更没到高涨，所以现在一些突发性的利多消息还并不明显，还不需要在某一点位全仓瞬间压缩建仓，将来随着经济的逐步好转会有这种机会。比如

2008年10月大跳水，如果建仓的话必须采取压缩建仓，在第一个或者第二、第三个停板打开的时候迅速进行空头建仓，不需要再等，再等就没有机会。同样现在行情从底部慢慢向上，如果遇到突发性的利多也要采取压缩多头建仓。

图 1-51

（二）短线压缩理论

在盘中进行短平快稳准狠的操作，将时间和空间大大压缩，像青蛙捕食一样一蹲二跳三落地。如无必要，勿增时间；如无必要，勿增空间；如无必要，勿增解析。长线服从短线，短线服从盘口。

七、纠错系统

（一）牛市纠错系统

期货等杠杆交易品种在首次建仓4/7多仓后行情下挫出现浮亏，此时不采取摊平继续建仓，而应采取止损果断出局（见图1-52）。

股票若三次建仓后价格继续下滑至均价的7%（或自订的止损位）应止损出局。

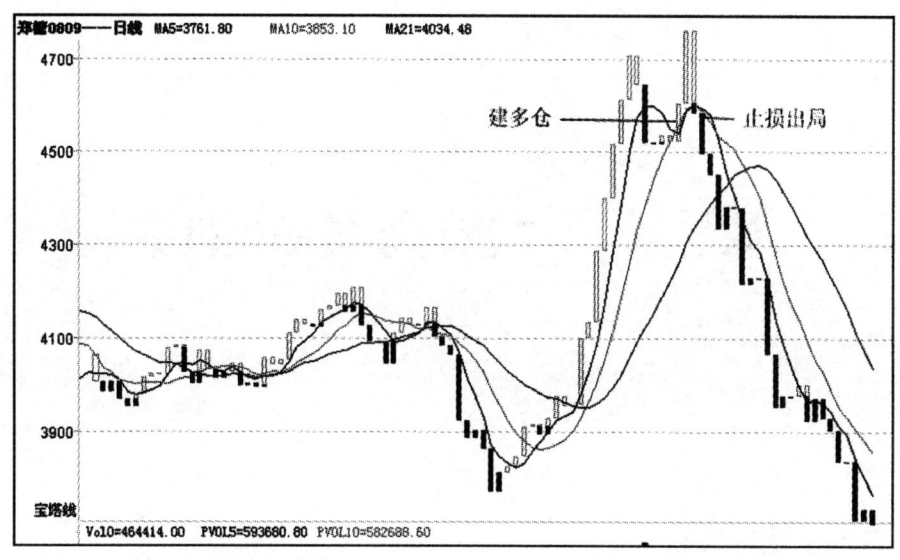

图 1-52

（二）熊市纠错系统

期货等杠杆交易品种在首次建仓 4/7 空仓后行情上扬出现浮亏，此时不采取摊平继续建仓，而应采取止损果断出局（见图 1-53）。

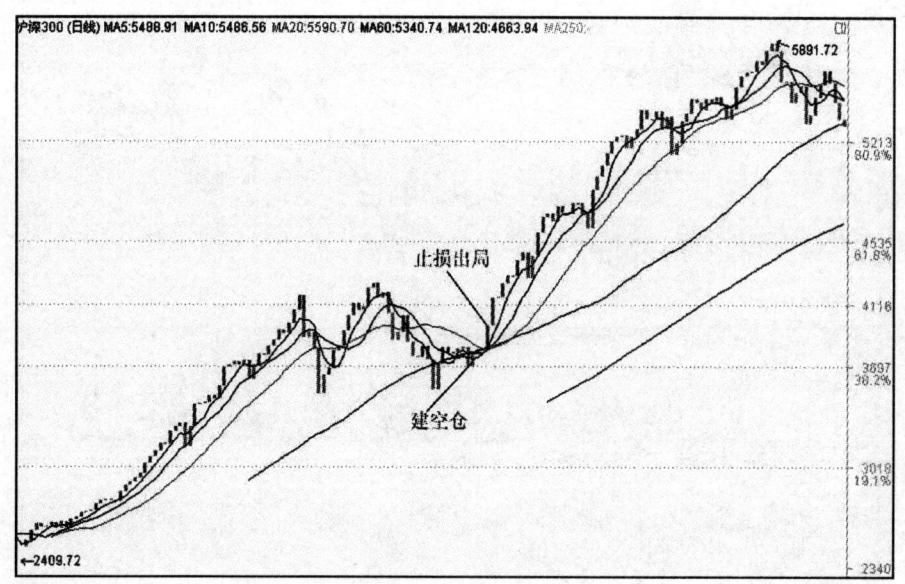

图 1-53

第二节　1/7 操作系统操盘日记

一、玉米 1405

K 线图，见图 1-54。

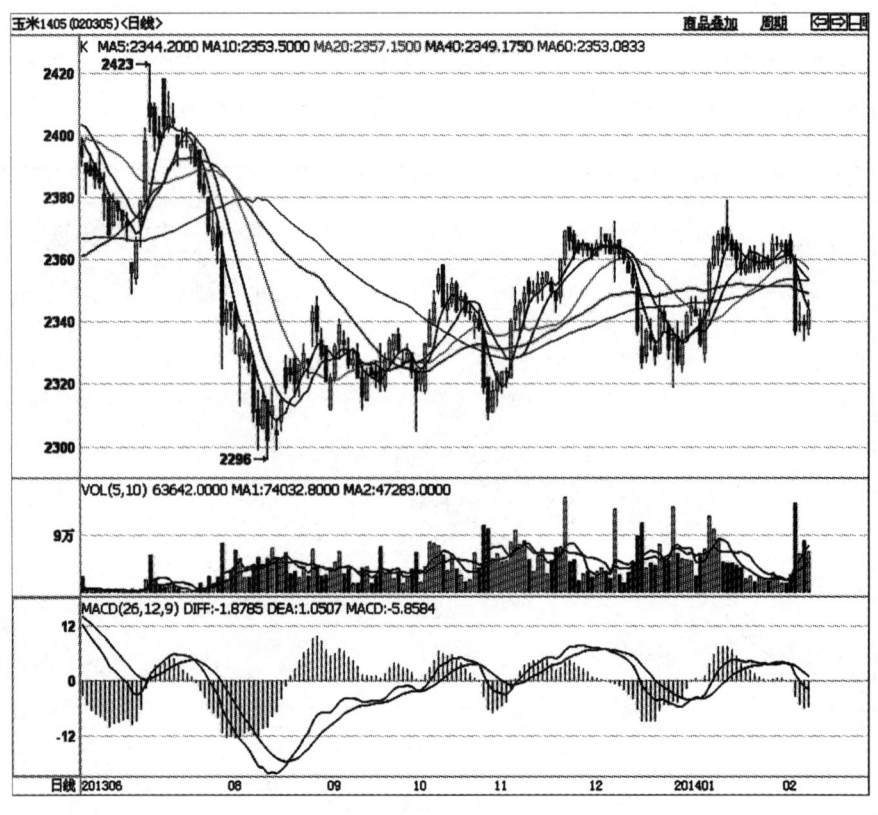

图 1-54

2月12日,见图1-55。

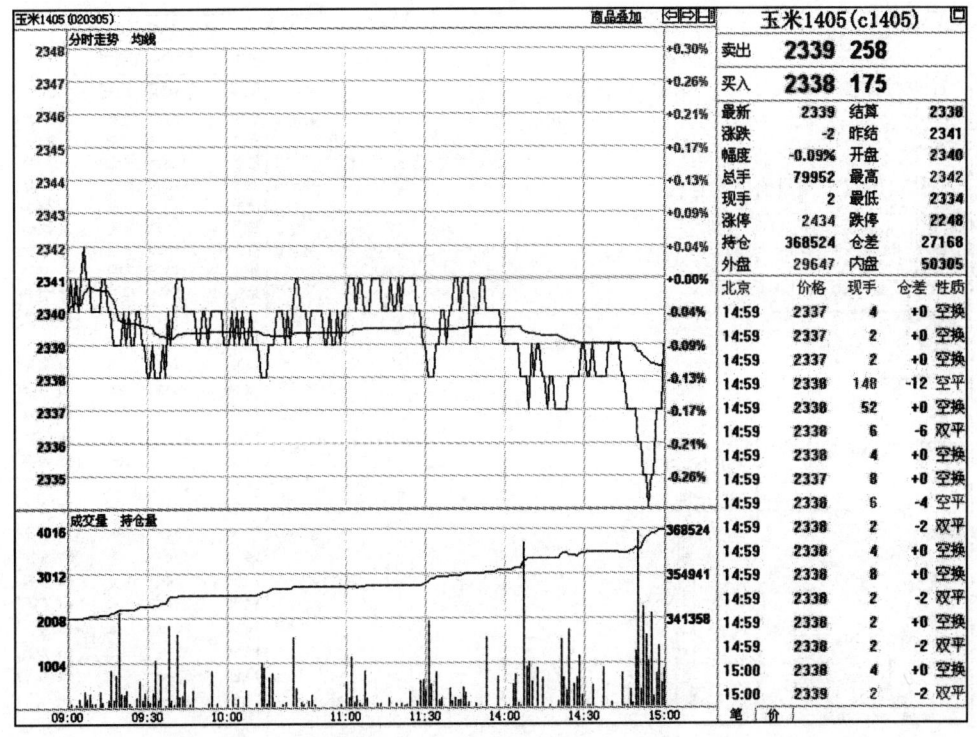

图1-55

开盘前挂单,2338挂20手,2336挂40手,2334挂80手(实际成交71手),买入开仓。

分别在2339、2337、2335平仓。

解析:春节期间禽流感疫情加剧,大量活禽被宰杀,影响玉米销量,故年后开盘操作上以逢高沽空为主调。但本日持仓量与成交量都在增加,属大跌之后的震荡整理,以低买高卖为主。

2月13日,见图1-56。

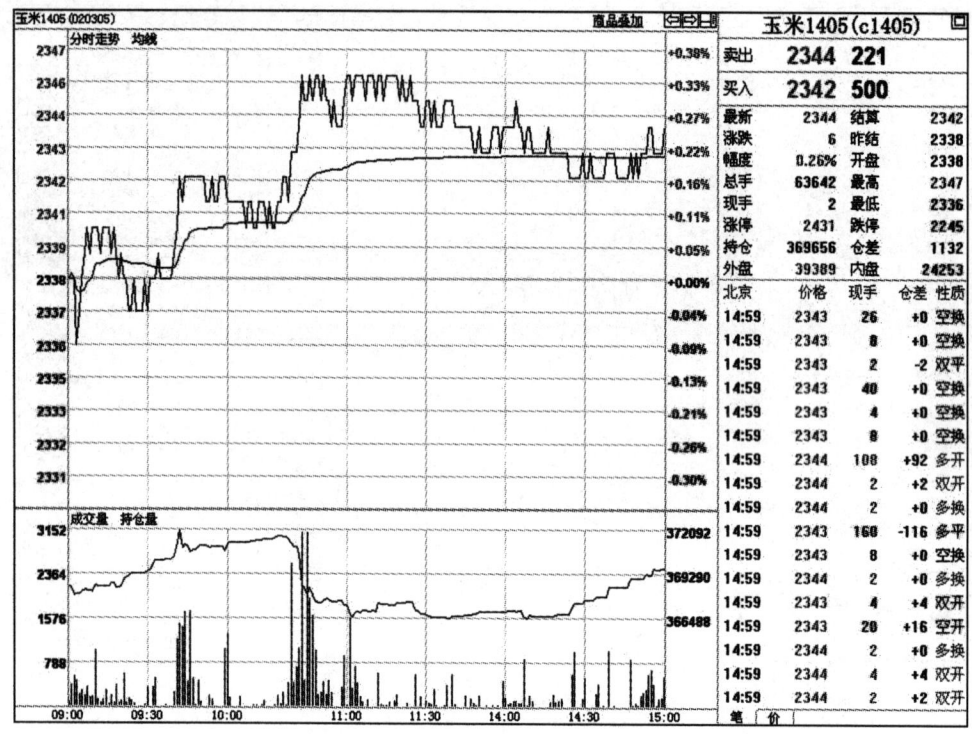

图1-56

按照建仓系统在2342卖出20手,2341买入平仓20手。

2344卖出40手,2346卖出80手。

按照平仓系统在2345买入平仓60手,2344买入平仓60手。

解析:震荡行情,按照建仓系统规则建仓,高抛低吸。

2月17日,见图1-57。

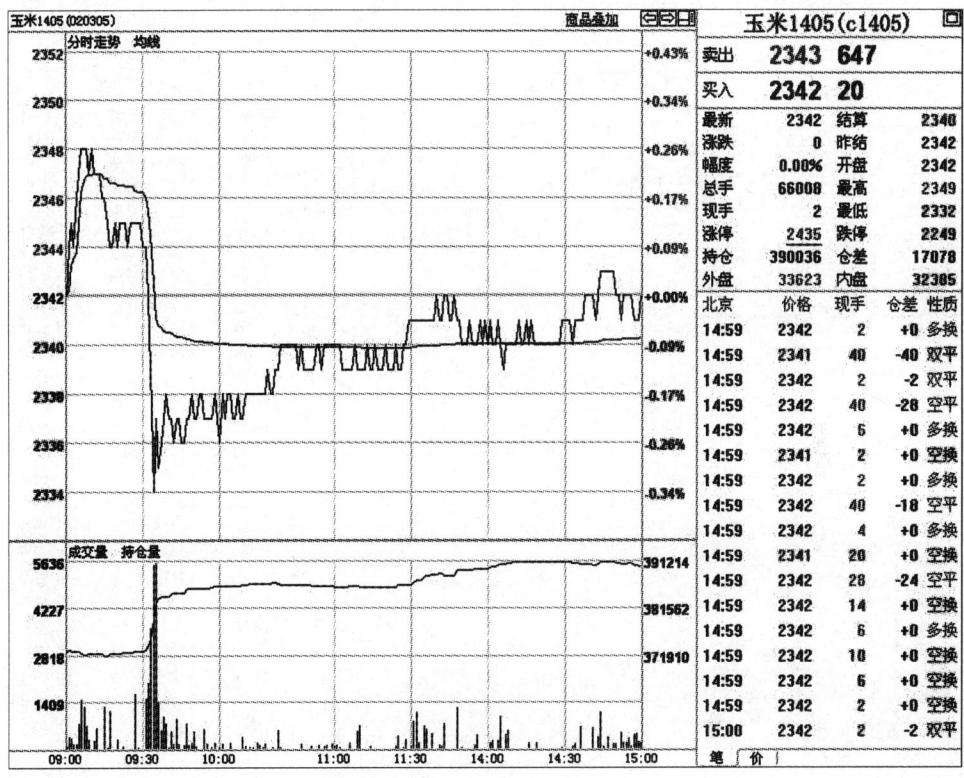

图1-57

开盘前挂单,在2347卖出5手,在2349和2351分别卖出的10手和20手未成交。

2346平仓。

2340买入5手,2338买入10手,2336买入20手。

分别在2338、2339、2340卖出平仓。

解析:震荡行情,高抛低吸。由于近期图形偏弱,故买入单埋得比较低,不急于求成。结果盘中果然跳水,引爆地雷。

2月18日，见图1-58。

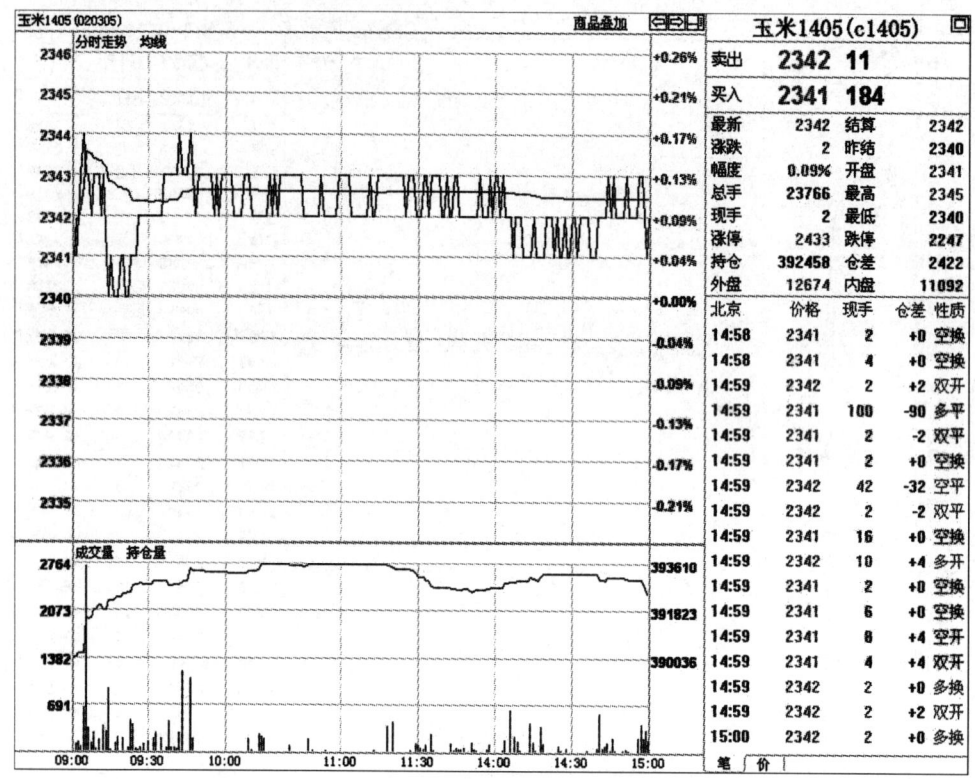

图1-58

在2341到2343之间高抛低吸，手数在10手至30手之间。

2月19日,见图1-59。

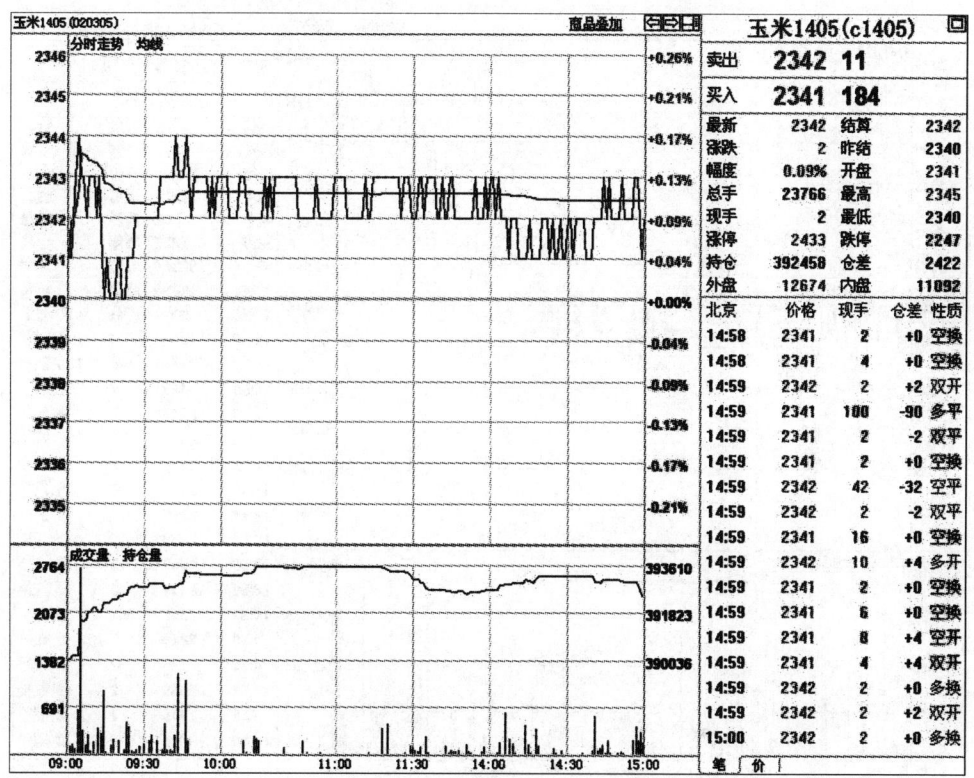

图1-59

在2341沽出10手,2340买入10手。

在2340和2341分别进行买入和卖出平仓。此后再重复同一操作。

2月20日,见图1-60。

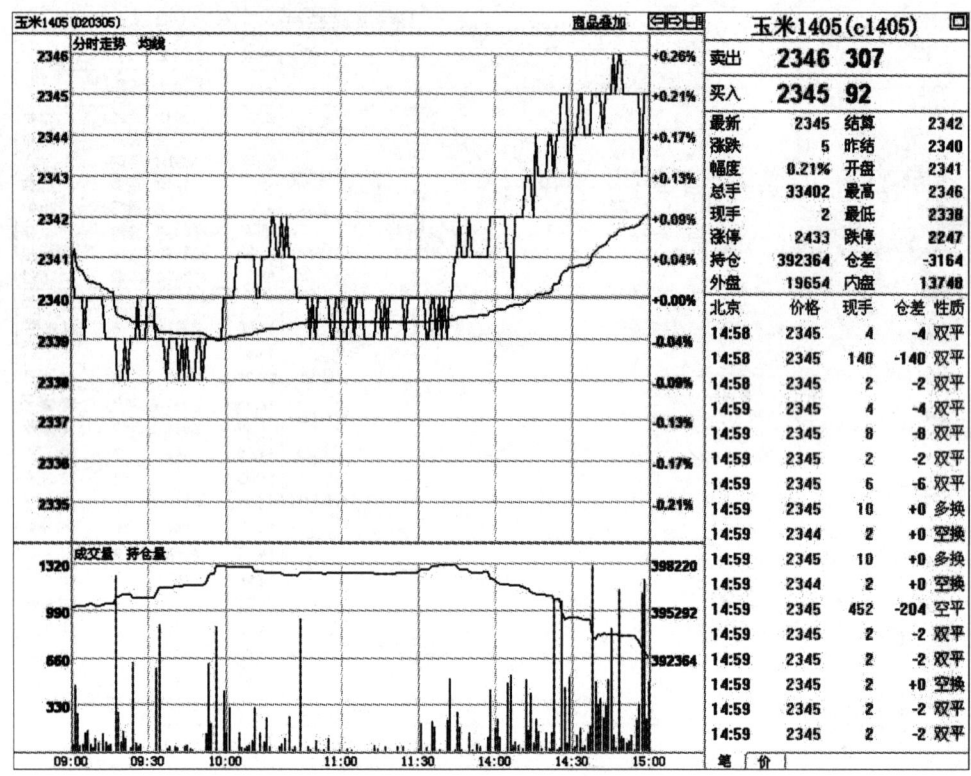

图1-60

在2338到2345之间频繁做短线,高抛低吸,最后留75手净空。

2月21日，见图1-61。

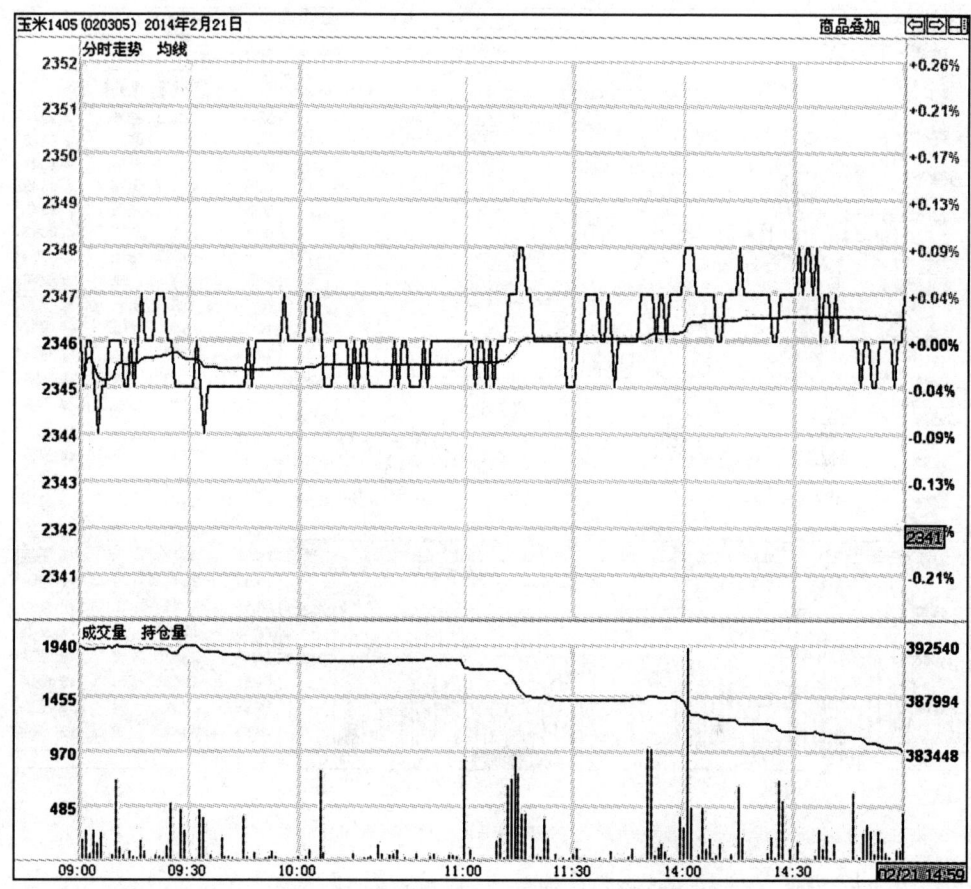

图1-61

开盘前在2349、2350挂空单，价格没达到，故当日玉米无成交。

2月24日，见图1-62。

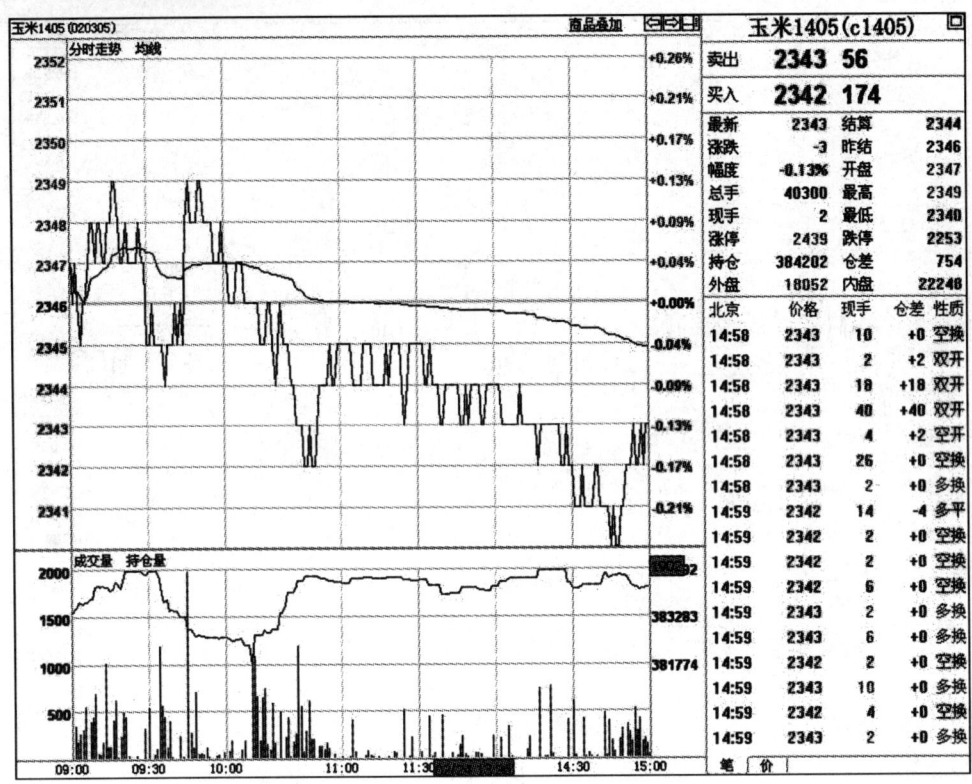

图1-62

开盘前挂单，在2347、2348、2349分别卖出20手、20手、40手开仓（2350未成交）。

下跌后陆续在2346、2345、2344、2343、2342、2341、2340分别买入平仓（2339未成交）。

最后留空单持仓35手。

解析：基本面上玉米供过于求，技术面上双顶形成压制，而且接近交割月，反弹过程之中减仓，故逢高沽空建仓，逢低平仓。

2月25日,见图1-63。

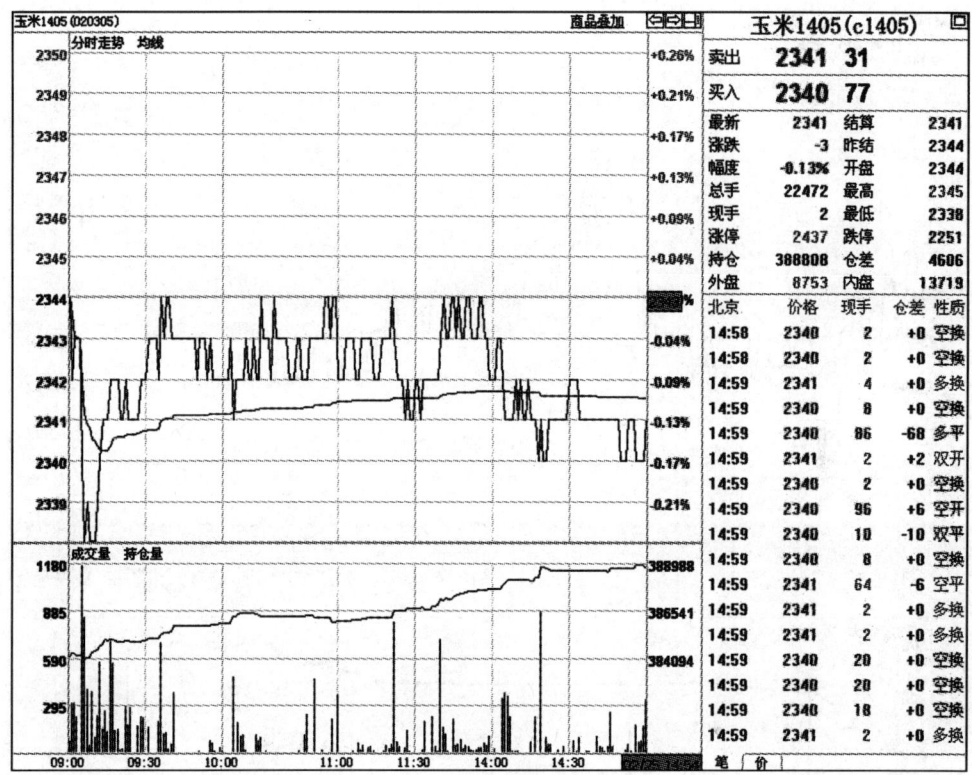

图1-63

在2338买入平昨仓10手(2337挂单未成交)。
在2340到2344之间频繁短线,高抛低吸,最后留下25手空头持仓。

2月26日,见图1-64。

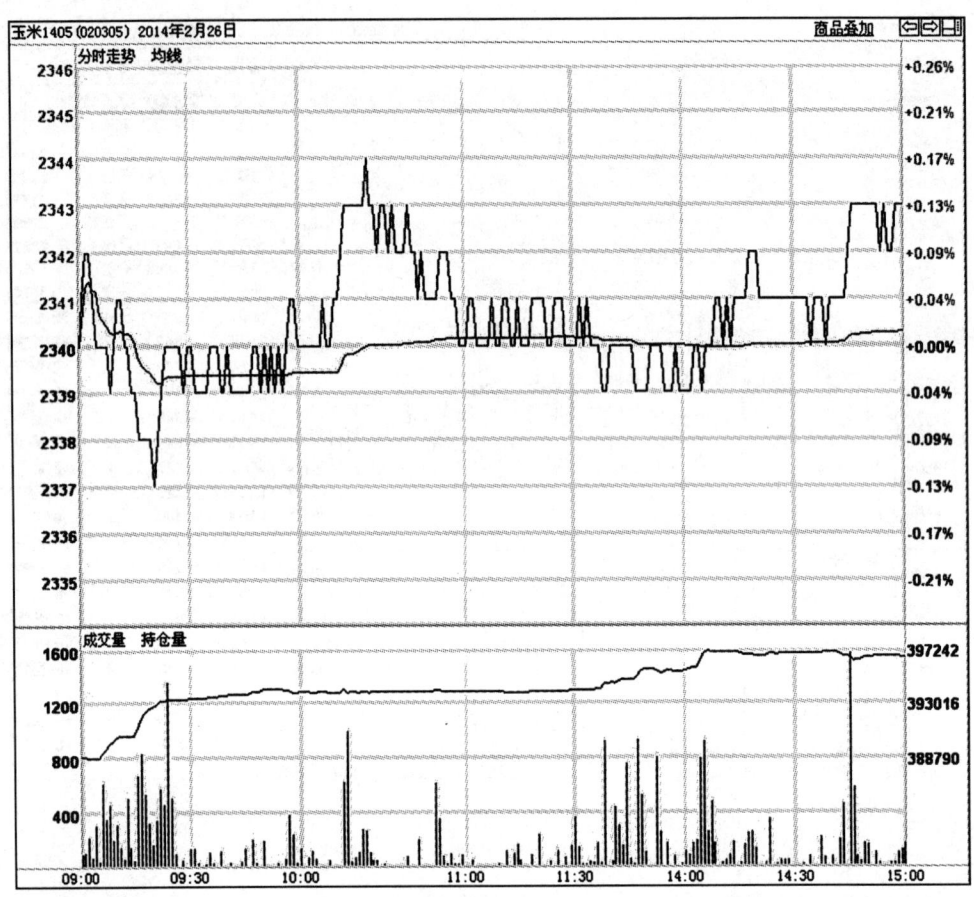

图1-64

在2338、2337买入平昨仓。然后在2338、2339、2340、2341、2343一路卖出开仓,后分别在2342、2341、2340、2339买入平仓。

2月27日,见图1-65。

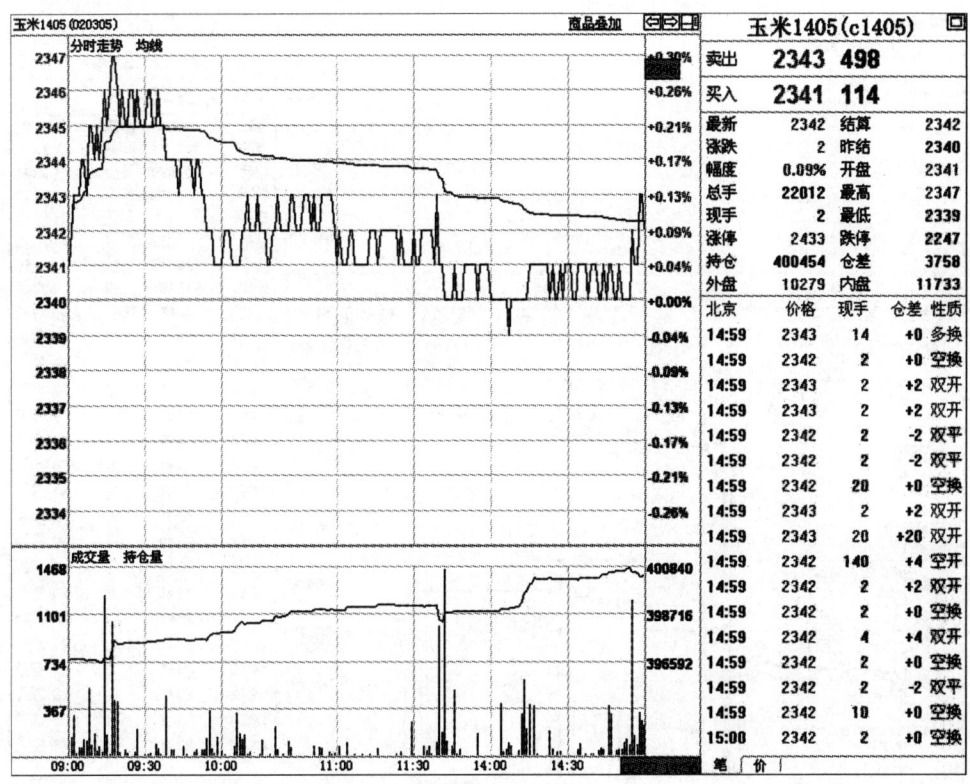

图1-65

在2344、2345、2346分别卖出10手、20手、30手。

在2345、2344、2343、2342、2341平新空和旧空。

解析:基本面稳定,消息面受禽流感影响,以逢高沽空的思路为主。

2月28日,见图1-66。

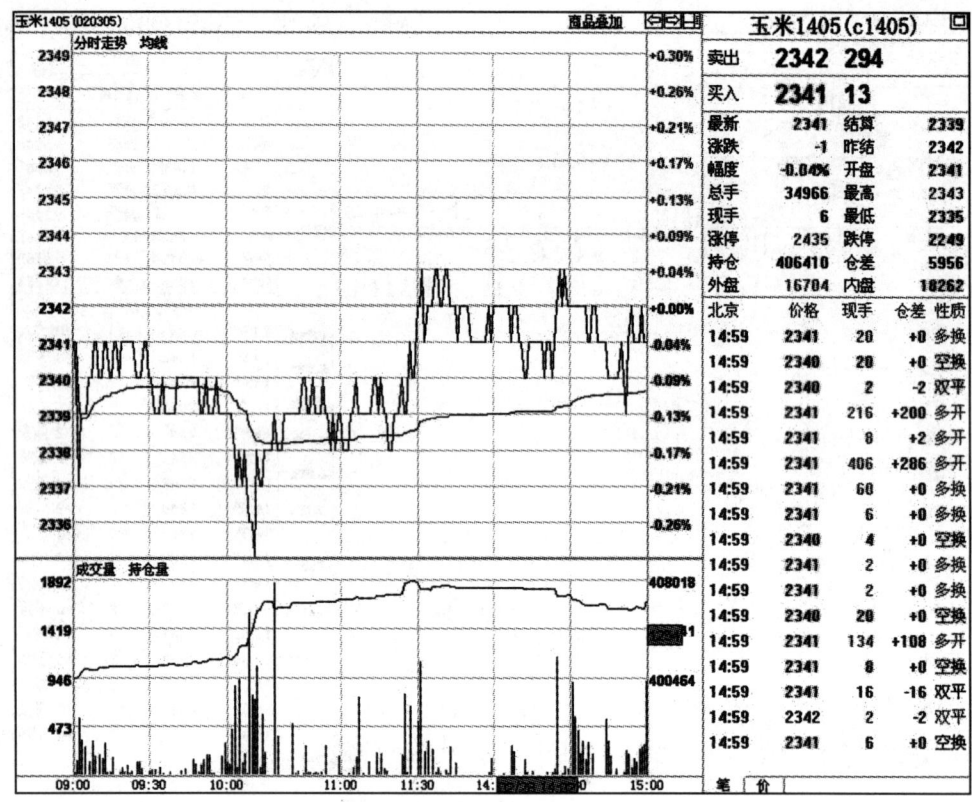

图1-66

在2341和2340分别买入平昨仓5手。

在2339到2342之间频繁高抛低吸。

另1409合约也进行了多次高抛低吸的操作。

3月5日，见图1-67。

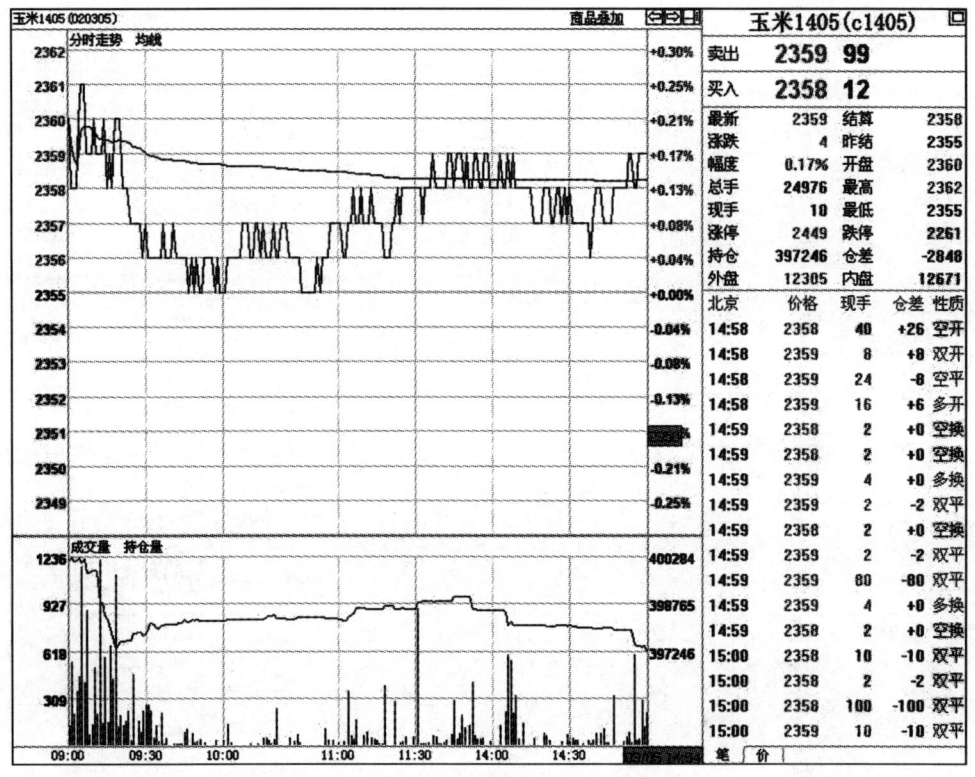

图1-67

开盘前挂单，在2360卖出60手，另有昨空50手。

后在2359、2358、2357分别买入平仓。

另1409合约也执行同样的操作，开盘前挂单60手，在2373成交，另有昨空40手。

后在2370、2368分别买入平仓。

3月10日,见图1-68。

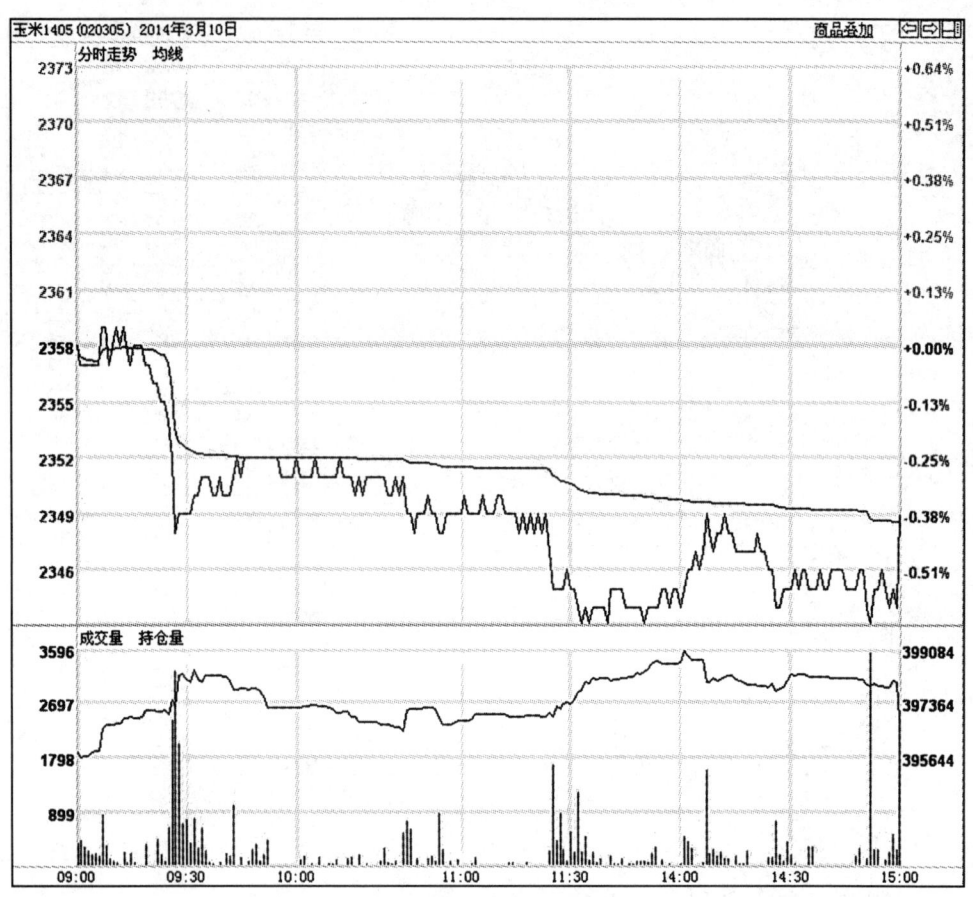

图1-68

开盘前挂单,在2358、2357、2356、2355分别买入平仓,共60手。
在2347、2350、2352分别卖出开仓10手。
在2346平仓20手,留10手空头持仓。
另1409合约平昨仓30手,且尾盘在2360卖出开仓10手。

二、强麦 1405

K 线图，见图 1-69。

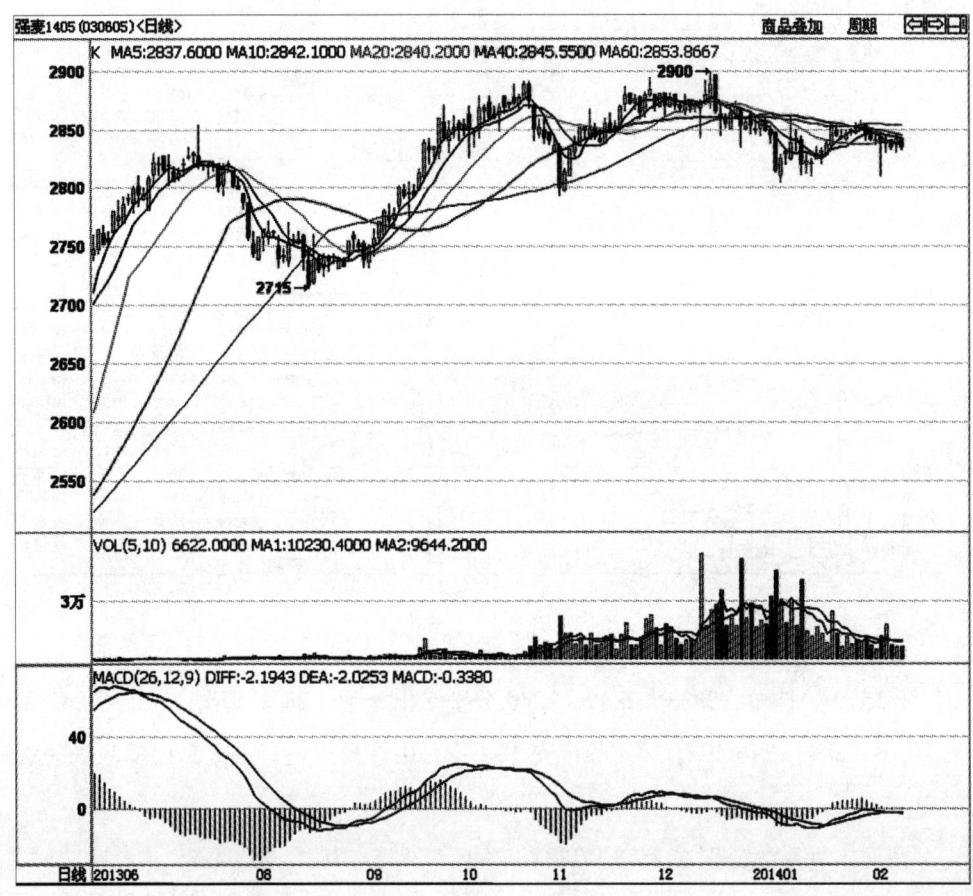

图 1-69

2月12日,见图1-70。

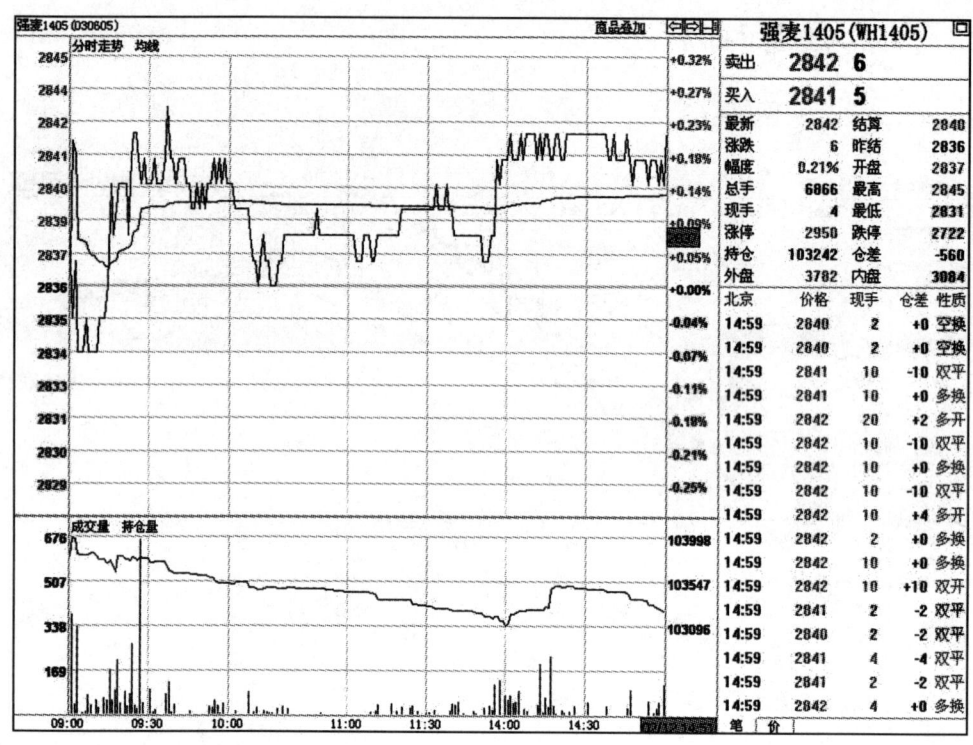

图1-70

8:55开始挂单,2838、2839、2840分别卖出5手,2841卖出10手,2842卖出20手,2845卖出40手(实际成交12手),中途另外还有一些高抛低吸的短线成交。

按照出货系统分别在2838、2837、2836、2835、2832渐次平仓。

解析:三重顶顶部渐低,中心整理,高抛低吸。

2月13日,见图1-71

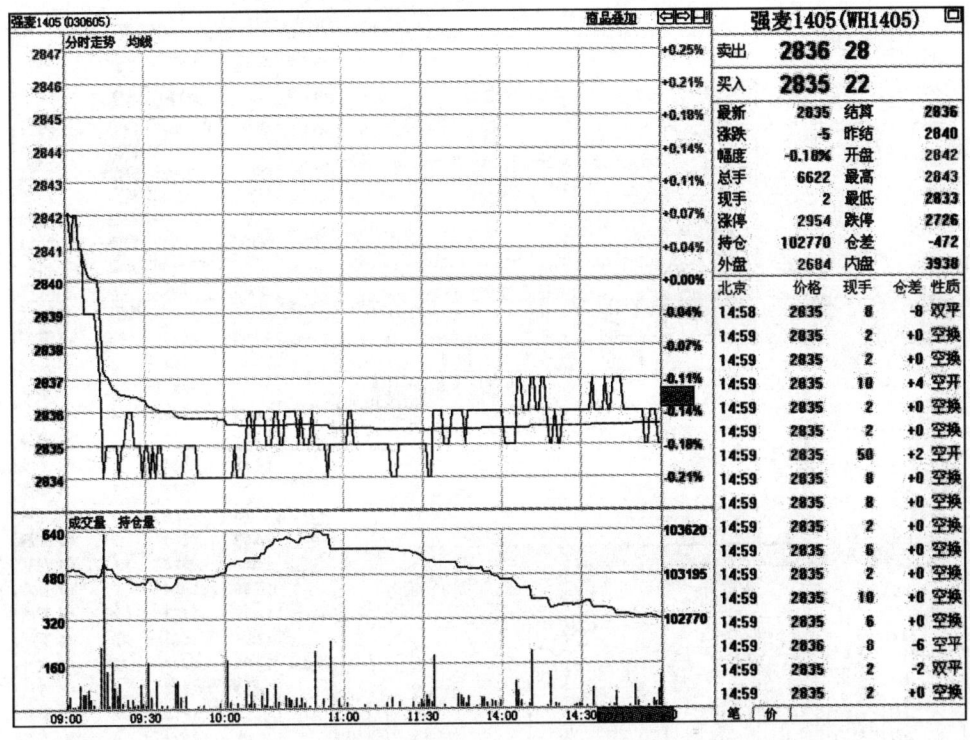

图1-71

开盘前,8:54分开始挂单,2839买入5手,2838买入5手,2837买入5手,平昨仓。

2836买入10手,2835买入20手,2834买入40手,2833买入80手(实际成交37手)。

在2835、2836、2837分别卖出渐次平仓。

解析:震荡行情,按照操作系统规则建仓和出货,高抛低吸。

2月17日,见图1-72。

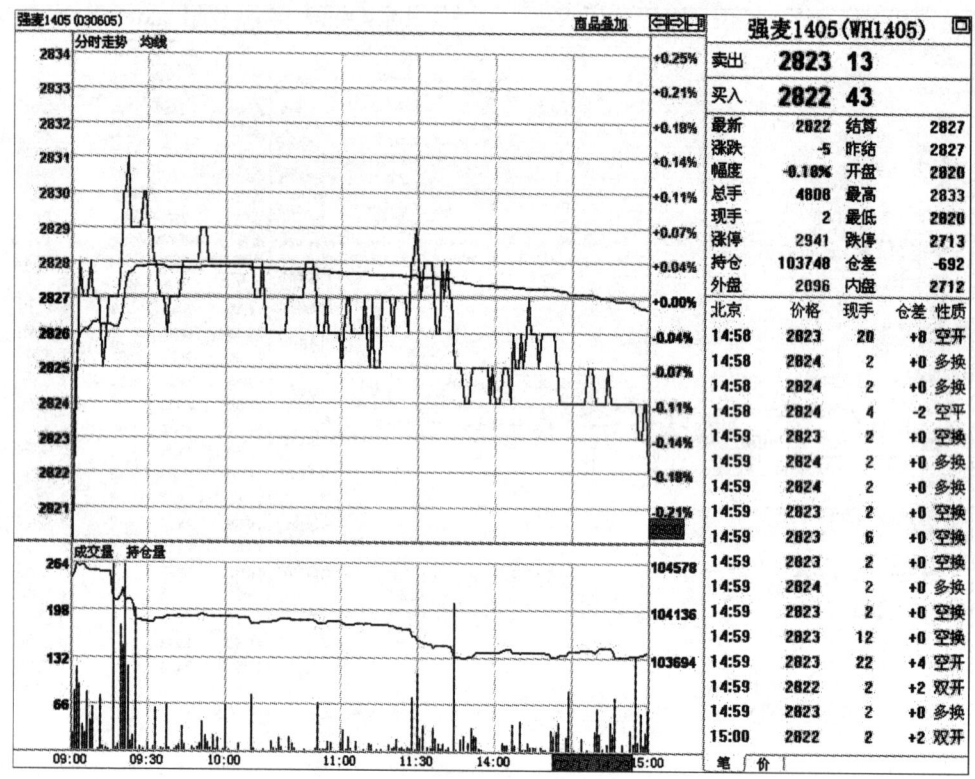

图1-72

开盘前挂单,在2830、2832卖出平仓,2833新开空仓,依次为6手、7手和5手(实际成交3手)。

在2826、2825、2824、2823、2822(未成交)挂单平昨空和今空,分别成交10手、20手、10手、10手。

解析:由于出现三个圆顶,且一个低于一个,故以逢高沽空为主。

2月18日，见图1-73。

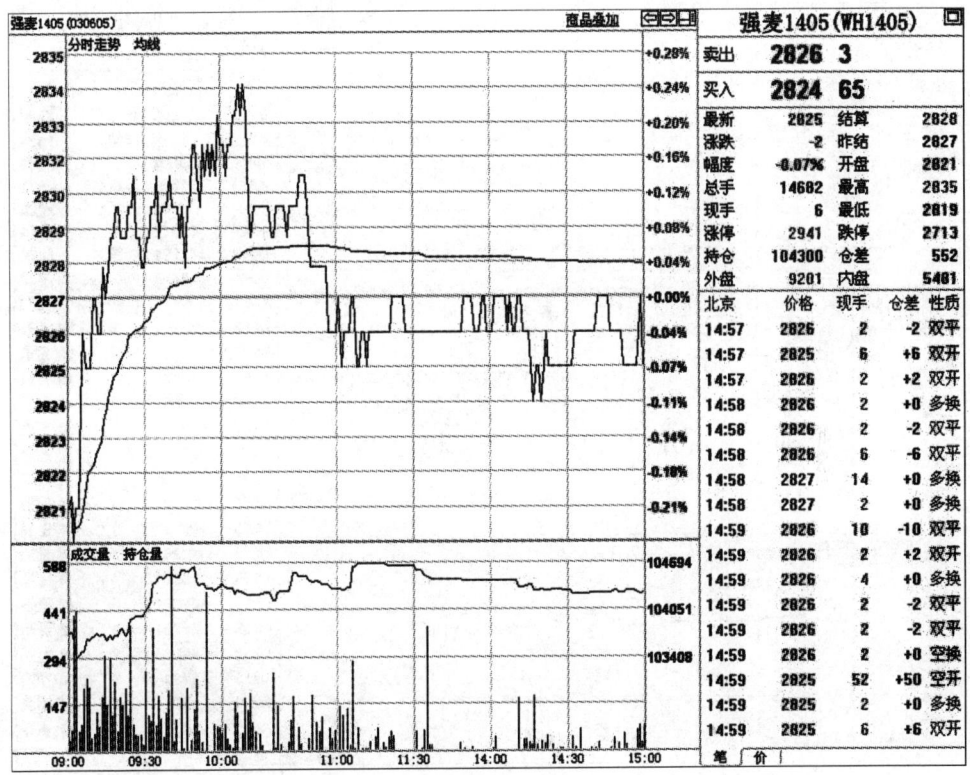

图1-73

开盘前在2830、2832、2834分别沽出10手、20手、40手。

在2831、2830、2829、2828分别平仓。

解析：由于出现三个圆顶，且震荡偏弱，故以逢高沽空为主。

2月19日,见图1-74。

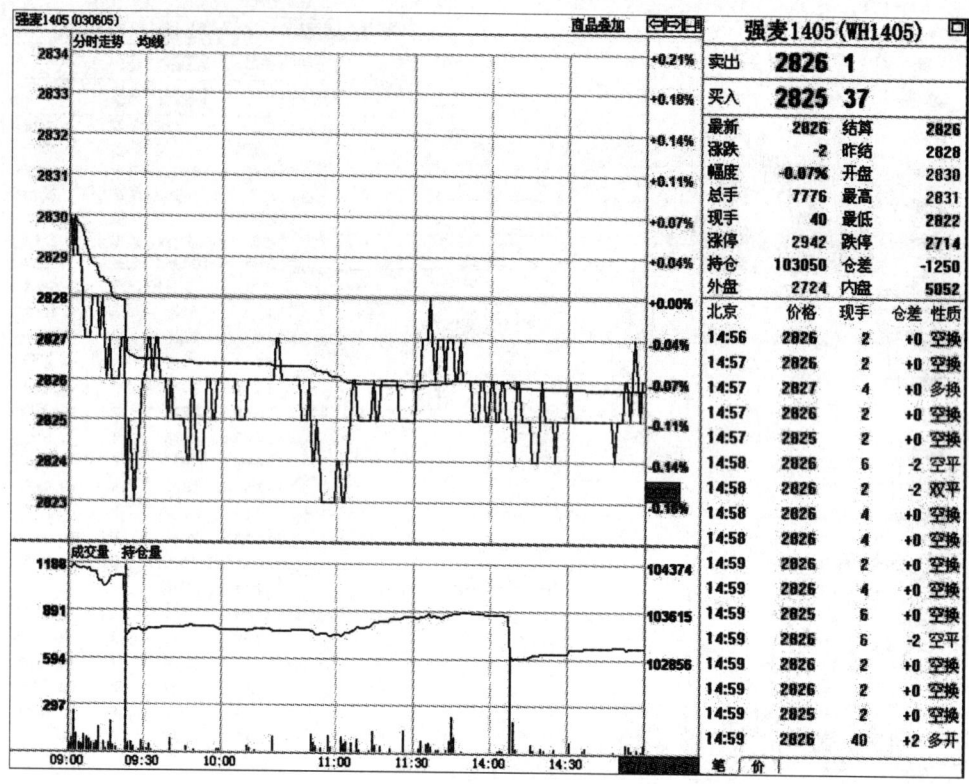

图 1-74

在 2829、2830、2831 分别沽出 10 手。

在 2828、2827、2826 分别买入平仓。

28 27 沽出 26 25 买入平仓。

解析:由于出现三个圆顶,且震荡偏弱,故以逢高沽空为主。

2月20日，见图1-75。

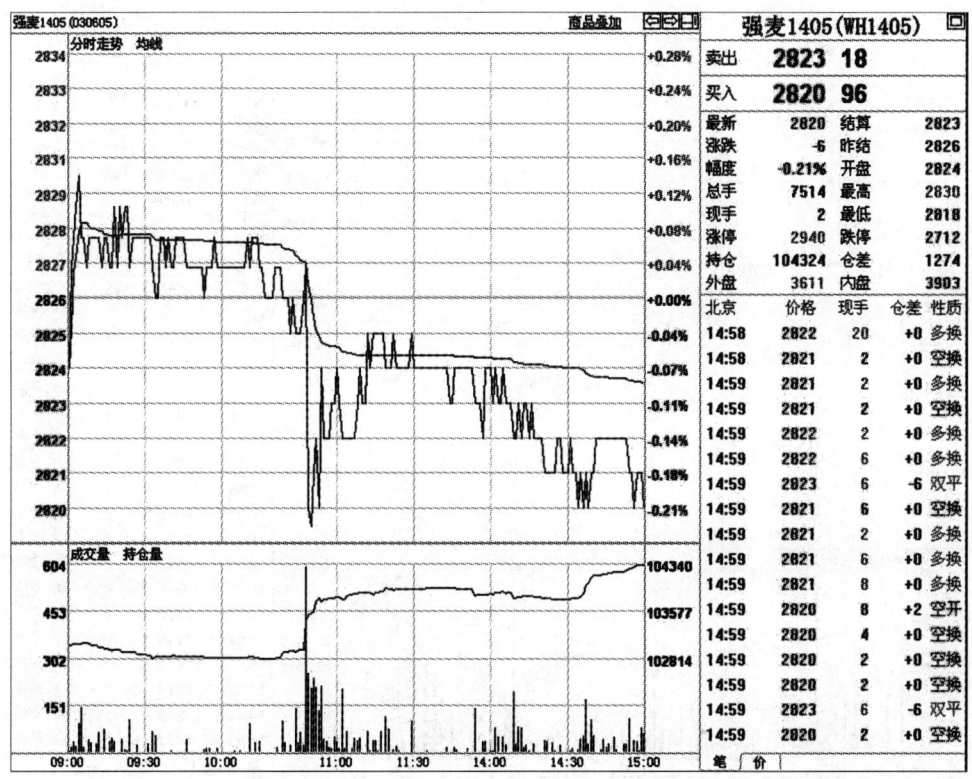

图1-75

在2824 23 22 21 20挂单买入平仓，46手。

2824 25分别卖出5手。

解析：由于出现三个圆顶，且震荡偏弱，故以逢高沽空为主。

2月21日,见图1-76。

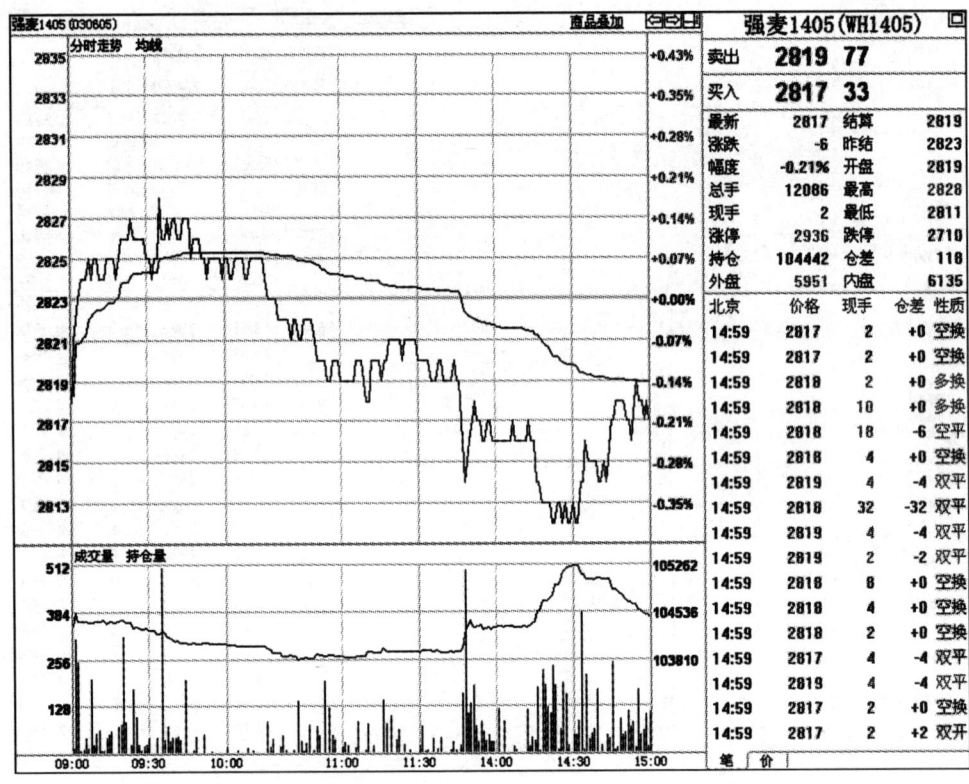

图1-76

在2826沽出10手,2828沽出10手。

在2823、2822、2821、2820、2815、2813分别买入平仓。

下午在价格大幅下挫之后的反弹过程中分步建仓,在2817卖出1手,2818卖出2手,2819卖出4手。

解析:由于接近交割月,持仓逐步减少,盘口偏弱,反弹无量,再加上前期三重顶的压制,基本面并无大的自然灾害,故以逢高建仓,逢低平仓为主,仓位控制在较低水平。

2月24日,见图1-77。

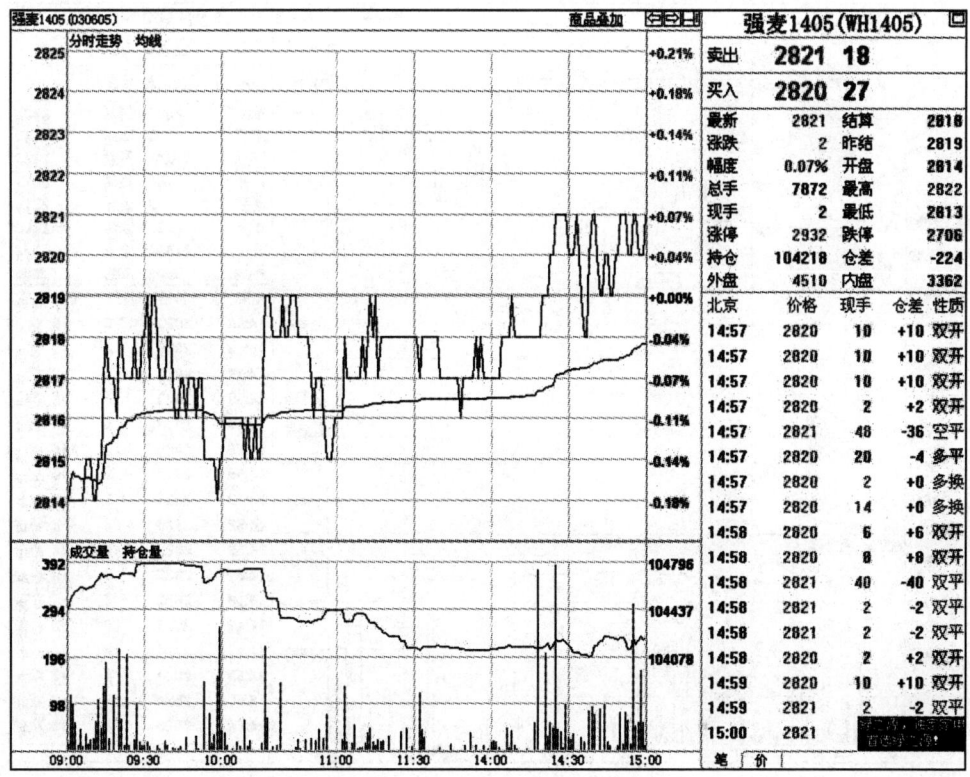

图1-77

在2814买入1手平昨仓。

在2817卖出开仓1手。

2月25日,见图1-78。

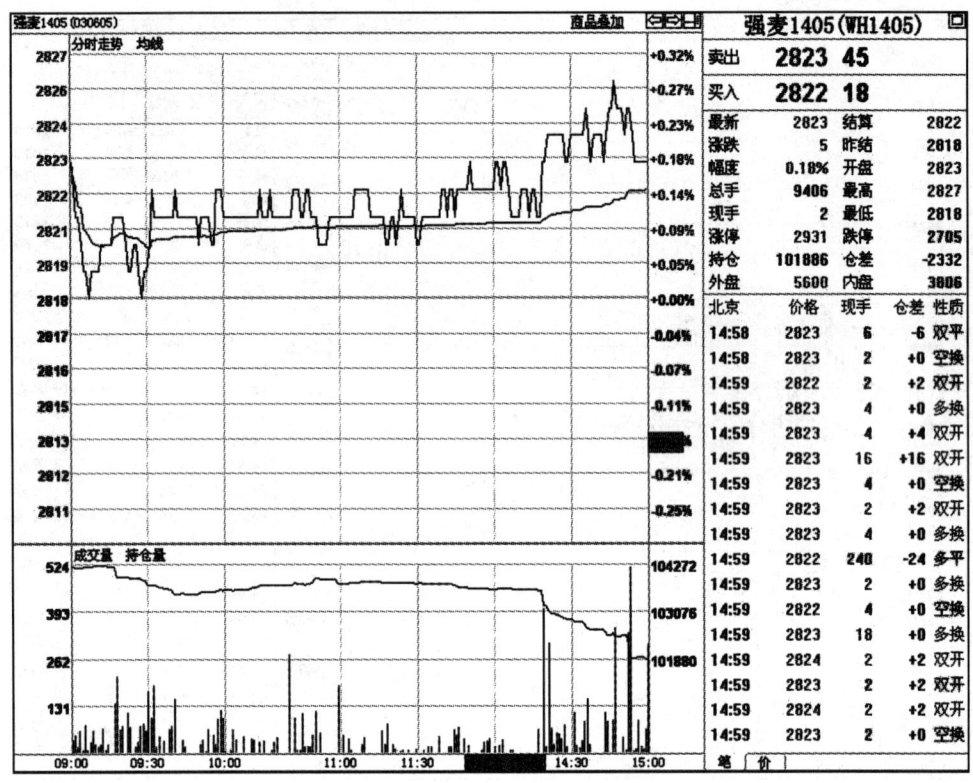

图1-78

在2825、2826、2827分别卖出20手、15手、20手。

在2824和2823分别平仓。

此外在2820至2824之间多次高抛低吸做短线。最后留净空持仓7手。

解析:KDJ的J值偏低,按超跌反弹处理,逢高沽空。原因与前期相同。

2月26日,见图1-79。

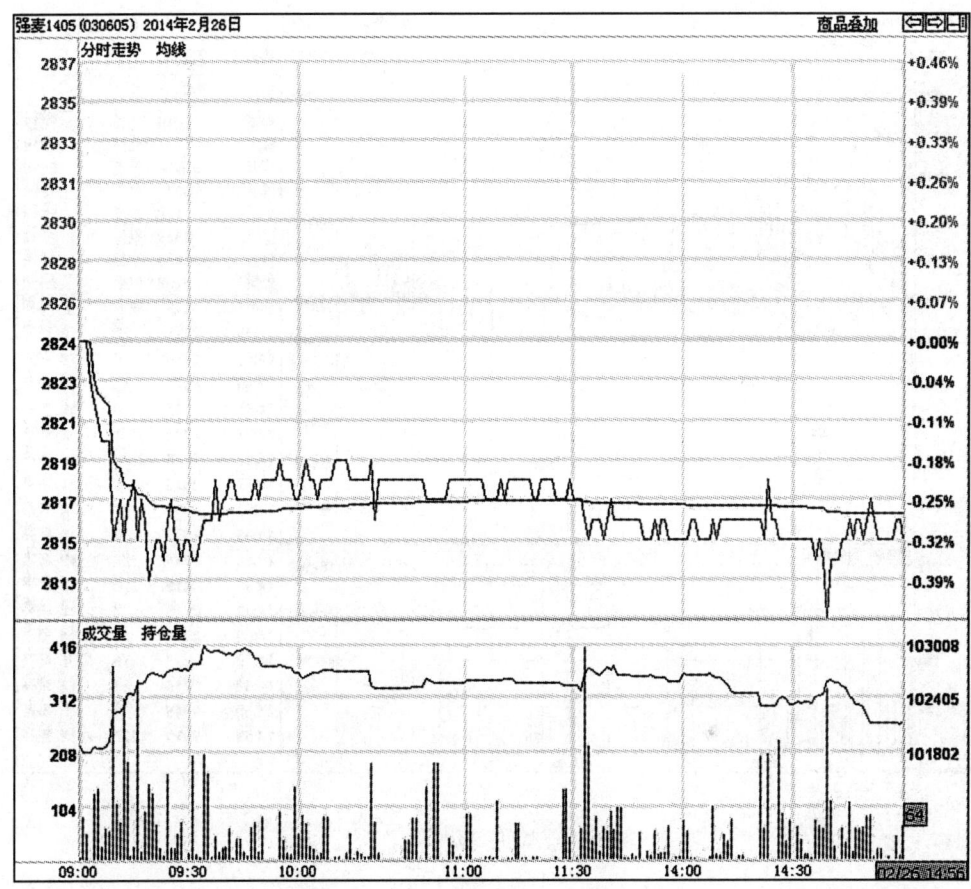

图1-79

在2817、2816买入平昨日空仓。

此后在2819至2815之间高抛低吸,最后留空仓17手。

2月27日,见图1-80。

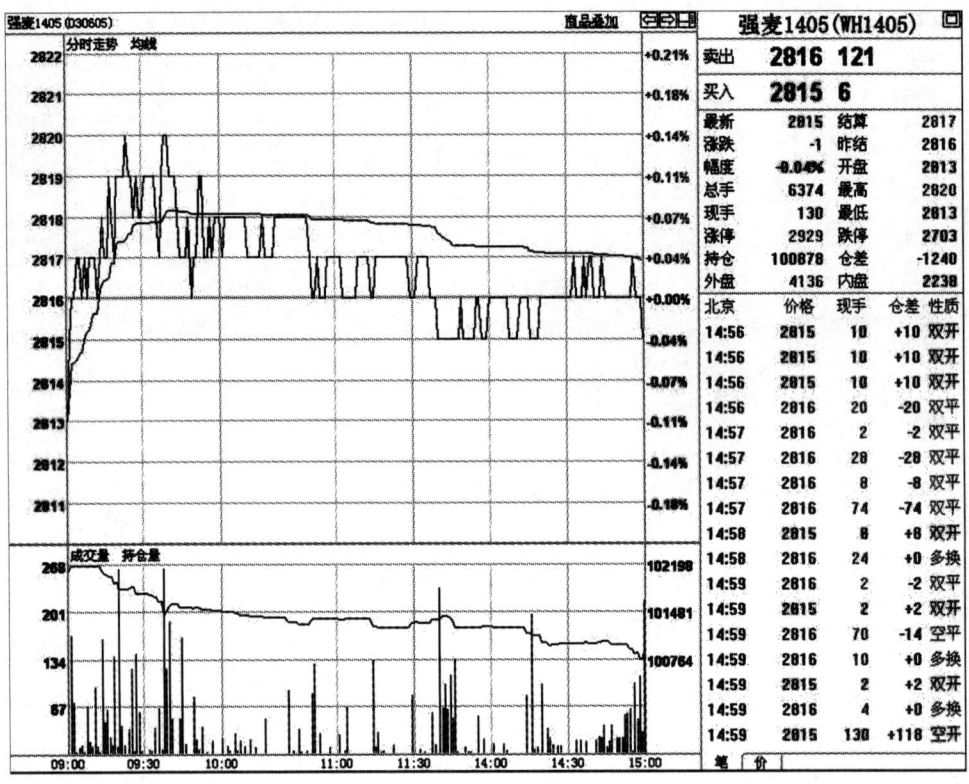

图1-80

在2818、2819、2820分别卖出10手、10手、20手。

在2818、2817、2816、2815、2814分别买入平仓,留空单32手,另在2817还有10手多单持仓。

2月28日，见图1-81。

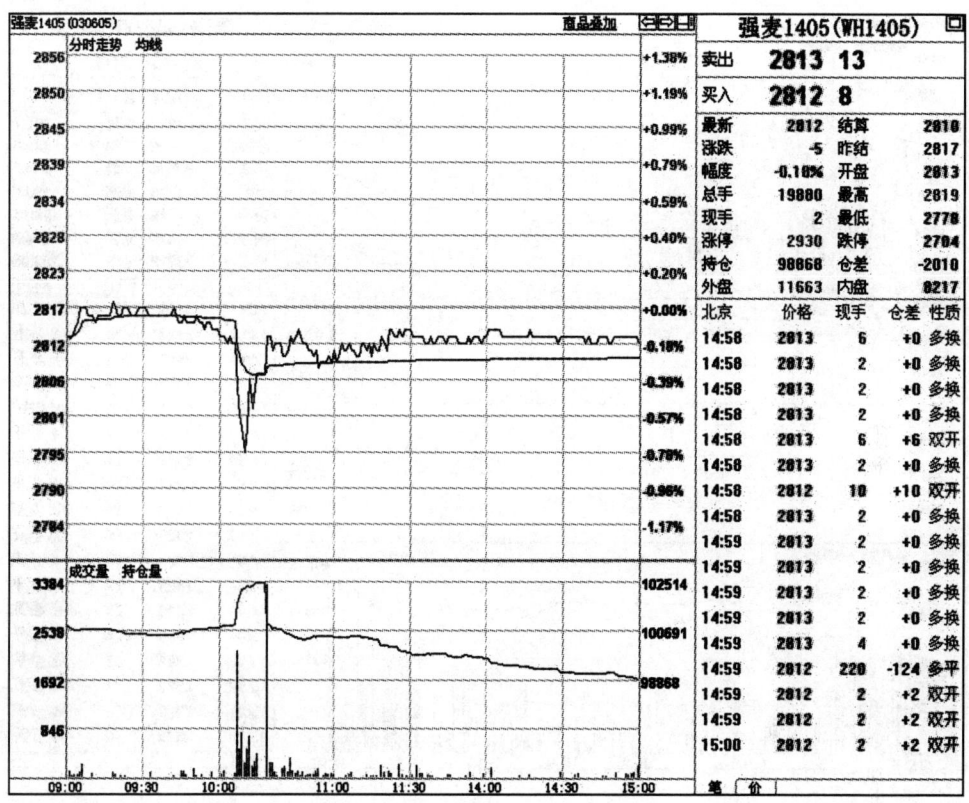

图1-81

在2817、2816分别卖出开仓2手和8手，在2813到2805之间分别买入平昨仓和今仓。

下午在2814、2813卖出开仓共20手。

另1409合约在2715卖出5手。

3月5日,见图1-82。

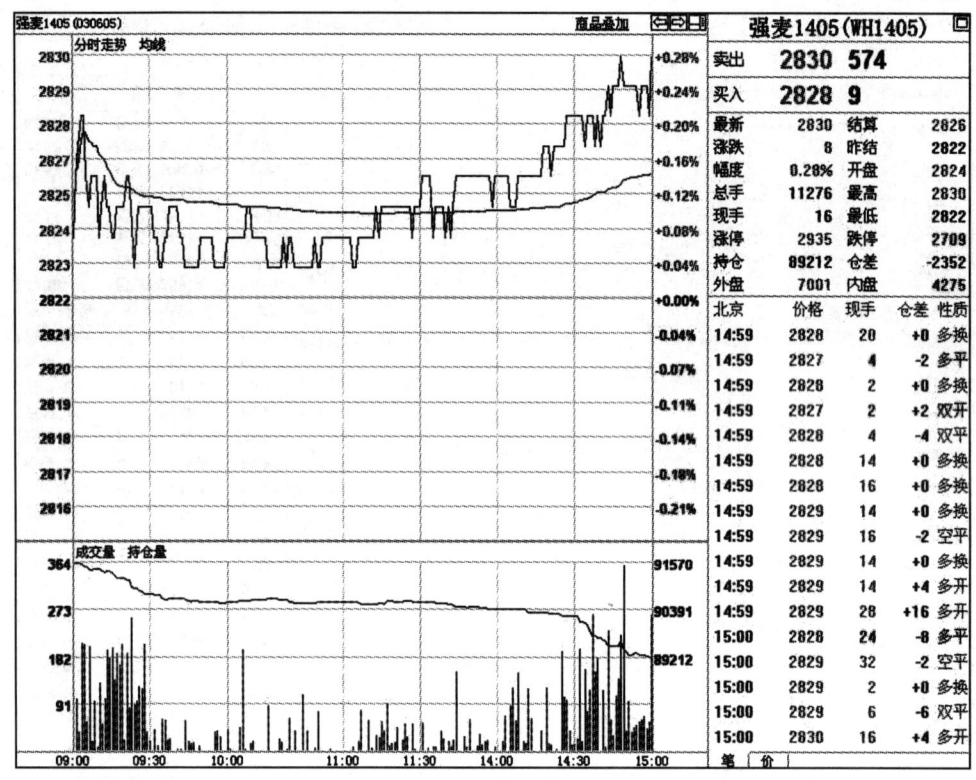

图1-82

开盘前在2825卖出10手,2826、2827、2828、2829分别卖出20手,共90手,另有昨空65手。

后在2825、2824、2823、2822分别买入平仓。

尾盘时多空分别开仓55手,明天根据情况高抛低吸,灵活处理。

解析:基本面上,证监会称要有序推进农产品期权的上市研发工作;技术面上,农产品前期跌幅较大,KDJ的J值偏低,有反弹需求,因此盘中只宜短空,长线仍然偏空,短线以反弹处理。

3月10日，见图1-83。

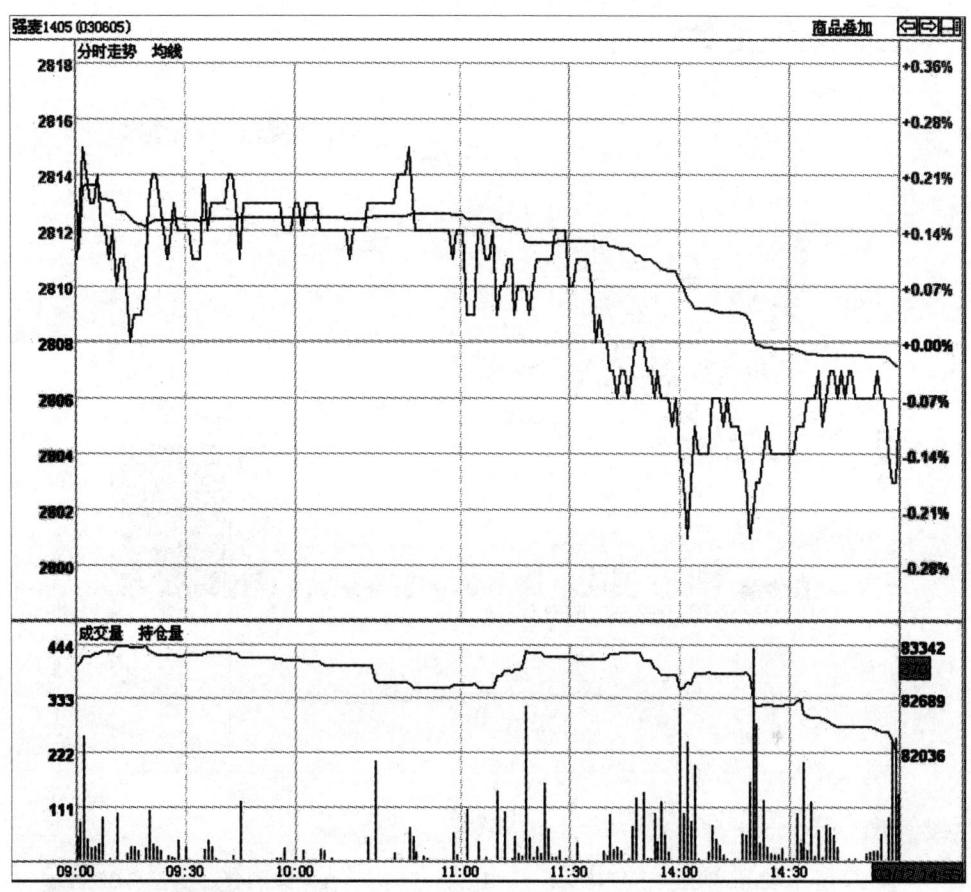

图1-83

在2821、2820分别卖出开仓3手、10手。

在2819、2818买入平仓10手，留3手空仓。

另1409合约在2662买入20手，后在2664、2663分别买入平仓。

三、上证指数

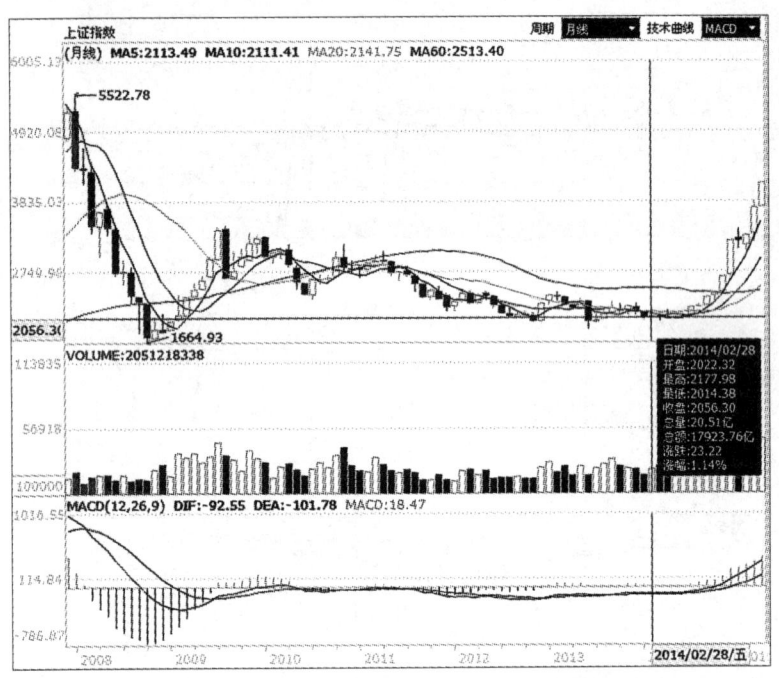

图 1-84

1/7 操作系统的预警理论认为，7 年是一个重要的周期，调整 7 年的牛市是一个爆发力惊人的牛市。笔者曾经在 2014 年 12 月 5 日（见图 1-85）的微信圈里写道："您可能见过牛市，但您肯定没有见过这么狂妄的牛市！凡是读过蛙式交易和 1/7 操作系统的人，都知道，7 年是个什么概念！那是上帝的牛市。你尽可以把它叫作天牛！"可以证明，笔者的论断非常正确。

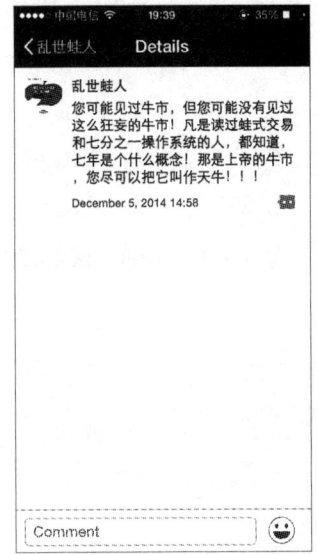

图 1-85

四、中信证券

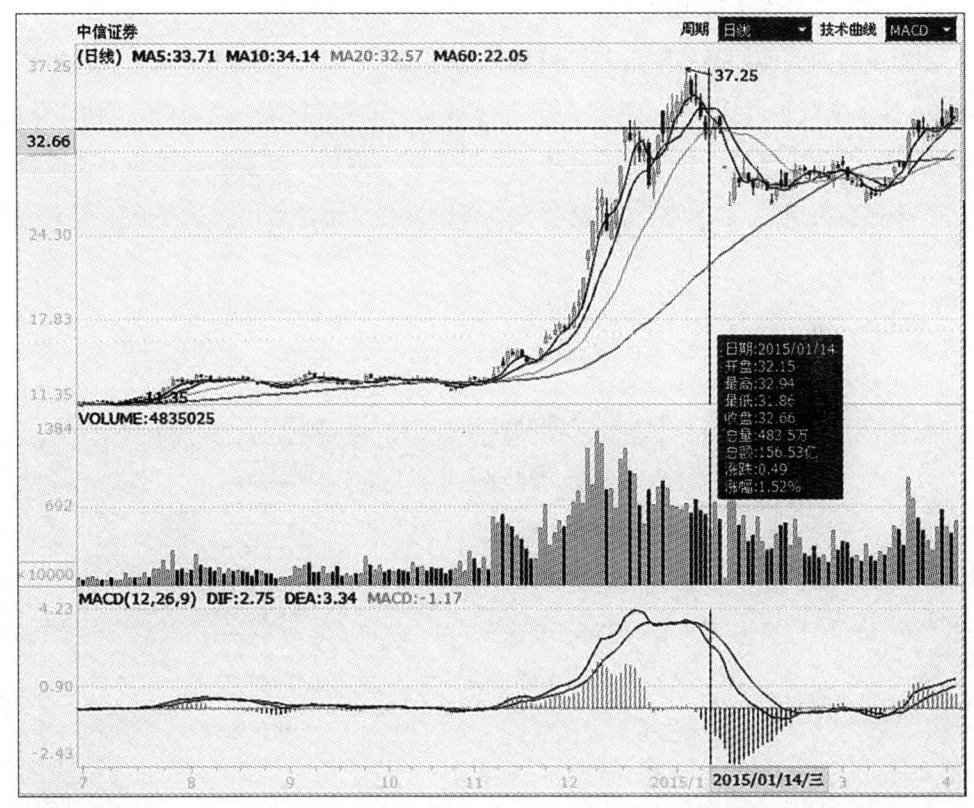

图 1-86

由于60日均线呈45°角向上延伸,中信证券牛市确立,所以每次回调都是买入的机会。假如以前没能在底部建到好仓的话,那么每次回调都是补仓的机会。但是,在拉高之后的补仓是很需要些技术含量的,一不留神就会高位套牢,所以必须严格按照1/7操作系统的建仓系统来建仓,将资金划分为建仓资金和防守资金,而首次建仓只用去计划资金的1/7。比如,有100万资金,30万左右防守,70万用来建仓,而在第一次建仓时则只能用掉10万。也就是在32元附近买入3000股,若价格上行则不追,当价格跌至29.62时再建1/7,即再买3000股或稍多;继续跌至27附近时再建1/7。这种方法叫作单杠式建仓。如果资金比较雄厚,比如说有200万,那么建仓时可采取"一二四"这样一个金字塔结构,即首先买入3000股，然后买入6000股，接着买入12000股。留出一半左右的资金用来防守。

只要以60日均线为主的均线系统向上趋势不改，那么就要以持仓为主，不能因为日常的波动而进进出出，否则追涨杀跌往往没有好结果。

当价格回到前期高位附近时，可以先出掉1/7，如果价格继续涨，则再出掉1/7，掉下来则可以把先前出掉的1/7再补回来。如果对后市一直看好，则可以始终持有一定的比例，这就叫延伸系统。如果全部出掉，一旦暴涨就要踏空，情急之下势必会去追高，一回档又全部套牢。所以说在牛市过程中，始终必须留有一定的底仓。

如图所示：图1-87是哑铃式建仓，图1-88是单杠式建仓。

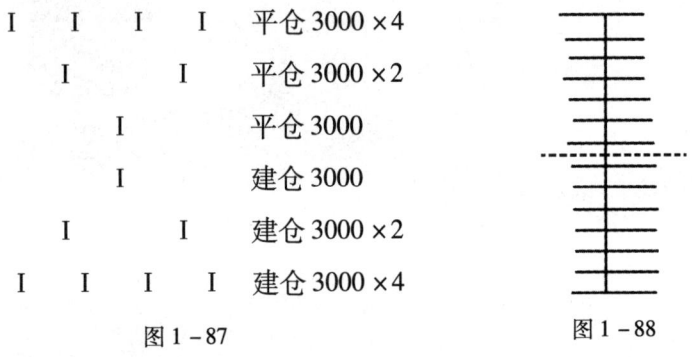

图1-87　　　　　　图1-88

下半部分代表7个建仓点，每个点建仓3000股，上半部分代表7个平仓点，即每个点平仓3000股。

五、广发证券

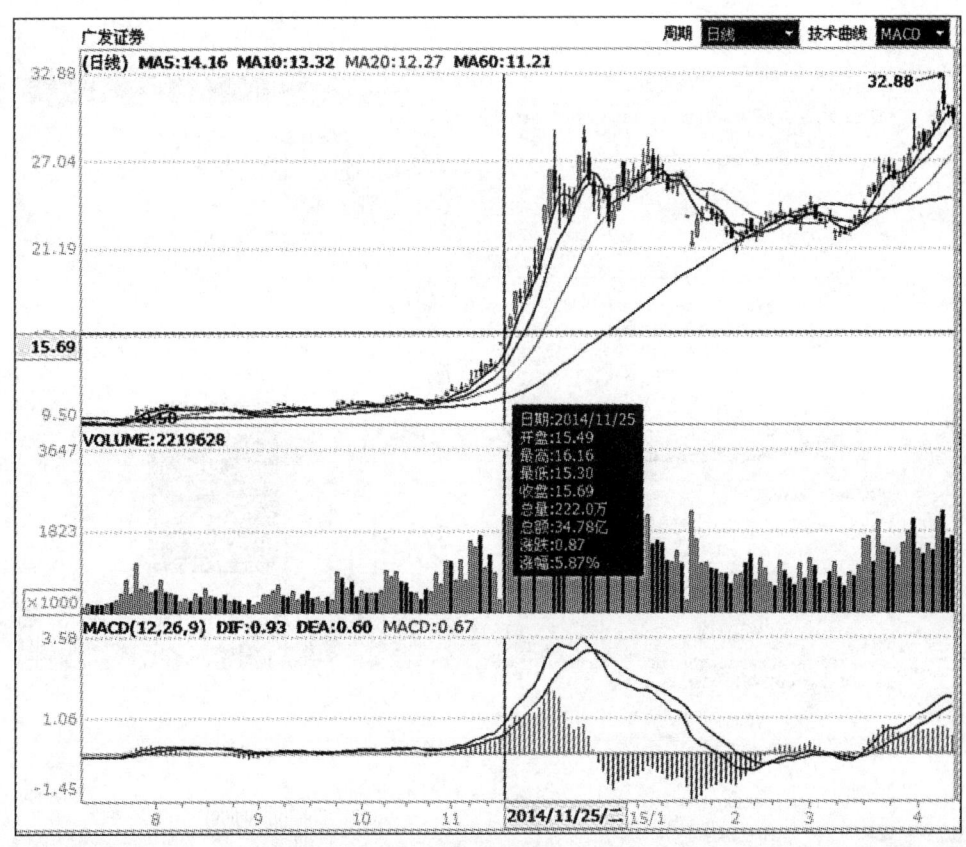

图 1-89

以建仓资金 70 万元来计算，在 16 元附近压缩建仓一次 40 万元，继续上攻则再追击建仓 20 万元，接着再建 10 万元。这样同样也形成金字塔式建仓。这和普通金字塔建仓的区别就在于，普通建仓先小后大，这种建仓则是先大后小，因为要抢时间争速度，一旦牛市确立，行情将会爆发，不可迟疑。当后期价格超过 27 元时，已经与 60 日均线乖离过大，此时必须平掉 1/7。第二次突破时再出 2/7，第三次冲高无果加之利空突袭，则把剩余的 4/7 全部清掉。调整一段时间以后，再重新按照 1/7 操作系统进行建仓和平仓，如此循环。原则：只要 60 日均线向上方向不改，只要价量配合正常，牛市确立，就必须要坚决果敢执行建仓原则。小跌小买，大跌大买，不要坐失良机。

六、民生银行

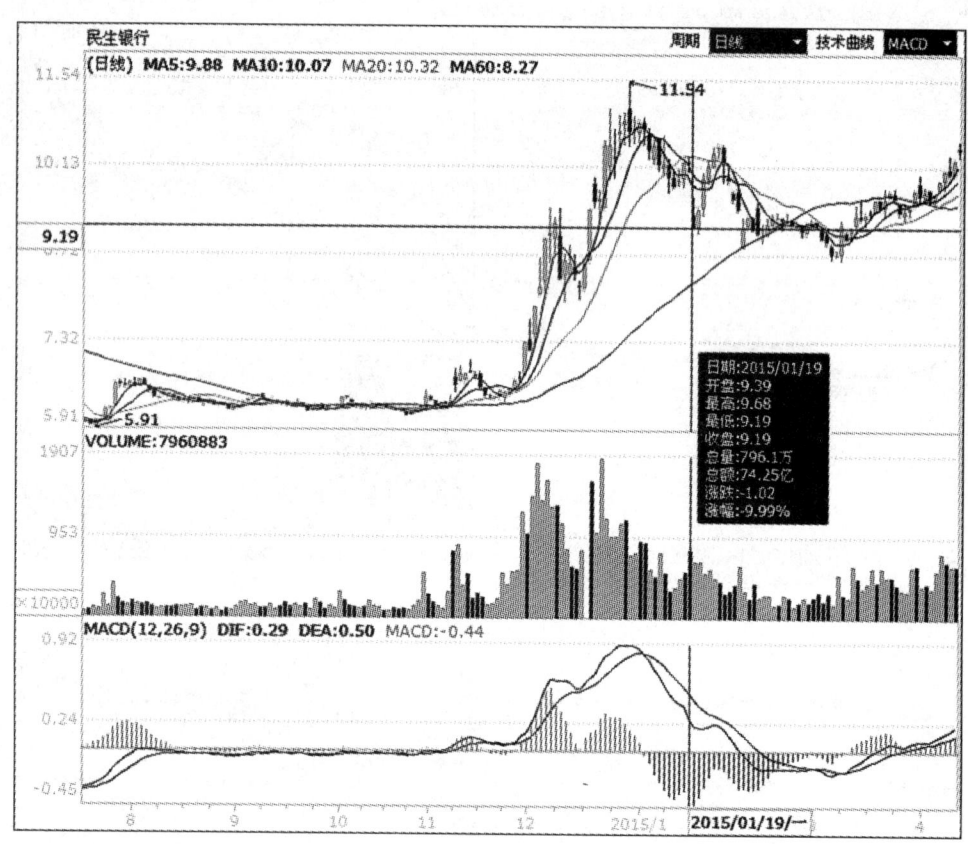

图 1-90

前期涨幅过大，与 60 日均线相距太远，所以要等待时机。2015 年 1 月 19 日价格回调至 9 元附近时开始建仓，先建 1/7；当日线与 60 日均线交叉时再建 2/7，后期继续跌破 60 日均线时再建 4/7。因为已确立是牛市行情，因此可长期持有，等价格达到自己的心理目标或遇到重大阻力位时再按照 1/7 操作系统的平仓系统逐步平仓。

七、平安银行

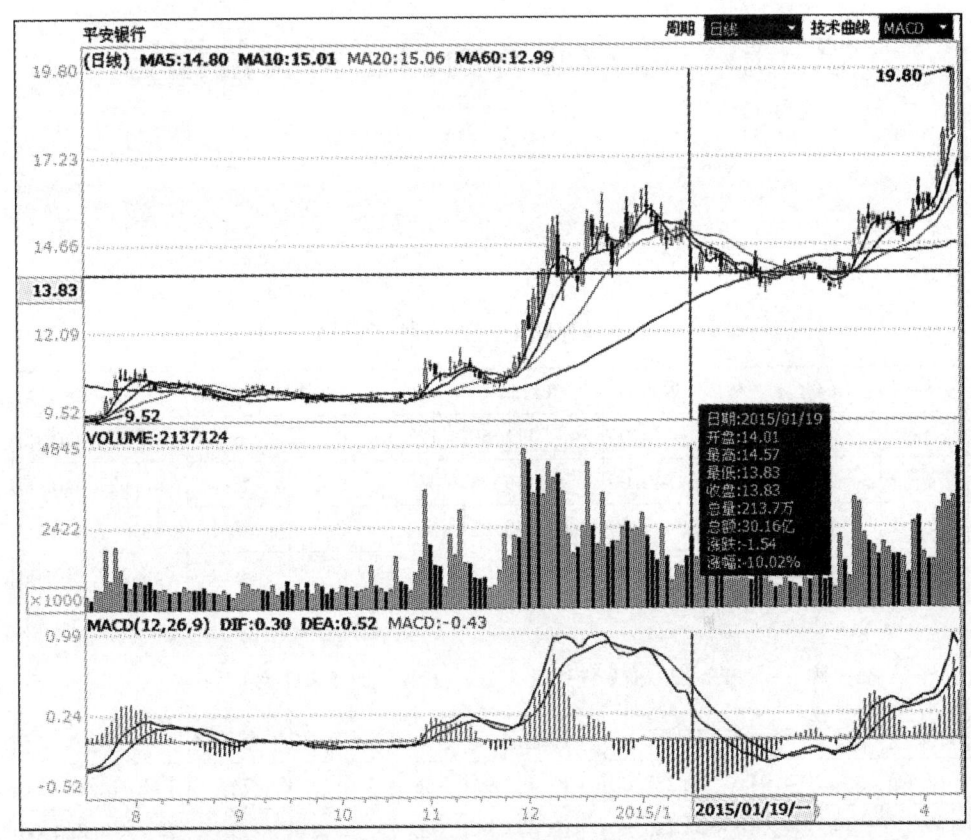

图 1-91

在向 60 日均线靠拢的过程中逐步建仓，首先在 14 元附近建 1/7，与 60 日均线交汇时建 2/7，跌破 60 日均线后再建 4/7。价格突破前期高点，长期持有（最右的阴棒为除权日导致，实际价格仍为上涨）。

第三节 股指期货两月三倍实战指导

表1-1 交易统计表（一）（日期：2014年12月）

交易所	手续费	总盈亏	净利润	手数	持仓手数	平今手数	成交额
大连	21.60	-90.00	-111.60	12	0	6	290,470.00
中金所	1,379.28	-95,340.00	-96,719.28	44	0	13	44,927,340.00
	1,400.88	-95,430.00	-96,830.88	56	0	19	45,217,810.00
	1,400.88	-95,430.00	-96,830.88	56	0	19	45,217,810.00

表1-2 交易统计表（二）（日期：2015年1月）

交易所	手续费	总盈亏	净利润	手数	持仓手数	平今手数	成交额
中金所	5,194.94	-14,280.00	-19,474.94	168	0	74	179,414,880.00
	5,194.94	-14,280.00	-19,474.94	168	0	74	179,414,880.00
	5,194.94	-14,280.00	-19,474.94	168	0	74	179,414,880.00

表1-3 交易统计表（三）（日期：2015年2月）

交易所	手续费	总盈亏	净利润	手数	持仓手数	平今手数	成交额
中金所	6,570.83	96,840.00	90,269.17	223	3	93	233,423,640.00
	6,570.83	96,840.00	90,269.17	223	3	93	233,423,640.00
	6,570.83	96,840.00	90,269.17	223	3	93	233,423,640.00

表1-4 交易统计表（四）（日期：2015年3月）

交易所	手续费	总盈亏	净利润	手数	持仓手数	平今手数	成交额
中金所	19,388.35	486,900.00	467,511.65	604	7	246	688,755,240.00
	19,388.35	486,900.00	467,511.65	604	7	246	688,755,240.00
	19,388.35	486,900.00	467,511.65	604	7	246	688,755,240.00

表1-5 交易统计表（五）（日期：2015年4月）

交易所	交易日	手续费	总盈亏	净利润	持仓手数	平今手数	手数	成交额
中金所	20150401	937.68	115,500.00	114,562.32	0	10	27	33,310,320.00
中金所	20150402	1,591.74	22,980.00	21,388.26	10	18	46	56,544,300.00
中金所	20150403	1,535.83	164,580.00	163,044.17	0	17	44	54,557,700.00
中金所	20150407	961.79	81,360.00	80,398.21	5	11	27	34,167,060.00
中金所	20150408	1,292.99	70,980.00	69,687.01	9	11	36	45,931,380.00
中金所	20150409	790.65	-57,660.00	-58,450.65	11	2	22	28,086,960.00
中金所	20150410	543.47	239,580.00	239,036.53	0	2	15	19,306,740.00
中金所	20150413	1,706.90	139,080.00	137,373.10	10	18	46	60,635,040.00
中金所	20150414	1,576.27	224,880.00	223,303.73	8	12	42	55,994,280.00
		10,937.32	1,001,280.00	990,342.68	8	101	305	388,533,780.00

该客户2014年12月11日开始入金交易，初始资金100万元，最初两个月由于客户期货基础知识较弱，且无人指导，故出现连续亏损。2015年2月份开始，笔者对客户进行全程操作指导，所用方法为蛙式交易的基础——1/7操作系统。从2月份开始，每月连续赢利暴增，截止至4月14日发稿时，账户资金已经从80多万元增长到200多万元，实现了两月三倍的惊人飞跃。全程有账户成交明细（见表1-1至表1-11，图1-92至图1-94）以及实盘QQ聊天记录为证。

表1-6 成交明细查询（一）（日期：2014年12月1日—2014年12月31日）

交易日	交易所	品种	合约号	买卖	开平	投保	成交手数	成交价格	成交额
20141211	大连	玉米	c1505	买	开	投	2	2,421.000	48,420.00
20141211	大连	玉米	c1505	买	开	投	2	2,422.000	48,440.00
20141211	大连	玉米	c1505	买	平今	投	2	2,421.000	48,420.00
20141211	大连	玉米	c1505	卖	开	投	2	2,421.000	48,420.00
20141211	大连	玉米	c1505	卖	平今	投	1	2,418.000	24,180.00
20141211	大连	玉米	c1505	卖	平今	投	2	2,419.000	48,380.00
20141211	大连	玉米	c1505	卖	平今	投	1	2,421.000	24,210.00
20141219	中金所	沪深300	IF1501	买	开	投	1	3,416.800	1,025,040.00
20141219	中金所	沪深300	IF1501	买	开	投	1	3,483.800	1,045,140.00
20141219	中金所	沪深300	IF1501	买	开	投	1	3,491.000	1,047,300.00
20141219	中金所	沪深300	IF1501	卖	平今	投	1	3,472.400	1,041,720.00
20141219	中金所	沪深300	IF1501	卖	平今	投	1	3,493.200	1,047,960.00
20141219	中金所	沪深300	IF1501	卖	平今	投	1	3,498.800	1,049,640.00
20141222	中金所	沪深300	IF1501	买	开	投	1	3,439.600	1,031,880.00
20141222	中金所	沪深300	IF1501	买	开	投	1	3,441.200	1,032,360.00
20141222	中金所	沪深300	IF1501	买	开	投	1	3,446.800	1,034,040.00
20141222	中金所	沪深300	IF1501	买	开	投	1	3,449.600	1,034,880.00
20141222	中金所	沪深300	IF1501	买	开	投	1	3,492.200	1,047,660.00
20141222	中金所	沪深300	IF1501	买	开	投	1	3,496.600	1,048,980.00
20141222	中金所	沪深300	IF1501	买	平今	投	1	3,469.600	1,040,880.00
20141222	中金所	沪深300	IF1501	卖	开	投	1	3,480.400	1,044,120.00
20141222	中金所	沪深300	IF1501	卖	平今	投	2	3,469.400	2,081,640.00
20141222	中金所	沪深300	IF1501	卖	平今	投	1	3,497.400	1,049,220.00
20141223	中金所	沪深300	IF1501	买	开	投	1	3,393.800	1,018,140.00
20141223	中金所	沪深300	IF1501	买	开	投	1	3,418.600	1,025,580.00
20141223	中金所	沪深300	IF1501	买	开	投	1	3,420.800	1,026,240.00
20141223	中金所	沪深300	IF1501	买	开	投	1	3,433.200	1,029,960.00
20141223	中金所	沪深300	IF1501	卖	平	投	1	3,390.400	1,017,120.00
20141223	中金所	沪深300	IF1501	卖	平	投	1	3,426.400	1,027,920.00

（续表）

交易日	交易所	品种	合约号	买卖	开平	投保	成交手数	成交价格	成交额
20141223	中金所	沪深300	IF1501	卖	平	投	1	3,455.400	1,036,620.00
20141223	中金所	沪深300	IF1501	卖	平今	投	1	3,437.000	1,031,100.00
20141224	中金所	沪深300	IF1501	买	开	投	1	3,232.400	969,720.00
20141224	中金所	沪深300	IF1501	卖	平	投	1	3,248.800	974,640.00
20141225	中金所	沪深300	IF1501	买	开	投	1	3,279.000	983,700.00
20141225	中金所	沪深300	IF1501	买	开	投	1	3,289.600	986,880.00
20141225	中金所	沪深300	IF1501	买	平今	投	1	3,328.200	998,460.00
20141225	中金所	沪深300	IF1501	卖	开	投	1	3,318.000	995,400.00
20141225	中金所	沪深300	IF1501	卖	平	投	1	3,282.200	984,660.00
20141225	中金所	沪深300	IF1501	卖	平	投	2	3,295.400	1,977,240.00
20141225	中金所	沪深300	IF1501	卖	平今	投	1	3,291.600	987,480.00
20141225	中金所	沪深300	IF1501	卖	平今	投	1	3,300.600	990,180.00
20141226	中金所	沪深300	IF1501	买	开	投	1	3,361.600	1,008,480.00
20141226	中金所	沪深300	IF1501	买	开	投	1	3,365.400	1,009,620.00
20141226	中金所	沪深300	IF1501	卖	开	投	1	3,399.000	1,019,700.00
20141226	中金所	沪深300	IF1501	卖	开	投	1	3,432.800	1,029,840.00
20141226	中金所	沪深300	IF1501	卖	平今	投	2	3,383.000	2,029,800.00
20141229	中金所	沪深300	IF1501	买	平	投	2	3,444.000	2,066,400.00
							56	0.000	45,217,810.00

表1-7 成交明细查询(二)(日期:2015年1月1日—2015年1月31日)

交易日	交易所	品种	合约号	买卖	开平	投保	成交手数	成交价格	成交额
20150105	中金所	沪深300	IF1501	买	开	投	1	3,597.600	1,079,280.00
20150105	中金所	沪深300	IF1501	买	平今	投	1	3,596.600	1,078,980.00
20150105	中金所	沪深300	IF1501	买	平今	投	1	3,597.200	1,079,160.00
20150105	中金所	沪深300	IF1501	买	平今	投	2	3,690.000	2,214,000.00
20150105	中金所	沪深300	IF1501	卖	开	投	1	3,602.600	1,080,780.00
20150105	中金所	沪深300	IF1501	卖	开	投	1	3,615.000	1,084,500.00
20150105	中金所	沪深300	IF1501	卖	开	投	1	3,676.800	1,103,040.00
20150105	中金所	沪深300	IF1501	卖	开	投	1	3,722.000	1,116,600.00
20150105	中金所	沪深300	IF1501	卖	平今	投	1	3,587.400	1,076,220.00
20150106	中金所	沪深300	IF1501	买	开	投	1	3,634.400	1,090,320.00
20150106	中金所	沪深300	IF1501	买	开	投	1	3,653.000	1,095,900.00
20150106	中金所	沪深300	IF1501	买	平今	投	1	3,648.600	1,094,580.00
20150106	中金所	沪深300	IF1501	卖	开	投	1	3,683.200	1,104,960.00
20150106	中金所	沪深300	IF1501	卖	平今	投	1	3,645.400	1,093,620.00
20150106	中金所	沪深300	IF1501	卖	平今	投	1	3,656.400	1,096,920.00
20150107	中金所	沪深300	IF1501	买	开	投	1	3,627.600	1,088,280.00
20150107	中金所	沪深300	IF1501	买	开	投	1	3,643.800	1,093,140.00
20150107	中金所	沪深300	IF1501	买	开	投	1	3,649.600	1,094,880.00
20150107	中金所	沪深300	IF1501	买	开	投	1	3,650.600	1,095,180.00
20150107	中金所	沪深300	IF1501	买	开	投	1	3,655.800	1,096,740.00
20150107	中金所	沪深300	IF1501	买	开	投	1	3,659.400	1,097,820.00
20150107	中金所	沪深300	IF1501	买	开	投	1	3,663.200	1,098,960.00
20150107	中金所	沪深300	IF1501	买	开	投	1	3,663.400	1,099,020.00
20150107	中金所	沪深300	IF1501	买	平今	投	1	3,670.600	1,101,180.00
20150107	中金所	沪深300	IF1501	卖	开	投	1	3,672.400	1,101,720.00
20150107	中金所	沪深300	IF1501	卖	平今	投	1	3,650.200	1,095,060.00
20150107	中金所	沪深300	IF1501	卖	平今	投	1	3,655.000	1,096,500.00
20150107	中金所	沪深300	IF1501	卖	平今	投	1	3,656.600	1,096,980.00
20150107	中金所	沪深300	IF1501	卖	平今	投	1	3,658.400	1,097,520.00
20150107	中金所	沪深300	IF1501	卖	平今	投	1	3,660.800	1,098,240.00
20150107	中金所	沪深300	IF1501	卖	平今	投	1	3,665.800	1,099,740.00
20150107	中金所	沪深300	IF1501	卖	平今	投	1	3,670.600	1,101,180.00
20150107	中金所	沪深300	IF1501	卖	平今	投	1	3,678.200	1,103,460.00
20150108	中金所	沪深300	IF1501	买	平今	投	1	3,565.000	1,069,500.00
20150108	中金所	沪深300	IF1501	卖	开	投	1	3,610.200	1,083,060.00

(续表)

交易日	交易所	品种	合约号	买卖	开平	投保	成交手数	成交价格	成交额
20150109	中金所	沪深300	IF1501	买	开	投	1	3,554.000	1,066,200.00
20150109	中金所	沪深300	IF1501	买	开	投	1	3,562.800	1,068,840.00
20150109	中金所	沪深300	IF1501	买	开	投	1	3,564.600	1,069,380.00
20150109	中金所	沪深300	IF1501	买	平今	投	1	3,567.000	1,070,100.00
20150109	中金所	沪深300	IF1501	买	平今	投	1	3,574.800	1,072,440.00
20150109	中金所	沪深300	IF1501	买	平今	投	3	3,618.600	3,256,740.00
20150109	中金所	沪深300	IF1501	卖	开	投	1	3,573.000	1,071,900.00
20150109	中金所	沪深300	IF1501	卖	开	投	1	3,574.400	1,072,320.00
20150109	中金所	沪深300	IF1501	卖	开	投	1	3,604.200	1,081,260.00
20150109	中金所	沪深300	IF1501	卖	开	投	1	3,612.000	1,083,600.00
20150109	中金所	沪深300	IF1501	卖	开	投	1	3,647.800	1,094,340.00
20150109	中金所	沪深300	IF1501	卖	平今	投	1	3,569.200	1,070,760.00
20150109	中金所	沪深300	IF1501	卖	平今	投	1	3,569.800	1,070,940.00
20150109	中金所	沪深300	IF1501	卖	平今	投	1	3,583.200	1,074,960.00
20150112	中金所	沪深300	IF1502	买	开	投	1	3,507.000	1,052,100.00
20150112	中金所	沪深300	IF1502	买	开	投	1	3,507.600	1,052,280.00
20150112	中金所	沪深300	IF1502	买	开	投	1	3,517.400	1,055,220.00
20150112	中金所	沪深300	IF1502	买	开	投	1	3,586.800	1,076,040.00
20150112	中金所	沪深300	IF1502	买	平今	投	1	3,556.200	1,066,860.00
20150112	中金所	沪深300	IF1502	卖	开	投	1	3,593.800	1,078,140.00
20150112	中金所	沪深300	IF1502	卖	平今	投	1	3,532.200	1,059,660.00
20150112	中金所	沪深300	IF1502	卖	平今	投	1	3,532.400	1,059,720.00
20150112	中金所	沪深300	IF1502	卖	平今	投	1	3,538.000	1,061,400.00
20150112	中金所	沪深300	IF1502	卖	平今	投	1	3,583.800	1,075,140.00
20150113	中金所	沪深300	IF1502	买	开	投	1	3,569.800	1,070,940.00
20150113	中金所	沪深300	IF1502	买	开	投	2	3,574.000	2,144,400.00
20150113	中金所	沪深300	IF1502	买	开	投	1	3,585.000	1,075,500.00
20150113	中金所	沪深300	IF1502	买	开	投	1	3,604.400	1,081,320.00
20150113	中金所	沪深300	IF1502	卖	平今	投	1	3,568.000	1,070,400.00
20150113	中金所	沪深300	IF1502	卖	平今	投	1	3,569.400	1,070,820.00
20150113	中金所	沪深300	IF1502	卖	平今	投	1	3,574.000	1,072,200.00
20150113	中金所	沪深300	IF1502	卖	平今	投	1	3,579.200	1,073,760.00
20150113	中金所	沪深300	IF1502	卖	平今	投	1	3,587.400	1,076,220.00
20150115	中金所	沪深300	IF1502	买	开	投	1	3,548.400	1,064,520.00
20150115	中金所	沪深300	IF1502	买	开	投	1	3,550.600	1,065,180.00

（续表）

交易日	交易所	品种	合约号	买卖	开平	投保	成交手数	成交价格	成交额
20150115	中金所	沪深300	IF1502	买	开	投	1	3,565.600	1,069,680.00
20150115	中金所	沪深300	IF1502	买	开	投	1	3,583.600	1,075,080.00
20150115	中金所	沪深300	IF1502	买	开	投	1	3,598.600	1,079,580.00
20150115	中金所	沪深300	IF1502	卖	平今	投	1	3,558.800	1,067,640.00
20150115	中金所	沪深300	IF1502	卖	平今	投	1	3,573.800	1,072,140.00
20150115	中金所	沪深300	IF1502	卖	平今	投	1	3,585.000	1,075,500.00
20150115	中金所	沪深300	IF1502	卖	平今	投	1	3,587.400	1,076,220.00
20150115	中金所	沪深300	IF1502	卖	平今	投	1	3,608.000	1,082,400.00
20150116	中金所	沪深300	IF1502	买	开	投	1	3,671.000	1,101,300.00
20150116	中金所	沪深300	IF1502	买	开	投	1	3,677.400	1,103,220.00
20150116	中金所	沪深300	IF1502	买	开	投	1	3,681.800	1,104,540.00
20150116	中金所	沪深300	IF1502	买	平今	投	1	3,672.200	1,101,660.00
20150116	中金所	沪深300	IF1502	买	平今	投	1	3,675.600	1,102,680.00
20150116	中金所	沪深300	IF1502	买	平今	投	2	3,679.000	2,207,400.00
20150116	中金所	沪深300	IF1502	买	平今	投	1	3,694.200	1,108,260.00
20150116	中金所	沪深300	IF1502	卖	开	投	1	3,677.600	1,103,280.00
20150116	中金所	沪深300	IF1502	卖	开	投	1	3,682.000	1,104,600.00
20150116	中金所	沪深300	IF1502	卖	开	投	1	3,688.000	1,106,400.00
20150116	中金所	沪深300	IF1502	卖	开	投	1	3,693.200	1,107,960.00
20150116	中金所	沪深300	IF1502	卖	开	投	1	3,696.000	1,108,800.00
20150116	中金所	沪深300	IF1502	卖	平今	投	2	3,686.800	2,212,080.00
20150116	中金所	沪深300	IF1502	卖	平今	投	1	3,687.600	1,106,280.00
20150119	中金所	沪深300	IF1502	买	开	投	1	3,330.600	999,180.00
20150119	中金所	沪深300	IF1502	买	开	投	1	3,371.200	1,011,360.00
20150119	中金所	沪深300	IF1502	买	开	投	1	3,423.800	1,027,140.00
20150119	中金所	沪深300	IF1502	买	开	投	1	3,472.400	1,041,720.00
20150120	中金所	沪深300	IF1502	买	开	投	1	3,333.200	999,960.00
20150120	中金所	沪深300	IF1502	买	开	投	1	3,342.600	1,002,780.00
20150120	中金所	沪深300	IF1502	买	开	投	1	3,362.400	1,008,720.00
20150120	中金所	沪深300	IF1502	买	开	投	1	3,372.200	1,011,660.00
20150120	中金所	沪深300	IF1502	买	开	投	1	3,385.200	1,015,560.00
20150120	中金所	沪深300	IF1502	买	开	投	1	3,390.600	1,017,180.00
20150120	中金所	沪深300	IF1502	买	开	投	1	3,401.600	1,020,480.00
20150120	中金所	沪深300	IF1502	买	开	投	1	3,405.800	1,021,740.00
20150120	中金所	沪深300	IF1502	卖	平	投	2	3,354.200	2,012,520.00

（续表）

交易日	交易所	品种	合约号	买卖	开平	投保	成交手数	成交价格	成交额
20150120	中金所	沪深300	IF1502	卖	平	投	2	3,411.400	2,046,840.00
20150120	中金所	沪深300	IF1502	卖	平今	投	3	3,361.200	3,025,080.00
20150120	中金所	沪深300	IF1502	卖	平今	投	2	3,411.400	2,046,840.00
20150120	中金所	沪深300	IF1502	卖	平今	投	2	3,423.200	2,053,920.00
20150120	中金所	沪深300	IF1502	卖	平今	投	1	3,431.400	1,029,420.00
20150121	中金所	沪深300	IF1502	卖	开	投	1	3,427.600	1,028,280.00
20150121	中金所	沪深300	IF1502	卖	开	投	1	3,456.600	1,036,980.00
20150121	中金所	沪深300	IF1502	卖	开	投	1	3,479.400	1,043,820.00
20150121	中金所	沪深300	IF1502	卖	开	投	1	3,504.200	1,051,260.00
20150123	中金所	沪深300	IF1502	买	平	投	1	3,617.800	1,085,340.00
20150123	中金所	沪深300	IF1502	买	平	投	3	3,645.000	3,280,500.00
20150123	中金所	沪深300	IF1502	卖	开	投	1	3,578.400	1,073,520.00
20150123	中金所	沪深300	IF1502	卖	开	投	1	3,579.600	1,073,880.00
20150126	中金所	沪深300	IF1502	买	开	投	1	3,612.400	1,083,720.00
20150126	中金所	沪深300	IF1502	买	平	投	2	3,604.000	2,162,400.00
20150126	中金所	沪深300	IF1502	卖	平今	投	1	3,625.400	1,087,620.00
20150127	中金所	沪深300	IF1502	买	开	投	1	3,540.000	1,062,000.00
20150127	中金所	沪深300	IF1502	买	开	投	1	3,608.400	1,082,520.00
20150127	中金所	沪深300	IF1502	卖	平今	投	1	3,568.600	1,070,580.00
20150127	中金所	沪深300	IF1502	卖	平今	投	1	3,579.000	1,073,700.00
20150128	中金所	沪深300	IF1502	买	开	投	1	3,540.800	1,062,240.00
20150128	中金所	沪深300	IF1502	买	开	投	1	3,560.800	1,068,240.00
20150128	中金所	沪深300	IF1502	卖	平今	投	1	3,537.000	1,061,100.00
20150128	中金所	沪深300	IF1502	卖	平今	投	1	3,540.400	1,062,120.00
20150129	中金所	沪深300	IF1502	买	开	投	1	3,465.400	1,039,620.00
20150129	中金所	沪深300	IF1502	买	开	投	1	3,469.000	1,040,700.00
20150129	中金所	沪深300	IF1502	买	开	投	1	3,471.600	1,041,480.00
20150129	中金所	沪深300	IF1502	买	开	投	1	3,478.600	1,043,580.00
20150129	中金所	沪深300	IF1502	买	开	投	1	3,479.800	1,043,940.00

（续表）

交易日	交易所	品种	合约号	买卖	开平	投保	成交手数	成交价格	成交额
20150129	中金所	沪深300	IF1502	买	开	投	1	3,484.000	1,045,200.00
20150129	中金所	沪深300	IF1502	买	开	投	1	3,487.200	1,046,160.00
20150129	中金所	沪深300	IF1502	买	平今	投	1	3,486.200	1,045,860.00
20150129	中金所	沪深300	IF1502	卖	开	投	1	3,486.000	1,045,800.00
20150129	中金所	沪深300	IF1502	卖	平今	投	1	3,484.000	1,045,200.00
20150129	中金所	沪深300	IF1502	卖	平今	投	1	3,485.400	1,045,620.00
20150129	中金所	沪深300	IF1502	卖	平今	投	1	3,492.000	1,047,600.00
20150129	中金所	沪深300	IF1502	卖	平今	投	1	3,493.800	1,048,140.00
20150129	中金所	沪深300	IF1502	卖	平今	投	1	3,494.000	1,048,200.00
20150129	中金所	沪深300	IF1502	卖	平今	投	2	3,496.200	2,097,720.00
20150130	中金所	沪深300	IF1502	买	开	投	1	3,451.200	1,035,360.00
20150130	中金所	沪深300	IF1502	买	开	投	1	3,463.400	1,039,020.00
20150130	中金所	沪深300	IF1502	买	开	投	1	3,499.200	1,049,760.00
20150130	中金所	沪深300	IF1502	买	开	投	1	3,503.600	1,051,080.00
20150130	中金所	沪深300	IF1502	卖	平今	投	1	3,455.000	1,036,500.00
20150130	中金所	沪深300	IF1502	卖	平今	投	1	3,480.200	1,044,060.00
20150130	中金所	沪深300	IF1502	卖	平今	投	1	3,485.400	1,045,620.00
20150130	中金所	沪深300	IF1502	卖	平今	投	1	3,491.400	1,047,420.00
							168	0.000	179,414,880.00

表1-8 成交明细查询（三）（日期：2015年2月1日—2015年2月28日）

交易日	交易所	品种	合约号	买卖	开平	投保	成交手数	成交价格	成交额
20150202	中金所	沪深300	IF1502	买	开	投	1	3,366.200	1,009,860.00
20150202	中金所	沪深300	IF1502	买	开	投	1	3,379.800	1,013,940.00
20150202	中金所	沪深300	IF1502	卖	平今	投	1	3,376.600	1,012,980.00
20150202	中金所	沪深300	IF1502	卖	平今	投	1	3,382.000	1,014,600.00
20150203	中金所	沪深300	IF1502	买	开	投	1	3,397.800	1,019,340.00
20150203	中金所	沪深300	IF1502	卖	平今	投	1	3,390.000	1,017,000.00
20150204	中金所	沪深300	IF1503	买	开	投	1	3,475.000	1,042,500.00
20150204	中金所	沪深300	IF1503	买	开	投	1	3,476.600	1,042,980.00
20150204	中金所	沪深300	IF1503	买	开	投	1	3,485.200	1,045,560.00
20150204	中金所	沪深300	IF1503	买	开	投	1	3,489.000	1,046,700.00
20150204	中金所	沪深300	IF1503	买	开	投	1	3,493.200	1,047,960.00
20150204	中金所	沪深300	IF1503	卖	平今	投	1	3,433.400	1,030,020.00
20150204	中金所	沪深300	IF1503	卖	平今	投	2	3,496.200	2,097,720.00
20150205	中金所	沪深300	IF1503	买	开	投	1	3,389.000	1,016,700.00
20150205	中金所	沪深300	IF1503	买	开	投	1	3,397.400	1,019,220.00
20150205	中金所	沪深300	IF1503	买	开	投	1	3,444.800	1,033,440.00
20150205	中金所	沪深300	IF1503	买	开	投	1	3,464.800	1,039,440.00
20150205	中金所	沪深300	IF1503	买	开	投	1	3,470.400	1,041,120.00
20150205	中金所	沪深300	IF1503	买	开	投	1	3,493.000	1,047,900.00
20150205	中金所	沪深300	IF1503	买	开	投	1	3,494.600	1,048,380.00
20150205	中金所	沪深300	IF1503	买	开	投	1	3,494.800	1,048,440.00
20150205	中金所	沪深300	IF1503	买	开	投	1	3,504.000	1,051,200.00
20150205	中金所	沪深300	IF1503	买	开	投	1	3,505.000	1,051,500.00
20150205	中金所	沪深300	IF1503	买	平今	投	1	3,493.200	1,047,960.00
20150205	中金所	沪深300	IF1503	卖	开	投	1	3,498.800	1,049,640.00
20150205	中金所	沪深300	IF1503	卖	平	投	2	3,539.600	2,123,760.00
20150205	中金所	沪深300	IF1503	卖	平今	投	1	3,378.000	1,013,400.00
20150205	中金所	沪深300	IF1503	卖	平今	投	1	3,436.600	1,030,980.00
20150205	中金所	沪深300	IF1503	卖	平今	投	1	3,472.600	1,041,780.00

（续表）

交易日	交易所	品种	合约号	买卖	开平	投保	成交手数	成交价格	成交额
20150205	中金所	沪深300	IF1503	卖	平今	投	1	3,490.400	1,047,120.00
20150205	中金所	沪深300	IF1503	卖	平今	投	1	3,493.000	1,047,900.00
20150205	中金所	沪深300	IF1503	卖	平今	投	1	3,498.200	1,049,460.00
20150205	中金所	沪深300	IF1503	卖	平今	投	2	3,501.600	2,100,960.00
20150205	中金所	沪深300	IF1503	卖	平今	投	1	3,510.800	1,053,240.00
20150206	中金所	沪深300	IF1503	买	开	投	1	3,363.200	1,008,960.00
20150206	中金所	沪深300	IF1503	买	开	投	1	3,364.000	1,009,200.00
20150206	中金所	沪深300	IF1503	买	开	投	1	3,373.000	1,011,900.00
20150206	中金所	沪深300	IF1503	买	开	投	1	3,377.000	1,013,100.00
20150206	中金所	沪深300	IF1503	买	开	投	1	3,378.800	1,013,640.00
20150206	中金所	沪深300	IF1503	买	开	投	1	3,382.200	1,014,660.00
20150206	中金所	沪深300	IF1503	买	开	投	1	3,384.800	1,015,440.00
20150206	中金所	沪深300	IF1503	买	开	投	1	3,386.800	1,016,040.00
20150206	中金所	沪深300	IF1503	买	开	投	1	3,399.800	1,019,940.00
20150206	中金所	沪深300	IF1503	买	开	投	1	3,408.000	1,022,400.00
20150206	中金所	沪深300	IF1503	卖	平	投	1	3,397.400	1,019,220.00
20150206	中金所	沪深300	IF1503	卖	平今	投	1	3,380.400	1,014,120.00
20150206	中金所	沪深300	IF1503	卖	平今	投	2	3,380.600	2,028,360.00
20150206	中金所	沪深300	IF1503	卖	平今	投	1	3,387.600	1,016,280.00
20150206	中金所	沪深300	IF1503	卖	平今	投	1	3,390.200	1,017,060.00
20150206	中金所	沪深300	IF1503	卖	平今	投	1	3,393.000	1,017,900.00
20150206	中金所	沪深300	IF1503	卖	平今	投	1	3,411.000	1,023,300.00
20150209	中金所	沪深300	IF1503	买	开	投	1	3,359.800	1,007,940.00
20150209	中金所	沪深300	IF1503	买	开	投	1	3,373.400	1,012,020.00
20150209	中金所	沪深300	IF1503	买	开	投	1	3,377.400	1,013,220.00
20150209	中金所	沪深300	IF1503	买	开	投	1	3,382.400	1,014,720.00
20150209	中金所	沪深300	IF1503	买	开	投	1	3,403.600	1,021,080.00
20150209	中金所	沪深300	IF1503	买	开	投	1	3,407.000	1,022,100.00
20150209	中金所	沪深300	IF1503	买	开	投	1	3,415.400	1,024,620.00

（续表）

交易日	交易所	品种	合约号	买卖	开平	投保	成交手数	成交价格	成交额
20150209	中金所	沪深300	IF1503	买	开	投	1	3,416.400	1,024,920.00
20150209	中金所	沪深300	IF1503	买	开	投	1	3,417.600	1,025,280.00
20150209	中金所	沪深300	IF1503	卖	平	投	3	3,361.000	3,024,900.00
20150209	中金所	沪深300	IF1503	卖	平今	投	1	3,364.800	1,009,440.00
20150209	中金所	沪深300	IF1503	卖	平今	投	1	3,387.600	1,016,280.00
20150209	中金所	沪深300	IF1503	卖	平今	投	2	3,403.200	2,041,920.00
20150209	中金所	沪深300	IF1503	卖	平今	投	1	3,407.200	1,022,160.00
20150209	中金所	沪深300	IF1503	卖	平今	投	1	3,413.400	1,024,020.00
20150209	中金所	沪深300	IF1503	卖	平今	投	1	3,414.600	1,024,380.00
20150209	中金所	沪深300	IF1503	卖	平今	投	2	3,420.000	2,052,000.00
20150210	中金所	沪深300	IF1503	买	开	投	1	3,426.800	1,028,040.00
20150210	中金所	沪深300	IF1503	买	开	投	1	3,429.000	1,028,700.00
20150210	中金所	沪深300	IF1503	买	开	投	1	3,429.200	1,028,760.00
20150210	中金所	沪深300	IF1503	买	开	投	1	3,431.800	1,029,540.00
20150210	中金所	沪深300	IF1503	买	开	投	1	3,432.400	1,029,720.00
20150210	中金所	沪深300	IF1503	买	开	投	1	3,434.400	1,030,320.00
20150210	中金所	沪深300	IF1503	买	开	投	1	3,434.800	1,030,440.00
20150210	中金所	沪深300	IF1503	买	开	投	1	3,444.600	1,033,380.00
20150210	中金所	沪深300	IF1503	卖	平今	投	1	3,433.200	1,029,960.00
20150210	中金所	沪深300	IF1503	卖	平今	投	1	3,438.800	1,031,640.00
20150210	中金所	沪深300	IF1503	卖	平今	投	2	3,442.600	2,065,560.00
20150210	中金所	沪深300	IF1503	卖	平今	投	2	3,443.000	2,065,800.00
20150210	中金所	沪深300	IF1503	卖	平今	投	1	3,445.400	1,033,620.00
20150210	中金所	沪深300	IF1503	卖	平今	投	1	3,448.400	1,034,520.00
20150211	中金所	沪深300	IF1503	买	开	投	1	3,479.200	1,043,760.00
20150211	中金所	沪深300	IF1503	买	开	投	1	3,479.600	1,043,880.00
20150211	中金所	沪深300	IF1503	买	开	投	1	3,480.800	1,044,240.00
20150211	中金所	沪深300	IF1503	买	开	投	1	3,485.200	1,045,560.00
20150211	中金所	沪深300	IF1503	买	开	投	1	3,485.800	1,045,740.00

（续表）

交易日	交易所	品种	合约号	买卖	开平	投保	成交手数	成交价格	成交额
20150211	中金所	沪深300	IF1503	买	开	投	2	3,486.600	2,091,960.00
20150211	中金所	沪深300	IF1503	买	开	投	1	3,486.800	1,046,040.00
20150211	中金所	沪深300	IF1503	买	开	投	1	3,487.400	1,046,220.00
20150211	中金所	沪深300	IF1503	买	开	投	1	3,489.000	1,046,700.00
20150211	中金所	沪深300	IF1503	买	开	投	1	3,492.400	1,047,720.00
20150211	中金所	沪深300	IF1503	买	开	投	1	3,494.800	1,048,440.00
20150211	中金所	沪深300	IF1503	买	开	投	1	3,497.600	1,049,280.00
20150211	中金所	沪深300	IF1503	买	开	投	1	3,506.000	1,051,800.00
20150211	中金所	沪深300	IF1503	卖	平今	投	2	3,485.200	2,091,120.00
20150211	中金所	沪深300	IF1503	卖	平今	投	1	3,489.000	1,046,700.00
20150211	中金所	沪深300	IF1503	卖	平今	投	2	3,491.000	2,094,600.00
20150211	中金所	沪深300	IF1503	卖	平今	投	1	3,491.600	1,047,480.00
20150211	中金所	沪深300	IF1503	卖	平今	投	1	3,491.800	1,047,540.00
20150211	中金所	沪深300	IF1503	卖	平今	投	2	3,493.000	2,095,800.00
20150211	中金所	沪深300	IF1503	卖	平今	投	1	3,493.200	1,047,960.00
20150211	中金所	沪深300	IF1503	卖	平今	投	1	3,493.400	1,048,020.00
20150211	中金所	沪深300	IF1503	卖	平今	投	1	3,494.800	1,048,440.00
20150211	中金所	沪深300	IF1503	卖	平今	投	1	3,495.200	1,048,560.00
20150212	中金所	沪深300	IF1503	买	开	投	1	3,460.400	1,038,120.00
20150212	中金所	沪深300	IF1503	买	开	投	1	3,466.600	1,039,980.00
20150212	中金所	沪深300	IF1503	买	开	投	1	3,471.800	1,041,540.00
20150212	中金所	沪深300	IF1503	买	开	投	1	3,475.400	1,042,620.00
20150212	中金所	沪深300	IF1503	买	开	投	1	3,484.000	1,045,200.00
20150212	中金所	沪深300	IF1503	买	开	投	1	3,490.400	1,047,120.00
20150212	中金所	沪深300	IF1503	买	平今	投	1	3,480.200	1,044,060.00
20150212	中金所	沪深300	IF1503	卖	开	投	1	3,479.200	1,043,760.00
20150212	中金所	沪深300	IF1503	卖	平	投	1	3,487.600	1,046,280.00
20150212	中金所	沪深300	IF1503	卖	平今	投	1	3,478.000	1,043,400.00
20150212	中金所	沪深300	IF1503	卖	平今	投	3	3,478.600	3,130,740.00

（续表）

交易日	交易所	品种	合约号	买卖	开平	投保	成交手数	成交价格	成交额
20150212	中金所	沪深300	IF1503	卖	平今	投	2	3,478.800	2,087,280.00
20150213	中金所	沪深300	IF1503	买	开	投	1	3,499.000	1,049,700.00
20150213	中金所	沪深300	IF1503	买	开	投	1	3,506.600	1,051,980.00
20150213	中金所	沪深300	IF1503	买	开	投	1	3,511.800	1,053,540.00
20150213	中金所	沪深300	IF1503	买	开	投	1	3,516.000	1,054,800.00
20150213	中金所	沪深300	IF1503	买	平今	投	1	3,513.000	1,053,900.00
20150213	中金所	沪深300	IF1503	卖	开	投	1	3,512.000	1,053,600.00
20150213	中金所	沪深300	IF1503	卖	平今	投	1	3,512.000	1,053,600.00
20150213	中金所	沪深300	IF1503	卖	平今	投	1	3,512.600	1,053,780.00
20150213	中金所	沪深300	IF1503	卖	平今	投	2	3,514.800	2,108,880.00
20150216	中金所	沪深300	IF1503	买	开	投	1	3,506.200	1,051,860.00
20150216	中金所	沪深300	IF1503	买	开	投	1	3,510.600	1,053,180.00
20150216	中金所	沪深300	IF1503	买	开	投	1	3,514.800	1,054,440.00
20150216	中金所	沪深300	IF1503	买	开	投	1	3,540.000	1,062,000.00
20150216	中金所	沪深300	IF1503	买	开	投	1	3,544.200	1,063,260.00
20150216	中金所	沪深300	IF1503	买	平今	投	1	3,546.800	1,064,040.00
20150216	中金所	沪深300	IF1503	卖	开	投	1	3,546.800	1,064,040.00
20150216	中金所	沪深300	IF1503	卖	平今	投	2	3,527.400	2,116,440.00
20150216	中金所	沪深300	IF1503	卖	平今	投	1	3,528.800	1,058,640.00
20150216	中金所	沪深300	IF1503	卖	平今	投	1	3,542.000	1,062,600.00
20150216	中金所	沪深300	IF1503	卖	平今	投	1	3,546.000	1,063,800.00
20150217	中金所	沪深300	IF1503	买	开	投	1	3,560.400	1,068,120.00
20150217	中金所	沪深300	IF1503	买	开	投	1	3,571.800	1,071,540.00
20150217	中金所	沪深300	IF1503	买	开	投	2	3,572.600	2,143,560.00
20150217	中金所	沪深300	IF1503	买	开	投	1	3,574.000	1,072,200.00
20150217	中金所	沪深300	IF1503	买	开	投	1	3,575.600	1,072,680.00
20150217	中金所	沪深300	IF1503	买	开	投	1	3,581.000	1,074,300.00
20150217	中金所	沪深300	IF1503	卖	平今	投	1	3,559.800	1,067,940.00
20150217	中金所	沪深300	IF1503	卖	平今	投	1	3,577.400	1,073,220.00

(续表)

交易日	交易所	品种	合约号	买卖	开平	投保	成交手数	成交价格	成交额
20150225	中金所	沪深300	IF1503	买	开	投	1	3,483.600	1,045,080.00
20150225	中金所	沪深300	IF1503	买	开	投	2	3,508.600	2,105,160.00
20150225	中金所	沪深300	IF1503	买	开	投	1	3,509.200	1,052,760.00
20150225	中金所	沪深300	IF1503	买	开	投	1	3,510.600	1,053,180.00
20150225	中金所	沪深300	IF1503	买	开	投	1	3,512.600	1,053,780.00
20150225	中金所	沪深300	IF1503	买	开	投	1	3,513.000	1,053,900.00
20150225	中金所	沪深300	IF1503	买	开	投	1	3,530.600	1,059,180.00
20150225	中金所	沪深300	IF1503	买	开	投	1	3,546.400	1,063,920.00
20150225	中金所	沪深300	IF1503	卖	平	投	1	3,513.400	1,054,020.00
20150225	中金所	沪深300	IF1503	卖	平	投	1	3,513.600	1,054,080.00
20150225	中金所	沪深300	IF1503	卖	平	投	2	3,513.800	2,108,280.00
20150225	中金所	沪深300	IF1503	卖	平	投	1	3,562.400	1,068,720.00
20150225	中金所	沪深300	IF1503	卖	平今	投	1	3,492.200	1,047,660.00
20150225	中金所	沪深300	IF1503	卖	平今	投	3	3,513.800	3,162,420.00
20150226	中金所	沪深300	IF1503	买	开	投	1	3,475.800	1,042,740.00
20150226	中金所	沪深300	IF1503	买	开	投	1	3,547.800	1,064,340.00
20150226	中金所	沪深300	IF1503	买	开	投	1	3,562.800	1,068,840.00
20150226	中金所	沪深300	IF1503	卖	平	投	2	3,544.200	2,126,520.00
20150226	中金所	沪深300	IF1503	卖	平	投	1	3,545.600	1,063,680.00
20150226	中金所	沪深300	IF1503	卖	平	投	2	3,548.200	2,128,920.00
20150226	中金所	沪深300	IF1503	卖	平今	投	1	3,480.200	1,044,060.00
20150226	中金所	沪深300	IF1503	卖	平今	投	1	3,544.200	1,063,260.00
20150226	中金所	沪深300	IF1503	卖	平今	投	1	3,582.000	1,074,600.00
20150227	中金所	沪深300	IF1503	买	开	投	1	3,582.000	1,074,600.00
20150227	中金所	沪深300	IF1503	买	开	投	1	3,585.800	1,075,740.00
20150227	中金所	沪深300	IF1503	买	开	投	1	3,594.400	1,078,320.00
20150227	中金所	沪深300	IF1503	买	开	投	1	3,594.600	1,078,380.00
20150227	中金所	沪深300	IF1503	买	开	投	1	3,602.000	1,080,600.00
20150227	中金所	沪深300	IF1503	买	开	投	2	3,602.800	2,161,680.00

（续表）

交易日	交易所	品种	合约号	买卖	开平	投保	成交手数	成交价格	成交额
20150227	中金所	沪深300	IF1503	买	开	投	1	3,603.200	1,080,960.00
20150227	中金所	沪深300	IF1503	买	开	投	1	3,603.600	1,081,080.00
20150227	中金所	沪深300	IF1503	买	开	投	1	3,604.800	1,081,440.00
20150227	中金所	沪深300	IF1503	买	开	投	1	3,606.200	1,081,860.00
20150227	中金所	沪深300	IF1503	买	开	投	2	3,608.600	2,165,160.00
20150227	中金所	沪深300	IF1503	买	开	投	1	3,618.800	1,085,640.00
20150227	中金所	沪深300	IF1503	买	平今	投	1	3,600.600	1,080,180.00
20150227	中金所	沪深300	IF1503	买	平今	投	1	3,603.600	1,081,080.00
20150227	中金所	沪深300	IF1503	卖	开	投	1	3,607.800	1,082,340.00
20150227	中金所	沪深300	IF1503	卖	开	投	1	3,608.000	1,082,400.00
20150227	中金所	沪深300	IF1503	卖	平今	投	1	3,587.200	1,076,160.00
20150227	中金所	沪深300	IF1503	卖	平今	投	1	3,590.800	1,077,240.00
20150227	中金所	沪深300	IF1503	卖	平今	投	1	3,604.200	1,081,260.00
20150227	中金所	沪深300	IF1503	卖	平今	投	1	3,604.400	1,081,320.00
20150227	中金所	沪深300	IF1503	卖	平今	投	1	3,604.600	1,081,380.00
20150227	中金所	沪深300	IF1503	卖	平今	投	2	3,608.200	2,164,920.00
20150227	中金所	沪深300	IF1503	卖	平今	投	3	3,609.800	3,248,820.00
20150227	中金所	沪深300	IF1503	卖	平今	投	1	3,618.200	1,085,460.00
							223	0.000	233,423,640.00

表1-9 成交明细查询（四）（日期：2015年3月1日—2015年3月31日）

交易日	交易所	品种	合约号	买卖	开平	投保	成交手数	成交价格	成交额
20150302	中金所	沪深300	IF1503	买	开	投	1	3,582.600	1,074,780.00
20150302	中金所	沪深300	IF1503	买	开	投	1	3,593.200	1,077,960.00
20150302	中金所	沪深300	IF1503	买	开	投	1	3,594.600	1,078,380.00
20150302	中金所	沪深300	IF1503	买	开	投	1	3,599.800	1,079,940.00
20150302	中金所	沪深300	IF1503	买	开	投	1	3,601.400	1,080,420.00
20150302	中金所	沪深300	IF1503	买	平今	投	1	3,603.600	1,081,080.00
20150302	中金所	沪深300	IF1503	卖	开	投	1	3,625.000	1,087,500.00
20150302	中金所	沪深300	IF1503	卖	平	投	3	3,609.000	3,248,100.00
20150302	中金所	沪深300	IF1503	卖	平今	投	1	3,595.800	1,078,740.00
20150302	中金所	沪深300	IF1503	卖	平今	投	2	3,601.000	2,160,600.00
20150302	中金所	沪深300	IF1503	卖	平今	投	2	3,622.400	2,173,440.00
20150303	中金所	沪深300	IF1503	买	开	投	1	3,522.200	1,056,660.00
20150303	中金所	沪深300	IF1503	买	开	投	1	3,530.400	1,059,120.00
20150303	中金所	沪深300	IF1503	买	开	投	1	3,544.800	1,063,440.00
20150303	中金所	沪深300	IF1503	买	开	投	1	3,549.600	1,064,880.00
20150303	中金所	沪深300	IF1503	买	开	投	1	3,552.800	1,065,840.00
20150303	中金所	沪深300	IF1503	买	开	投	1	3,555.000	1,066,500.00
20150303	中金所	沪深300	IF1503	买	开	投	1	3,556.000	1,066,800.00
20150303	中金所	沪深300	IF1503	买	开	投	1	3,559.600	1,067,880.00
20150303	中金所	沪深300	IF1503	买	开	投	1	3,560.400	1,068,120.00
20150303	中金所	沪深300	IF1503	买	开	投	2	3,560.800	2,136,480.00
20150303	中金所	沪深300	IF1503	买	开	投	1	3,561.400	1,068,420.00
20150303	中金所	沪深300	IF1503	买	开	投	1	3,561.800	1,068,540.00
20150303	中金所	沪深300	IF1503	买	开	投	1	3,580.000	1,074,000.00
20150303	中金所	沪深300	IF1503	卖	平今	投	1	3,533.800	1,060,140.00
20150303	中金所	沪深300	IF1503	卖	平今	投	3	3,568.200	3,211,380.00
20150303	中金所	沪深300	IF1503	卖	平今	投	1	3,571.800	1,071,540.00
20150303	中金所	沪深300	IF1503	卖	平今	投	1	3,575.000	1,072,500.00
20150303	中金所	沪深300	IF1503	卖	平今	投	2	3,576.600	2,145,960.00

（续表）

交易日	交易所	品种	合约号	买卖	开平	投保	成交手数	成交价格	成交额
20150304	中金所	沪深300	IF1503	买	开	投	1	3,512.800	1,053,840.00
20150304	中金所	沪深300	IF1503	买	开	投	1	3,530.800	1,059,240.00
20150304	中金所	沪深300	IF1503	买	开	投	1	3,536.000	1,060,800.00
20150304	中金所	沪深300	IF1503	买	开	投	1	3,536.800	1,061,040.00
20150304	中金所	沪深300	IF1503	买	开	投	1	3,537.200	1,061,160.00
20150304	中金所	沪深300	IF1503	买	开	投	1	3,545.400	1,063,620.00
20150304	中金所	沪深300	IF1503	买	开	投	1	3,549.800	1,064,940.00
20150304	中金所	沪深300	IF1503	买	开	投	1	3,551.800	1,065,540.00
20150304	中金所	沪深300	IF1503	卖	平	投	6	3,549.400	6,388,920.00
20150304	中金所	沪深300	IF1503	卖	平今	投	1	3,530.400	1,059,120.00
20150304	中金所	沪深300	IF1503	卖	平今	投	2	3,544.800	2,126,880.00
20150304	中金所	沪深300	IF1503	卖	平今	投	1	3,547.200	1,064,160.00
20150304	中金所	沪深300	IF1503	卖	平今	投	1	3,547.800	1,064,340.00
20150304	中金所	沪深300	IF1503	卖	平今	投	2	3,551.600	2,130,960.00
20150304	中金所	沪深300	IF1503	卖	平今	投	1	3,555.000	1,066,500.00
20150305	中金所	沪深300	IF1503	买	开	投	1	3,477.600	1,043,280.00
20150305	中金所	沪深300	IF1503	买	开	投	1	3,481.600	1,044,480.00
20150305	中金所	沪深300	IF1503	买	开	投	1	3,481.800	1,044,540.00
20150305	中金所	沪深300	IF1503	买	开	投	1	3,482.600	1,044,780.00
20150305	中金所	沪深300	IF1503	买	开	投	1	3,484.600	1,045,380.00
20150305	中金所	沪深300	IF1503	买	开	投	1	3,487.000	1,046,100.00
20150305	中金所	沪深300	IF1503	买	开	投	1	3,487.400	1,046,220.00
20150305	中金所	沪深300	IF1503	买	开	投	1	3,487.600	1,046,280.00
20150305	中金所	沪深300	IF1503	买	开	投	1	3,494.200	1,048,260.00
20150305	中金所	沪深300	IF1503	买	开	投	1	3,494.400	1,048,320.00
20150305	中金所	沪深300	IF1503	买	开	投	1	3,495.400	1,048,620.00
20150305	中金所	沪深300	IF1503	买	开	投	1	3,499.600	1,049,880.00
20150305	中金所	沪深300	IF1503	买	开	投	1	3,500.400	1,050,120.00
20150305	中金所	沪深300	IF1503	买	开	投	1	3,501.600	1,050,480.00

（续表）

交易日	交易所	品种	合约号	买卖	开平	投保	成交手数	成交价格	成交额
20150305	中金所	沪深300	IF1503	买	开	投	1	3,504.800	1,051,440.00
20150305	中金所	沪深300	IF1503	买	开	投	1	3,505.800	1,051,740.00
20150305	中金所	沪深300	IF1503	买	开	投	1	3,509.600	1,052,880.00
20150305	中金所	沪深300	IF1503	买	开	投	1	3,510.200	1,053,060.00
20150305	中金所	沪深300	IF1503	买	开	投	1	3,511.200	1,053,360.00
20150305	中金所	沪深300	IF1503	买	开	投	1	3,517.000	1,055,100.00
20150305	中金所	沪深300	IF1503	买	开	投	1	3,517.800	1,055,340.00
20150305	中金所	沪深300	IF1503	买	开	投	1	3,522.000	1,056,600.00
20150305	中金所	沪深300	IF1503	卖	平今	投	8	3,494.400	8,386,560.00
20150305	中金所	沪深300	IF1503	卖	平今	投	1	3,500.200	1,050,060.00
20150305	中金所	沪深300	IF1503	卖	平今	投	2	3,500.600	2,100,360.00
20150305	中金所	沪深300	IF1503	卖	平今	投	1	3,500.800	1,050,240.00
20150305	中金所	沪深300	IF1503	卖	平今	投	2	3,504.600	2,102,760.00
20150305	中金所	沪深300	IF1503	卖	平今	投	1	3,511.400	1,053,420.00
20150305	中金所	沪深300	IF1503	卖	平今	投	1	3,512.800	1,053,840.00
20150305	中金所	沪深300	IF1503	卖	平今	投	1	3,517.800	1,055,340.00
20150305	中金所	沪深300	IF1503	卖	平今	投	1	3,518.000	1,055,400.00
20150305	中金所	沪深300	IF1503	卖	平今	投	2	3,518.200	2,110,920.00
20150305	中金所	沪深300	IF1503	卖	平今	投	2	3,524.400	2,114,640.00
20150306	中金所	沪深300	IF1503	买	开	投	2	3,494.000	2,096,400.00
20150306	中金所	沪深300	IF1503	买	开	投	1	3,496.800	1,049,040.00
20150306	中金所	沪深300	IF1503	买	开	投	1	3,500.600	1,050,180.00
20150306	中金所	沪深300	IF1503	买	开	投	1	3,502.600	1,050,780.00
20150306	中金所	沪深300	IF1503	买	开	投	1	3,502.800	1,050,840.00
20150306	中金所	沪深300	IF1503	买	开	投	1	3,503.000	1,050,900.00
20150306	中金所	沪深300	IF1503	买	开	投	1	3,503.600	1,051,080.00
20150306	中金所	沪深300	IF1503	买	开	投	1	3,508.200	1,052,460.00
20150306	中金所	沪深300	IF1503	买	开	投	1	3,509.000	1,052,700.00
20150306	中金所	沪深300	IF1503	买	开	投	2	3,509.800	2,105,880.00

（续表）

交易日	交易所	品种	合约号	买卖	开平	投保	成交手数	成交价格	成交额
20150306	中金所	沪深300	IF1503	买	开	投	1	3,510.600	1,053,180.00
20150306	中金所	沪深300	IF1503	买	开	投	1	3,518.800	1,055,640.00
20150306	中金所	沪深300	IF1503	买	平今	投	1	3,522.200	1,056,660.00
20150306	中金所	沪深300	IF1503	卖	开	投	1	3,522.000	1,056,600.00
20150306	中金所	沪深300	IF1503	卖	平今	投	1	3,503.200	1,050,960.00
20150306	中金所	沪深300	IF1503	卖	平今	投	3	3,509.400	3,158,460.00
20150306	中金所	沪深300	IF1503	卖	平今	投	2	3,510.400	2,106,240.00
20150306	中金所	沪深300	IF1503	卖	平今	投	1	3,519.400	1,055,820.00
20150309	中金所	沪深300	IF1503	买	开	投	1	3,433.600	1,030,080.00
20150309	中金所	沪深300	IF1503	买	开	投	1	3,436.000	1,030,800.00
20150309	中金所	沪深300	IF1503	买	开	投	1	3,444.800	1,033,440.00
20150309	中金所	沪深300	IF1503	买	开	投	1	3,509.400	1,052,820.00
20150309	中金所	沪深300	IF1503	买	开	投	1	3,512.200	1,053,660.00
20150309	中金所	沪深300	IF1503	买	开	投	2	3,562.800	2,137,680.00
20150309	中金所	沪深300	IF1503	卖	平	投	7	3,516.000	7,383,600.00
20150309	中金所	沪深300	IF1503	卖	平今	投	1	3,435.800	1,030,740.00
20150309	中金所	沪深300	IF1503	卖	平今	投	1	3,439.000	1,031,700.00
20150309	中金所	沪深300	IF1503	卖	平今	投	1	3,447.600	1,034,280.00
20150309	中金所	沪深300	IF1503	卖	平今	投	2	3,551.000	2,130,600.00
20150310	中金所	沪深300	IF1503	买	开	投	1	3,530.600	1,059,180.00
20150310	中金所	沪深300	IF1503	买	开	投	1	3,530.800	1,059,240.00
20150310	中金所	沪深300	IF1503	买	开	投	1	3,532.000	1,059,600.00
20150310	中金所	沪深300	IF1503	买	开	投	1	3,532.600	1,059,780.00
20150310	中金所	沪深300	IF1503	买	开	投	1	3,534.400	1,060,320.00
20150310	中金所	沪深300	IF1503	买	开	投	1	3,538.200	1,061,460.00
20150310	中金所	沪深300	IF1503	买	开	投	1	3,539.600	1,061,880.00
20150310	中金所	沪深300	IF1503	买	开	投	1	3,539.800	1,061,940.00
20150310	中金所	沪深300	IF1503	买	开	投	1	3,540.000	1,062,000.00
20150310	中金所	沪深300	IF1503	买	开	投	1	3,540.800	1,062,240.00

（续表）

交易日	交易所	品种	合约号	买卖	开平	投保	成交手数	成交价格	成交额
20150310	中金所	沪深300	IF1503	买	开	投	1	3,546.200	1,063,860.00
20150310	中金所	沪深300	IF1503	卖	平	投	2	3,561.200	2,136,720.00
20150310	中金所	沪深300	IF1503	卖	平今	投	1	3,541.000	1,062,300.00
20150310	中金所	沪深300	IF1503	卖	平今	投	1	3,542.200	1,062,660.00
20150310	中金所	沪深300	IF1503	卖	平今	投	2	3,543.000	2,125,800.00
20150310	中金所	沪深300	IF1503	卖	平今	投	2	3,561.000	2,136,600.00
20150310	中金所	沪深300	IF1503	卖	平今	投	1	3,561.600	1,068,480.00
20150311	中金所	沪深300	IF1503	买	开	投	1	3,534.800	1,060,440.00
20150311	中金所	沪深300	IF1503	买	开	投	1	3,538.600	1,061,580.00
20150311	中金所	沪深300	IF1503	买	开	投	1	3,539.400	1,061,820.00
20150311	中金所	沪深300	IF1503	买	开	投	1	3,543.800	1,063,140.00
20150311	中金所	沪深300	IF1503	买	开	投	2	3,558.600	2,135,160.00
20150311	中金所	沪深300	IF1503	买	开	投	1	3,568.400	1,070,520.00
20150311	中金所	沪深300	IF1503	买	开	投	1	3,571.600	1,071,480.00
20150311	中金所	沪深300	IF1503	买	开	投	1	3,573.800	1,072,140.00
20150311	中金所	沪深300	IF1503	买	开	投	1	3,581.400	1,074,420.00
20150311	中金所	沪深300	IF1503	买	平今	投	3	3,572.800	3,215,520.00
20150311	中金所	沪深300	IF1503	卖	开	投	1	3,567.800	1,070,340.00
20150311	中金所	沪深300	IF1503	卖	开	投	1	3,587.200	1,076,160.00
20150311	中金所	沪深300	IF1503	卖	开	投	1	3,590.000	1,077,000.00
20150311	中金所	沪深300	IF1503	卖	平	投	4	3,551.200	4,261,440.00
20150311	中金所	沪深300	IF1503	卖	平今	投	1	3,542.200	1,062,660.00
20150311	中金所	沪深300	IF1503	卖	平今	投	1	3,542.600	1,062,780.00
20150311	中金所	沪深300	IF1503	卖	平今	投	1	3,542.800	1,062,840.00
20150311	中金所	沪深300	IF1503	卖	平今	投	1	3,569.200	1,070,760.00
20150312	中金所	沪深300	IF1503	买	开	投	1	3,579.800	1,073,940.00
20150312	中金所	沪深300	IF1503	买	开	投	1	3,602.200	1,080,660.00
20150312	中金所	沪深300	IF1503	买	平今	投	1	3,575.000	1,072,500.00
20150312	中金所	沪深300	IF1503	买	平今	投	1	3,604.400	1,081,320.00

(续表)

交易日	交易所	品种	合约号	买卖	开平	投保	成交手数	成交价格	成交额
20150312	中金所	沪深300	IF1503	买	平今	投	1	3,609.400	1,082,820.00
20150312	中金所	沪深300	IF1503	买	平今	投	1	3,617.800	1,085,340.00
20150312	中金所	沪深300	IF1503	买	平今	投	1	3,626.200	1,087,860.00
20150312	中金所	沪深300	IF1503	卖	开	投	1	3,577.400	1,073,220.00
20150312	中金所	沪深300	IF1503	卖	开	投	2	3,615.000	2,169,000.00
20150312	中金所	沪深300	IF1503	卖	开	投	1	3,617.200	1,085,160.00
20150312	中金所	沪深300	IF1503	卖	开	投	1	3,621.400	1,086,420.00
20150312	中金所	沪深300	IF1503	卖	平	投	5	3,562.800	5,344,200.00
20150312	中金所	沪深300	IF1503	卖	平	投	1	3,563.000	1,068,900.00
20150312	中金所	沪深300	IF1503	卖	平今	投	1	3,578.200	1,073,460.00
20150312	中金所	沪深300	IF1503	卖	平今	投	1	3,602.200	1,080,660.00
20150313	中金所	沪深300	IF1503	买	开	投	1	3,611.800	1,083,540.00
20150313	中金所	沪深300	IF1503	买	开	投	1	3,614.000	1,084,200.00
20150313	中金所	沪深300	IF1503	买	开	投	1	3,626.400	1,087,920.00
20150313	中金所	沪深300	IF1503	买	开	投	1	3,629.400	1,088,820.00
20150313	中金所	沪深300	IF1503	买	开	投	1	3,636.200	1,090,860.00
20150313	中金所	沪深300	IF1503	买	开	投	1	3,636.600	1,090,980.00
20150313	中金所	沪深300	IF1503	买	开	投	1	3,650.000	1,095,000.00
20150313	中金所	沪深300	IF1503	卖	平今	投	2	3,619.000	2,171,400.00
20150313	中金所	沪深300	IF1503	卖	平今	投	1	3,622.800	1,086,840.00
20150313	中金所	沪深300	IF1503	卖	平今	投	1	3,629.000	1,088,700.00
20150313	中金所	沪深300	IF1503	卖	平今	投	2	3,641.800	2,185,080.00
20150313	中金所	沪深300	IF1503	卖	平今	投	1	3,644.200	1,093,260.00
20150313	中金所	沪深300	IF1504	买	开	投	1	3,626.800	1,088,040.00
20150313	中金所	沪深300	IF1504	买	开	投	1	3,635.000	1,090,500.00
20150313	中金所	沪深300	IF1504	买	开	投	1	3,635.800	1,090,740.00
20150313	中金所	沪深300	IF1504	买	平今	投	1	3,638.200	1,091,460.00
20150313	中金所	沪深300	IF1504	买	平今	投	1	3,649.400	1,094,820.00
20150313	中金所	沪深300	IF1504	卖	开	投	1	3,641.200	1,092,360.00

（续表）

交易日	交易所	品种	合约号	买卖	开平	投保	成交手数	成交价格	成交额
20150313	中金所	沪深300	IF1504	卖	开	投	1	3,655.000	1,096,500.00
20150313	中金所	沪深300	IF1504	卖	平今	投	2	3,631.400	2,178,840.00
20150313	中金所	沪深300	IF1504	卖	平今	投	1	3,639.400	1,091,820.00
20150316	中金所	沪深300	IF1504	买	平今	投	1	3,703.400	1,111,020.00
20150316	中金所	沪深300	IF1504	卖	开	投	1	3,682.400	1,104,720.00
20150317	中金所	沪深300	IF1504	买	开	投	1	3,754.400	1,126,320.00
20150317	中金所	沪深300	IF1504	买	开	投	1	3,756.000	1,126,800.00
20150317	中金所	沪深300	IF1504	买	开	投	1	3,759.600	1,127,880.00
20150317	中金所	沪深300	IF1504	买	开	投	1	3,762.200	1,128,660.00
20150317	中金所	沪深300	IF1504	买	开	投	1	3,772.400	1,131,720.00
20150317	中金所	沪深300	IF1504	买	开	投	1	3,774.200	1,132,260.00
20150317	中金所	沪深300	IF1504	买	开	投	1	3,779.000	1,133,700.00
20150317	中金所	沪深300	IF1504	买	开	投	1	3,781.000	1,134,300.00
20150317	中金所	沪深300	IF1504	买	开	投	1	3,790.600	1,137,180.00
20150317	中金所	沪深300	IF1504	卖	平今	投	1	3,761.000	1,128,300.00
20150317	中金所	沪深300	IF1504	卖	平今	投	1	3,762.200	1,128,660.00
20150317	中金所	沪深300	IF1504	卖	平今	投	1	3,763.400	1,129,020.00
20150317	中金所	沪深300	IF1504	卖	平今	投	1	3,774.000	1,132,200.00
20150317	中金所	沪深300	IF1504	卖	平今	投	1	3,776.000	1,132,800.00
20150317	中金所	沪深300	IF1504	卖	平今	投	1	3,777.800	1,133,340.00
20150317	中金所	沪深300	IF1504	卖	平今	投	1	3,781.600	1,134,480.00
20150317	中金所	沪深300	IF1504	卖	平今	投	2	3,785.000	2,271,000.00
20150318	中金所	沪深300	IF1504	买	开	投	1	3,836.000	1,150,800.00
20150318	中金所	沪深300	IF1504	买	开	投	1	3,837.400	1,151,220.00
20150318	中金所	沪深300	IF1504	买	平今	投	1	3,840.600	1,152,180.00
20150318	中金所	沪深300	IF1504	卖	开	投	1	3,839.000	1,151,700.00
20150318	中金所	沪深300	IF1504	卖	平今	投	1	3,835.200	1,150,560.00
20150318	中金所	沪深300	IF1504	卖	平今	投	1	3,838.000	1,151,400.00
20150319	中金所	沪深300	IF1504	买	开	投	1	3,844.600	1,153,380.00

（续表）

交易日	交易所	品种	合约号	买卖	开平	投保	成交手数	成交价格	成交额
20150319	中金所	沪深300	IF1504	买	开	投	1	3,845.400	1,153,620.00
20150319	中金所	沪深300	IF1504	买	开	投	1	3,846.600	1,153,980.00
20150319	中金所	沪深300	IF1504	买	开	投	1	3,854.400	1,156,320.00
20150319	中金所	沪深300	IF1504	买	开	投	1	3,855.000	1,156,500.00
20150319	中金所	沪深300	IF1504	买	开	投	1	3,856.000	1,156,800.00
20150319	中金所	沪深300	IF1504	买	开	投	1	3,858.400	1,157,520.00
20150319	中金所	沪深300	IF1504	买	开	投	1	3,863.600	1,159,080.00
20150319	中金所	沪深300	IF1504	买	开	投	1	3,870.200	1,161,060.00
20150319	中金所	沪深300	IF1504	卖	平今	投	1	3,850.400	1,155,120.00
20150319	中金所	沪深300	IF1504	卖	平今	投	1	3,853.000	1,155,900.00
20150319	中金所	沪深300	IF1504	卖	平今	投	1	3,853.800	1,156,140.00
20150319	中金所	沪深300	IF1504	卖	平今	投	3	3,854.000	3,468,600.00
20150319	中金所	沪深300	IF1504	卖	平今	投	1	3,855.200	1,156,560.00
20150319	中金所	沪深300	IF1504	卖	平今	投	1	3,857.600	1,157,280.00
20150320	中金所	沪深300	IF1504	买	开	投	1	3,858.600	1,157,580.00
20150320	中金所	沪深300	IF1504	买	开	投	1	3,860.000	1,158,000.00
20150320	中金所	沪深300	IF1504	买	开	投	1	3,860.400	1,158,120.00
20150320	中金所	沪深300	IF1504	买	开	投	1	3,865.800	1,159,740.00
20150320	中金所	沪深300	IF1504	买	开	投	1	3,866.600	1,159,980.00
20150320	中金所	沪深300	IF1504	买	开	投	1	3,868.000	1,160,400.00
20150320	中金所	沪深300	IF1504	买	开	投	1	3,872.400	1,161,720.00
20150320	中金所	沪深300	IF1504	买	开	投	1	3,873.600	1,162,080.00
20150320	中金所	沪深300	IF1504	买	开	投	1	3,876.000	1,162,800.00
20150320	中金所	沪深300	IF1504	买	开	投	1	3,883.600	1,165,080.00
20150320	中金所	沪深300	IF1504	买	开	投	1	3,883.800	1,165,140.00
20150320	中金所	沪深300	IF1504	买	开	投	1	3,888.400	1,166,520.00
20150320	中金所	沪深300	IF1504	买	开	投	1	3,899.200	1,169,760.00
20150320	中金所	沪深300	IF1504	买	开	投	1	3,900.200	1,170,060.00
20150320	中金所	沪深300	IF1504	买	开	投	1	3,900.400	1,170,120.00

（续表）

交易日	交易所	品种	合约号	买卖	开平	投保	成交手数	成交价格	成交额
20150320	中金所	沪深300	IF1504	买	开	投	1	3,901.200	1,170,360.00
20150320	中金所	沪深300	IF1504	买	开	投	1	3,911.600	1,173,480.00
20150320	中金所	沪深300	IF1504	买	开	投	1	3,911.800	1,173,540.00
20150320	中金所	沪深300	IF1504	买	开	投	1	3,914.000	1,174,200.00
20150320	中金所	沪深300	IF1504	买	开	投	1	3,918.800	1,175,640.00
20150320	中金所	沪深300	IF1504	买	开	投	1	3,919.200	1,175,760.00
20150320	中金所	沪深300	IF1504	买	平今	投	1	3,872.400	1,161,720.00
20150320	中金所	沪深300	IF1504	卖	开	投	1	3,869.600	1,160,880.00
20150320	中金所	沪深300	IF1504	卖	平	投	1	3,868.600	1,160,580.00
20150320	中金所	沪深300	IF1504	卖	平今	投	1	3,861.200	1,158,360.00
20150320	中金所	沪深300	IF1504	卖	平今	投	1	3,862.600	1,158,780.00
20150320	中金所	沪深300	IF1504	卖	平今	投	1	3,866.200	1,159,860.00
20150320	中金所	沪深300	IF1504	卖	平今	投	1	3,867.400	1,160,220.00
20150320	中金所	沪深300	IF1504	卖	平今	投	1	3,869.800	1,160,940.00
20150320	中金所	沪深300	IF1504	卖	平今	投	1	3,874.800	1,162,440.00
20150320	中金所	沪深300	IF1504	卖	平今	投	2	3,877.800	2,326,680.00
20150320	中金所	沪深300	IF1504	卖	平今	投	1	3,878.200	1,163,460.00
20150320	中金所	沪深300	IF1504	卖	平今	投	1	3,898.400	1,169,520.00
20150320	中金所	沪深300	IF1504	卖	平今	投	1	3,915.600	1,174,680.00
20150320	中金所	沪深300	IF1504	卖	平今	投	1	3,918.400	1,175,520.00
20150320	中金所	沪深300	IF1504	卖	平今	投	2	3,919.000	2,351,400.00
20150320	中金所	沪深300	IF1504	卖	平今	投	1	3,919.800	1,175,940.00
20150320	中金所	沪深300	IF1504	卖	平今	投	1	3,922.800	1,176,840.00
20150323	中金所	沪深300	IF1504	买	开	投	1	3,950.600	1,185,180.00
20150323	中金所	沪深300	IF1504	买	开	投	1	3,952.200	1,185,660.00
20150323	中金所	沪深300	IF1504	买	开	投	1	3,958.200	1,187,460.00
20150323	中金所	沪深300	IF1504	买	开	投	2	3,958.600	2,375,160.00
20150323	中金所	沪深300	IF1504	买	开	投	1	3,961.600	1,188,480.00
20150323	中金所	沪深300	IF1504	买	开	投	1	3,962.400	1,188,720.00

（续表）

交易日	交易所	品种	合约号	买卖	开平	投保	成交手数	成交价格	成交额
20150323	中金所	沪深300	IF1504	买	开	投	3	3,963.000	3,566,700.00
20150323	中金所	沪深300	IF1504	买	开	投	1	3,963.200	1,188,960.00
20150323	中金所	沪深300	IF1504	买	开	投	1	3,963.600	1,189,080.00
20150323	中金所	沪深300	IF1504	买	开	投	1	3,964.800	1,189,440.00
20150323	中金所	沪深300	IF1504	买	开	投	1	3,965.600	1,189,680.00
20150323	中金所	沪深300	IF1504	买	开	投	1	3,970.000	1,191,000.00
20150323	中金所	沪深300	IF1504	买	开	投	1	3,970.800	1,191,240.00
20150323	中金所	沪深300	IF1504	买	开	投	1	3,972.800	1,191,840.00
20150323	中金所	沪深300	IF1504	买	开	投	1	3,974.800	1,192,440.00
20150323	中金所	沪深300	IF1504	买	开	投	1	3,982.400	1,194,720.00
20150323	中金所	沪深300	IF1504	买	开	投	1	3,982.800	1,194,840.00
20150323	中金所	沪深300	IF1504	买	开	投	1	3,983.800	1,195,140.00
20150323	中金所	沪深300	IF1504	买	开	投	1	3,985.400	1,195,620.00
20150323	中金所	沪深300	IF1504	买	开	投	1	3,992.600	1,197,780.00
20150323	中金所	沪深300	IF1504	卖	平	投	4	3,947.000	4,736,400.00
20150323	中金所	沪深300	IF1504	卖	平	投	1	3,950.600	1,185,180.00
20150323	中金所	沪深300	IF1504	卖	平今	投	1	3,953.800	1,186,140.00
20150323	中金所	沪深300	IF1504	卖	平今	投	1	3,960.200	1,188,060.00
20150323	中金所	沪深300	IF1504	卖	平今	投	4	3,967.800	4,761,360.00
20150323	中金所	沪深300	IF1504	卖	平今	投	1	3,969.800	1,190,940.00
20150323	中金所	沪深300	IF1504	卖	平今	投	1	3,970.200	1,191,060.00
20150323	中金所	沪深300	IF1504	卖	平今	投	1	3,974.200	1,192,260.00
20150323	中金所	沪深300	IF1504	卖	平今	投	3	3,975.000	3,577,500.00
20150323	中金所	沪深300	IF1504	卖	平今	投	1	3,983.600	1,195,080.00
20150323	中金所	沪深300	IF1504	卖	平今	投	1	3,988.400	1,196,520.00
20150323	中金所	沪深300	IF1504	卖	平今	投	1	3,988.800	1,196,640.00
20150323	中金所	沪深300	IF1504	卖	平今	投	1	3,989.800	1,196,940.00
20150323	中金所	沪深300	IF1504	卖	平今	投	1	3,994.000	1,198,200.00
20150324	中金所	沪深300	IF1504	买	开	投	1	3,938.800	1,181,640.00

（续表）

交易日	交易所	品种	合约号	买卖	开平	投保	成交手数	成交价格	成交额
20150324	中金所	沪深300	IF1504	买	开	投	1	3,960.600	1,188,180.00
20150324	中金所	沪深300	IF1504	买	开	投	1	3,965.600	1,189,680.00
20150324	中金所	沪深300	IF1504	买	开	投	1	3,981.000	1,194,300.00
20150324	中金所	沪深300	IF1504	买	开	投	1	3,981.400	1,194,420.00
20150324	中金所	沪深300	IF1504	买	开	投	1	3,981.800	1,194,540.00
20150324	中金所	沪深300	IF1504	买	开	投	1	3,982.400	1,194,720.00
20150324	中金所	沪深300	IF1504	买	开	投	1	3,983.000	1,194,900.00
20150324	中金所	沪深300	IF1504	买	开	投	1	3,986.000	1,195,800.00
20150324	中金所	沪深300	IF1504	买	开	投	1	3,988.200	1,196,460.00
20150324	中金所	沪深300	IF1504	买	开	投	1	3,989.400	1,196,820.00
20150324	中金所	沪深300	IF1504	买	开	投	1	3,989.600	1,196,880.00
20150324	中金所	沪深300	IF1504	买	开	投	1	3,990.000	1,197,000.00
20150324	中金所	沪深300	IF1504	买	开	投	1	3,990.400	1,197,120.00
20150324	中金所	沪深300	IF1504	买	开	投	1	3,991.000	1,197,300.00
20150324	中金所	沪深300	IF1504	买	开	投	1	3,991.200	1,197,360.00
20150324	中金所	沪深300	IF1504	买	开	投	1	3,993.600	1,198,080.00
20150324	中金所	沪深300	IF1504	买	开	投	2	3,995.600	2,397,360.00
20150324	中金所	沪深300	IF1504	卖	平	投	3	3,991.600	3,592,440.00
20150324	中金所	沪深300	IF1504	卖	平	投	1	3,993.200	1,197,960.00
20150324	中金所	沪深300	IF1504	卖	平	投	1	3,996.600	1,198,980.00
20150324	中金所	沪深300	IF1504	卖	平	投	1	4,002.000	1,200,600.00
20150324	中金所	沪深300	IF1504	卖	平今	投	1	3,964.600	1,189,380.00
20150324	中金所	沪深300	IF1504	卖	平今	投	3	3,965.000	3,568,500.00
20150324	中金所	沪深300	IF1504	卖	平今	投	4	3,971.600	4,765,920.00
20150324	中金所	沪深300	IF1504	卖	平今	投	1	3,975.200	1,192,560.00
20150324	中金所	沪深300	IF1504	卖	平今	投	5	3,982.600	5,973,900.00
20150324	中金所	沪深300	IF1504	卖	平今	投	2	3,983.200	2,389,920.00
20150324	中金所	沪深300	IF1504	卖	平今	投	1	3,984.600	1,195,380.00
20150324	中金所	沪深300	IF1504	卖	平今	投	2	3,988.600	2,393,160.00

（续表）

交易日	交易所	品种	合约号	买卖	开平	投保	成交手数	成交价格	成交额
20150325	中金所	沪深300	IF1504	买	开	投	1	3,918.800	1,175,640.00
20150325	中金所	沪深300	IF1504	买	开	投	1	3,929.800	1,178,940.00
20150325	中金所	沪深300	IF1504	买	开	投	1	3,940.800	1,182,240.00
20150325	中金所	沪深300	IF1504	买	开	投	1	3,941.200	1,182,360.00
20150325	中金所	沪深300	IF1504	买	开	投	1	3,942.400	1,182,720.00
20150325	中金所	沪深300	IF1504	买	开	投	1	3,942.600	1,182,780.00
20150325	中金所	沪深300	IF1504	买	开	投	1	3,944.000	1,183,200.00
20150325	中金所	沪深300	IF1504	买	开	投	2	3,946.800	2,368,080.00
20150325	中金所	沪深300	IF1504	买	开	投	1	3,947.200	1,184,160.00
20150325	中金所	沪深300	IF1504	买	开	投	1	3,948.200	1,184,460.00
20150325	中金所	沪深300	IF1504	买	开	投	1	3,951.400	1,185,420.00
20150325	中金所	沪深300	IF1504	买	开	投	1	3,959.600	1,187,880.00
20150325	中金所	沪深300	IF1504	买	开	投	1	3,970.400	1,191,120.00
20150325	中金所	沪深300	IF1504	买	开	投	1	3,971.200	1,191,360.00
20150325	中金所	沪深300	IF1504	买	开	投	1	3,973.200	1,191,960.00
20150325	中金所	沪深300	IF1504	买	开	投	1	3,973.400	1,192,020.00
20150325	中金所	沪深300	IF1504	买	开	投	1	3,974.800	1,192,440.00
20150325	中金所	沪深300	IF1504	买	开	投	1	3,976.200	1,192,860.00
20150325	中金所	沪深300	IF1504	买	开	投	1	3,977.600	1,193,280.00
20150325	中金所	沪深300	IF1504	买	开	投	1	3,978.000	1,193,400.00
20150325	中金所	沪深300	IF1504	卖	平今	投	2	3,938.400	2,363,040.00
20150325	中金所	沪深300	IF1504	卖	平今	投	4	3,938.600	4,726,320.00
20150325	中金所	沪深300	IF1504	卖	平今	投	1	3,942.000	1,182,600.00
20150325	中金所	沪深300	IF1504	卖	平今	投	1	3,944.800	1,183,440.00
20150325	中金所	沪深300	IF1504	卖	平今	投	1	3,945.800	1,183,740.00
20150325	中金所	沪深300	IF1504	卖	平今	投	1	3,951.200	1,185,360.00
20150325	中金所	沪深300	IF1504	卖	平今	投	1	3,953.400	1,186,020.00
20150325	中金所	沪深300	IF1504	卖	平今	投	1	3,953.800	1,186,140.00
20150325	中金所	沪深300	IF1504	卖	平今	投	1	3,955.400	1,186,620.00

（续表）

交易日	交易所	品种	合约号	买卖	开平	投保	成交手数	成交价格	成交额
20150325	中金所	沪深300	IF1504	卖	平今	投	4	3,977.400	4,772,880.00
20150326	中金所	沪深300	IF1504	买	开	投	1	3,904.000	1,171,200.00
20150326	中金所	沪深300	IF1504	买	开	投	1	3,905.800	1,171,740.00
20150326	中金所	沪深300	IF1504	买	开	投	1	3,908.600	1,172,580.00
20150326	中金所	沪深300	IF1504	买	开	投	1	3,919.000	1,175,700.00
20150326	中金所	沪深300	IF1504	买	开	投	1	3,923.800	1,177,140.00
20150326	中金所	沪深300	IF1504	买	开	投	1	3,925.800	1,177,740.00
20150326	中金所	沪深300	IF1504	买	开	投	1	3,928.200	1,178,460.00
20150326	中金所	沪深300	IF1504	买	开	投	1	3,932.800	1,179,840.00
20150326	中金所	沪深300	IF1504	买	开	投	1	3,936.200	1,180,860.00
20150326	中金所	沪深300	IF1504	买	开	投	1	3,936.800	1,181,040.00
20150326	中金所	沪深300	IF1504	买	开	投	1	3,938.200	1,181,460.00
20150326	中金所	沪深300	IF1504	买	开	投	1	3,939.200	1,181,760.00
20150326	中金所	沪深300	IF1504	买	开	投	1	3,940.000	1,182,000.00
20150326	中金所	沪深300	IF1504	买	开	投	1	3,944.600	1,183,380.00
20150326	中金所	沪深300	IF1504	买	开	投	1	3,955.200	1,186,560.00
20150326	中金所	沪深300	IF1504	买	开	投	1	3,960.200	1,188,060.00
20150326	中金所	沪深300	IF1504	买	开	投	1	3,961.000	1,188,300.00
20150326	中金所	沪深300	IF1504	买	开	投	1	3,964.000	1,189,200.00
20150326	中金所	沪深300	IF1504	买	开	投	1	3,968.600	1,190,580.00
20150326	中金所	沪深300	IF1504	买	开	投	1	3,973.400	1,192,020.00
20150326	中金所	沪深300	IF1504	买	平今	投	1	3,977.600	1,193,280.00
20150326	中金所	沪深300	IF1504	卖	开	投	1	3,973.600	1,192,080.00
20150326	中金所	沪深300	IF1504	卖	平	投	3	3,938.400	3,544,560.00
20150326	中金所	沪深300	IF1504	卖	平	投	1	3,938.600	1,181,580.00
20150326	中金所	沪深300	IF1504	卖	平今	投	1	3,939.200	1,181,760.00
20150326	中金所	沪深300	IF1504	卖	平今	投	3	3,955.400	3,559,860.00
20150326	中金所	沪深300	IF1504	卖	平今	投	1	3,957.200	1,187,160.00
20150326	中金所	沪深300	IF1504	卖	平今	投	2	3,957.800	2,374,680.00

（续表）

交易日	交易所	品种	合约号	买卖	开平	投保	成交手数	成交价格	成交额
20150326	中金所	沪深300	IF1504	卖	平今	投	1	3,958.200	1,187,460.00
20150326	中金所	沪深300	IF1504	卖	平今	投	1	3,958.800	1,187,640.00
20150326	中金所	沪深300	IF1504	卖	平今	投	2	3,960.200	2,376,120.00
20150326	中金所	沪深300	IF1504	卖	平今	投	1	3,962.800	1,188,840.00
20150326	中金所	沪深300	IF1504	卖	平今	投	1	3,965.200	1,189,560.00
20150326	中金所	沪深300	IF1504	卖	平今	投	1	3,967.400	1,190,220.00
20150326	中金所	沪深300	IF1504	卖	平今	投	1	3,974.200	1,192,260.00
20150326	中金所	沪深300	IF1504	卖	平今	投	1	3,976.800	1,193,040.00
20150327	中金所	沪深300	IF1504	买	开	投	1	3,929.400	1,178,820.00
20150327	中金所	沪深300	IF1504	买	开	投	1	3,936.600	1,180,980.00
20150327	中金所	沪深300	IF1504	买	开	投	1	3,937.800	1,181,340.00
20150327	中金所	沪深300	IF1504	买	开	投	2	3,938.600	2,363,160.00
20150327	中金所	沪深300	IF1504	买	开	投	1	3,952.200	1,185,660.00
20150327	中金所	沪深300	IF1504	买	开	投	1	3,952.400	1,185,720.00
20150327	中金所	沪深300	IF1504	买	开	投	1	3,952.800	1,185,840.00
20150327	中金所	沪深300	IF1504	买	开	投	1	3,957.200	1,187,160.00
20150327	中金所	沪深300	IF1504	买	开	投	1	3,961.800	1,188,540.00
20150327	中金所	沪深300	IF1504	买	开	投	1	3,966.800	1,190,040.00
20150327	中金所	沪深300	IF1504	买	开	投	1	3,973.000	1,191,900.00
20150327	中金所	沪深300	IF1504	买	开	投	2	3,973.400	2,384,040.00
20150327	中金所	沪深300	IF1504	买	开	投	1	3,974.200	1,192,260.00
20150327	中金所	沪深300	IF1504	买	开	投	1	3,976.600	1,192,980.00
20150327	中金所	沪深300	IF1504	买	开	投	1	3,980.800	1,194,240.00
20150327	中金所	沪深300	IF1504	买	开	投	1	3,982.200	1,194,660.00
20150327	中金所	沪深300	IF1504	买	开	投	1	3,987.000	1,196,100.00
20150327	中金所	沪深300	IF1504	买	开	投	3	3,987.600	3,588,840.00
20150327	中金所	沪深300	IF1504	卖	平	投	2	3,929.400	2,357,640.00
20150327	中金所	沪深300	IF1504	卖	平	投	2	3,933.600	2,360,160.00
20150327	中金所	沪深300	IF1504	卖	平今	投	2	3,933.600	2,360,160.00

（续表）

交易日	交易所	品种	合约号	买卖	开平	投保	成交手数	成交价格	成交额
20150327	中金所	沪深300	IF1504	卖	平今	投	1	3,938.600	1,181,580.00
20150327	中金所	沪深300	IF1504	卖	平今	投	1	3,940.000	1,182,000.00
20150327	中金所	沪深300	IF1504	卖	平今	投	1	3,962.600	1,188,780.00
20150327	中金所	沪深300	IF1504	卖	平今	投	1	3,966.000	1,189,800.00
20150327	中金所	沪深300	IF1504	卖	平今	投	2	3,974.200	2,384,520.00
20150327	中金所	沪深300	IF1504	卖	平今	投	2	3,975.400	2,385,240.00
20150327	中金所	沪深300	IF1504	卖	平今	投	1	3,976.200	1,192,860.00
20150327	中金所	沪深300	IF1504	卖	平今	投	3	3,980.000	3,582,000.00
20150327	中金所	沪深300	IF1504	卖	平今	投	3	3,980.800	3,582,720.00
20150327	中金所	沪深300	IF1504	卖	平今	投	1	3,983.800	1,195,140.00
20150330	中金所	沪深300	IF1504	买	开	投	1	4,003.400	1,201,020.00
20150330	中金所	沪深300	IF1504	买	开	投	1	4,004.400	1,201,320.00
20150330	中金所	沪深300	IF1504	买	开	投	1	4,009.600	1,202,880.00
20150330	中金所	沪深300	IF1504	买	开	投	1	4,010.200	1,203,060.00
20150330	中金所	沪深300	IF1504	买	开	投	1	4,010.400	1,203,120.00
20150330	中金所	沪深300	IF1504	买	开	投	1	4,011.400	1,203,420.00
20150330	中金所	沪深300	IF1504	买	开	投	1	4,011.800	1,203,540.00
20150330	中金所	沪深300	IF1504	买	开	投	1	4,012.000	1,203,600.00
20150330	中金所	沪深300	IF1504	买	开	投	1	4,014.000	1,204,200.00
20150330	中金所	沪深300	IF1504	买	开	投	1	4,017.000	1,205,100.00
20150330	中金所	沪深300	IF1504	买	开	投	1	4,029.200	1,208,760.00
20150330	中金所	沪深300	IF1504	买	开	投	1	4,029.600	1,208,880.00
20150330	中金所	沪深300	IF1504	买	开	投	1	4,046.600	1,213,980.00
20150330	中金所	沪深300	IF1504	买	开	投	1	4,051.800	1,215,540.00
20150330	中金所	沪深300	IF1504	买	开	投	2	4,056.800	2,434,080.00
20150330	中金所	沪深300	IF1504	买	开	投	2	4,065.000	2,439,000.00
20150330	中金所	沪深300	IF1504	买	开	投	2	4,066.400	2,439,840.00
20150330	中金所	沪深300	IF1504	买	开	投	1	4,121.600	1,236,480.00
20150330	中金所	沪深300	IF1504	卖	开	投	1	4,123.400	1,237,020.00

（续表）

交易日	交易所	品种	合约号	买卖	开平	投保	成交手数	成交价格	成交额
20150330	中金所	沪深300	IF1504	卖	平	投	1	3,997.600	1,199,280.00
20150330	中金所	沪深300	IF1504	卖	平	投	3	4,039.000	3,635,100.00
20150330	中金所	沪深300	IF1504	卖	平今	投	1	4,005.200	1,201,560.00
20150330	中金所	沪深300	IF1504	卖	平今	投	1	4,013.400	1,204,020.00
20150330	中金所	沪深300	IF1504	卖	平今	投	1	4,017.200	1,205,160.00
20150330	中金所	沪深300	IF1504	卖	平今	投	1	4,018.200	1,205,460.00
20150330	中金所	沪深300	IF1504	卖	平今	投	1	4,020.400	1,206,120.00
20150330	中金所	沪深300	IF1504	卖	平今	投	1	4,021.200	1,206,360.00
20150330	中金所	沪深300	IF1504	卖	平今	投	1	4,022.000	1,206,600.00
20150330	中金所	沪深300	IF1504	卖	平今	投	1	4,036.000	1,210,800.00
20150330	中金所	沪深300	IF1504	卖	平今	投	1	4,037.200	1,211,160.00
20150330	中金所	沪深300	IF1504	卖	平今	投	1	4,037.800	1,211,340.00
20150330	中金所	沪深300	IF1504	卖	平今	投	2	4,039.000	2,423,400.00
20150330	中金所	沪深300	IF1504	卖	平今	投	2	4,047.000	2,428,200.00
20150330	中金所	沪深300	IF1504	卖	平今	投	2	4,057.000	2,434,200.00
20150330	中金所	沪深300	IF1504	卖	平今	投	2	4,059.400	2,435,640.00
20150330	中金所	沪深300	IF1504	卖	平今	投	1	4,074.600	1,222,380.00
20150330	中金所	沪深300	IF1504	卖	平今	投	1	4,075.200	1,222,560.00
20150331	中金所	沪深300	IF1504	买	开	投	1	4,021.000	1,206,300.00
20150331	中金所	沪深300	IF1504	买	开	投	2	4,032.200	2,419,320.00
20150331	中金所	沪深300	IF1504	买	开	投	1	4,047.200	1,214,160.00
20150331	中金所	沪深300	IF1504	买	开	投	1	4,131.600	1,239,480.00
20150331	中金所	沪深300	IF1504	买	开	投	1	4,131.800	1,239,540.00
20150331	中金所	沪深300	IF1504	买	开	投	1	4,134.200	1,240,260.00
20150331	中金所	沪深300	IF1504	买	开	投	1	4,134.800	1,240,440.00
20150331	中金所	沪深300	IF1504	买	开	投	1	4,149.000	1,244,700.00
20150331	中金所	沪深300	IF1504	买	开	投	1	4,149.200	1,244,760.00
20150331	中金所	沪深300	IF1504	买	开	投	1	4,149.400	1,244,820.00
20150331	中金所	沪深300	IF1504	买	开	投	1	4,150.200	1,245,060.00

（续表）

交易日	交易所	品种	合约号	买卖	开平	投保	成交手数	成交价格	成交额
20150331	中金所	沪深300	IF1504	买	开	投	1	4,150.800	1,245,240.00
20150331	中金所	沪深300	IF1504	买	开	投	1	4,155.800	1,246,740.00
20150331	中金所	沪深300	IF1504	买	开	投	1	4,156.400	1,246,920.00
20150331	中金所	沪深300	IF1504	买	开	投	1	4,163.600	1,249,080.00
20150331	中金所	沪深300	IF1504	买	开	投	1	4,182.200	1,254,660.00
20150331	中金所	沪深300	IF1504	买	平	投	1	4,164.000	1,249,200.00
20150331	中金所	沪深300	IF1504	卖	平	投	1	4,170.600	1,251,180.00
20150331	中金所	沪深300	IF1504	卖	平今	投	1	4,030.000	1,209,000.00
20150331	中金所	沪深300	IF1504	卖	平今	投	1	4,053.400	1,216,020.00
20150331	中金所	沪深300	IF1504	卖	平今	投	1	4,059.400	1,217,820.00
20150331	中金所	沪深300	IF1504	卖	平今	投	2	4,137.600	2,482,560.00
20150331	中金所	沪深300	IF1504	卖	平今	投	2	4,140.600	2,484,360.00
20150331	中金所	沪深300	IF1504	卖	平今	投	1	4,165.400	1,249,620.00
20150331	中金所	沪深300	IF1504	卖	平今	投	1	4,166.400	1,249,920.00
20150331	中金所	沪深300	IF1504	卖	平今	投	1	4,191.800	1,257,540.00
							604	0.000	688,755,240.00

表1-10 成交明细查询（五）（日期：2015年4月1日—2014年4月14日）

交易日	交易所	品种	合约号	买卖	开平	投保	成交手数	成交价格	成交额
20150401	中金所	沪深300	IF1504	买	开	投	1	4,093.000	1,227,900.00
20150401	中金所	沪深300	IF1504	买	开	投	1	4,098.200	1,229,460.00
20150401	中金所	沪深300	IF1504	买	开	投	1	4,100.000	1,230,000.00
20150401	中金所	沪深300	IF1504	买	开	投	1	4,111.600	1,233,480.00
20150401	中金所	沪深300	IF1504	买	开	投	1	4,116.600	1,234,980.00
20150401	中金所	沪深300	IF1504	买	开	投	2	4,117.000	2,470,200.00
20150401	中金所	沪深300	IF1504	买	开	投	1	4,123.800	1,237,140.00
20150401	中金所	沪深300	IF1504	买	开	投	1	4,126.800	1,238,040.00
20150401	中金所	沪深300	IF1504	买	开	投	1	4,133.800	1,240,140.00
20150401	中金所	沪深300	IF1504	卖	平	投	1	4,058.600	1,217,580.00
20150401	中金所	沪深300	IF1504	卖	平	投	1	4,065.800	1,219,740.00
20150401	中金所	沪深300	IF1504	卖	平	投	2	4,095.400	2,457,240.00
20150401	中金所	沪深300	IF1504	卖	平	投	2	4,096.000	2,457,600.00
20150401	中金所	沪深300	IF1504	卖	平	投	1	4,103.200	1,230,960.00
20150401	中金所	沪深300	IF1504	卖	平今	投	1	4,102.000	1,230,600.00
20150401	中金所	沪深300	IF1504	卖	平今	投	1	4,102.400	1,230,720.00
20150401	中金所	沪深300	IF1504	卖	平今	投	2	4,124.000	2,474,400.00
20150401	中金所	沪深300	IF1504	卖	平今	投	1	4,124.200	1,237,260.00
20150401	中金所	沪深300	IF1504	卖	平今	投	1	4,134.800	1,240,440.00
20150401	中金所	沪深300	IF1504	卖	平今	投	1	4,141.000	1,242,300.00
20150401	中金所	沪深300	IF1504	卖	平今	投	1	4,141.600	1,242,480.00
20150401	中金所	沪深300	IF1504	卖	平今	投	1	4,143.000	1,242,900.00
20150401	中金所	沪深300	IF1504	卖	平今	投	1	4,149.200	1,244,760.00
20150402	中金所	沪深300	IF1504	买	开	投	1	4,062.400	1,218,720.00
20150402	中金所	沪深300	IF1504	买	开	投	1	4,072.400	1,221,720.00
20150402	中金所	沪深300	IF1504	买	开	投	1	4,074.200	1,222,260.00
20150402	中金所	沪深300	IF1504	买	开	投	1	4,075.000	1,222,500.00
20150402	中金所	沪深300	IF1504	买	开	投	1	4,076.200	1,222,860.00
20150402	中金所	沪深300	IF1504	买	开	投	1	4,078.000	1,223,400.00

（续表）

交易日	交易所	品种	合约号	买卖	开平	投保	成交手数	成交价格	成交额
20150402	中金所	沪深300	IF1504	买	开	投	1	4,079.400	1,223,820.00
20150402	中金所	沪深300	IF1504	买	开	投	1	4,080.400	1,224,120.00
20150402	中金所	沪深300	IF1504	买	开	投	2	4,084.000	2,450,400.00
20150402	中金所	沪深300	IF1504	买	开	投	1	4,086.200	1,225,860.00
20150402	中金所	沪深300	IF1504	买	开	投	2	4,090.600	2,454,360.00
20150402	中金所	沪深300	IF1504	买	开	投	1	4,091.000	1,227,300.00
20150402	中金所	沪深300	IF1504	买	开	投	1	4,094.200	1,228,260.00
20150402	中金所	沪深300	IF1504	买	开	投	1	4,095.800	1,228,740.00
20150402	中金所	沪深300	IF1504	买	开	投	1	4,097.600	1,229,280.00
20150402	中金所	沪深300	IF1504	买	开	投	1	4,098.800	1,229,640.00
20150402	中金所	沪深300	IF1504	买	开	投	1	4,099.400	1,229,820.00
20150402	中金所	沪深300	IF1504	买	开	投	1	4,100.200	1,230,060.00
20150402	中金所	沪深300	IF1504	买	开	投	2	4,120.800	2,472,480.00
20150402	中金所	沪深300	IF1504	买	开	投	1	4,121.600	1,236,480.00
20150402	中金所	沪深300	IF1504	买	开	投	2	4,122.800	2,473,680.00
20150402	中金所	沪深300	IF1504	买	开	投	1	4,123.600	1,237,080.00
20150402	中金所	沪深300	IF1504	买	开	投	1	4,128.200	1,238,460.00
20150402	中金所	沪深300	IF1504	买	开	投	1	4,129.200	1,238,760.00
20150402	中金所	沪深300	IF1504	卖	平今	投	1	4,092.600	1,227,780.00
20150402	中金所	沪深300	IF1504	卖	平今	投	4	4,093.000	4,911,600.00
20150402	中金所	沪深300	IF1504	卖	平今	投	1	4,096.200	1,228,860.00
20150402	中金所	沪深300	IF1504	卖	平今	投	2	4,098.200	2,458,920.00
20150402	中金所	沪深300	IF1504	卖	平今	投	8	4,101.400	9,843,360.00
20150402	中金所	沪深300	IF1504	卖	平今	投	2	4,106.200	2,463,720.00
20150403	中金所	沪深300	IF1504	买	开	投	1	4,103.400	1,231,020.00
20150403	中金所	沪深300	IF1504	买	开	投	1	4,119.800	1,235,940.00
20150403	中金所	沪深300	IF1504	买	开	投	1	4,120.400	1,236,120.00
20150403	中金所	沪深300	IF1504	买	开	投	1	4,120.600	1,236,180.00
20150403	中金所	沪深300	IF1504	买	开	投	1	4,122.600	1,236,780.00
20150403	中金所	沪深300	IF1504	买	开	投	1	4,124.400	1,237,320.00
20150403	中金所	沪深300	IF1504	买	开	投	1	4,127.200	1,238,160.00
20150403	中金所	沪深300	IF1504	买	开	投	1	4,128.400	1,238,520.00
20150403	中金所	沪深300	IF1504	买	开	投	1	4,129.800	1,238,940.00
20150403	中金所	沪深300	IF1504	买	开	投	4	4,130.000	4,956,000.00
20150403	中金所	沪深300	IF1504	买	开	投	1	4,132.000	1,239,600.00

（续表）

交易日	交易所	品种	合约号	买卖	开平	投保	成交手数	成交价格	成交额
20150403	中金所	沪深300	IF1504	买	开	投	1	4,134.200	1,240,260.00
20150403	中金所	沪深300	IF1504	买	开	投	1	4,134.400	1,240,320.00
20150403	中金所	沪深300	IF1504	买	开	投	1	4,140.000	1,242,000.00
20150403	中金所	沪深300	IF1504	卖	平	投	1	4,113.200	1,233,960.00
20150403	中金所	沪深300	IF1504	卖	平	投	1	4,141.800	1,242,540.00
20150403	中金所	沪深300	IF1504	卖	平	投	3	4,145.000	3,730,500.00
20150403	中金所	沪深300	IF1504	卖	平	投	3	4,150.000	3,735,000.00
20150403	中金所	沪深300	IF1504	卖	平	投	2	4,150.200	2,490,120.00
20150403	中金所	沪深300	IF1504	卖	平今	投	1	4,100.200	1,230,060.00
20150403	中金所	沪深300	IF1504	卖	平今	投	3	4,127.000	3,714,300.00
20150403	中金所	沪深300	IF1504	卖	平今	投	1	4,129.800	1,238,940.00
20150403	中金所	沪深300	IF1504	卖	平今	投	1	4,134.200	1,240,260.00
20150403	中金所	沪深300	IF1504	卖	平今	投	3	4,135.200	3,721,680.00
20150403	中金所	沪深300	IF1504	卖	平今	投	1	4,135.400	1,240,620.00
20150403	中金所	沪深300	IF1504	卖	平今	投	2	4,137.400	2,482,440.00
20150403	中金所	沪深300	IF1504	卖	平今	投	1	4,137.600	1,241,280.00
20150403	中金所	沪深300	IF1504	卖	平今	投	2	4,139.200	2,483,520.00
20150403	中金所	沪深300	IF1504	卖	平今	投	1	4,139.400	1,241,820.00
20150403	中金所	沪深300	IF1504	卖	平今	投	1	4,145.000	1,243,500.00
20150407	中金所	沪深300	IF1504	买	开	投	1	4,193.200	1,257,960.00
20150407	中金所	沪深300	IF1504	买	开	投	1	4,197.800	1,259,340.00
20150407	中金所	沪深300	IF1504	买	开	投	1	4,199.000	1,259,700.00
20150407	中金所	沪深300	IF1504	买	开	投	1	4,199.400	1,259,820.00
20150407	中金所	沪深300	IF1504	买	开	投	1	4,202.000	1,260,600.00
20150407	中金所	沪深300	IF1504	买	开	投	1	4,202.400	1,260,720.00
20150407	中金所	沪深300	IF1504	买	开	投	1	4,214.600	1,264,380.00
20150407	中金所	沪深300	IF1504	买	开	投	1	4,214.800	1,264,440.00
20150407	中金所	沪深300	IF1504	买	开	投	1	4,216.800	1,265,040.00
20150407	中金所	沪深300	IF1504	买	开	投	1	4,217.400	1,265,220.00
20150407	中金所	沪深300	IF1504	买	开	投	1	4,218.600	1,265,580.00
20150407	中金所	沪深300	IF1504	买	开	投	1	4,218.800	1,265,640.00
20150407	中金所	沪深300	IF1504	买	开	投	2	4,219.400	2,531,640.00
20150407	中金所	沪深300	IF1504	买	开	投	1	4,222.200	1,266,660.00
20150407	中金所	沪深300	IF1504	买	开	投	1	4,225.200	1,267,560.00
20150407	中金所	沪深300	IF1504	卖	平今	投	5	4,216.400	6,324,600.00

(续表)

交易日	交易所	品种	合约号	买卖	开平	投保	成交手数	成交价格	成交额
20150407	中金所	沪深300	IF1504	卖	平今	投	1	4,217.200	1,265,160.00
20150407	中金所	沪深300	IF1504	卖	平今	投	1	4,241.200	1,272,360.00
20150407	中金所	沪深300	IF1504	卖	平今	投	4	4,242.200	5,090,640.00
20150408	中金所	沪深300	IF1504	买	开	投	1	4,204.400	1,261,320.00
20150408	中金所	沪深300	IF1504	买	开	投	1	4,222.600	1,266,780.00
20150408	中金所	沪深300	IF1504	买	开	投	1	4,235.400	1,270,620.00
20150408	中金所	沪深300	IF1504	买	开	投	1	4,235.800	1,270,740.00
20150408	中金所	沪深300	IF1504	买	开	投	1	4,236.200	1,270,860.00
20150408	中金所	沪深300	IF1504	买	开	投	1	4,236.600	1,270,980.00
20150408	中金所	沪深300	IF1504	买	开	投	1	4,237.000	1,271,100.00
20150408	中金所	沪深300	IF1504	买	开	投	1	4,240.600	1,272,180.00
20150408	中金所	沪深300	IF1504	买	开	投	1	4,242.200	1,272,660.00
20150408	中金所	沪深300	IF1504	买	开	投	1	4,245.600	1,273,680.00
20150408	中金所	沪深300	IF1504	买	开	投	1	4,250.000	1,275,000.00
20150408	中金所	沪深300	IF1504	买	开	投	1	4,256.400	1,276,920.00
20150408	中金所	沪深300	IF1504	买	开	投	1	4,257.000	1,277,100.00
20150408	中金所	沪深300	IF1504	买	开	投	1	4,258.800	1,277,640.00
20150408	中金所	沪深300	IF1504	买	开	投	1	4,263.800	1,279,140.00
20150408	中金所	沪深300	IF1504	买	开	投	2	4,264.000	2,558,400.00
20150408	中金所	沪深300	IF1504	买	开	投	1	4,267.400	1,280,220.00
20150408	中金所	沪深300	IF1504	买	开	投	1	4,270.400	1,281,120.00
20150408	中金所	沪深300	IF1504	买	开	投	1	4,285.800	1,285,740.00
20150408	中金所	沪深300	IF1504	卖	平	投	5	4,270.000	6,405,000.00
20150408	中金所	沪深300	IF1504	卖	平今	投	1	4,210.200	1,263,060.00
20150408	中金所	沪深300	IF1504	卖	平今	投	1	4,239.800	1,271,940.00
20150408	中金所	沪深300	IF1504	卖	平今	投	1	4,242.200	1,272,660.00
20150408	中金所	沪深300	IF1504	卖	平今	投	1	4,247.200	1,274,160.00
20150408	中金所	沪深300	IF1504	卖	平今	投	3	4,256.400	3,830,760.00
20150408	中金所	沪深300	IF1504	卖	平今	投	1	4,262.000	1,278,600.00
20150408	中金所	沪深300	IF1504	卖	平今	投	1	4,269.400	1,280,820.00
20150408	中金所	沪深300	IF1504	卖	平今	投	1	4,270.200	1,281,060.00
20150408	中金所	沪深300	IF1504	卖	平今	投	1	4,270.400	1,281,120.00
20150409	中金所	沪深300	IF1504	买	开	投	1	4,238.600	1,271,580.00
20150409	中金所	沪深300	IF1504	买	开	投	1	4,241.400	1,272,420.00
20150409	中金所	沪深300	IF1504	买	开	投	1	4,245.600	1,273,680.00

（续表）

交易日	交易所	品种	合约号	买卖	开平	投保	成交手数	成交价格	成交额
20150409	中金所	沪深300	IF1504	买	开	投	1	4,252.600	1,275,780.00
20150409	中金所	沪深300	IF1504	买	开	投	3	4,254.600	3,829,140.00
20150409	中金所	沪深300	IF1504	买	开	投	1	4,255.800	1,276,740.00
20150409	中金所	沪深300	IF1504	买	开	投	1	4,257.400	1,277,220.00
20150409	中金所	沪深300	IF1504	买	开	投	2	4,258.000	2,554,800.00
20150409	中金所	沪深300	IF1504	买	开	投	1	4,263.600	1,279,080.00
20150409	中金所	沪深300	IF1504	卖	平	投	8	4,258.000	10,219,200.00
20150409	中金所	沪深300	IF1504	卖	平今	投	1	4,258.000	1,277,400.00
20150409	中金所	沪深300	IF1504	卖	平今	投	1	4,266.400	1,279,920.00
20150410	中金所	沪深300	IF1504	买	开	投	1	4,240.200	1,272,060.00
20150410	中金所	沪深300	IF1504	买	开	投	1	4,299.800	1,289,940.00
20150410	中金所	沪深300	IF1504	卖	平	投	1	4,247.600	1,274,280.00
20150410	中金所	沪深300	IF1504	卖	平	投	1	4,283.200	1,284,960.00
20150410	中金所	沪深300	IF1504	卖	平	投	1	4,296.400	1,288,920.00
20150410	中金所	沪深300	IF1504	卖	平	投	1	4,305.600	1,291,680.00
20150410	中金所	沪深300	IF1504	卖	平	投	1	4,307.000	1,292,100.00
20150410	中金所	沪深300	IF1504	卖	平	投	4	4,307.800	5,169,360.00
20150410	中金所	沪深300	IF1504	卖	平	投	2	4,308.000	2,584,800.00
20150410	中金所	沪深300	IF1504	卖	平今	投	1	4,248.800	1,274,640.00
20150410	中金所	沪深300	IF1504	卖	平今	投	1	4,280.000	1,284,000.00
20150413	中金所	沪深300	IF1505	买	开	投	1	4,377.800	1,313,340.00
20150413	中金所	沪深300	IF1505	买	开	投	3	4,381.000	3,942,900.00
20150413	中金所	沪深300	IF1505	买	开	投	1	4,382.000	1,314,600.00
20150413	中金所	沪深300	IF1505	买	开	投	2	4,382.600	2,629,560.00
20150413	中金所	沪深300	IF1505	买	开	投	1	4,383.600	1,315,080.00
20150413	中金所	沪深300	IF1505	买	开	投	2	4,384.400	2,630,640.00
20150413	中金所	沪深300	IF1505	买	开	投	1	4,385.000	1,315,500.00
20150413	中金所	沪深300	IF1505	买	开	投	1	4,385.200	1,315,560.00
20150413	中金所	沪深300	IF1505	买	开	投	1	4,386.800	1,316,040.00

（续表）

交易日	交易所	品种	合约号	买卖	开平	投保	成交手数	成交价格	成交额
20150413	中金所	沪深300	IF1505	买	开	投	2	4,389.200	2,633,520.00
20150413	中金所	沪深300	IF1505	买	开	投	1	4,390.800	1,317,240.00
20150413	中金所	沪深300	IF1505	买	开	投	1	4,391.000	1,317,300.00
20150413	中金所	沪深300	IF1505	买	开	投	2	4,391.400	2,634,840.00
20150413	中金所	沪深300	IF1505	买	开	投	1	4,391.600	1,317,480.00
20150413	中金所	沪深300	IF1505	买	开	投	1	4,393.800	1,318,140.00
20150413	中金所	沪深300	IF1505	买	开	投	1	4,394.000	1,318,200.00
20150413	中金所	沪深300	IF1505	买	开	投	1	4,394.800	1,318,440.00
20150413	中金所	沪深300	IF1505	买	开	投	1	4,395.000	1,318,500.00
20150413	中金所	沪深300	IF1505	买	开	投	1	4,405.800	1,321,740.00
20150413	中金所	沪深300	IF1505	买	开	投	1	4,410.000	1,323,000.00
20150413	中金所	沪深300	IF1505	买	开	投	1	4,426.800	1,328,040.00
20150413	中金所	沪深300	IF1505	买	开	投	1	4,429.400	1,328,820.00
20150413	中金所	沪深300	IF1505	卖	平今	投	1	4,391.000	1,317,300.00
20150413	中金所	沪深300	IF1505	卖	平今	投	1	4,391.200	1,317,360.00
20150413	中金所	沪深300	IF1505	卖	平今	投	1	4,393.000	1,317,900.00
20150413	中金所	沪深300	IF1505	卖	平今	投	2	4,393.200	2,635,920.00
20150413	中金所	沪深300	IF1505	卖	平今	投	1	4,393.400	1,318,020.00
20150413	中金所	沪深300	IF1505	卖	平今	投	2	4,393.600	2,636,160.00
20150413	中金所	沪深300	IF1505	卖	平今	投	3	4,394.400	3,954,960.00
20150413	中金所	沪深300	IF1505	卖	平今	投	1	4,395.600	1,318,680.00
20150413	中金所	沪深300	IF1505	卖	平今	投	2	4,396.000	2,637,600.00
20150413	中金所	沪深300	IF1505	卖	平今	投	2	4,397.000	2,638,200.00
20150413	中金所	沪深300	IF1505	卖	平今	投	1	4,414.200	1,324,260.00
20150413	中金所	沪深300	IF1505	卖	平今	投	1	4,434.000	1,330,200.00
20150414	中金所	沪深300	IF1505	买	开	投	1	4,409.400	1,322,820.00
20150414	中金所	沪深300	IF1505	买	开	投	1	4,413.200	1,323,960.00
20150414	中金所	沪深300	IF1505	买	开	投	1	4,416.200	1,324,860.00
20150414	中金所	沪深300	IF1505	买	开	投	2	4,422.000	2,653,200.00

（续表）

交易日	交易所	品种	合约号	买卖	开平	投保	成交手数	成交价格	成交额
20150414	中金所	沪深300	IF1505	买	开	投	3	4,423.200	3,980,880.00
20150414	中金所	沪深300	IF1505	买	开	投	1	4,425.000	1,327,500.00
20150414	中金所	沪深300	IF1505	买	开	投	1	4,427.000	1,328,100.00
20150414	中金所	沪深300	IF1505	买	开	投	1	4,429.200	1,328,760.00
20150414	中金所	沪深300	IF1505	买	开	投	1	4,429.600	1,328,880.00
20150414	中金所	沪深300	IF1505	买	开	投	1	4,429.800	1,328,940.00
20150414	中金所	沪深300	IF1505	买	开	投	4	4,432.600	5,319,120.00
20150414	中金所	沪深300	IF1505	买	开	投	1	4,434.800	1,330,440.00
20150414	中金所	沪深300	IF1505	买	开	投	1	4,461.800	1,338,540.00
20150414	中金所	沪深300	IF1505	买	开	投	1	4,462.000	1,338,600.00
20150414	中金所	沪深300	IF1505	卖	平	投	4	4,466.200	5,359,440.00
20150414	中金所	沪深300	IF1505	卖	平	投	6	4,479.000	8,062,200.00
20150414	中金所	沪深300	IF1505	卖	平今	投	1	4,416.600	1,324,980.00
20150414	中金所	沪深300	IF1505	卖	平今	投	1	4,427.600	1,328,280.00
20150414	中金所	沪深300	IF1505	卖	平今	投	1	4,429.400	1,328,820.00
20150414	中金所	沪深300	IF1505	卖	平今	投	1	4,431.200	1,329,360.00
20150414	中金所	沪深300	IF1505	卖	平今	投	1	4,434.000	1,330,200.00
20150414	中金所	沪深300	IF1505	卖	平今	投	1	4,452.000	1,335,600.00
20150414	中金所	沪深300	IF1505	卖	平今	投	2	4,452.400	2,671,440.00
20150414	中金所	沪深300	IF1505	卖	平今	投	2	4,453.800	2,672,280.00
20150414	中金所	沪深300	IF1505	卖	平今	投	1	4,454.400	1,336,320.00
20150414	中金所	沪深300	IF1505	卖	平今	投	1	4,469.200	1,340,760.00
							305	0.000	388,533,780.00

表1-11 实时成交（2015年04月14日）

成交时间	品种	交割期	新合约号	买卖	开平	投保	成交量	成交价	币种	交易所
09:38:33	沪深300	1505	IF1505	买	开	投	1	4,413.200	人民币	中金所
10:43:18	沪深300	1505	IF1505	卖	平	投	1	4,416.600	人民币	中金所
10:51:46	沪深300	1505	IF1505	买	开	投	1	4,423.200	人民币	中金所
10:55:29	沪深300	1505	IF1505	卖	平	投	1	4,429.400	人民币	中金所
11:07:51	沪深300	1505	IF1505	买	开	投	1	4,432.600	人民币	中金所
11:13:00	沪深300	1505	IF1505	卖	平	投	1	4,434.000	人民币	中金所
11:15:43	沪深300	1505	IF1505	买	开	投	1	4,427.000	人民币	中金所
11:28:06	沪深300	1505	IF1505	卖	平	投	1	4,469.200	人民币	中金所
13:00:59	沪深300	1505	IF1505	卖	平	投	1	4,479.000	人民币	中金所
13:01:00	沪深300	1505	IF1505	卖	平	投	1	4,479.000	人民币	中金所
13:01:00	沪深300	1505	IF1505	卖	平	投	1	4,479.000	人民币	中金所
13:01:00	沪深300	1505	IF1505	卖	平	投	1	4,479.000	人民币	中金所
13:01:00	沪深300	1505	IF1505	卖	平	投	1	4,479.000	人民币	中金所
13:01:00	沪深300	1505	IF1505	卖	平	投	1	4,479.000	人民币	中金所
13:08:30	沪深300	1505	IF1505	卖	平	投	4	4,466.200	人民币	中金所
13:11:09	沪深300	1505	IF1505	买	开	投	1	4,461.800	人民币	中金所
13:11:09	沪深300	1505	IF1505	买	开	投	1	4,462.000	人民币	中金所
13:26:04	沪深300	1505	IF1505	买	开	投	1	4,429.200	人民币	中金所
13:26:14	沪深300	1505	IF1505	买	开	投	2	4,432.600	人民币	中金所
13:26:25	沪深300	1505	IF1505	买	开	投	1	4,429.600	人民币	中金所
13:26:25	沪深300	1505	IF1505	买	开	投	1	4,429.800	人民币	中金所
13:26:39	沪深300	1505	IF1505	买	开	投	2	4,423.200	人民币	中金所
13:27:02	沪深300	1505	IF1505	买	开	投	1	4,425.000	人民币	中金所
13:31:30	沪深300	1505	IF1505	买	开	投	1	4,416.200	人民币	中金所
13:50:28	沪深300	1505	IF1505	买	开	投	1	4,409.400	人民币	中金所
14:08:38	沪深300	1505	IF1505	卖	平	投	1	4,427.600	人民币	中金所
14:09:02	沪深300	1505	IF1505	卖	平	投	1	4,431.200	人民币	中金所
14:25:17	沪深300	1505	IF1505	买	开	投	1	4,432.600	人民币	中金所
14:34:05	沪深300	1505	IF1505	卖	平	投	2	4,453.800	人民币	中金所
14:34:25	沪深300	1505	IF1505	卖	平	投	1	4,454.400	人民币	中金所

（续表）

成交时间	品种	交割期	新合约号	买卖	开平	投保	成交量	成交价	币种	交易所
14:34:57	沪深300	1505	IF1505	卖	平	投	1	4,452.400	人民币	中金所
14:34:57	沪深300	1505	IF1505	卖	平	投	1	4,452.400	人民币	中金所
14:34:57	沪深300	1505	IF1505	卖	平	投	1	4,452.000	人民币	中金所
14:59:09	沪深300	1505	IF1505	买	开	投	1	4,434.800	人民币	中金所
15:13:16	沪深300	1505	IF1505	买	开	投	2	4,422.000	人民币	中金所
							42	0.000		

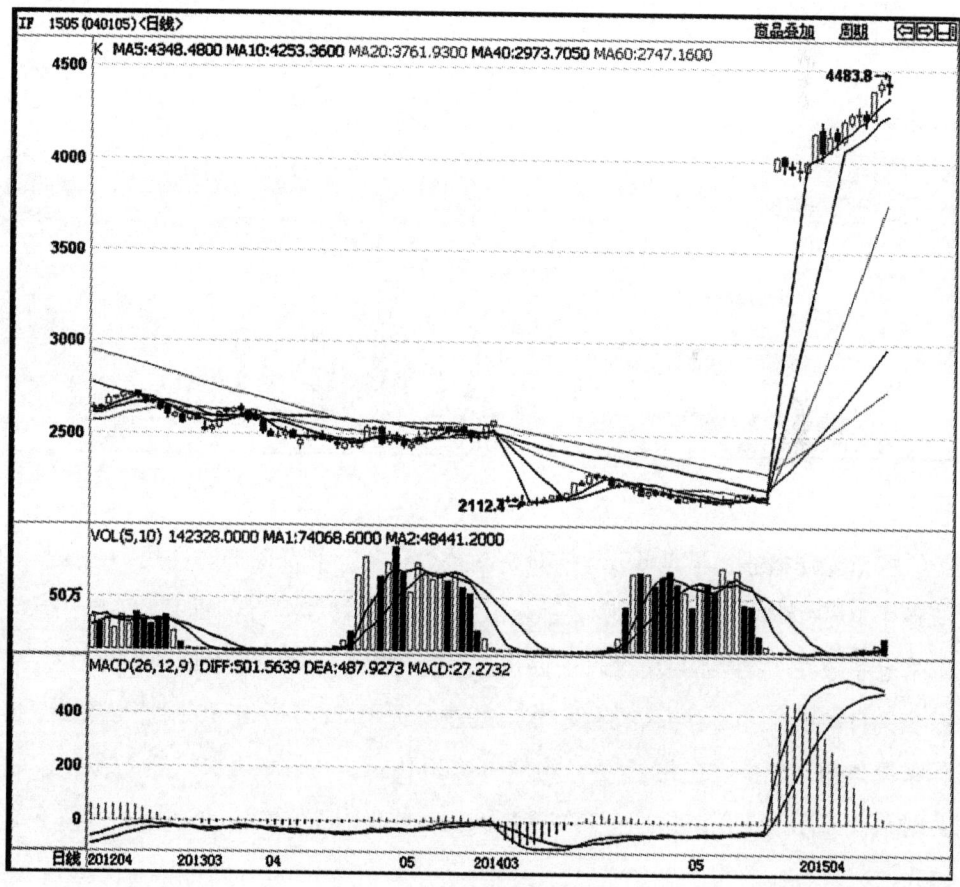

图 1-92

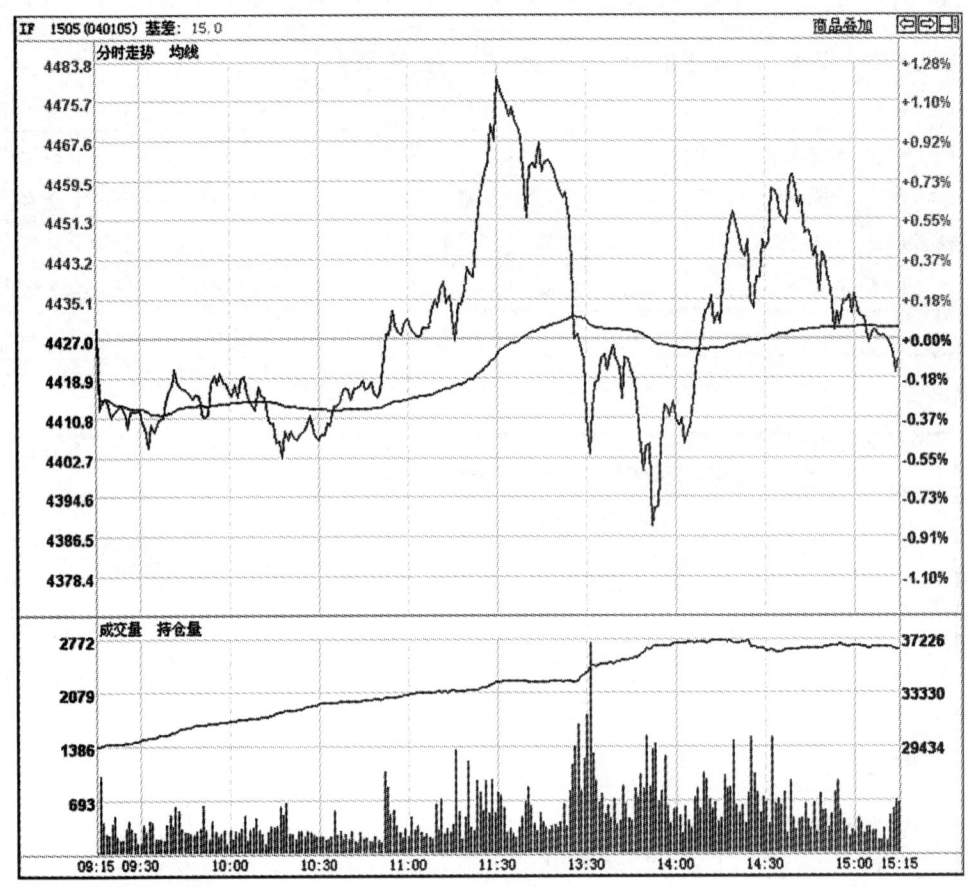

图 1-93

实盘操作概述：早盘低开，昨日在基差为正 20 到 30 间的时候用 1/7 操作系统建了 10 手多单，开盘再低吸 2 手，10:30 后价格持续上行，便用 1/7 操作系统的平仓系统在 4434 到 4479 之间一路逢高平仓。留 4 手底仓，在回到 4466 止盈线时全部自动成交。之后价格继续跳水，基差再次变正，到了正 10 附近再用 1/7 操作系统建仓，分步建仓共 12 手，均价在 4430 附近，后价格再次拉升，基差变负，此时再次启用 1/7 系统的平仓系统逢高派发，收盘时基差为正 15，故留 6 手多仓过夜。

实盘指导该客户的 QQ 聊天记录：

日期：2015 年 1 月 31 日

慧（16：48：11）：你好！我是你们的客户。

蛙爷（18：44：10）：欢迎，您请说！

慧（18：56：03）：你头像那本书是你写的吗？

蛙爷（18：56：38）：是的。

慧（18：57：43）：下次回国一定拜读。

慧（18：58：24）：请问一下你都学过什么技术？

慧（18：59：09）：我发现期指水太深了！需要学技术呀。

蛙爷（18：59：36）：哈哈，我主要是实践。

慧（18：59：50）：我想你学过很多技术之后才总结出了自己的操作，才出了书。

蛙爷（19：00：07）：不需要太多技术。

慧（19：00：16）：周一开始能盘中指导一下吗？

蛙爷（19：00：23）：完全是靠实践。

蛙爷（19：00：32）：完全可以。

慧（19：00：47）：期指你是依据什么操作？

蛙爷（19：01：14）：你只做期指吗？

慧（19：01：21）：是。

蛙爷（19：02：01）：期指要掌握基差。

蛙爷（19：02：10）：其他都不用。

蛙爷（19：02：31）：你现在有单吗？

慧（19：02：33）：什么是基差？

慧（19：02：41）：没单。

慧（19：03：23）：上周割了几十万元？要是拿到现在能赚几十万元。

蛙爷（19：04：00）：到时我会告诉你，基差就是 300 指数现货与期指之间的差。

慧（19：04：18）：你操作会持单过夜吗？

蛙爷（19:04:53）：一般不过，除非特殊情况。

蛙爷（19:05:31）：蛙式交易都是当天交易。

慧（19:05:38）：你是一天只做一个方向还是双向？

蛙爷（19:06:41）：看情况，眼下只是蛙式塘底跳，买！

慧（19:07:23）：我想周一早盘再跌一下就开多。

蛙爷（19:07:51）：基差大于30必赚！

慧（19:08:04）：什么意思？

蛙爷（19:08:46）：就是2月期指比300现货低30点。

慧（19:09:16）：309现货是什么？

蛙爷（19:09:30）：沪深300。

慧（19:10:10）：期指收盘是3420？

蛙爷（19:11:02）：现货3434.2，二月3429，基差5.2。

慧（19:11:36）：怎么计算？

蛙爷（19:12:09）：这个自己随时可以算，很简单。

蛙爷（19:12:47）：两个一减就可以了。

慧（19:13:01）：那期指要跌破3400才行呀。

蛙爷（19:13:02）：是，要等待机会。

蛙爷（19:13:29）：股指不可天天做。

慧（19:13:43）：那他们最多时能差多少？

蛙爷（19:14:09）：眼下是牛市，一定要基差变正数才可以做。

慧（19:14:10）：不能天天做的呀？

蛙爷（19:14:29）：天天做容易出错。

慧（19:15:02）：可期指每个月都是涨的。

慧（19:15:44）：好不容易赚了16万元几天就亏回去了。

蛙爷（19:16:00）：昨天收盘就比现货低了5.2点，已初步可抄底。

慧（19:16:13）：明白了。

蛙爷（19:16:18）：越是不利越是要不急。

慧（19:17:22）：我从不敢全仓，只是1/3。

蛙爷（19:17:45）：也不是，一手一手地买，否则很容易亏。

慧（19：17：47）：其实都是玩一手？被套了才加仓。

慧（19：17：51）：慢慢加。

蛙爷（19：18：14）：买点决定胜负。

蛙爷（19：19：21）：其实你100多万元有很多办法可以必赢，没必要冒险。

慧（19：19：30）：方向反了好可怕。

慧（19：19：52）：你讲讲有什么办法。

蛙爷（19：19：55）：你在负数去买当然可怕。

慧（19：20：40）：比如我3467开空涨到3649去了。

慧（19：21：09）：你看看上次期指跌停后的走势。

蛙爷（19：21：19）：两种办法必赢，一是等股指基差30以上，一是做玉米套跳。

慧（19：21：27）：跌停后我是做多的。

慧（19：22：09）：我不记得当时的基差是多少了？

蛙爷（19：22：27）：做多应该是赢的，你一定是在跌停做空了。

慧（19：22：45）：做多。

蛙爷（19：23：19）：何时做多？

慧（19：23：26）：但涨到3467时我看上冲没力度就放空了。

慧（19：23：42）：一下没控制好节奏。

慧（19：24：06）：3413。

慧（19：24：11）：做多。

蛙爷（19：24：17）：哦，因为你没有看基差只是凭感觉。

蛙爷（19：24：45）：记住，凭感觉是靠不住的。

慧（19：24：49）：我看哪里要出货了。

蛙爷（19：25：31）：不用那么复杂，什么都不用看，就看基差足够了。

蛙爷（19：26：26）：操盘越简单越好。

日期：2015年2月2日

慧（09：21：24）：今天等你指导。

慧（09：21：40）：跳空这么多开不开多单？

蛙爷（09：22：16）：可买一手。

蛙爷（09：24：36）：赚了？

慧（09：24：50）：是！

慧（09：25：10）：3400 跑？

蛙爷（09：25：34）：可以。

慧（09：31：04）：出了。

慧（09：31：13）：3000 多，怪紧张的。

蛙爷（09：31：26）：现在不要动。

蛙爷（09：31：45）：等基差再变正。

蛙爷（09：32：02）：现在负数 23。

慧（09：32：06）：基差在哪里看。

慧（09：32：46）：3357。

蛙爷（09：33：03）：一般期指软件有提示，没有就现货 300 减期指 2 月。

蛙爷（09：33：33）：－11

蛙爷（09：34：37）：是的，现在 －12，不动。

蛙爷（09：35：26）：涨上去那是别人的事，跟我们无关，忍住。

蛙爷（09：37：06）：刚才赚几个点？

蛙爷（09：38：14）：好，等待再次变正。

蛙爷（09：46：13）：看！马上要正了。

慧（10：01：35）：正数越多越好吗？

蛙爷（10：01：44）：是！

慧（10：02：08）：多到多少可以开多单？

蛙爷（10：03：05）：正基本就可以，但正多了，可开两手，分两次。

蛙爷（10：03：37）：再多就三手。

蛙爷（10：04：11）：一次一手，拉开距离。

慧（10：04：23）：明白了！

慧（10：05：18）：上到 3400 该下了。

蛙爷（10：05：59）：看基差，永远不要看点位！那会犯错！

慧（10：34：19）：就只差这几个点？怎么还不正呢？

慧（10:34:29）：一定是正才买是不是？

蛙爷（10:38:00）：当然，别急！

慧（10:44:00）：还忍呀？我刚才3375看到一笔的买点？没敢下手。

蛙爷（10:44:55）：哈哈，不要急，大把机会！

蛙爷（10:45:25）：一定要正数才稳赚！

慧（10:45:56）：好的！

蛙爷（10:52:39）：如果急，可套跳玉米，必赚！

蛙爷（10:53:11）：有两个品种，就有事做了。

慧（10:53:12）：先把期指学会。

慧（10:53:19）：再去玩玉米。

慧（10:53:30）：我先学会看盘吧！

蛙爷（10:54:55）：好的，期指风险比玉米大100倍，一般从玉米练手，你太潇洒了，直接股指。

蛙爷（10:55:57）：玉米属于小学课程，期指属于研究生课程。

蛙爷（10:56:41）：您跳级了。

慧（10:57:27）：幸亏遇到你这位研究生的教授。

慧（10:57:41）：有你知道就不怕了。

日期：2015年2月3日

慧（09:43:36）：请教一下？300要是比02高30点以上是不是可以开空单呀？

蛙爷（09:44:07）：最好50以上。

慧（09:44:29）：反过来呢？02比300低30个点以上就可以开多单吗？

慧（09:44:53）：300要是比02高50点以上是不是可以开空单？

蛙爷（09:50:37）：看情况具体分析。

蛙爷（09:51:12）：一般不做空牛市。

慧（09:51:35）：再冲一波我想开空单？

蛙爷（09:51:39）：到什么山唱什么歌！

慧（09:51:48）：不做空呀？那我怕了。

蛙爷（09:54:36）：下周打新股，所以不必太害怕。

慧（09:55:36）：我就等今日跌，开几手多单。

慧（09:55:44）：最好新低。

蛙爷（09:56:27）：是，牛市逢低买入是主要手段，熊市倒过来。

慧（13:10:22）：还不能开多？

慧（13:10:28）：是不是有利好？

慧（13:10:50）：3381得买点，我可惜了？看到却发呆。

蛙爷（13:37:40）：正就买，其他不动。

日期：2015年2月5日

蛙爷（08:38:58）：昨天基差+10有没有买？

慧（08:46:50）：昨日买多被套了。

慧（08:47:30）：当时就是忘了看基差。

蛙爷（08:55:12）：还在吗？

慧（08:56:31）：在！

慧（08:56:39）：我买的03。

蛙爷（08:56:50）：几手？

蛙爷（08:56:57）：多单？

慧（08:57:26）：原本3手多单，被我止损一手。

蛙爷（08:57:41）：你发财了！

慧（08:58:01）：看到那个利好了？

蛙爷（08:58:09）：昨天正数，你就该买！

慧（08:58:18）：我买的03？被套在高高的3480。

慧（08:58:30）：没注意呀！

蛙爷（08:58:49）：收盘为正数。

慧（09:00:34）：我缺少经验？

慧（09:02:10）：今后请提醒我一下。

慧（09:11:21）：今天平仓时能帮我看着点吗？

蛙爷（09:12:32）：可以！

蛙爷（09：12：49）：一手一手出。

慧（09：21：41）：我已经跑了。

慧（09：21：50）：03 合约，3539 跑的。

慧（09：44：08）：现在极差都 50 个点了？难道开空？

蛙爷（09：45：06）：一般不做。

慧（09：45：07）：我用 03 对比的。

蛙爷（09：45：42）：我说过牛市不做空！

慧（09：45：58）：好的？那现在多一手可以不？

蛙爷（09：46：27）：正吗？

慧（09：46：48）：差 26 个点。

蛙爷（09：47：22）：不做！

慧（14：59：40）：我开多了？对吗？

慧（14：59：59）：02 比 300 低 3 个点了。

慧（15：01：26）：10 个点了！

蛙爷（15：03：50）：不急！

慧（15：04：11）：你不早说？我已经开了 2 手了。

慧（15：04：19）：你说正数就能开。

慧（15：04：28）：我一看正了就开了。

蛙爷（15：05：16）：怎么一下子两手？

慧（15：05：33）：跌了又补了。

慧（15：05：44）：我看负数 10 个点就补了。

蛙爷（15：09：10）：买的时候为什么不说？

慧（15：09：46）：怕打扰你。

慧（15：09：56）：你说正数就开。

慧（15：10：09）：我一看呀？终于来机会了。

蛙爷（15：10：49）：机会来也不能两手，何况这也不是机会。

日期：2015 年 2 月 6 日

慧（10：18：08）：能买了吗？

慧（10:18:18）：差 15 个点。

蛙爷（10:18:46）：为什么要买？正 30 以上才安全。

慧（14:21:57）：我已经开多。

蛙爷（14:22:17）：为什么？

慧（14:22:37）：我看要反弹了。

慧（14:22:41）：被套了。

慧（14:23:56）：就差 6 个点了？这么难成正数。

慧（14:24:14）：那你看 03 会到哪里？

蛙爷（14:25:23）：我只看极差 +30 以上买必赚，其他我什么也看不见。

慧（14:25:41）：这样子呀？

慧（14:25:58）：就是 02 要比 300 低 30 个点对不？

慧（14:26:03）：那我做 03 呀。

慧（14:26:26）：看着 03 差基更好。

蛙爷（14:27:13）：03 更高，更不能买。

蛙爷（14:28:52）：一定要挖坑让别人跳，而不是别人挖坑你来跳。

蛙爷（14:30:19）：我的原则非常简单，何时基差到 30 就买，否则我什么样的行情都看不见。

慧（14:31:23）：什么时候基差到 50 你再出手？

慧（14:31:33）：一般多长时间有一次这样的机会？

蛙爷（14:33:30）：每两周就有一次。

慧（14:33:57）：好的？记住了。

慧（14:34:05）：那时你就基本满仓？

蛙爷（14:35:41）：也不是，一手一手地买，让别人崩溃。

慧（14:35:59）：好的，间距多大？

蛙爷（14:37:54）：看情况，一般在 50 点左右。

慧（14:38:08）：那么远呀？

日期：2015 年 2 月 9 日

慧（10:15:09）：期指现在可以买了吗？

慧（10:15:24）：现在 03 基差 30 个点。

慧（10:15:40）：可 02 基差 13 个点。

慧（10:15:45）：按那个呀？

慧（10:15:54）：以哪个为准？

蛙爷（10:15:58）：02！

慧（10:16:02）：那等吧！

慧（11:10:33）：现在反转了吗？

慧（11:10:50）：可一直也没差 30 个点，最多时 26 个点。

慧（11:11:00）：26 个点应当可以买了吧？

蛙爷（11:11:18）：谁讲的？

慧（11:11:23）：搞得我心里怕？平早了？拿着就好了。

慧（11:11:33）：一定要 30 个点？

慧（11:11:38）：那我等！

蛙爷（11:13:16）：一定要二月比现货低才可考虑买，否则。我是绝对不会买股指的，这是我的坑，它爱跳不跳。

蛙爷（11:14:46）：更不可能去追高了，那是冲动，没有好结果的。

日期：2015 年 2 月 10 日

慧（09:33:38）：我晕了？到底是 02 比 300 高 30 点开多？还是低 30 点开多？

慧（09:33:46）：我好像记错方向了。

蛙爷（09:35:03）：当然是 2 月比 300 现货低，越低越好。

慧（09:36:11）：那现在高 20 个点。

蛙爷（09:36:35）：等！

慧（09:36:52）：能开的时候，你叫上我。

日期：2015 年 3 月 5 日

蛙爷（11:34:44）：怎么样最近？

慧（11:34:57）：还凑合。

慧（11:35:16）：刚才可惜了 4 手多单。

慧（11：35：50）：这里看到风险了，可惜没跑。

慧（11：36：41）：这里算把手续费赚回来了。

蛙爷（11：38：20）：过节持仓了没有？

慧（11：38：35）：是。

慧（11：38：41）：赔了。

慧（11：38：54）：再坚持一天就好了。

蛙爷（11：39：41）：现在是 -9。

蛙爷（11：39：57）：正了就可买一手。

慧（11：40：10）：我下午买多。

慧（11：40：19）：但是很多人开始看空。

蛙爷（11：41：54）：看多看空那是股票，股指你正了就买不会错。

蛙爷（11：42：14）：不正不可买。

蛙爷（11：42：52）：上方压力巨大。

慧（11：42：57）：我记住了。

蛙爷（11：43：52）：股指在很长时间都会振荡。

蛙爷（11：45：19）：上有四头，下有 60 日均线。

慧（11：45：51）：4 头是什么呀？

蛙爷（11：46：29）：四个顶。

蛙爷（11：46：50）：需要一个大利好才能攻上去。

蛙爷（11：48：21）：但 60 天均线显示，总体还是牛市，但非常慢。

日期：2015 年 3 月 10 日

蛙爷（11：16：59）：昨天买了没有？

慧（11：17：08）：买了！

慧（11：17：23）：昨日成正数是不是？

蛙爷（11：17：24）：有两次为正数。

慧（11：17：30）：我都来不及看。

慧（11：17：33）：什么价？

慧（11：17：41）：我现在买？

蛙爷（11：18：02）：现在是 –17。

慧（11：18：17）：我昨日收盘还追了？今早登录半天才上去，被动了。

慧（11：18：44）：昨日什么点位时成正数了？

蛙爷（11：18：54）：昨天跌 60 点时为正数，结果随即暴涨。

慧（11：18：59）：我没注意。

慧（11：19：18）：我昨日严重被套。

慧（11：19：25）：吓死人了。

慧（11：19：39）：后来没拿住，不然能赚很多。

蛙爷（11：20：27）：怎么到正数反而走了？

慧（11：21：28）：3512 就跑了。

慧（11：21：42）：我要解套了。

慧（11：27：04）：帮我看看在哪个位置跑？

蛙爷（11：27：31）：你要胆大就拿住。

慧（11：27：55）：我原本想把刚补仓的平了。

蛙爷（11：28：12）：拿几天试试？

慧（11：28：17）：3530 补仓的。

慧（11：28：38）：仓位有些重哦。

蛙爷（11：28：57）：几手？

慧（11：29：07）：6 手。

蛙爷（11：29：40）：太重了。

慧（11：30：09）：我刚减了 2 手。

慧（14：18：27）：我想等 3540 进去拿几天行吗？

慧（14：18：36）：03 哪天交割呢？

蛙爷（14：20：54）：第三个周五。

慧（14：21：10）：这是第一个？

蛙爷（14：21：46）：20 号。

蛙爷（14：24：23）：拿几天应该问题不大。

慧（14：24：37）：我在等机会买回。

慧（14：24：47）：3540 开始买。

蛙爷（14：25：22）：一手一手地买。

日期：2015 年 3 月 11 日

蛙爷（09：56：34）：赚了吧？

慧（09：56：48）：是！

慧（09：56：56）：我开空了。

慧（09：57：12）：3560 左右就出来。

蛙爷（09：57：33）：牛市不做空！

蛙爷（10：01：48）：还是逢低买比较好。

慧（10：03：15）：我不会做空单，只会做多单，总之，我做空心会砰砰跳得好厉害。

蛙爷（10：05：27）：多单拿住几天再出。

慧（10：05：45）：刚才没反手做多。

蛙爷（10：06：12）：昨天我反复说，拿几天没事。

慧（10：06：38）：刚才的空单害我大脑转不过来。

慧（15：55：28）：多单被套了。

慧（15：55：45）：还不如拿着那空单。

慧（15：56：13）：请问一下，你怎么看大盘？

慧（15：56：39）：明日要是上不去就惨了，会重回 3049。

蛙爷（20：45：36）：明天基差正再补！

日期：2015 年 3 月 12 日

慧（10：00：19）：我逃出来了。

慧（10：00：30）：空单没拿住。

蛙爷（10：05：01）：什么空单，不是多单吗？刚好高开出多好啊。

慧（10：05：15）：我开空了。

慧（10：06：15）：昨日多单平了。

慧（10：06：22）：开了空，没拿住。

慧（10：06：37）：不然可以赚 20 个点。

蛙爷（10:06:51）：再买时一定要看基差正了再买。

慧（10:07:27）：还是观望吧！

慧（10:08:09）：看不懂。

慧（10:08:46）：没玩过。

慧（10:08:58）：我就玩一个期指够了。

蛙爷（11:34:20）：不管你买不买，反正不能做空！

蛙爷（11:34:44）：逢低买一手，一手一手地买。

慧（11:53:53）：今天我是以多为主。

慧（11:54:01）：我看今天会去到3400。

慧（11:54:11）：过去了就放空。

蛙爷（12:01:19）：牛市不做空。

蛙爷（12:01:30）：逢低买即可。

慧（15:43:21）：尾盘正数了。

慧（15:43:40）：明早开多单吧。

蛙爷（15:51:26）：今天没开吗？

慧（15:51:39）：空单走早了。

慧（15:51:49）：多单没开。

日期：2015年3月16日

慧（09:30:40）：可以买了吧？

慧（09:31:01）：沪深现在比03高4个点了。

慧（09:31:10）：正数了。

慧（09:31:21）：2个点了。

蛙爷（09:32:20）：前几天没拿住，全走了吧？

慧（09:32:32）：现在空仓。

蛙爷（09:33:00）：那就观察一下吧。

慧（09:33:11）：不买？

慧（09:33:26）：好不容易观察等到正数了。

蛙爷（09:33:34）：其实前几天我有很大的把握才叫你大胆拿几天。

蛙爷（09：34：02）：现在不好说了。

慧（09：34：30）：现在能不能过 3406 很关键的。

蛙爷（14：41：05）：观察一下，能不能有效。看明天回抽再说。

蛙爷（14：41：48）：突破并不是说就一定有效的。

慧（14：42：13）：回踩几日才能说有效？

慧（14：42：26）：总之今天太可惜了。

慧（14：42：44）：没开盘前我就知道要涨。

慧（14：43：17）：跟朋友开玩笑时说的。

蛙爷（14：44：20）：如果前几天拿住，肯定是最好，就不要考虑了。但今天上午再进，那是有争议的，就是现在，都很难说。

慧（14：44：55）：明早冲高后回踩。

慧（09：51：46）：又正数了！我开多了。

慧（09：52：06）：试验一下你的方法？

慧（09：54：49）：7 个点了。

蛙爷（10：29：26）：只要不做空，就按规则做，不会有太多问题。

蛙爷（10：30：04）：注意一手一手地买。

日期：2015 年 3 月 19 日

慧（06：21：02）：昨日大盘继续逼空上行，已经连收六个阳，量能也呈递增式温和放大，市场热情鼎沸，牛途正式扬帆起航已经是不争的事实，本波大盘至少看到 3800——3820——3845 点。当然，大盘不可能天天逼空，震荡上行应该是未来大盘运行的主基调。从技术上看，股指已经连续留下了 5 个跳空缺口，如果没有一个回踩确认，总让人感觉有点不踏实，今天是股指期货交割日，昨天尾盘股指期货快速跳水已经在暗示今天空头反扑的概率大增，个人认为，今天大盘震荡将加剧，对于我们来说，3800 点前每一次的回踩都是低吸的良机，没有跟上节奏的不妨把握今天大盘回踩的机会大胆低吸，紧跟牛途的步伐前进。霞光冲得乌云散、轻舟飞过万重山——4500——5500 不是梦！

慧（11：22：13）：请问一下这正数还灵验吗？

慧（11：22：16）：我买了呀。

蛙爷（11：23：32）：明天交割，你注意！

慧（11：23：48）：我买的是04。

慧（11：24：00）：被套了。

慧（11：24：05）：刚才盈利没走。

慧（11：24：23）：一直看着03比300低。

蛙爷（11：24：28）：要买就买3月，明天交割，风险小。

慧（11：24：40）：我买的是04。

慧（11：24：45）：为什么要买03？

蛙爷（11：24：49）：04太高。

慧（11：24：54）：万一套住怎么办呀？

蛙爷（11：25：23）：3月套不住的。

慧（11：25：39）：已经买了04。

慧（11：25：49）：我可以马上走呀。

慧（11：25：53）：现在套住了。

慧（11：26：03）：我就想知道这里拿着多单没事吧？

蛙爷（11：26：11）：3月套就交割。

蛙爷（11：27：09）：4月太远不好说，现在买3月是看得见能赚钱。

慧（11：27：29）：那今天赚了就卖。

慧（11：27：39）：03涨，04也涨的。

日期：2015年3月24日

慧（10：31：29）：我还拿着多单呢？你看呢？

蛙爷（10：33：35）：几手？

慧（10：33：43）：4手。

慧（10：33：58）：原本我想锁仓5手，再做3手短差。

慧（10：34：08）：可我拿不住呀，每天都被清光。

蛙爷（10：34：44）：不要满仓，关系不是太大，轻仓拿住。

蛙爷（13：04：13）：要控制风险。

慧（13：04：34）：今天没有控制好！

慧（13:04:44）：等反弹先出来。

慧（13:05:15）：我就是看到盘中 300 与 04 成正数了？就加了？可谁知道 300 跌得超快。

蛙爷（13:06:22）：何时正数？现在 -35。

慧（13:06:45）：急跌的时候。

慧（13:06:52）：期指跌得慢。

慧（13:06:56）：300 超级快。

蛙爷（13:07:11）：只要反弹，坚决平仓走人。

蛙爷（13:08:18）：马上会有很多新股申购。

慧（13:08:33）：这里大盘不高举高打？

蛙爷（13:09:08）：我估计要调整。

慧（13:09:36）：现在这里已经出一个大的平台了，这里要震荡了。

慧（13:11:55）：什么时候？

蛙爷（13:12:54）：最近。

慧（13:22:42）：哪里平掉好呢？

蛙爷（13:26:08）：一手一手地平，随时平。

蛙爷（13:26:55）：我觉得这里比较难做。

慧（15:05:47）：现在收市时正了？能买吗？

日期：2015 年 3 月 31 日

慧（09:53:43）：04 是 4185，300 是 4147，差 38 个点了。

慧（09:53:57）：马上 50 个点就要开空单了？对吗？

蛙爷（09:54:43）：短空长多。

慧（09:54:57）：可惜已经下去了。

慧（10:34:41）：真难判断了？竟然相差 40 个点了。

慧（10:35:05）：刚才 59？300 是 19。

蛙爷（10:36:09）：最好的办法是不做空，正数是买。

慧（10:36:25）：我刚买了一手。

蛙爷（10:41:46）：当前的办法很简单，低买，不做空。

慧（10:43:45）：又不是使劲跌。

蛙爷（10:44:31）：小跌小买，大跌大买。

慧（10:44:46）：现在空仓？沉住气。

慧（10:44:49）：等待。

慧（10:57:45）：怕踏空？先开两手主动挨套吧。

蛙爷（10:58:49）：主动挨套，应该从一手开始。

慧（11:00:45）：再跌5分钟。

慧（13:47:39）：不知道怎样呀？基差又拉大了。

慧（15:08:02）：没设置保护。

蛙爷（15:10:35）：太重了，以后一手一手地下，还有，大盘太快要注意节奏。

慧（15:11:03）：我要慢慢积攒经验。

慧（15:11:18）：最近赚晕了。

慧（15:11:21）：我等反弹吧。

慧（15:11:38）：04要是破4007就惨了。

慧（15:11:55）：现在跌下来我要吸筹了。

蛙爷（15:12:09）：早上我提醒，短空长多，就是要主动买套，也不能多。

蛙爷（15:12:26）：不过，总体还是牛市。

慧（15:12:53）：买了。

蛙爷（15:13:17）：明天早上暴跌就买。

慧（15:13:36）：还跌呀。

慧（15:13:53）：现在04与300基差14了。

蛙爷（15:14:31）：拿住也可以，就有点赌了。

蛙爷（15:14:45）：不可重仓。

蛙爷（15:15:07）：我是明天早盘抄底。

慧（15:15:12）：3715很关键。

蛙爷（15:16:03）：总体牛市，没变。

慧（15:16:24）：我也知道这里要调整了？估计200点。

慧（15:16:39）：我21号就预判了？是自己晕头了。

蛙爷（15:17:20）：像昨天那种涨法是找抽的。

蛙爷（15:17:43）：慢牛不是这样的。

慧（15:17:53）：你怎么昨天也不提醒我一下，昨天少赚20多万元。

蛙爷（15:18:34）：第一，牛市；第二，小跌小买，大跌大买。

慧（15:18:46）：明白了。

蛙爷（15:21:32）：早上都说到了，但你下单太猛，控制不了节奏。

蛙爷（15:21:57）：赚就赚大了，亏也吓人。

慧（15:22:47）：我现在5手了。

蛙爷（15:22:50）：如果今晚没有利空，问题就不大。

慧（15:22:54）：尾盘做了几把。

慧（15:23:06）：要是有利空那就惨了。

蛙爷（15:24:32）：应该下跌空间不大的。

蛙爷（15:26:20）：这个基差不准的，因为大盘开了才算数。

慧（15:27:20）：你的基差可给我壮胆了。

蛙爷（15:29:11）：是的，-40以上说明市场过热！

慧（15:29:49）：应当开空？没反应过来。

慧（15:29:56）：其实我昨天尾盘就开空了。

蛙爷（15:30:37）：如果明天大盘开盘了还是+数，就可以买了。

蛙爷（15:31:32）：赢与不赢主要在仓位，不在判断。

蛙爷（15:31:56）：如果轻仓，你永远是赢家。

日期：2015年4月1日

蛙爷（10:45:50）：赚了没有？

慧（10:46:07）：跑早了。

蛙爷（10:46:08）：注意风险，新股要上了。

蛙爷（10:46:58）：说了，今天应该涨，但是我认为最近不宜再做了。

慧（10:47:31）：我早上跑了2手。

蛙爷（11:01:42）：正数再买吧。

慧（11:02:17）：现在15个点。

慧（11:03:41）：20个点。

蛙爷（11：04：02）：太高了。

蛙爷（11：04：59）：那没必要。

慧（11：05：53）：我差点把手上的都平了，还留了1手。

日期：2015年4月7日

慧（13：10：19）：现在基差很大？都20个点了。

慧（13：10：24）：我满仓多单了。

蛙爷（13：11：43）：风险太大。

慧（13：11：53）：为什么呀？

慧（13：12：00）：你说正数都安全的。

慧（13：12：09）：现在这么大的基差。

蛙爷（13：12：33）：周一新股，需要钱。

慧（13：12：54）：04不跟大盘。

慧（13：13：04）：大盘都新高了。

蛙爷（13：13：52）：我看你最多1/3仓足够了。

蛙爷（13：14：38）：成本在哪里？

慧（13：14：51）：4207

慧（13：14：56）：我刚加仓的。

慧（13：15：03）：要不不会这么高。

蛙爷（13：15：23）：慢慢出来。

蛙爷（13：17：09）：新股压力太大。

慧（13：17：25）：这期指怎么回事？

慧（13：17：34）：要到我的止损位了。

日期：2015年4月8日

慧（09：48：08）：真的基差30了。

慧（09：48：14）：我满仓了。

蛙爷（09：50：44）：任何时候都不要满仓。

慧（09：51：13）：不开了？

蛙爷（09：51：19）：何况这里高风险。

慧（14：04：54）：到现在你们那个工作人员还没教我怎么锁仓。

蛙爷（14：06：38）：最简单的方法是平仓。

蛙爷（14：06：58）：锁仓很危险，没法解锁。

慧（14：07：13）：为什么没办法解锁？

蛙爷（14：07：54）：因为你不知道解哪一头？

蛙爷（14：08：12）：很容易犯致命错误。

蛙爷（14：10：09）：常言道，十锁九错。

蛙爷（14：10：45）：你简单一点，想平就直接平掉一点。

慧（14：11：21）：好吧！

蛙爷（14：11：24）：我多年的经验教训也告诉我不要锁仓。

蛙爷（14：15：28）：比如你现在想锁半仓，你就平掉半仓，最简单有效。

蛙爷（14：15：45）：记住，没事别锁仓。

日期：2015 年 4 月 9 日

蛙爷（08：46：37）：我提醒你。这两天是高风险时间，因为下周一开始申购新股。

蛙爷（09：25：57）：我们最关心的是客户挣钱，怎么避免风险。

蛙爷（09：27：11）：不谦虚地说，你能在我这儿做期货，可以少走二十年的弯路。

慧（09：27：37）：我能稳定赚钱就是你最大的功劳。

蛙爷（09：28：40）：我已经走了二十年弯路了，把经验教训告诉你，不就是少走弯路了吗？

蛙爷（09：29：15）：此时你可以一手一手地平掉。

蛙爷（09：29：28）：不要急！

蛙爷（09：29：47）：这种操作简单有效。

慧（09：29：53）：4280 开始平。

蛙爷（09：30：31）：一手手平是重要的技巧。

蛙爷（09：31：04）：不要满仓买满仓平，那样不好。

慧（09:31:26）：持仓最难。

蛙爷（09:34:10）：为什么要平掉一些，因为下了可以再买。

慧（09:34:23）：刚才犹豫了。

蛙爷（09:34:41）：否则老是坐过山车。

蛙爷（09:35:09）：平掉一些心态就稳定了。

蛙爷（09:35:22）：就容易持仓。

蛙爷（09:37:31）：为什么只能一手一手平？因为如果全平掉万一拉起来就可能着急，一着急就会再追高，就容易套住。

蛙爷（09:40:17）：所以留个底仓，用半仓不断做高抛低吸，才能既拿得住，又利润最大化。

慧（09:40:26）：贴水50个点了？04还不涨？

蛙爷（21:34:55）：下周五，都是第三个星期五交割。

日期：2015年4月10日

蛙爷（09:25:41）：平开。

慧（09:26:06）：你现在怎么看？

蛙爷（09:27:43）：你仓太重。

蛙爷（09:30:39）：昨天减最理想。

蛙爷（09:32:15）：反复提醒这里有申购压力还那么重，注意心态！

蛙爷（09:40:16）：大盘3956。

蛙爷（09:43:36）：最低。

慧（11:38:31）：被吓出去3手。

慧（11:38:44）：48就减了一手？太可惜了。

慧（11:38:49）：怕仓位太重。

慧（11:39:00）：这剩下的8手？我看可以拿着过周末了。

蛙爷（11:41:11）：如果今天不掉，下周下跌的可能性基本不存在。

慧（11:42:14）：明白了。

慧（11:42:24）：4230见到了。

蛙爷（11:43:43）：其实昨天我让你减仓的点是最佳的。

慧（11：44：15）：可我死多了，一根筋。

蛙爷（11：44：50）：你可以补，不补，起码人很轻松。

慧（11：45：29）：剩下8手拿着吧。

慧（11：45：52）：10个点一保护。

慧（11：45：57）：能去到哪里是哪里了。

慧（11：47：02）：4320开始一手一手地平。

蛙爷（14：23：52）：全平了？

慧（14：24：07）：要不要追呀？

蛙爷（14：27：23）：我不是说一手一手地平吗？

蛙爷（14：28：51）：今天不跌下周更不会跌了。

蛙爷（14：29：58）：肯定不追了，我说了一定要留个底仓。

蛙爷（14：30：13）：否则一追高就被套。

蛙爷（14：31：57）：现在你要买，最多一手玩玩吧。

日期：2015年4月9日

蛙爷（09：40：17）：所以留个底仓，用半仓不断做高抛低吸，才能既拿得住，又利润最大化。

慧（14：44：19）：我还不会设置止赢的幅度。

慧（14：44：27）：设得不好。

蛙爷（14：45：23）：不过你已经很好了，休息一下也可，可买一手保持心情。

慧（14：46：33）：我知道的，自己操作力度太差。

慧（14：46：48）：要不今天50万元到手了。

日期：2015年4月10日

蛙爷（11：41：11）：如果今天不掉，下周下跌的可能性基本不存在。

蛙爷（14：50：21）：算了，可以买一手，从头来过。

蛙爷（14：50：48）：人无完人，你很不错了。

慧（14：51：38）：现在我也不敢买了。

蛙爷（14：53：55）：也罢，要买最多就一手观察吧。

慧（14：55：26）：等机会。

蛙爷（14：56：30）：等基差正。

慧（18：38：59）：好的。

日期：2015 年 4 月 11 日

慧（16：13：55）：300 要疯涨？

慧（17：31：53）：这消息是利好呀。

慧（17：43：18）：以前只能持仓 12 手？现在 50 手了呀。

慧（17：43：28）：这不是利好吗？

蛙爷（18：53：22）：简单有效的就是基差正数买。我原来研究波浪理论，后来发现还是土办法管用。

蛙爷（18：59：59）：用蛙式语言就是：牛市不做空，基差正就买，正得越多买得越多！1/7 操作系统。

慧（19：00：01）：但是周四我就被基差害了？

慧（19：00：11）：我看基差 50 个点了？就使劲买。

慧（19：00：30）：被套 20 多万元呀？吓死我了。

蛙爷（19：01：14）：因为你没看过蛙式交易建仓系统。

蛙爷（19：01：34）：建仓系统不是你这么买的。

蛙爷（19：02：09）：你这样买，要不是基差正 50，你早就被洗出来了。

蛙爷（19：03：10）：严格的买法是 1、2、4。

慧（19：03：46）：先买一手？再买 2 手？再买 4 手？

蛙爷（19：03：47）：共 7 手一个组合。

蛙爷（19：04：41）：然后用其中一手或三手做高抛低吸。

蛙爷（19：04：51）：四手不动。

蛙爷（19：05：41）：如果你看过蛙式交易，你早就过千万了。

蛙爷（19：08：28）：我帮一个客户从 100 万元到 700 万元，两年时间。

蛙爷（19：09：03）：不要在非主力月开户。

慧（19：09：13）：好的？但愿我几个月就能这样子。

慧（19：11：14）：我看身边一位在 06 开了 300 手。

慧（19:12:21）：从 3400 点拿到现在了。

慧（19:12:51）：赚了 900 点了。

蛙爷（19:12:54）：如果是几个月前，也许这是对的，但是现在呢？

蛙爷（19:13:25）：你照样可以拿，只是你没拿住而已。

蛙爷（19:14:03）：其实蛙式交易要求牛市始终必须有底仓。

蛙爷（19:14:22）：否则很容易踏空。

蛙爷（19:14:32）：踏空就急。

蛙爷（19:14:47）：一急就追。

蛙爷（19:15:09）：一追高就容易被套。

蛙爷（19:15:40）：所以底仓是压仓石！

蛙爷（19:17:15）：最保守的做法是 1、1、1、1、1 这样买。

蛙爷（19:17:48）：1、2、4、8 还是有风险。

蛙爷（19:19:10）：不要再重仓，慢就是快，快就是慢。

蛙爷（19:20:17）：其实还是那句话，基差正，一手，+10，再一手，+20，再一手……

蛙爷（19:20:34）：那就稳操胜券了。

蛙爷（19:21:22）：轻仓其实比重仓容易赚钱！

慧（19:26:35）：你那里还有什么好的土方法？

蛙爷（20:12:40）：土方法很多，都很管用，到时慢慢再说。

慧（20:12:59）：再告诉一个呀。

蛙爷（20:14:34）：那就是盘口，盘口的数量、密度，那就要慢慢学学了。

蛙爷（20:14:56）：最好找个五档行情的。

慧（20:15:12）：对呀？我一直想学盘口。

慧（20:16:29）：5 档的行情在哪里有？

日期：2015 年 4 月 13 日

慧（09:04:01）：救命呀，我怎么找不到我的期指交易软件了？

蛙爷（09:14:40）：不急，你没单怕什么？

蛙爷（09:22:27）：-58，这个市场过热了。

慧（09：28：01）：什么意思？

慧（09：28：07）：要调整了是吗？

蛙爷（09：29：41）：现在开盘变正，我觉得逢低可以买一手，不要追高。

蛙爷（09：30：30）：现在市场风险大，一定不要重仓，小心驶得万年船。

蛙爷（09：31：33）：抱住胜利果实比翻十倍重要。

慧（09：31：58）：找到了，怎么跟我之前用的不一样。

蛙爷（09：34：38）：谚语，慌不下单。

慧（09：46：31）：我今天在等机会。

蛙爷（09：48：05）：很多新手就是上来赚点钱，然后就谁的话都听不进，结果一天之内爆仓。

蛙爷（09：49：53）：这个市场过热特征明显。

慧（09：51：03）：那就是有风险了。

蛙爷（09：52：10）：等正数才能买一手，以后要进入精细化操作。

慧（09：52：37）：现在正了。

蛙爷（09：53：15）：正买一手问题不大，如果+10以上更好。

蛙爷（09：54：15）：用1、1、1、1这样的方法，确保胜率。

慧（09：54：24）：我现在开多？在哪里下单？

慧（09：54：32）：目前这个是开多单吗？

蛙爷（09：54：48）：一手随时可以。

蛙爷（09：55：15）：只要正+10。

蛙爷（09：55：44）：+20再补一手。

慧（09：56：19）：那我现在开始开单了？

慧（09：56：36）：是买多吧？

蛙爷（09：57：45）：现在是77。

蛙爷（10：04：30）：拿住一手，不要轻易加仓，除非+20。

蛙爷（10：04：43）：才加一手。

蛙爷（10：05：32）：现在是-10。

蛙爷（10：05：42）：故不动。

慧（10：05：57）：我买了5手了。

蛙爷（10：06：26）：太猛了，上去赶快平掉。

蛙爷（10：07：02）：就留一手。

慧（10：07：36）：上去平？好的。

慧（10：22：33）：我想加到10手。

蛙爷（10：25：25）：千万别啊，太冒险了，小仓心里稳定，反而能挣大钱。

慧（10：25：40）：我看要跌了。

蛙爷（10：25：56）：高抛低吸。

慧（11：17：55）：还差2手，不敢买了。

蛙爷（11：19：13）：逢高减。

慧（11：19：27）：4389我先出来。

慧（11：29：16）：我已经平了，只剩下2手了。

慧（11：29：21）：等跌了再买。

蛙爷（11：29：21）：不要交货，你放心。

慧（11：29：44）：刚才那个高点计算够准吧？

慧（13：42：42）：这里我开多了，你看风险大吗？

慧（13：42：54）：因为已经基差正数10几了。

慧（14：29：06）：现在这里该怎么办？

慧（14：29：17）：减仓还是持有？

蛙爷（14：29：28）：一手一手地减。

蛙爷（14：29：42）：拉开距离。

蛙爷（14：30：08）：留个底仓，不要全出掉。

慧（14：31：23）：多大的距离？

蛙爷（14：31：40）：十个点。

慧（14：32：09）：我把保护价跟上。

慧（14：41：12）：可以吗？

蛙爷（14：41：52）：可以。

蛙爷（15：04：39）：拿个底仓过夜。

蛙爷（15：04：50）：现在持平。

慧（15：05：10）：现在平掉一些？

蛙爷（15：06：03）：安全的话肯定要平掉一些。

蛙爷（15：06：39）：哪怕明天高开也不后悔，因为正常操作不是赌博。

慧（15:06:42）：明天早上吧。

蛙爷（15:07:18）：也行，反正这周问题不会太大。

慧（15:08:49）：你不是说暴涨2周吗？

蛙爷（15:09:58）：是的，应该说上周五不掉，今天不下，暴涨概率极大。

慧（15:24:51）：既然你都说了要涨2周，我就要拿住了。

日期：2015年4月14日

慧（04:24:35）：大盘要去到4500。

蛙爷（09:53:03）：减了没有？大盘到了4000点以后，防风险大于赚钱！

慧（09:53:13）：没减。

慧（09:54:00）：我看下午会起来。

慧（09:54:09）：4500不是问题。

蛙爷（09:54:11）：基差如变负数就减。

慧（09:54:30）：现在已经负了。

蛙爷（09:55:32）：因为只有负了减，正了买回来，才能既防风险又利润最大化。

慧（09:55:50）：好的，我慢慢体会盘面。

慧（09:55:58）：现在又正数了。

慧（09:56:05）：4个点了。

慧（09:56:31）：4413吃的，我想4433出。

慧（09:56:53）：到4435了。

蛙爷（09:57:38）：注意操作仓量，为了万无一失，每上一个台阶，操作手数就减一格。

慧（09:57:59）：昨天太可惜了。

蛙爷（09:58:49）：比如，3000点，正常10手，4000点，正常5手，4500点，正常1手，这样就稳操胜券！

蛙爷（09:59:40）：这样一旦暴跌，你就火了，可以重新来过。

蛙爷（10:00:45）：很多人为什么爆仓，并不是技术差，也不是笨，而是没有宏观感，没有谱。

慧（10:02:11）：不过我想最多就是10手，2手机动的，这样才12手。

慧（10:02:31）：等资产过 500 万再考虑 20 手。

蛙爷（10:04:45）：据我多年的经验，跟成千上万的客户打交道，观察他们下单，发现，凡是爆仓的，基本上都是高手！凡是新手，很少爆仓。

蛙爷（10:06:09）：为什么？因为新手胆小慎微，别人的话听得进去。

蛙爷（10:07:12）：高手你跟他说，他回你一句：我比你还懂！就没办法了。

慧（10:07:19）：嗯！我很高兴在你哪里开户？

蛙爷（10:10:54）：操作最大的忌讳是重仓。

蛙爷（10:11:45）：蛙式交易有两句话：重仓必输，轻仓必赢！

慧（10:11:49）：我刚开始玩期指就遇到你，幸运啊。

蛙爷（10:13:59）：如果不大跳水，4000 点我看保持 5 手这个当量。

慧（10:14:22）：现在减仓？我看要下来了。

蛙爷（10:14:29）：跳水再加不迟。

蛙爷（10:14:59）：减仓永远正确，不管何时！

蛙爷（10:15:26）：本来昨天收盘前减是最理想的。

慧（10:16:06）：贪心了。

蛙爷（10:17:30）：我的体会是，大盘短时间暴涨，风险极大！休息其实也是一个很好的策略。

蛙爷（10:18:16）：等暴跌再进去。

慧（10:19:52）：难道我今天平仓？

蛙爷（10:20:15）：为什么不可以？

蛙爷（10:20:34）：现在是负数。

蛙爷（10:21:20）：今天是最该涨的，但是它没涨！

蛙爷（10:21:41）：这就有问题了！

慧（10:22:00）：为什么今天该涨不涨？

蛙爷（10:23:36）：该涨不涨，视为跌！

慧（10:36:11）：我今天也晕了。

蛙爷（10:36:38）：上去坚决减磅！

蛙爷（10:37:00）：大盘有问题！

蛙爷（10:38:10）：最多拿 5 手。

慧（13:06:14）：还有 4 手呢？

蛙爷（13：07：30）：现在就安安心心地拿住了。

慧（13：07：44）：设了止损。

蛙爷（13：08：39）：记住，任何时候不要跟大盘比，说什么，哎呀要不我就挣多少多少。

慧（13：08：55）：空仓了。

蛙爷（13：09：14）：按操作原则比赚钱还重要！

蛙爷（13：09：43）：空仓？

慧（13：09：59）：设置的保护价格都成交了。

慧（13：10：45）：空仓了。

蛙爷（13：10：50）：其实是应该有一个底仓的。

慧（13：10：51）：刚才应当买回来。

慧（13：10：58）：现在买吧。

蛙爷（13：11：24）：基差正了再一手一手地买。

慧（13：34：41）：又满仓了。

慧（13：34：55）：我买到忘记了。

蛙爷（13：35：32）：怎么买这么快？

慧（13：35：48）：跌得快呀。

蛙爷（13：35：59）：不是说一手一手拉开距离买吗？

慧（13：36：26）：我哪里知道一开始买2手？后面都是2手呢？

慧（13：36：36）：以前的系统不是这样子的。

慧（13：36：46）：新的系统我还在晕。

蛙爷（13：38：53）：太可怕了，等下越过成本线减仓。

蛙爷（13：40：22）：而且距离根本没有拉开啊，全挤在一起了。

蛙爷（13：41：56）：平得不错，但买的距离没拉开。

蛙爷（13：42：36）：全在30附近买的。

蛙爷（13：43：16）：应该30一手，20一手，10一手……

慧（13：43：21）：回补早了，你告诉我要留底仓，就心急了。

蛙爷（13：44：05）：后来我不是说基差正了一手一手地买。

蛙爷（13：45：21）：如果一手一手地买现在就很舒服了。

慧（13：45：48）：总想买在最低，这个心态不好。

慧（13：46：00）：关键我看基差正数了。

慧（13：46：04）：就急了。

蛙爷（14：00：57）：如果一手一手地买。现在就赚钱了。

蛙爷（14：01：25）：所以建仓不能急。

慧（14：01：46）：被套在这儿了。

蛙爷（14：02：15）：还好基差正数，只是正得不太多。

慧（14：02：34）：吓死我了。

慧（14：02：38）：买了12手了。

慧（14：02：59）：关键是4412能不能站住？

慧（14：03：07）：站不住就惨了。

蛙爷（14：03：09）：4000点以上也就4到5手比较合适，11手太多了。

慧（14：03：17）：12手。

蛙爷（14：04：34）：本来很主动地建仓，搞得这么被动。

蛙爷（14：07：11）：越过成本线就减仓。

慧（14：07：22）：为什么呀？

蛙爷（14：07：49）：一手一手地减。没理由，太重！

蛙爷（14：08：49）：减！

蛙爷（14：09：22）：一手一手地减，不急。

慧（14：09：52）：站稳4412就不怕了。

蛙爷（14：10：26）：减仓是一种战术，不是怕不怕的问题。

慧（14：10：50）：减下来了。

蛙爷（14：10：55）：它一方面可以减风险，还可以增加利润。

慧（14：11：09）：现在基差正数。

蛙爷（14：11：23）：慢慢减，不急，拉开距离。

蛙爷（15：04：15）：减了没有？

慧（15：04：27）：我下单买了。

慧（15：04：36）：4434买了一手。

慧（15：04：45）：4422埋单2手。

慧（15：04：55）：53减了6手。

慧（15：05：01）：还有5手底仓。

慧（15∶05∶09）：目前持仓6手。

蛙爷（15∶05∶42）：这底仓差不多。

蛙爷（15∶07∶37）：常言道：重仓不过夜。

日期：2015年4月15日

蛙爷（10∶02∶02）：高抛低吸。

蛙爷（10∶02∶32）：一手不断操作，用1/7操作系统。

慧（10∶02∶56）：今天我没操作？太可惜了。

蛙爷（10∶03∶32）：以后这就是常态。

蛙爷（10∶04∶41）：不断滚动操作比光拿住效率高很多倍。

蛙爷（10∶05∶47）：风险低，效率高，何乐而不为？

慧（10∶07∶43）：要涨25~30分钟。

慧（10∶07∶47）：我拿一下。

蛙爷（10∶10∶10）：关键是一手一手高抛低吸，切不可大进大出。

蛙爷（10∶10∶43）：留个底仓。

慧（10∶10∶51）：我只有8手。

慧（10∶10∶55）：昨天没敢买多。

慧（10∶11∶04）：被你吓得胆子小了。

慧（10∶11∶14）：不然我会10手。

蛙爷（10∶11∶37）：可把5手看做底仓，然后1/7操作系统。

蛙爷（10∶12∶12）：这种方法无往而不胜。

慧（10∶12∶28）：可我总是赚小头丢大头。

蛙爷（10∶12∶58）：最糟糕的是重仓进、总仓出。

蛙爷（10∶13∶22）：没关系，你有底仓，而且不断高抛低吸。

慧（10∶14∶26）：没处理好。

蛙爷（10∶16∶06）：没关系，一手一手地按系统做。

蛙爷（10∶18∶31）：人不是神，不可能跑最高吸最低，怎么办？留个底仓，不断滚动！

慧（10∶18∶41）：5个点。

蛙爷（10∶18∶59）：就这么干！

慧（10：19：03）：动作慢了？不然可以 7 个点。

蛙爷（10：19：29）：现在是操作系统的黄金时期。

慧（10：19：39）：震荡？是吗？

蛙爷（10：20：24）：因为是深水区，必然是振荡。

慧（10：20：35）：为什么？

蛙爷（10：21：26）：多空分歧大，互不相让，刚好浑水摸鱼。

蛙爷（10：26：45）：出的时候 1、1、1、1，进时 1、1、1、1，如遇大涨大跌，1、2、4……1、2、4。

蛙爷（10：28：22）：由于现在是牛市，所以手里始终要有底仓。

慧（10：28：48）：我刚错过了机会。

蛙爷（10：29：05）：这样就避免了追高和心慌。

蛙爷（10：31：06）：牛市不做空！

慧（12：41：21）：被套了。

慧（12：41：34）：开了 13 手。

慧（12：41：39）：吓死人了。

蛙爷（13：42：30）：平仓了没有？

慧（13：42：38）：没

蛙爷（13：42：50）：慢慢地减！

蛙爷（13：42：57）：成本？

慧（13：43：12）：4425。

蛙爷（13：44：05）：一手一手地减，收盘必须降到 5 手以下。

蛙爷（13：44：47）：重仓不过夜！

慧（13：47：49）：我已经减了 2 手。

蛙爷（13：48：11）：继续减！

慧（13：51：05）：基差正了。

慧（13：51：08）：先稳住。

慧（13：51：17）：我看大盘要涨好几个小时。

慧（13：51：34）：站不住就傻了。

蛙爷（13：51：39）：只有用系统操作才会不败，靠判断分析只能做参考，我研究过各种技术分析，我知道它们的弱点。

蛙爷（13：52：34）：弱点最大是滞后。

蛙爷（13：53：07）：一旦出问题，或者出大事，来不及收拾。

蛙爷（13：53：54）：况且还有各种失败，很复杂。

慧（15：36：32）：尾盘我买了5手。

蛙爷（15：38：19）：还好，没大事。

蛙爷（15：41：23）：风险市场，小心行得万年船。

慧（15：41：55）：其实我也感觉到风险了。

蛙爷（15：42：16）：今天本来可以做得很好。

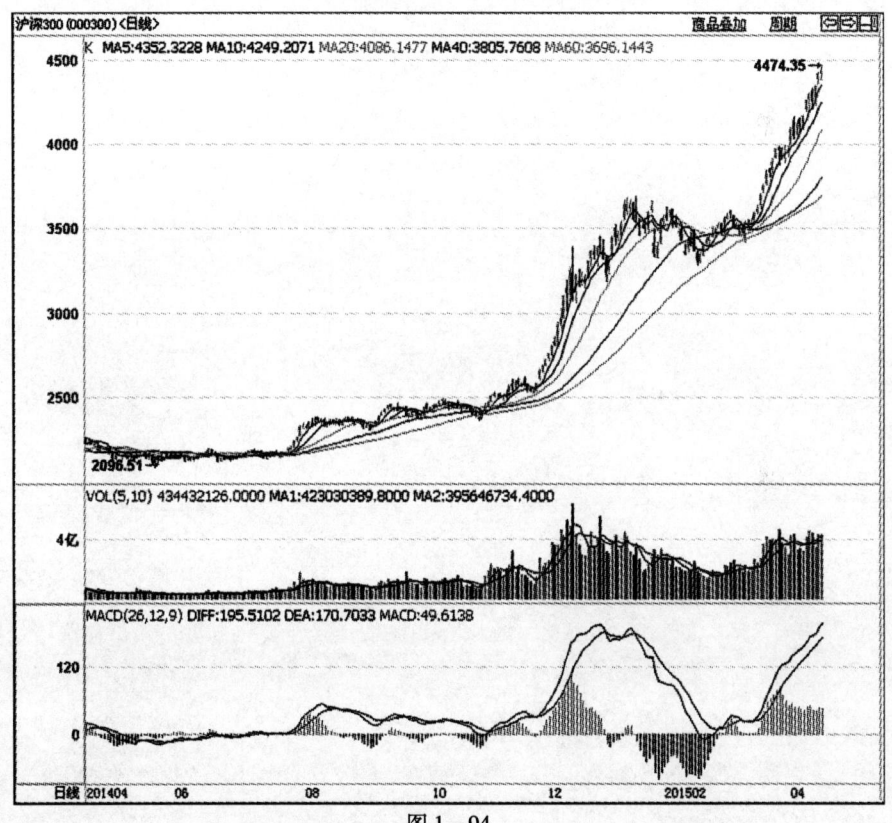

图1-94

第二章

蛙式交易实战

第一节 实战演绎蛙式交易理论
（节录作者答程序化交易爱好者问）

作者答程序化交易爱好者问（摘录《蛙式交易》第25页至第59页码）是实时版的QQ对话，其中涉及的实战，我们用实例进行演绎。

一、关于蛙式交易

程序化交易爱好者（以下简称"爱好者"）（15:08:21）：肖老师，什么是蛙式交易呢？

蛙爷（之前的QQ名称是"北风"）（15:17:54）：蛙式交易就是根据特有的决策依据和交易程序进行交易的方式。

爱好者（15:18:23）：您是怎么想起来要研究蛙式交易的？

蛙爷（15:28:33）：早在2002年5月24日，我就曾在《交易快报》上发表过一篇论文"1/7操作系统"。该系统包括预警系统、选择系统、建仓系统、平仓系统、延伸系统、压缩系统和纠错系统。1/7操作系统是一种分步建仓和分步平仓的系统，有单杠式和哑铃式，时间跨度往往比较长，空间跨度往往比较大，这就不可避免地带来了一些难以预料的风险，那怎么解决这个问题呢？怎么样才能发挥1/7操作系统的优势，同时又能避免不必要的风险？这时我就想到了其中的压缩系统。实际上它就是蛙式交易的雏形，它讲的就是把建仓和平仓的时间和空间进行压缩，就像青蛙捕食一样：短平快、稳准狠。

二、蛙式交易的前提

（一）品种

爱好者（15:33:04）：是什么品种都可以做吗？

蛙爷（15:33:34）：要找波动很小的软品种。

爱好者（15:34:05）：为什么呢？

蛙爷（15:37:18）：这个是由蛙式交易的特点所决定的。打个比方，青蛙在什么地方捕虫命中率较高呢？是在风平浪静的小河还是在波涛汹涌的大海？显然，小河里面由于外部条件相对静止，更有利于提高捕杀的命中率。因此，选择一些波动相对稳定的交易品种更利于进行蛙式交易。

爱好者（15:37:39）：也就是 beta 小的品种？

蛙爷（15:38:22）：是的。最好是 Beta 值介于 0~0.5 之间的品种。

爱好者（15:42:08）：那实际上哪些商品比较适用于蛙式交易？

蛙爷（15:45:55）：郑州商品交易所的强麦、大连商品交易所的聚氯乙烯和上海期货交易所的铝。其次还有郑州的白糖、棉花；大连的玉米、豆粕；上海的锌和螺纹钢等。这些商品的 BETA 值都比较小，同时行情也相对容易判断，盘口变速不大，临门一脚时的盘面状况相对稳定。

（二）时机

爱好者（15:46:59）：选好品种之后要选在什么时机下单呢？

蛙爷（15:48:04）：根据该品种的 K 线系统、均线系统、指标系统、盘口系统来决定最后的下单时机。其中盘口系统权重最大，盘口的数量、密度、变速直接决定了最后出击的时机。这个问题我们以后再详细聊。

（三）资金

爱好者（15:49:42）：是不是多少资金都可以进行蛙式交易？

蛙爷（15:51:46）：不是。由于蛙式交易需要分析与资金碰撞才能产生火花，没有一定的资金量，光有分析很可能是无果之花。

爱好者（15：52：52）：那一般要多少资金呢？

蛙爷（16：00：08）：几年前，我们指导的实盘从 100 万元开始做，但现在很多都是大品种了，为了确保成功率，最好是 300 万元以上。这样才能保证最后的劲射命中率。如果资金很小，就只能做做跟跳。

三、蛙式交易的决策依据

爱好者（15：20：22）：蛙式交易的决策依据主要有哪些？

蛙爷（15：22：48）：四个方面——K 线系统、均线系统、指标系统、盘口系统。决策的顺序是长线服从短线，短线服从盘口。

爱好者（15：23：14）：就是一般的技术分析吗？

蛙爷（15：28：07）：不是的。

（一）K 线系统

蛙爷（15：28：09）：我们在现有的技术分析的基础上加上了一些非常独到的见解。也就是说，现在通行的 K 线形态、均线系统和指标系统都可以为我所用，但不能简单照搬。应该是既吸收又提高，是扬弃。以图 2-1 为例：

均线系统明显呈下压走势，而 K 线在均线系统的压制下呈下降通道走势，在这个时期逢高做空将成为主基调，而具体的入市点位则重点参考 MACD、KDJ、RSI 等指标系统。最后临门一脚时再重点分析盘口系统。

爱好者（15：29：14）：那 K 线系统有哪些要注意的要点？

蛙爷（15：32：40）：一些传统经典的 K 线形态都可以参考并借鉴，尤其值得重视的是上升通道和下降通道。因为在 K 线通道形成的情况下，蛙式交易的跳跃方向比较明确，跳跃环境比较稳定，因此成功率较高。

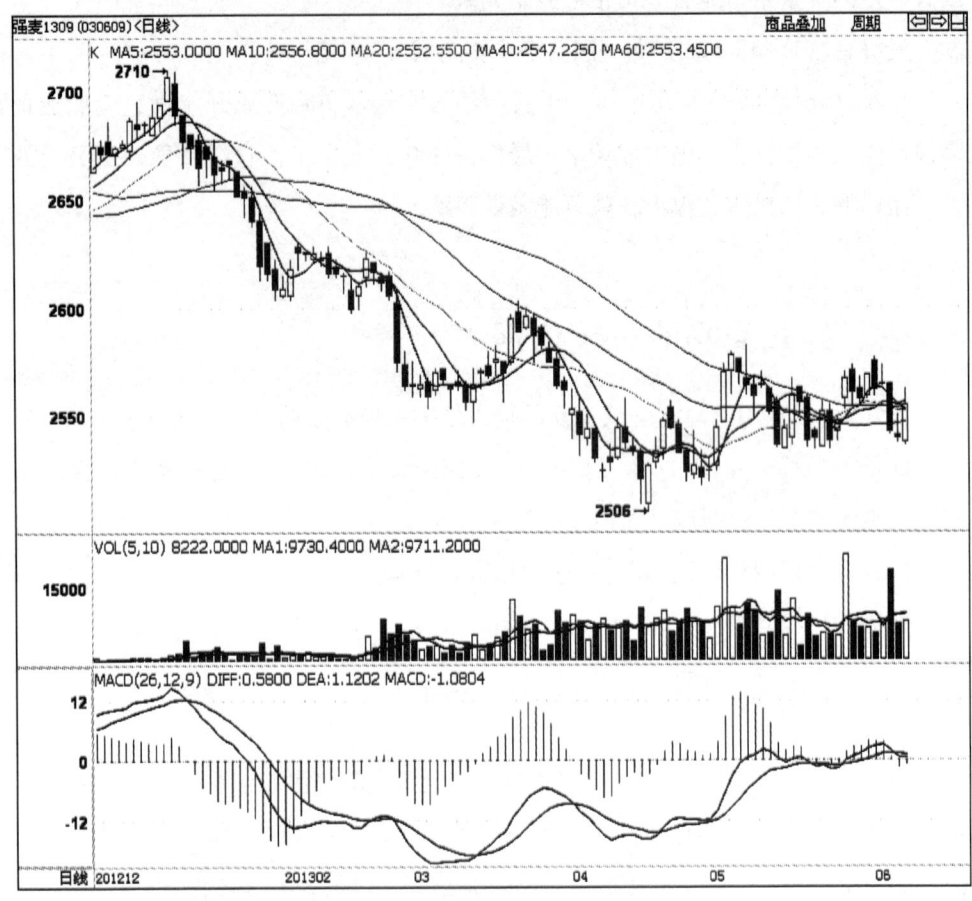

图 2-1

（二）均线系统

蛙爷（15：37：08）：均线系统无交叉45°向上延伸，长短期均线呈平行有序排列，这是典型的牛市。相反，均线系统无交叉135°向下延伸，长短期均线系统呈平行有序排列，则是典型的熊市。如果出现均线的锐角形反转，则是明显的转势信号；而钝角形波动则是典型的盘整特征，是箱形震荡的表现。

爱好者（15：38：08）：那均线的作用都是一样的吗？

蛙爷（15：45：21）：不是的。长期趋势主要是由60天均线决定，短期趋势主要看5天均线，而做日内的短线交易则主要侧重于5分钟均线和30分钟均线。60日均线的上行、下行、锐角形反转、钝角形反转是判断长期走势的重要依据。

爱好者（15：46：59）：是否可以这样表述，如果最近十天的60天平均值每天都上涨，我们认为此线在上行。

蛙爷（15：48：04）：不准确。

爱好者（15：49：42）：如图2-2呢？

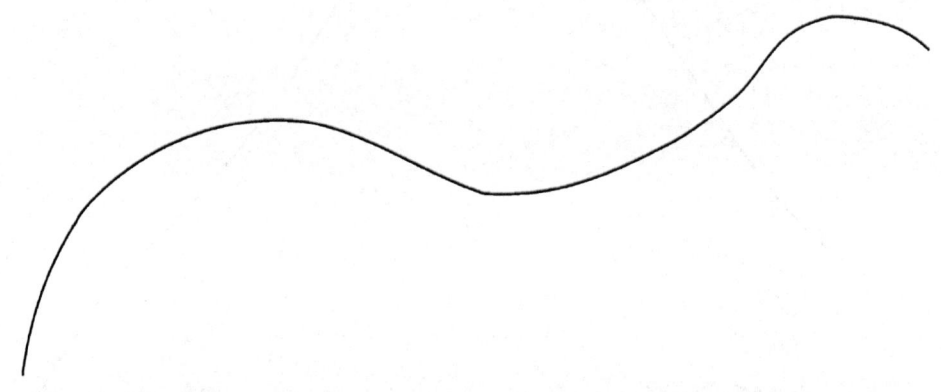

图2-2

爱好者（15：49：56）：这样的均线算上行吗？

蛙爷（15：50：00）：绝大部分的均线都是无效波动。

蛙爷（15：50：35）：上面这个就叫无效波动。

爱好者（15：50：51）：哦！

蛙爷（15：51：39）：都以高抛低吸来处理单子。

爱好者（15：51：51）：好的。

爱好者（15：52：35）：如果60天均线呈现无效波动，就不做交易？

蛙爷（15：52：58）：都以高抛低吸来处理单子，只有发生锐角性反转的均线才叫有效。

蛙爷（15：54：07）：才能引发单边行情。

爱好者（15：54：08）：如图2-3呢？

爱好者（15：54：13）：这样？

蛙爷（15：54：17）：是的。

爱好者（15：55：00）：如图2-4呢？

爱好者（15：55：06）：这样的呢？

蛙爷（15：55：32）：要看前面是怎么来的。

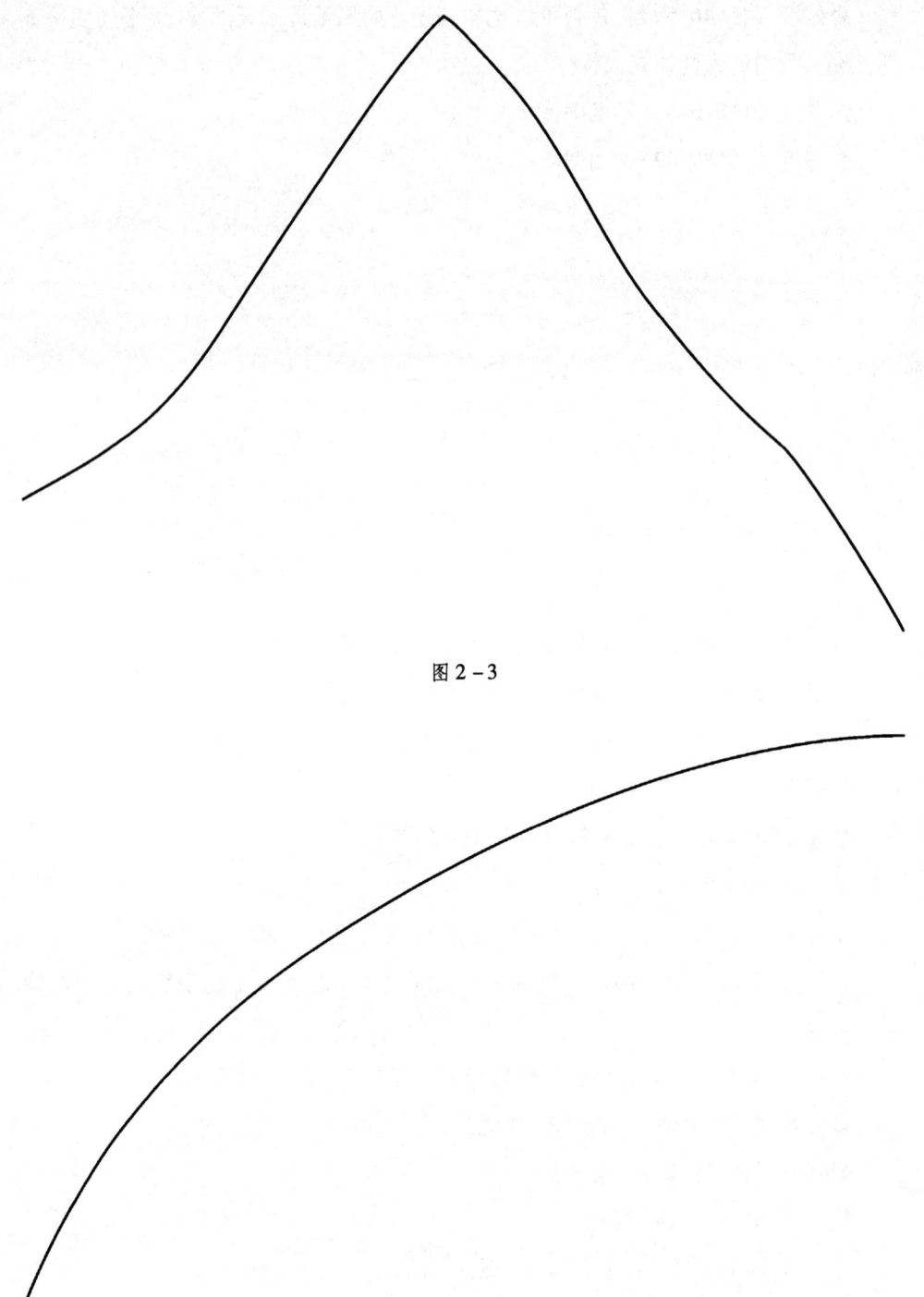

图 2-3

图 2-4

爱好者（15:55:56）：前面要看多少天以前的？

爱好者（15:56:06）：无限吗？

蛙爷（15:56:43）：都要看，越远越好。

爱好者（15:56:52）：好的。

蛙爷（15:57:25）：如果前面是暴跌，就最有效。

爱好者（15:57:35）：哦，好的。

蛙爷（15:58:44）：图2-5就是一个很好的例子。

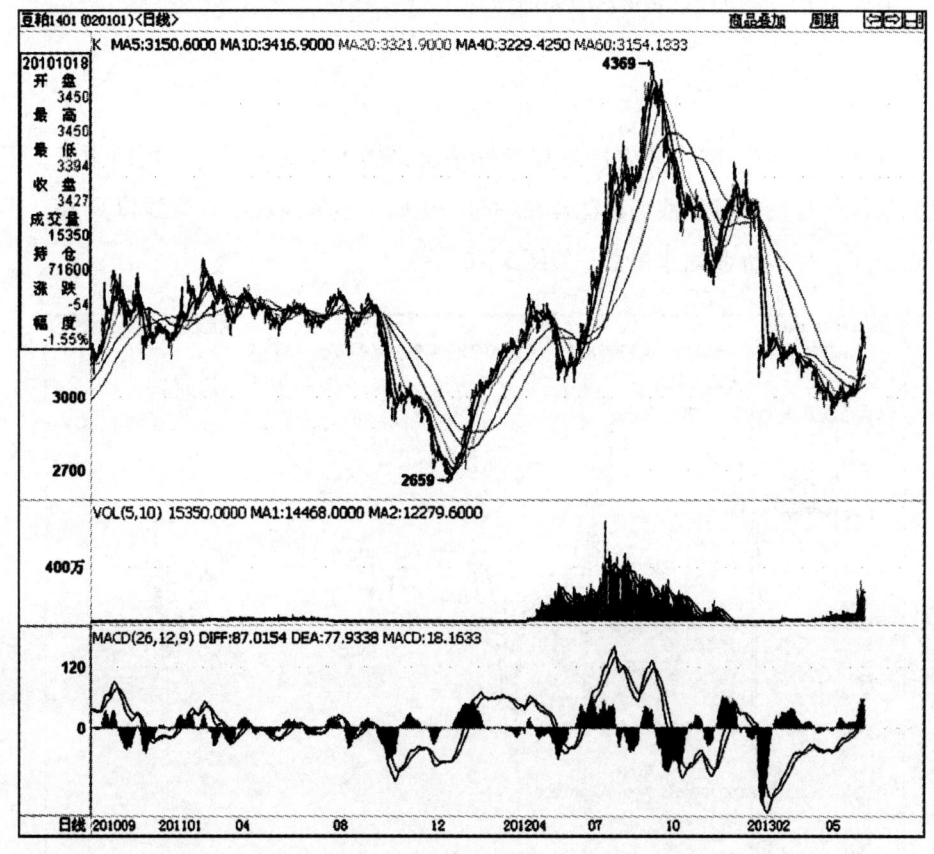

图2-5

蛙爷（15:59:01）：大方向决定后，就看5日均线了。

爱好者（15:59:23）：嗯，好的。

蛙爷（16:01:44）：如果在熊市，五日均线又下压，则看盘瞬间是做空良机。

蛙爷（16:01:48）：5日均线必须和60日同向？

蛙爷（16：02：29）：不一定，但这样更可靠。

爱好者（16：02：41）：熊市？就是60天下行？

蛙爷（16：03：08）：对！

爱好者（16：03：42）：所以60下行，5日下行，我们就准备做空。

爱好者（16：03：59）：什么因素促发最后的下单呢？

蛙爷（16：04：18）：如上述，开盘瞬间如平开或稍微高开，即可沽空。

爱好者（16：04：25）：哦，好的。

蛙爷（16：04：33）：但必须迅速撤离。

（三）指标系统

蛙爷（16：04：40）：主要的经典指标系统仍然不失为很好的行情晴雨表，但我们要说的是最好将几种工具糅合在一起。比如说宝塔线和5日均线以及KDJ糅合在一起，短线价值就非常大。如图2-6。

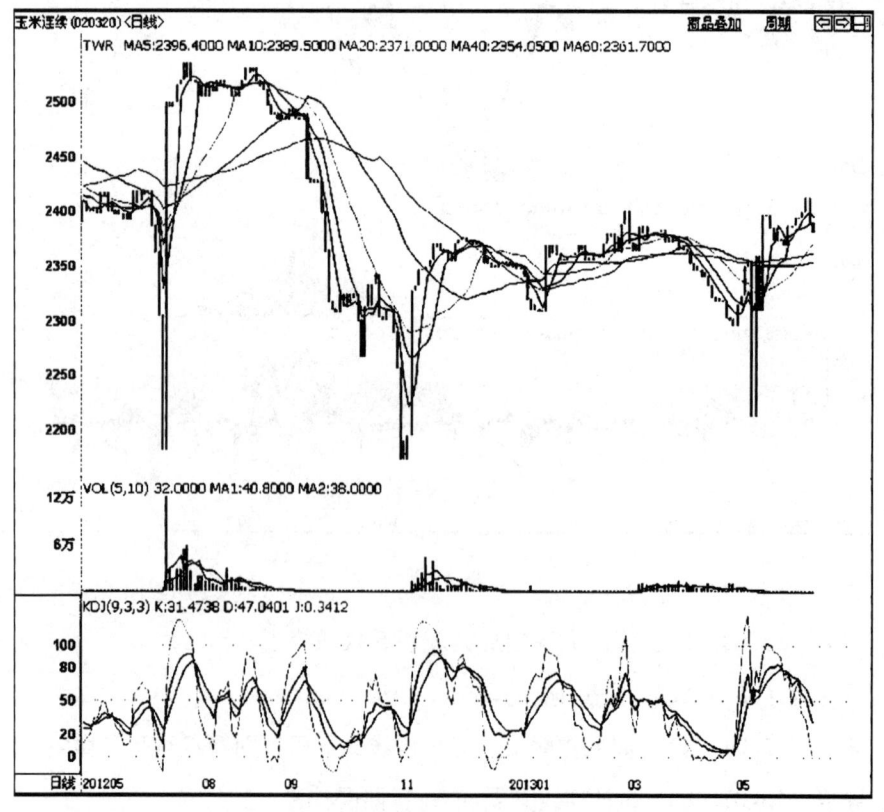

图2-6

9月6日宝塔线红转绿，而且绿的部分远远长于红的部分，这表示后市极度看弱，而此时的 KDJ 出现高位死叉，5 日均线下压，实现下跳战术极为可靠。事实证明该合约后来也的确连续暴跌两个月。

（四）盘口系统

爱好者（16:04:55）：盘口分析又是什么意思？

蛙爷（16:06:01）：主要是临门一脚时根据买卖双方的盘口数量、盘口密度和变速来分析最终跳跃的可行性。这个问题由于要结合操作过程具体分析才能说清楚，所以以后有机会再详谈。

四、蛙式交易的分类

爱好者（16:06:11）：蛙式交易有哪几种呢？

蛙爷（16:09:01）：就时间而言，蛙式交易可以分为开盘跳、盘中跳和收盘跳；就方向而言，可以分为上跳和下跳；就发生的机理和动因而言，可以分为主跳和跟跳。跟跳就是某一品种的主力合约发生瞬间急剧上扬和下挫时，在此主力合约上采取同方向的跟踪战术，这样方向不容易失误，成功率极高。主跳战术就是在选定合适品种的情况下，沿着技术指标所提示的方向，主动出击，在资金力所能及的时间，主动蹲跳。主跳的机会多，应用范围广，主动权掌握在自己手上。主跳的分析顺序是从长线技术指标到短线技术指标再到超短线技术指标，再到最后的盘口状况。不管是上跳还是下跳，盘口的单量要跟自己的资金量匹配，单量过小，蹲的意义不大，吸不到足够的筹码，单量过大又跳不动。盘口的密度太大，跳着费劲，密度太小，落地平仓时又出不了货，难以在瞬间全身而退。

爱好者（16:09:22）：那哪一种分类是更为本质和主要的呢？

蛙爷（16:09:55）：应该是跳跃的动因这一分类。现在我们就主跳和跟跳分开谈一谈。主跳的典型交易过程是一堵二追三平。

（一）主跳

蛙爷（16:12:10）：先大单堵截，再依次顺势加码，然后最好能获利平仓。

爱好者（16：13：25）：假如是开盘下跳，就先用大单卖空，再卖空一个较小一点的大单，然后马上平仓？

蛙爷（16：13：49）：差不多吧。

蛙爷（16：15：08）：追击的次数和单量视情况而定。

爱好者（16：15：13）：大单卖空后，第二个单继续卖空是必然的？

蛙爷（16：15：28）：必然。

爱好者（16：15：45）：哦，视情况而定？是什么情况？

蛙爷（16：16：07）：盘口的单量、密度等，而且正愈合力不可以太大。通俗地讲，也就是您面对的对手盘不可以太强大，否则您就砸不开跳不动。

爱好者（16：16：44）：等于买一的手数？还是要大于？

蛙爷（16：17：33）：一般要大于。

爱好者（16：17：43）：嗯！

爱好者（16：17：49）：大于多少？

蛙爷（16：18：18）：稍大即可，不可太大。

爱好者（16：18：44）：哦。

爱好者（16：19：44）：第一次卖空的手数应该是多少？

爱好者（16：20：05）：也是看买一的手数而定？

蛙爷（16：21：11）：根据自己的资金，还有日常的盘口数量定。买一买二买三都要看。

爱好者（16：22：25）：我们可以假设资金是足够的情况下，日常盘口数量应该怎么确定？

蛙爷（16：24：25）：开盘以能瞬间成交的最大量堵截。

爱好者（16：30：13）：如果我用程序，则一直检测成交每笔情况，所以开盘一瞬间，我以收到的第一笔成交手数，加上买一的手数，多加5手，卖空？

蛙爷（16：33：10）：情况是这样的，先统计一下最近五天的开盘情况，再根据成交量、持仓量和盘口的变化，做出灵活判断。

蛙爷（16：33：36）：开盘战术属于凶悍战术，如达不到短平快，稳准狠的资金量，则不可为也。

爱好者（16：33：45）：嗯。

蛙爷（16:34:27）：因为一旦失败，瞬间损失重大。

爱好者（16:34:43）：统计最近5天的开盘手数的平均值（加权平均值？）。

蛙爷（16:35:03）：可以参考。

爱好者（16:36:14）：成交量和持仓量怎么用法？

蛙爷（16:38:10）：最好是双量无明显变化的时候，太大变化恐有变盘风险。

爱好者（16:38:30）：哦，好的。

爱好者（16:38:38）：五天的情况？

爱好者（16:38:53）：前五天都没有大变化？

蛙爷（16:39:04）：可以的。

爱好者（16:39:29）：好的，现在我们需要谈谈平仓的条件。

蛙爷（16:40:31）：最理想的平仓就是能看到承接盘。

爱好者（16:41:42）：承接盘就是卖一了？

蛙爷（16:43:09）：是的，最好再加上卖二和卖三，也就是跟您打压方向一致的跟风盘，也就是盘口的背愈合力。

爱好者（16:44:17）：检测到卖一，甚至卖二，卖三，如果挂盘手数大于或等于我们开仓手数，而且有利润，就全出。

蛙爷（16:44:46）：是的。

爱好者（16:45:01）：如果这个情况没出现？怎么处理？

蛙爷（16:46:20）：如果前两步走了，第三步就是必然的。

爱好者（16:47:06）：就是一定有承接盘？

蛙爷（16:47:38）：没有的话，也要出。

爱好者（16:47:52）：多少时间？五分钟后？

蛙爷（16:48:21）：越快越好。

爱好者（16:48:37）：2分钟？

爱好者（16:49:11）：还是前两笔卖空后，30秒内就一定出？

蛙爷（16:49:25）：因为开盘变化非常迅猛，必须在打压之后随即平仓。

爱好者（16:49:34）：哦，好的。

爱好者（16:50:22）：所以其实也不要去检查有没有承接盘，卖空后马上就下单平仓？

蛙爷（16：51：26）：几乎是的。

爱好者（16：51：57）：会不会有时太快了没有人承接？

爱好者（16：52：12）：是否需要设定一个延迟时间？

蛙爷（16：53：49）：开盘一般成交量巨大，承接不是问题，关键是能不能打动价格向既定方向走。

爱好者（16：54：01）：哦，好的。

爱好者（16：54：45）：这就是您讲的开盘下跳吧？

蛙爷（16：55：41）：是的，关键就是要选力所能及的品种，目前先考虑小麦和铝，选合适的月份。

爱好者（16：56：44）：好。我先消化一下，考虑如何用数字和公式表达，就开始编程。

爱好者（16：57：28）：由于这种方法无法用历史数据测试，我写后先让它监视实盘，模拟下单，您检验过了再做实盘。

爱好者（16：57：39）：月份如何选择？

蛙爷（16：58：23）：如果资金不是非常大，就只能选比较清淡的月份。

爱好者（16：58：38）：哦。

爱好者（16：59：07）：从历史成交量去挑选清淡的月份？

蛙爷（16：59：59）：不能太清淡，否则出不来。

爱好者（17：00：11）：嗯。

爱好者（17：01：00）：第二活跃的月份？

蛙爷（17：02：00）：差不多，关键要匹配。

爱好者（17：02：16）：跟资金量匹配？

蛙爷（17：02：30）：是的。

爱好者（14：03：52）：我昨晚分析了你的交易思想。

爱好者（14：04：18）：同时尽量把你的思想量化起来。

蛙爷（14：04：33）：好！

爱好者（14：04：54）：您说的品种和月份，其实是同一回事吗？

蛙爷（14：05：17）：实际上就是找合适的品种。

爱好者（14：05：30）：就是选择一个平稳的，交易量匹配的作为目标。

蛙爷（14：05：43）：是的。

爱好者（14：09：02）：对于软件的编写，我的思路是这样的。

爱好者（14：09：58）：首先下载数据，对所有品种的波动程度做一个计算，排序。

爱好者（14：10：56）：然后就是对目前的交易月份的交易量和持仓量做一个分析，排序。

爱好者（14：11：20）：根据我们将来设定的条件，挑出目标品种和月份。

蛙爷（14：11：22）：应该讲，主要是农产品。

爱好者（14：11：33）：不适合其他的吗？

蛙爷（14：12：24）：因为只有农产品，才会上有顶下有底，比如小麦、玉米、豆粕等，这些品种比较适合初学者。

蛙爷（14：13：51）：这就是中国特色，其他品种也有可以考虑的，比如说聚氯乙烯、螺纹钢、铝等。至于铜、黄金、白银、橡胶、股指等则尽量不要碰。

爱好者（14：13：58）：哦，好的。

爱好者（14：14：06）：然后就是到了60天均线。

蛙爷（14：14：15）：继续。

爱好者（14：14：57）：这时需要您对目标品种和月份做一个手动的人工判断，是上行还是下行，或者平稳。

爱好者（14：15：26）：程序将记录您的判断结果。

蛙爷（14：15：55）：好！

爱好者（14：16：11）：第二天如果60天均线往您判断的方向同向移动，程序则认为方向不变。

爱好者（14：16：50）：比如您判断小麦目前是上行，如果第二天的60天平均值高于前一天的60天平均值，程序则认为方向依然上行。

蛙爷（14：17：05）：60天线不会那么敏感，具体操作时10天、5天等均线系统都要看。）：蛙爷（14：17：18）：走平的时候情况会非常复杂。

爱好者（14：18：05）：嗯，所以每天程序会找出方向有可能改变的情况，让您做一个新的判断。

爱好者（14：18：19）：接着就是5天均线。

蛙爷（14:18:36）：在一个大的箱形震荡区60日均线也会在箱形里面上下波动。

爱好者（14:19:28）：如果前5个交易日的每天5天均线都在上涨，则认为5天和60天同向，否则，我们就排除这个品种的月份。

蛙爷（14:20:03）：是的，5日和60日同向的时候胜率最高。

爱好者（14:20:45）：然后计算过去五天的成交量和持仓量，没有明显改变。

爱好者（14:21:13）：我们将用统计学的 standard deviation 来表达。

爱好者（14:21:31）：这样，目标就锁定了。

爱好者（14:22:15）：哦，还差一点，我们最后需要根据我们资金量最后确定几个品种和月份。

爱好者（14:22:37）：我的理解是一个品种有可能可以多个月份同时操作。

蛙爷（14:23:08）：这种可能性不大。

爱好者（14:23:23）：哦，好的。

蛙爷（14:23:39）：因为蛙式交易需要大量的资金。

爱好者（14:24:11）：您估计每天有几个机会？

蛙爷（14:24:40）：单个品种当天最多2~3次。

蛙爷（14:24:52）：而实际操作只能是1~2次。

蛙爷（14:25:04）：因为这还牵涉到一个隐蔽性的问题。

爱好者（14:25:09）：嗯。

爱好者（14:26:21）：当开盘时，如果锁定的目标开盘价和昨天收盘价持平，或者高于一点点，程序就出手下单。

蛙爷（14:29:49）：若均线系统压制，K线通道下行，则可以逢高沽空。若均线系统支撑，K线通道向上，则逢低吸纳。具体上跳和下跳的点位，则要参考指标系统，高抛低吸。当然这些都是可能性，最终的可行性还要取决于盘口。

爱好者（14:30:57）：用什么量做第一手？五笔的总和？还是五笔的总和的1.5倍？

蛙爷（14:34:54）：不用，那太大了。

爱好者（14:35:38）：第一笔加第二笔的1.2倍？

爱好者（14:36:18）：我知道您平时是靠经验，不过我们需要把它量化。

爱好者（14:36:50）：电脑可以计算很准，但必须告诉它怎么计算。

蛙爷（14:37:26）：还是太大，因为几乎没有现实的资金可以达到这样的要求。

爱好者（14:37:54）：哦，那应该是多少？

蛙爷（14:38:57）：取一个五天首笔均量吧。

蛙爷（14:39:30）：关键是下面还要有资金追击。

爱好者（14:40:44）：首笔的均量会不会太随机？

爱好者（14:41:05）：因为首笔可以是一手，也可能是100手？

爱好者（14:41:48）：这个手数应该大于第一笔吧？

爱好者（14:42:05）：否则无法引起价格变化？

爱好者（14:42:30）：如果卖空，应该大于买一，对吗？

蛙爷（14:42:54）：其实开盘战术并不是一个必然的行动。

蛙爷（14:43:05）：也就是说即使符合前面讲的条件。

蛙爷（14:43:22）：也不可以强行实施。

蛙爷（14:43:30）：如果开盘的时候单量过大的话。

蛙爷（14:44:07）：开盘战术的主要意义在于：当符合实施战术的条件时。

爱好者（14:44:08）：OK，这样的话，我先取一次五笔，判断单量。

爱好者（14:44:38）：如果单量过大，就放弃。

爱好者（14:44:41）：不下单。

蛙爷（14:44:47）：单量又是资金完全能够承受的，并且要留有追击的单量。

蛙爷（14:45:01）：因为蛙式交易是一堵二追三平。

蛙爷（14:45:09）：对资金的需求非常大。

蛙爷（14:45:22）：是一种短平快、稳准狠的交易策略

蛙爷（14:45:47）：在什么情况下我们就放弃呢？

蛙爷（14:46:10）：单量已经超出资金的承受能力。

爱好者（14:46:59）：也就是五笔总和的值超过我们的资金量就放弃？

蛙爷（14:47:18）：应该是这样。同时如果盘口正愈合力太强，也要放弃。

蛙爷（14:48:59）：其实开盘战术实施的风险较大，从实际操作来看，开盘战术不可能作为操作的重点。

爱好者（14:49:12）：好的。

蛙爷（14:53:11）：盘中跳其实才是主跳的常态，因为盘中的时间更长，可以捕捉的机会更多，各种跳跃的环境也相对稳定，盘口状况相对清晰。它的原理跟开盘跳是大同小异的，首先是要选择合适的品种，其次是根据K线、均线和指标来确定跳跃方向，再根据盘口的情况捕捉最后时机。要注意的是，持仓时间不可太长，目标价差不可以太大，上午的单子不留到下午，下午的单子不留到第二天，甚至于盘中休息前的单子都不能留到盘中休息后。一般也就是一两分钟最多三五分钟就完成一次交易过程。

（二）跟跳

蛙爷（14:54:01）：当一个最大主力的合约跟一个次主力合约走势出现明显差异的时候。

蛙爷（14:54:21）：可以利用主力合约提示的方向进行跟跳。

爱好者（14:54:27）：如何判断？

蛙爷（14:54:47）：主要根据斜率和落差。如主力合约的分时图在某一个时点向上运行。

蛙爷（14:55:04）：而次主力合约未动甚至稍有向下。

蛙爷（14:55:14）：此时就可以用大单蹲守这个次主力合约。

蛙爷（14:55:19）：并迅速追击。

蛙爷（14:55:28）：使其跟随主力合约的方向。

爱好者（14:55:45）：主力合约是指交易量最大的月份？

蛙爷（14:55:59）：是的，正常来说交易量跟持仓量同时都是最大的合约。

爱好者（14:56:14）：这个应该适用于全部品种吧？

蛙爷（14:56:36）：就像前面讲过的，主要是合适度高的那些品种。

爱好者（14:56:41）：哦。

蛙爷（14:57:13）：我们所有的战术都是建立在五大禁区（金、银、铜、胶以及股指）之外的，当然五大禁区只是针对初学者来说的。

爱好者（14:57:19）：以每分钟均线判断来得及吗？

蛙爷（14:57:38）：主要是以分时图。

爱好者（14:57:49）：分时图？是每笔吗？

蛙爷（14:58:49）：分时图是即时变化的。

爱好者（14:59:48）：因为电脑读到的是数据，不是图，我们可能还是要用均线代替。

爱好者（14:59:59）：或者说5秒钟均线。

蛙爷（15:00:35）：但分时图是最清晰直观的。

爱好者（15:02:44）：所以电脑如果发现主力合约过去5笔交易每笔向上，而次合约却是每笔向下，就出击？

蛙爷（15:03:29）：是的。

爱好者（15:03:52）：以五笔交易来判断可以吗？还是三笔？

蛙爷（15:04:10）：五笔更好。

爱好者（15:04:13）：好！

蛙爷（15:04:23）：但机会会稍微少一点。

爱好者（15:04:35）：这个办法很好，这样资金就可以充分利用。

蛙爷（15:04:45）：没错。

爱好者（15:04:51）：同一笔资金可以同时监控很多品种。

蛙爷（15:05:15）：正是。

爱好者（15:05:17）：不像开盘战术，因为同一时间，所以很受限制。

第二节 蛙式交易操盘日记

通过操盘日记，聪明的读者可以观察到，不管 1/7 操作系统是多么的精妙，操作是多么的简便，但由于单子在市场当中停留的时间过长，空间的不确定性增加，因此风险始终无法有效避免。那究竟怎么解决这个问题呢？经过长期的大量实践，我们将压缩系统进一步系统化、规范化、深入化，得出了蛙式交易的基本思路，即如无必要，勿增空间；如无必要，勿增时间；如无必要，勿增解析。模仿青蛙捕食原理：短平快，稳准狠。我们在 2014 年出过一本专著《蛙式交易》，很好地解答了这个问题。

其实压缩系统也好，蛙式交易也好，它们的原理跟打仗都非常相似。大家都知道毛主席有一个非常著名的游击战理论，叫"集中优势兵力各个击破"。毛泽东在谈到击破敌人时往往说，要"选择敌人的薄弱环节，同时集中六倍、五倍、最少不低于三倍于敌人的兵力攻击之"。这实际上与蛙式交易的一蹲二跳三落地是异曲同工的。集中优势兵力打歼灭战，每战必胜，然后迅速撤退。

有的读者说蛙式交易不就是做短线吗？我要说他们并没有真正读懂蛙式交易的精髓。蛙式交易与普通投资者所进行的日常交易有本质性区别。普通交易是被动交易，蛙式交易是主动交易，一蹲二跳三落地都明显充满了预期和杀机，步步紧逼，环环相扣，主动打压，主动拉升。一个是人为刀俎我为鱼肉的交易，一个是老虎不在家猴子称霸王的交易。一个是看庄家脸色碰运气的交易，一个是瞅准时机从市场剜一块肉下来的交易。人们经常说大鱼吃小鱼，小鱼吃小虾。我们或许做不了大鱼，因为那需要几个亿甚至几十个亿的资金，但我们可以立志做一条小鱼，有个几百万上千万即可。切不可做小虾，因为小虾就像普通的投资者，被动挨打是主旋律，是常态，而小鱼则常常有机会成为主角，野百合也有春天。

操盘图解：

一、强麦

强麦 1301 K 线走势：在交易发生时段，均线呈空头排列，K 线呈下降通道，指标、盘口符合沽空要求，故接下来的操作以逢高沽空为主，见图 2-7。

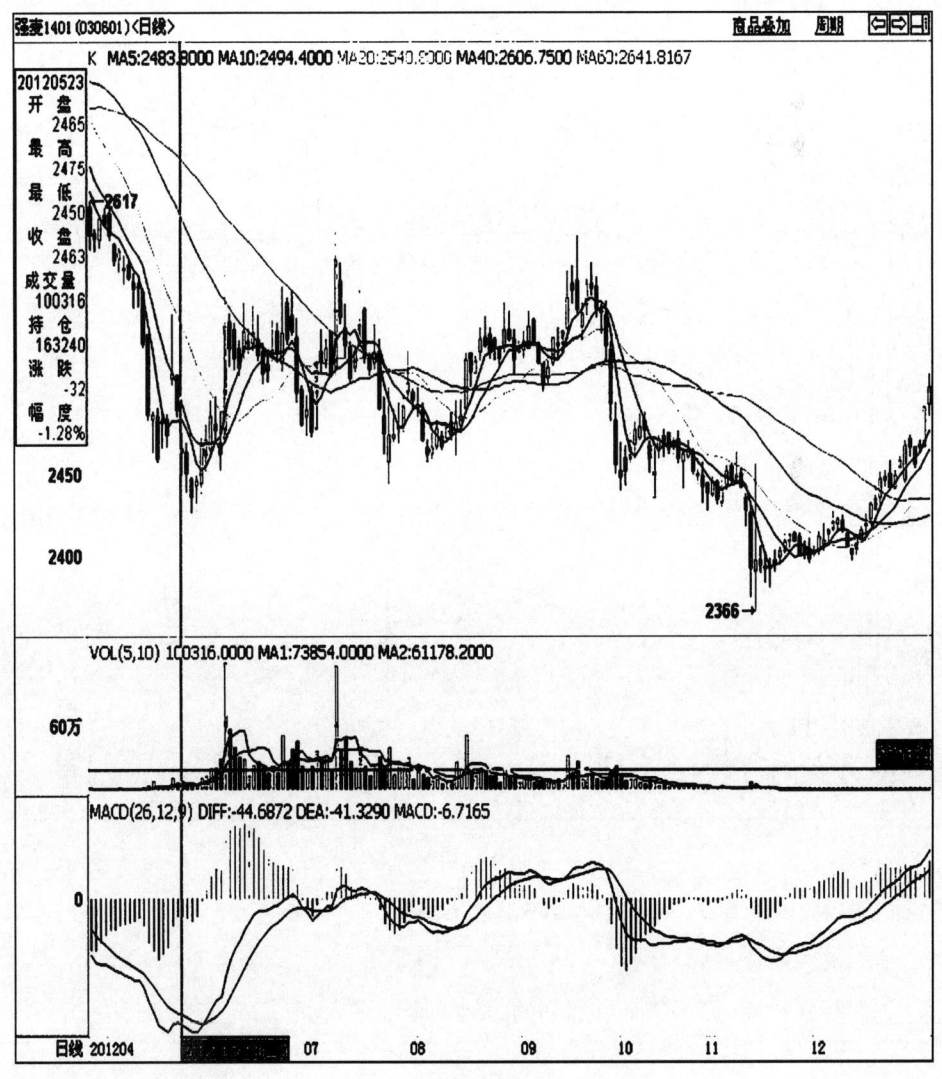

图 2-7

强麦 1301 (20120523), 见图 2-8。

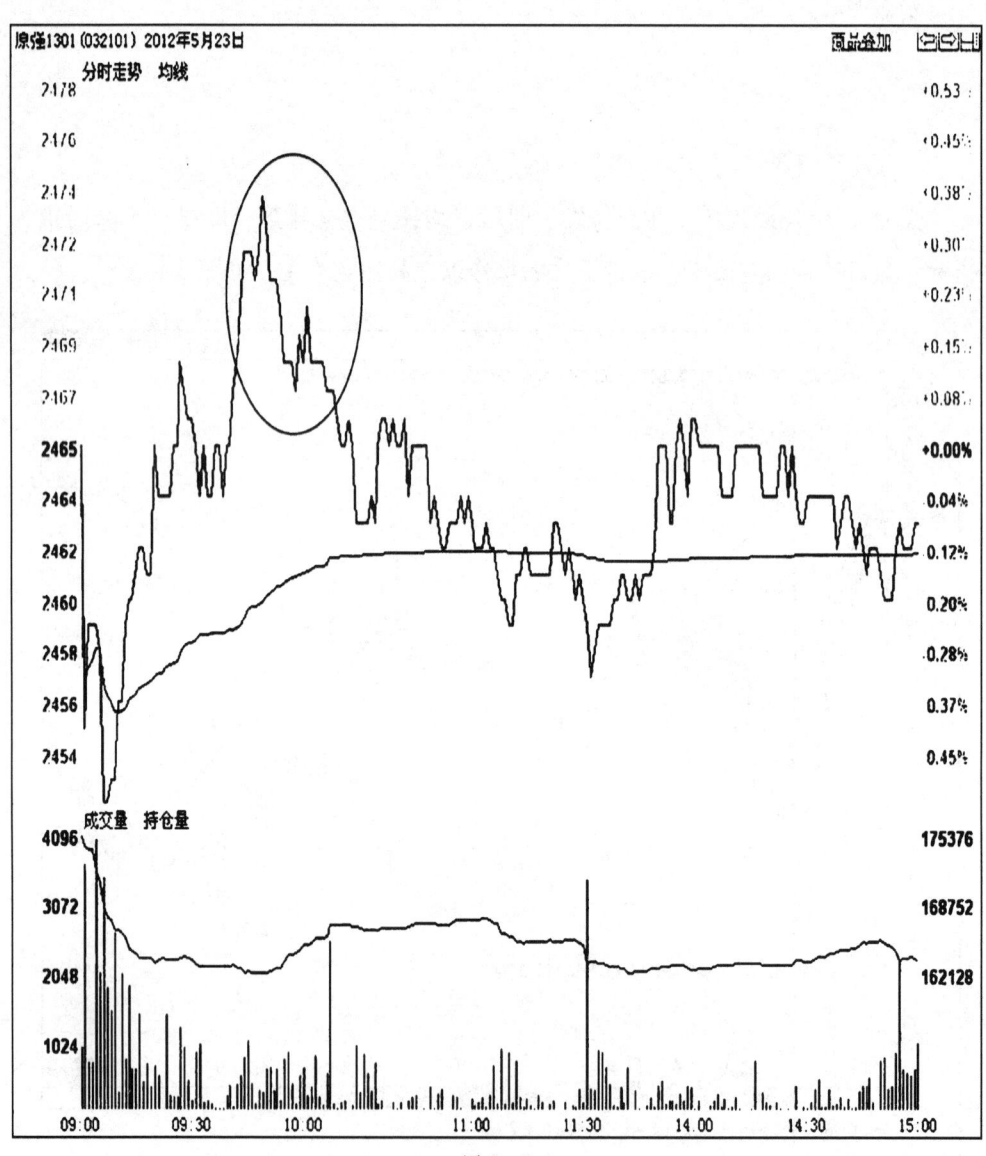

图 2-8

解说：一蹲：在价格偏离黄线较远时，大单蹲守。

二跳：顺势加码。

三落地：达到 2~3 个点赢利的时候，全部平仓。

强麦 1301（20120524），见图 2-9。

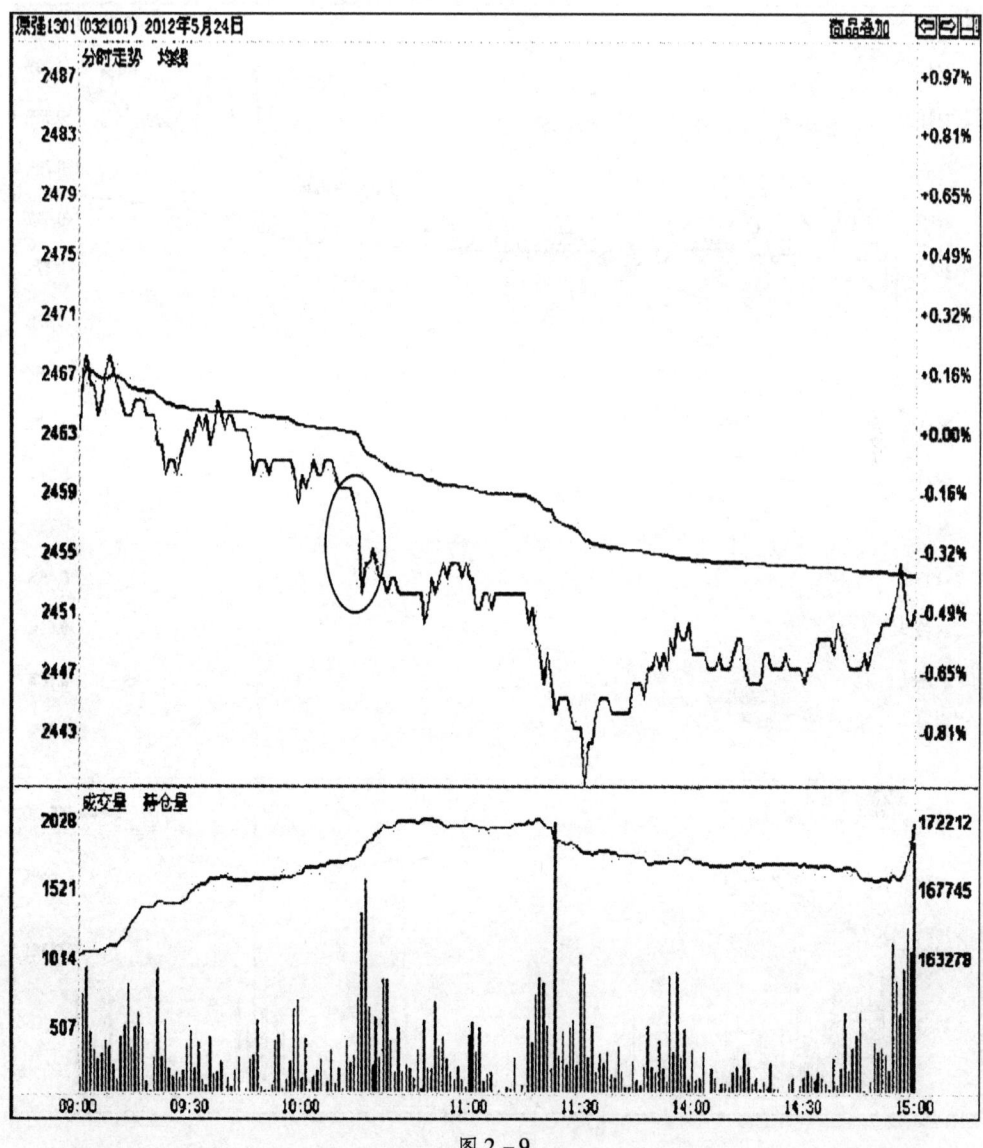

图 2-9

解说：一蹲：当黄线出现趋势性下压时，顺势大单沽空。

二跳：顺势加码。

三落地：达到 3~4 个点赢利的时候，全部平仓。

强麦 1301（20120529）见图 2-10。

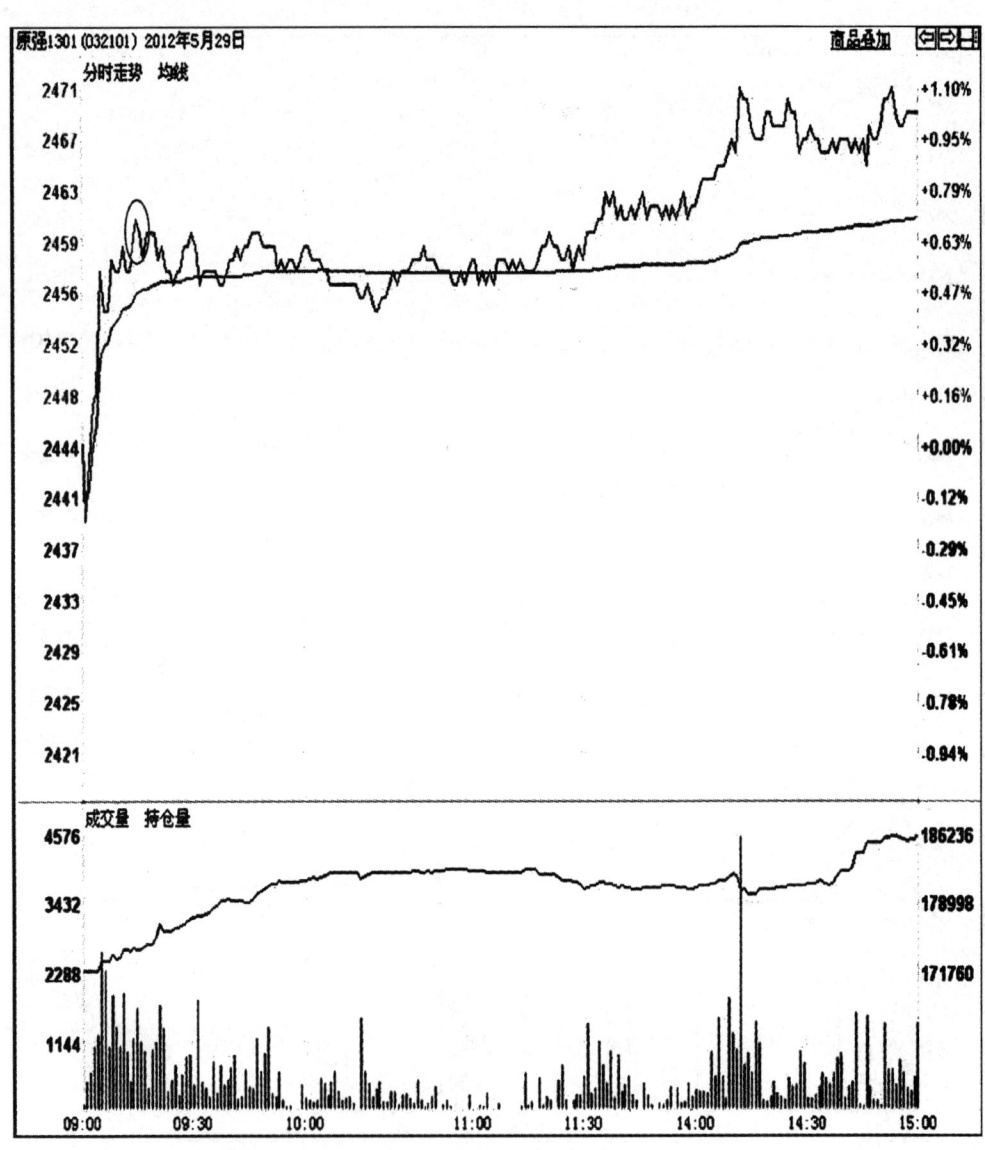

图 2-10

解说：一蹲：当黄线走平时，可在上方沽空。

二跳：顺势加码。

三落地：达到 2 个点赢利的时候，全部平仓。

二、棉花

棉花 1301 K 线走势：在交易发生时段，均线呈空头排列，K 线呈下降通道，指标、盘口符合沽空要求，故接下来的操作以逢高沽空开盘下跳为主，见图 2-11。

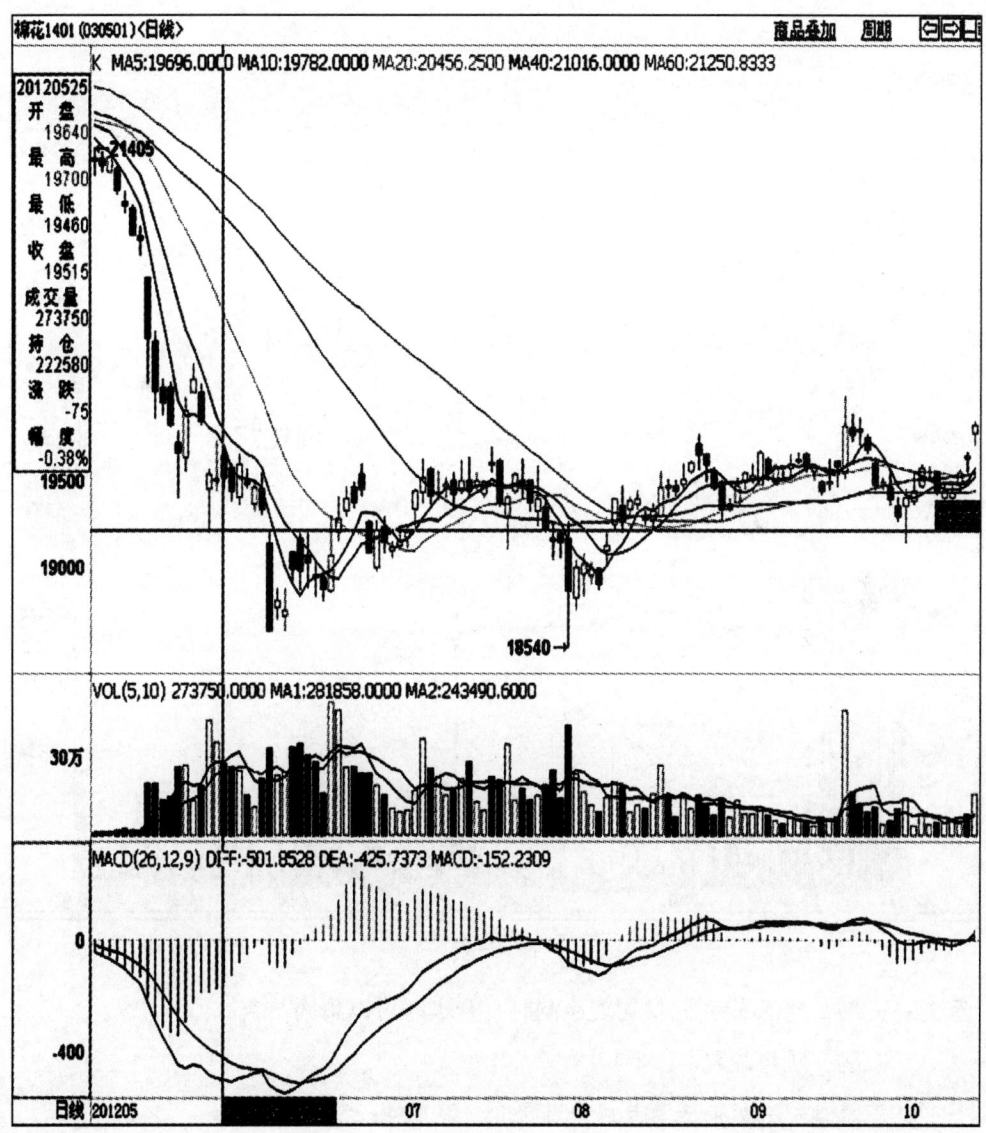

图 2-11

棉花 1301（20120525），见图 2-12。

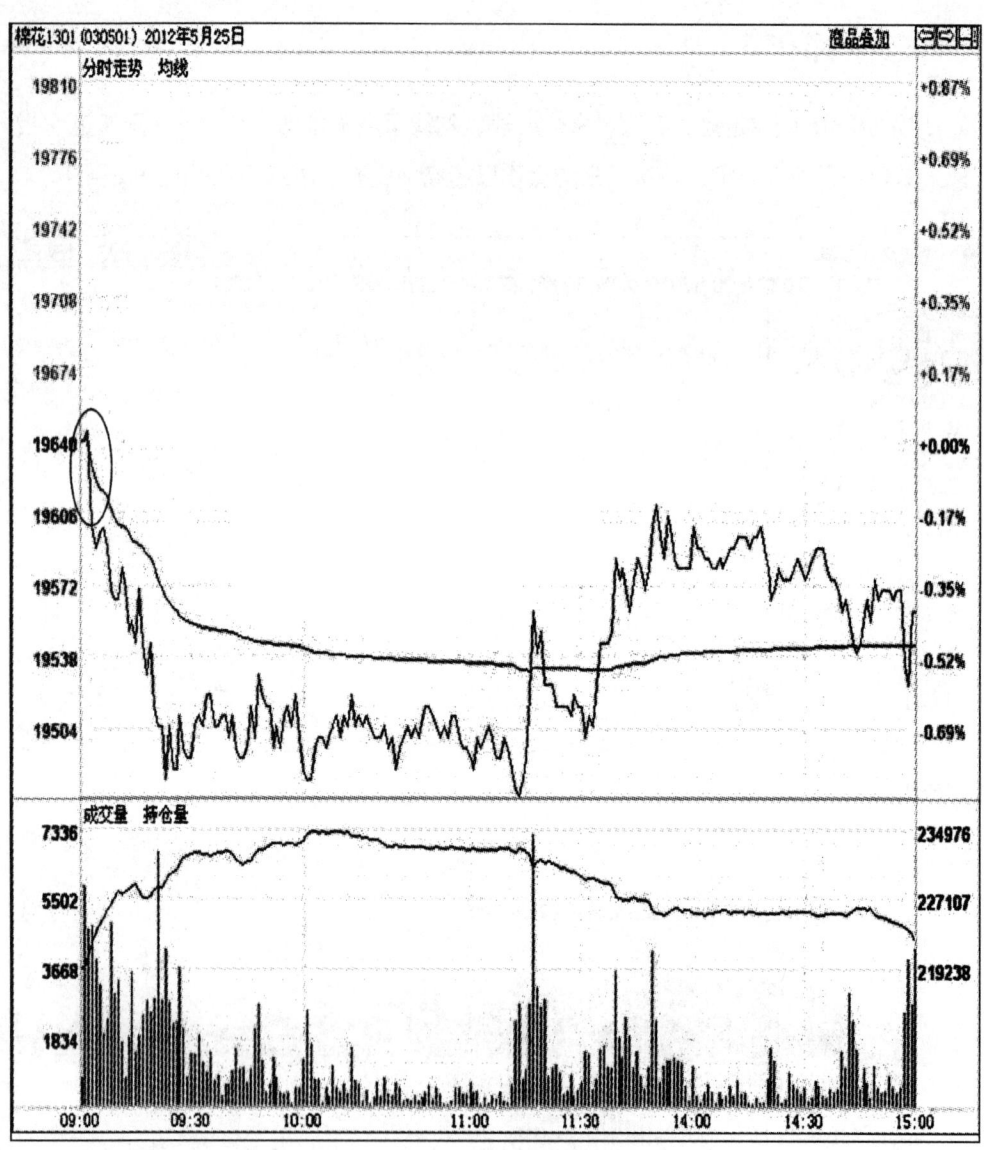

图 2-12

解说：一蹲：当 K 线受五日均线压制时，开盘时可以瞬间沽空。

二跳：顺势加码。

三落地：一旦形成落差，全部平仓，获利 40 点左右。

棉花1301（20120528），见图2－13。

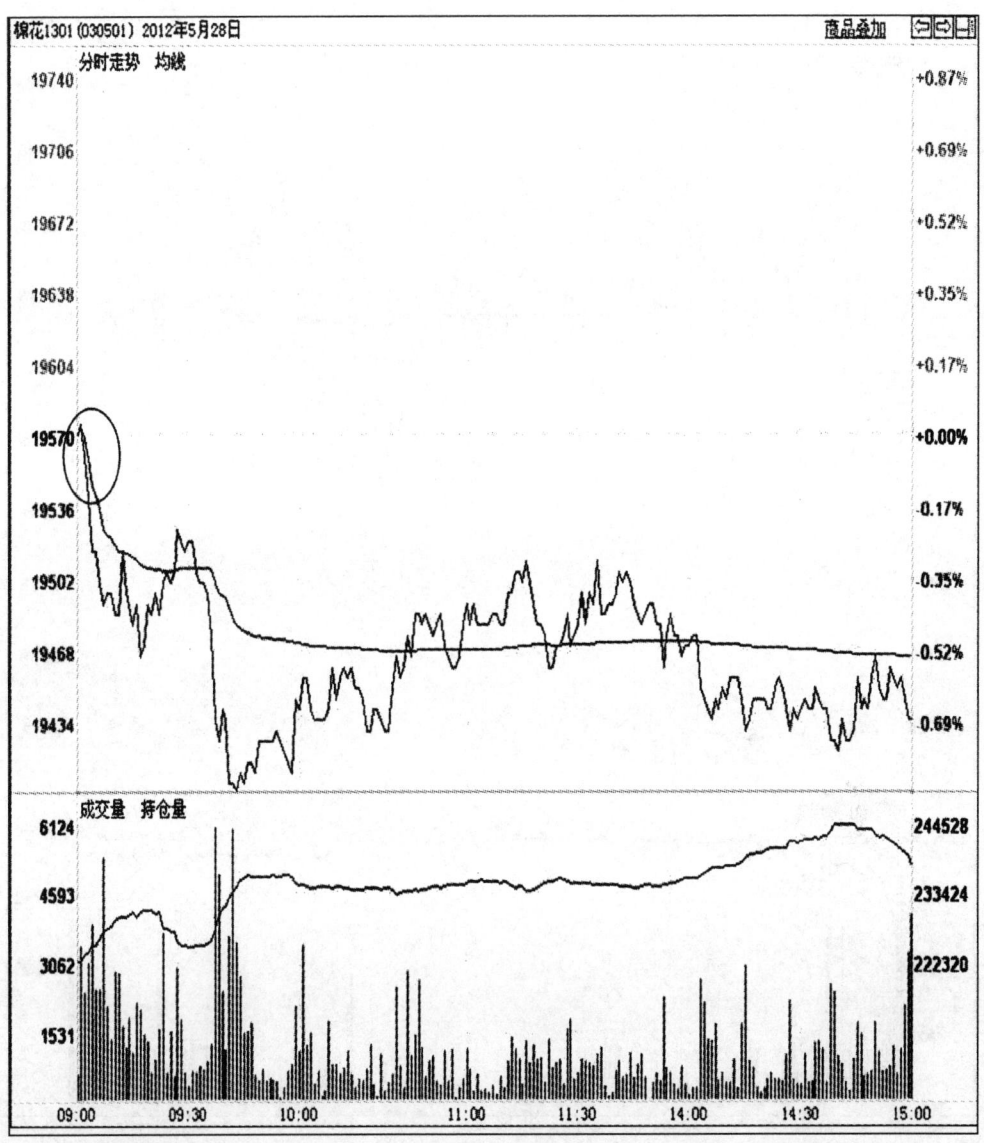

图2－13

解说：一蹲：当K线受五日均线压制时，开盘时可以瞬间沽空。

二跳：顺势加码。

三落地：一旦形成落差，全部平仓，平均获利25点左右。

棉花 1301（20120530），见图 2-14。

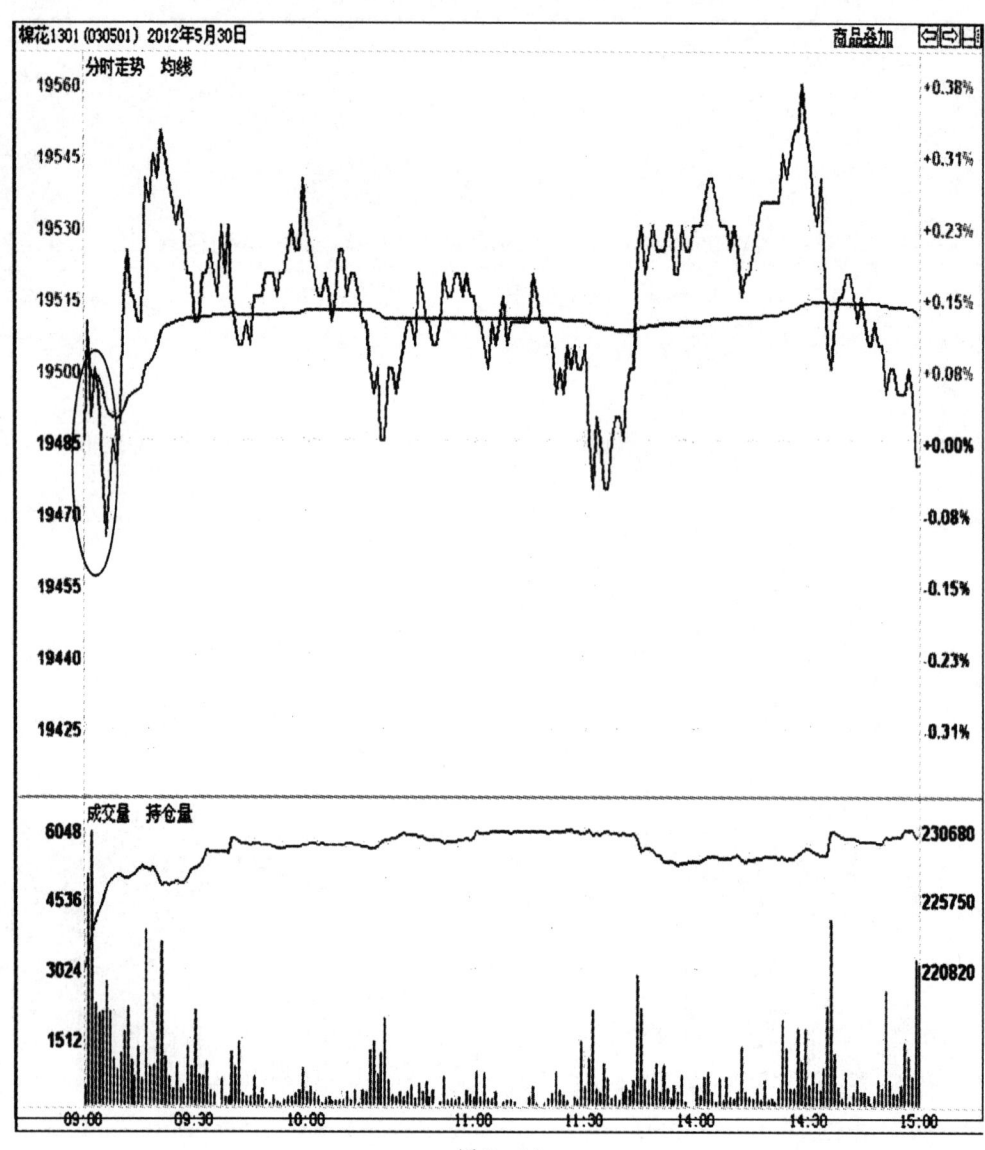

图 2-14

解说：一蹲：当 K 线受五日均线压制时，开盘时可以瞬间沽空。

二跳：顺势加码。

三落地：一旦形成落差，全部平仓，获利 30 点左右。

三、玉米

玉米 1301 K 线走势：在交易发生时段，均线呈多头排列，K 线呈上升通道，指标、盘口符合做多要求，故接下来的操作以逢低买入的上跳为主，见图 2-15。

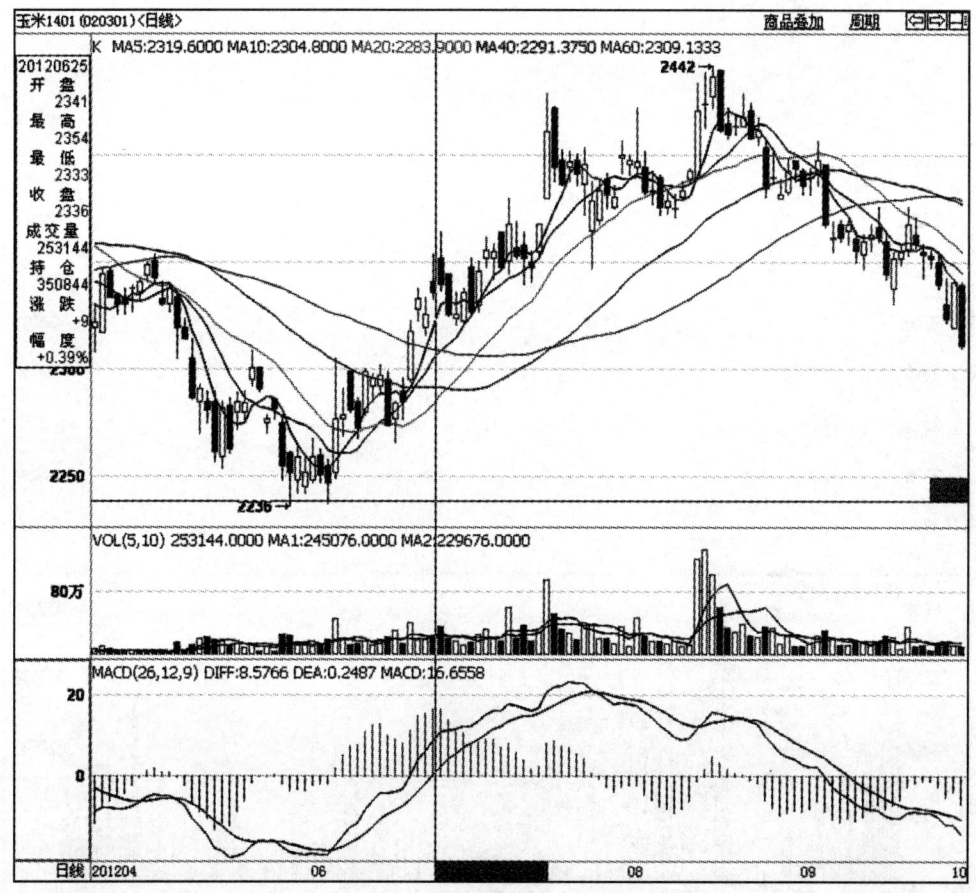

图 2-15

玉米 1301（20120625），见图 2-16。

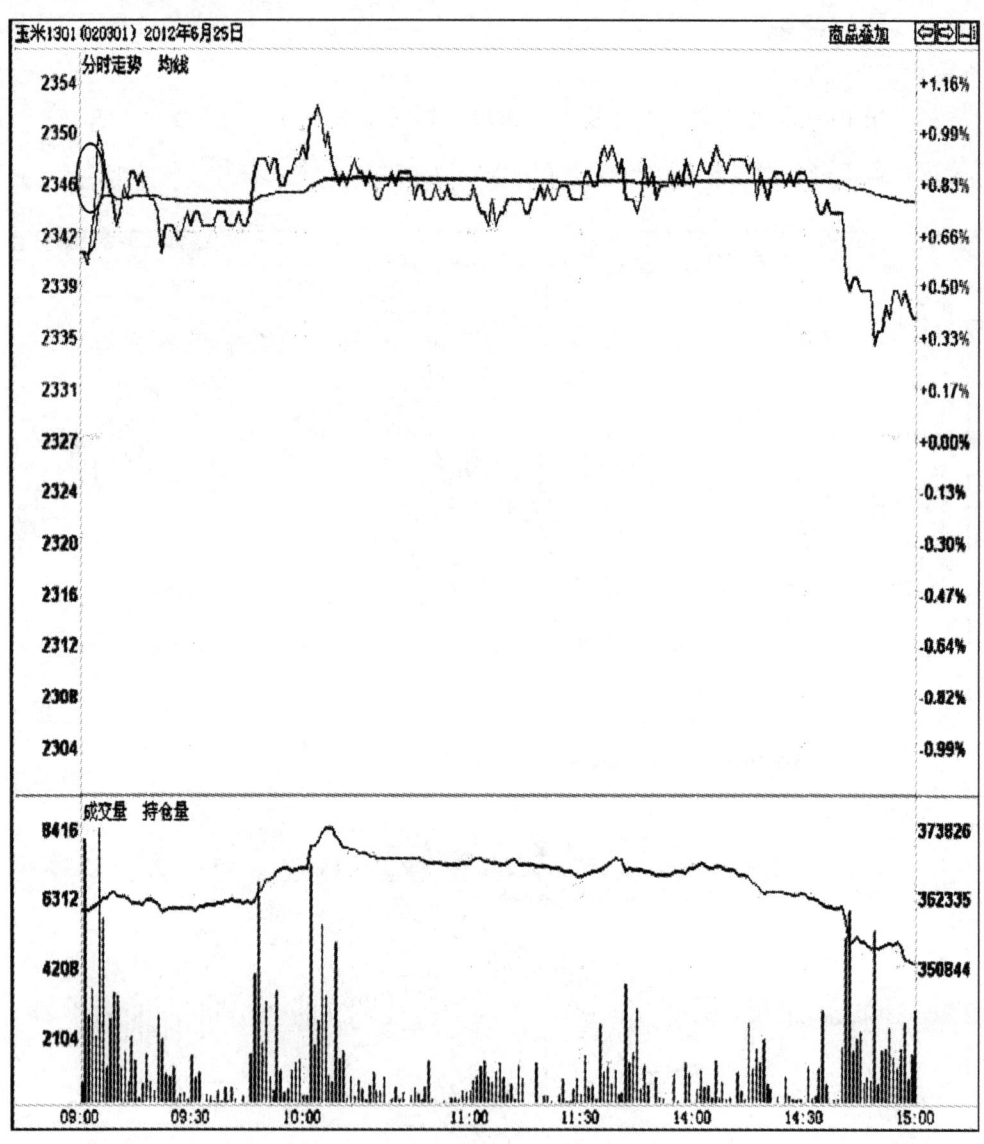

图 2-16

解说：一蹲：均线系统向上，故采取上跳战术，在低位建仓 400 手。

二跳：顺势加码 400 手。

三落地：在相对高位 2547 附近平仓。

玉米 1301（20120626），见图 2-17。

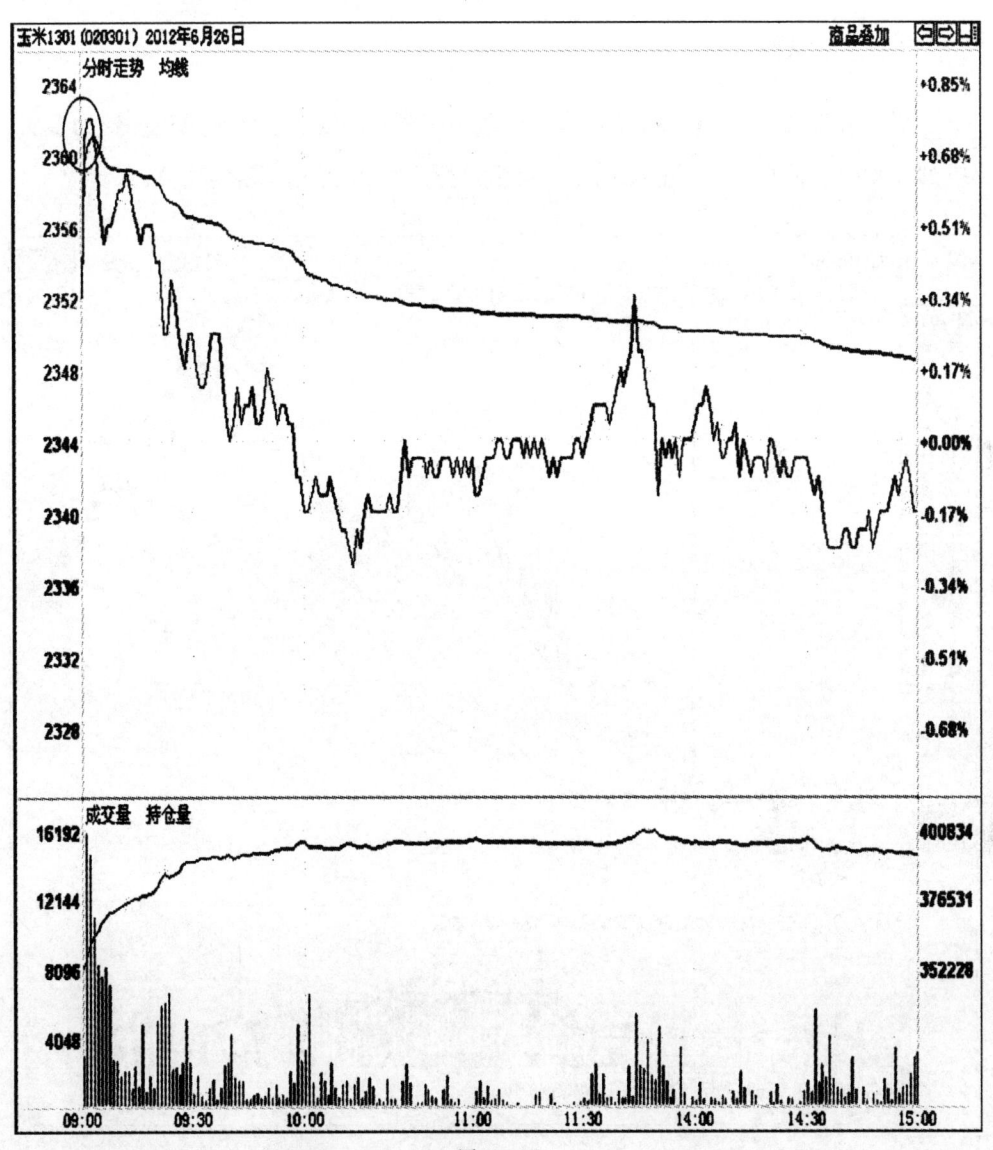

图 2-17

解说：一蹲：均线系统向上，故采取开盘跳战术，在低位建仓 300 手。

二跳：顺势加码 300 手。

三落地：达到两个点的赢利时迅速出货。开盘跳尤其讲究短平快，最好在一分钟之内完成，不可贪恋。

四、豆粕

豆粕1301 K线走势：在交易发生时段，K线、均线由横向纠结逐步转为多头排列，盘中根据盘口状况高抛低吸，灵活进行下跳和上跳，见图2－18。

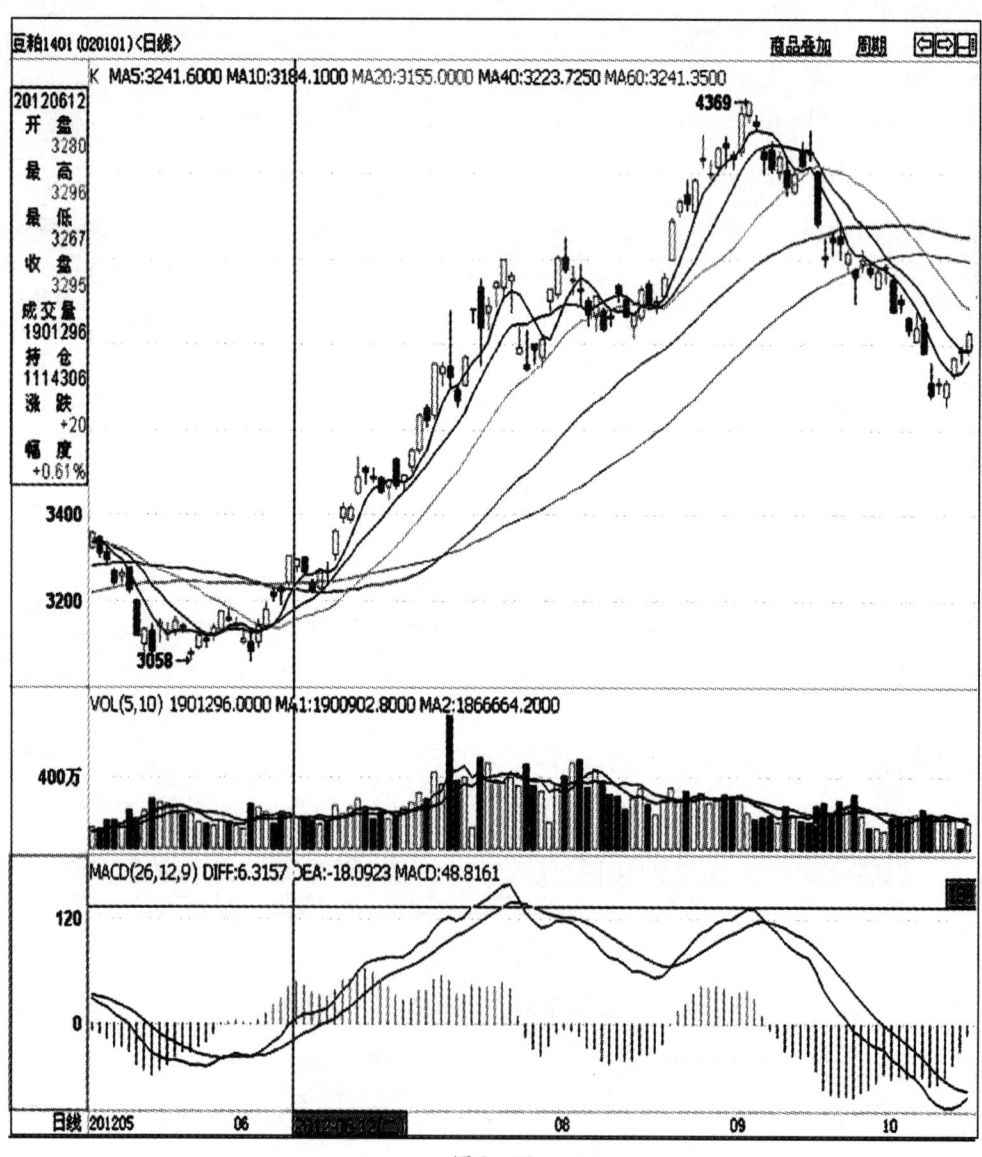

图2－18

豆粕 1301（20120612），见图 2-19。

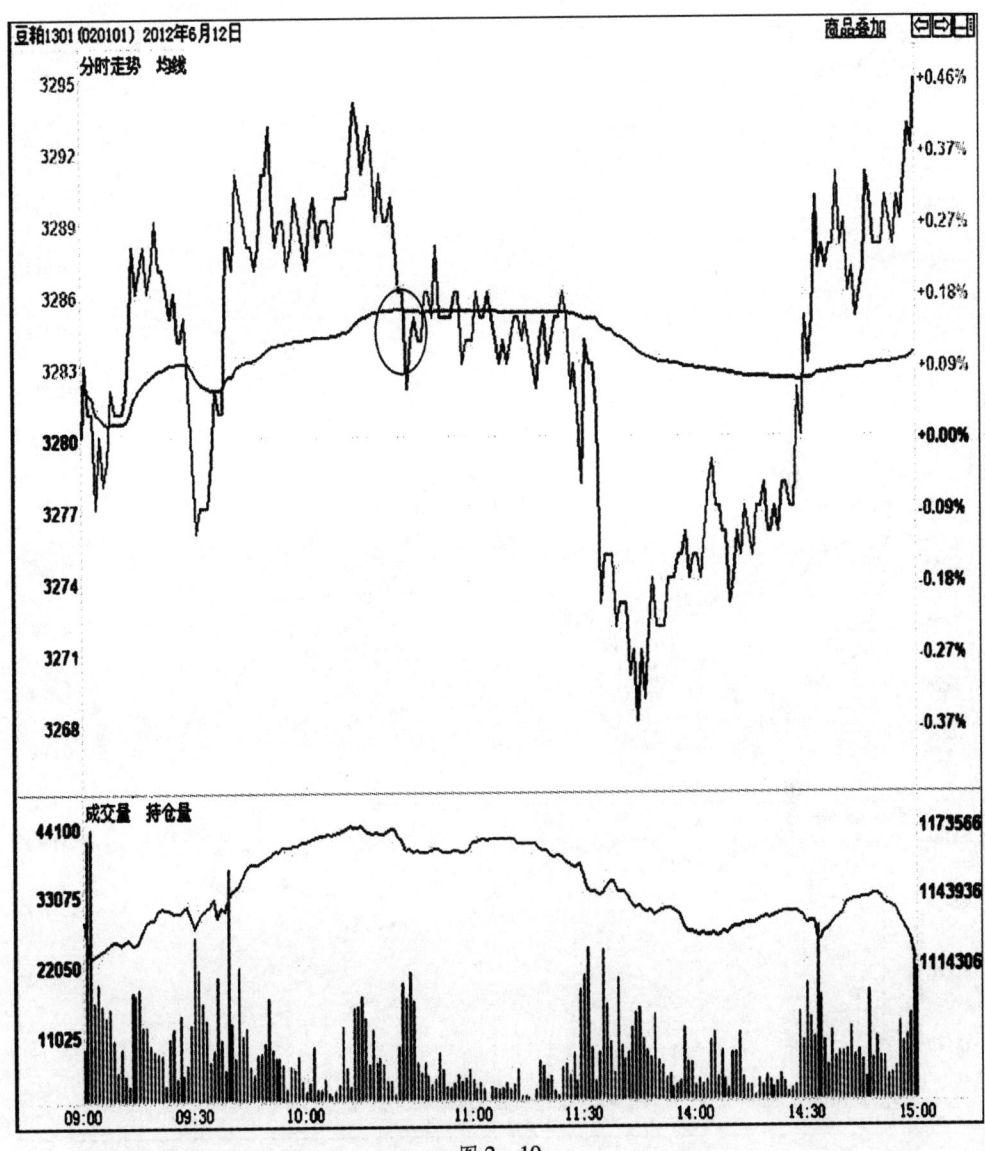

图 2-19

解说：一蹲：当均线系统成横向纠结无明确方向时，以分时图的画线为轴心，实行高抛低吸的蛙式交易战术，在 3285 附近瞬间蹲守 500 手。

二跳：顺势加码 500 手。

三落地：实现两个点的赢利时获利平仓。

豆粕1301（20120614），见图2-20。

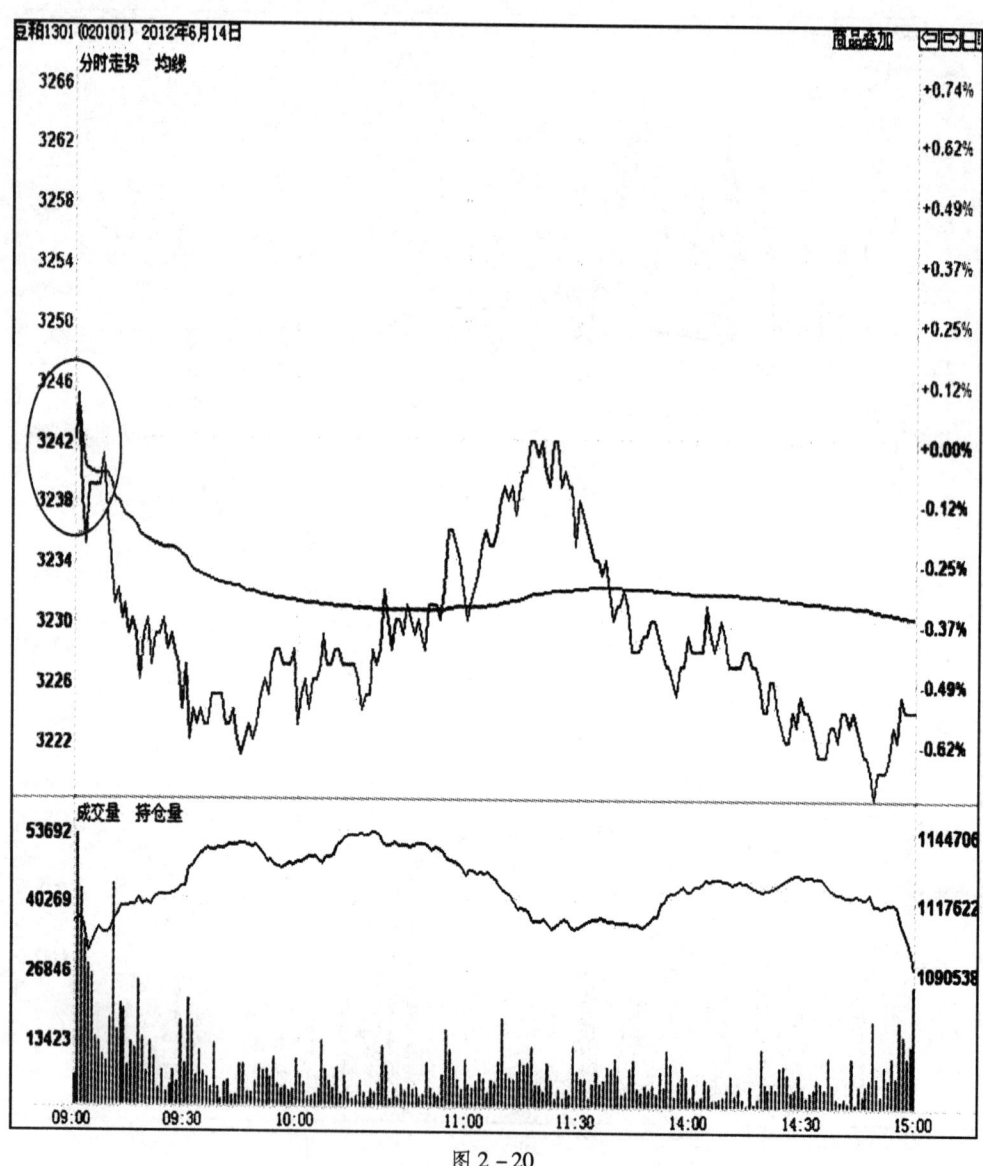

图2-20

解说：一蹲：当均线系统成横向纠结无明确方向时，在前期上升阻力位实行开盘下跳战术，在3247蹲守200手左右。

二跳：连续加码570手左右。

三落地：将价格击穿一个台阶之后，市价平仓。

豆粕 1301（20120619），见图 2-21。

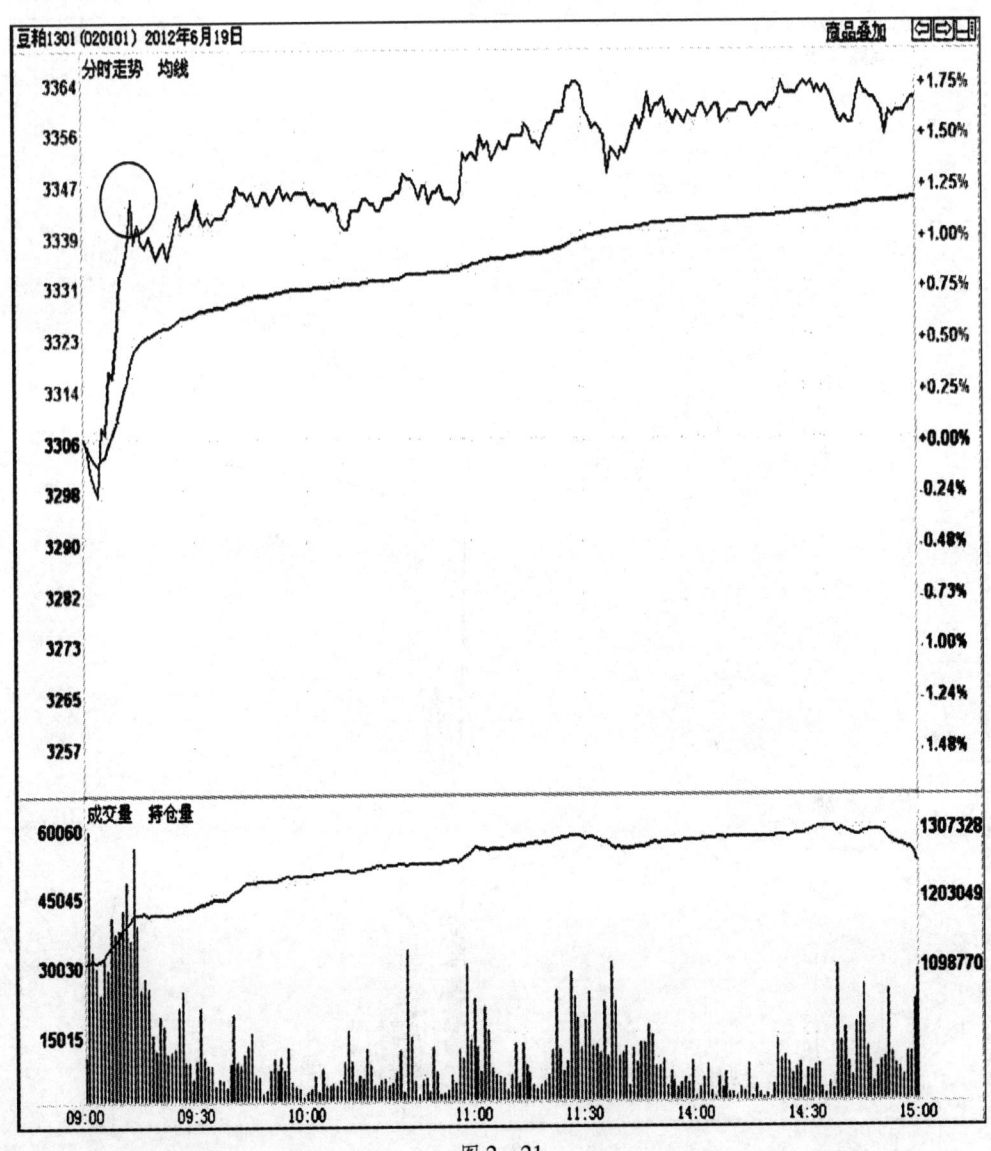

图 2-21

解说：一蹲：当均线系统成横向纠结无明确方向时，在前期上升阻力位实行高抛低吸的蛙式交易战术，尤其是瞬间与黄线乖离过大时，坚决蹲守。

二跳：顺势加码 400 手，均价 3347。

三落地：出现短差之后，于 3345 附近迅速平仓。

豆粕 1301（20120629），见图 2-22。

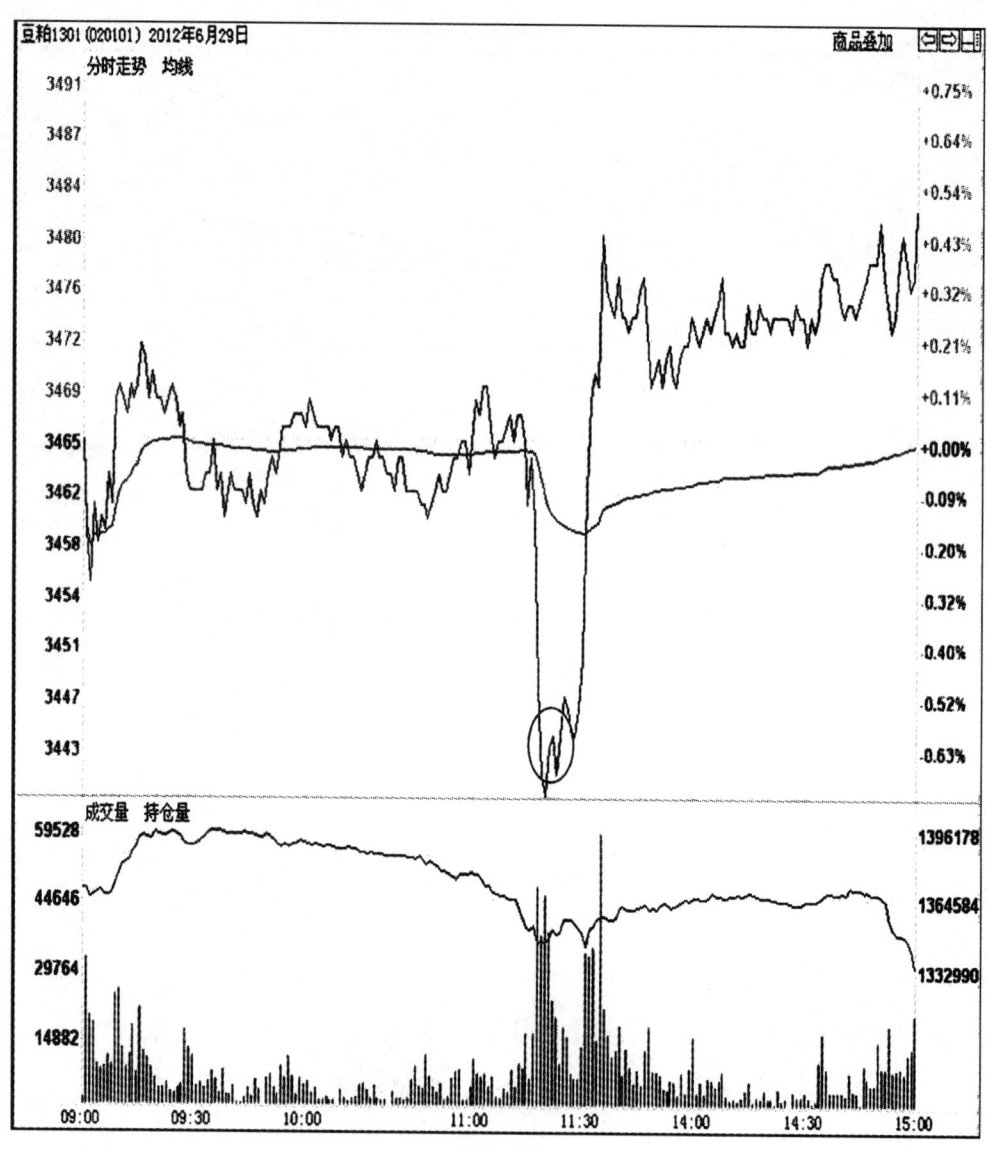

图 2-22

解说：一蹲：当均线系统转为有序向上时，盘中实行上跳战术，尤其是市场价格瞬间跳水与黄线乖离过大时，必须抓紧时机重仓买入。

二跳：继续顺势加码。顺势加码 1000 手，均价 3444。

三落地：出现短差之后，迅速于 3445 左右平仓。

五、白糖

白糖 1301 K 线走势：在交易发生时段，K 线处于下降趋势之中，均线也呈空头排列，但短期均线有暂时纠结的趋向，价格也有短暂反弹的要求，在这种情况下，一旦盘口状况允许，且短线杀跌过猛，则可以瞬间抄底上跳，见图 2-23。

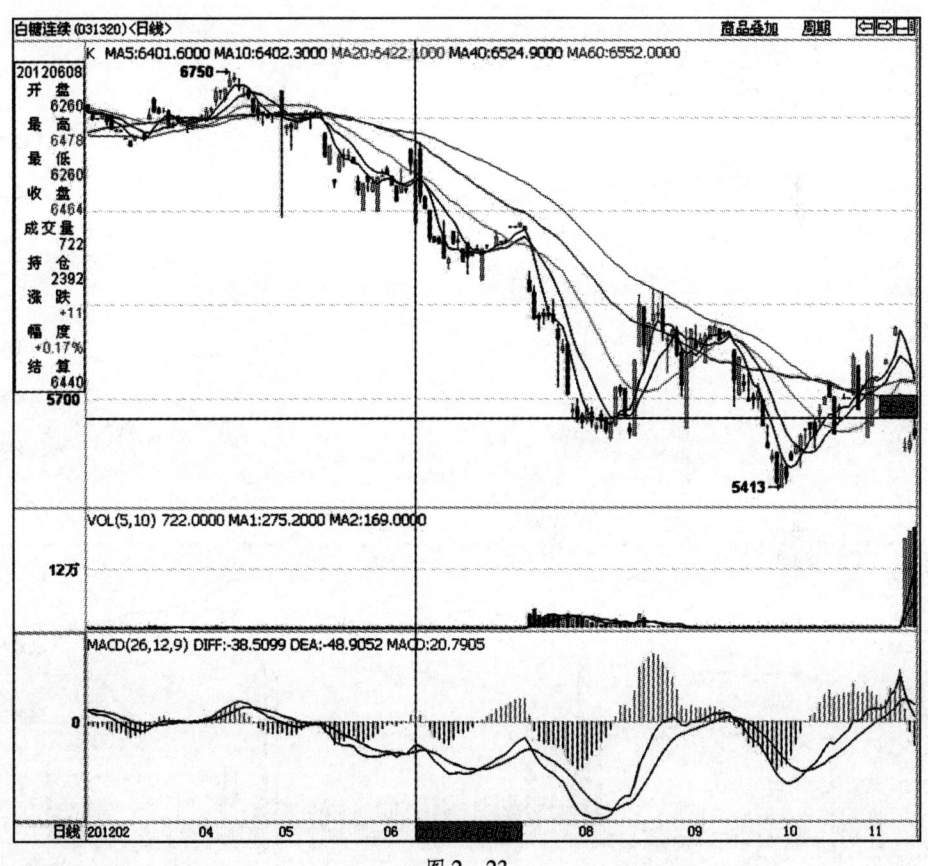

图 2-23

白糖 1301（20120608-1），见图 2-24。

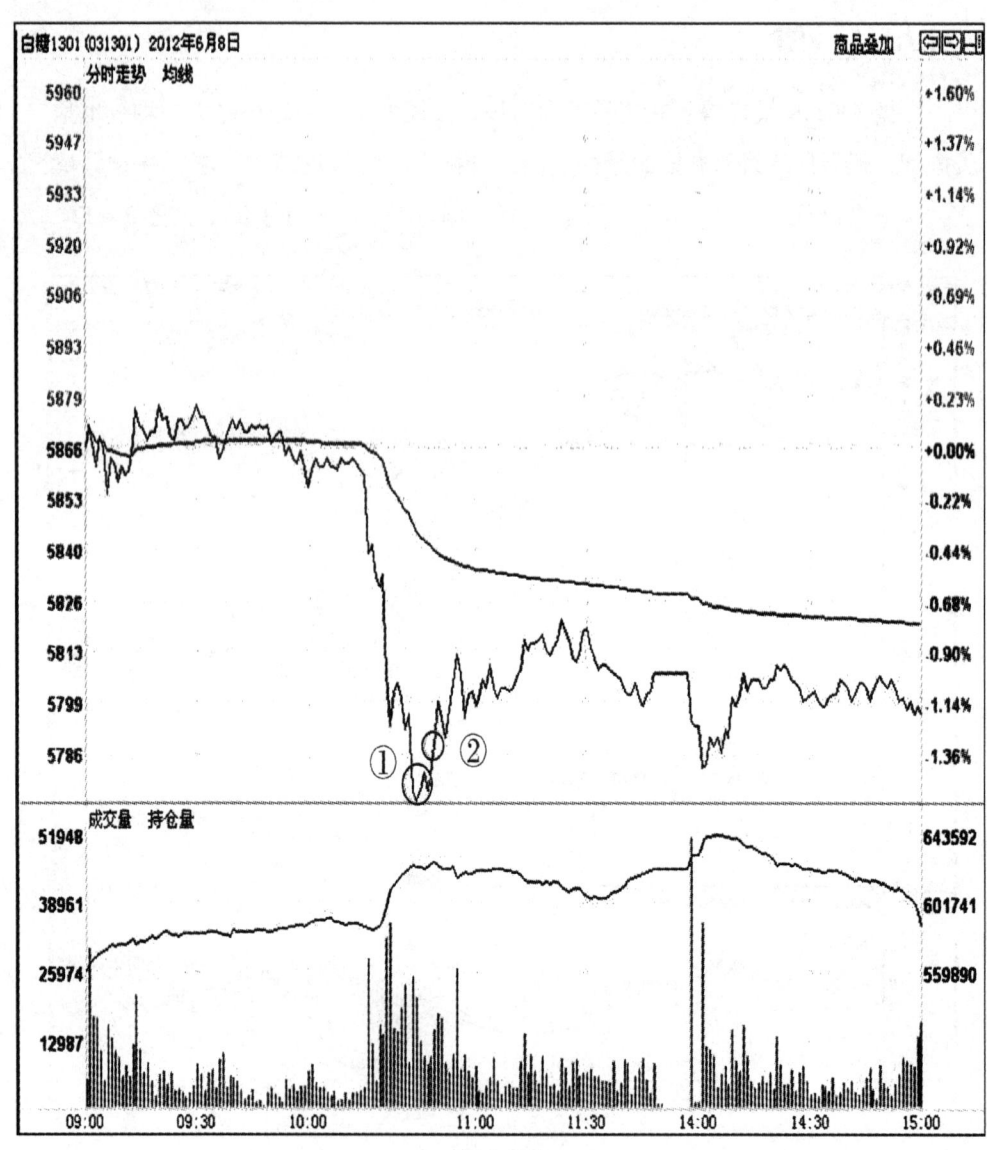

图 2-24

解说：一蹲：当盘中实时价格与黄线乖离过大时，大单买入。

二跳：继续顺势追击。顺势加码 300 手。

三落地：出现三个点的短差之后，迅速于 5779 左右平仓。

白糖 1301（20120608-2），见图 2-25。

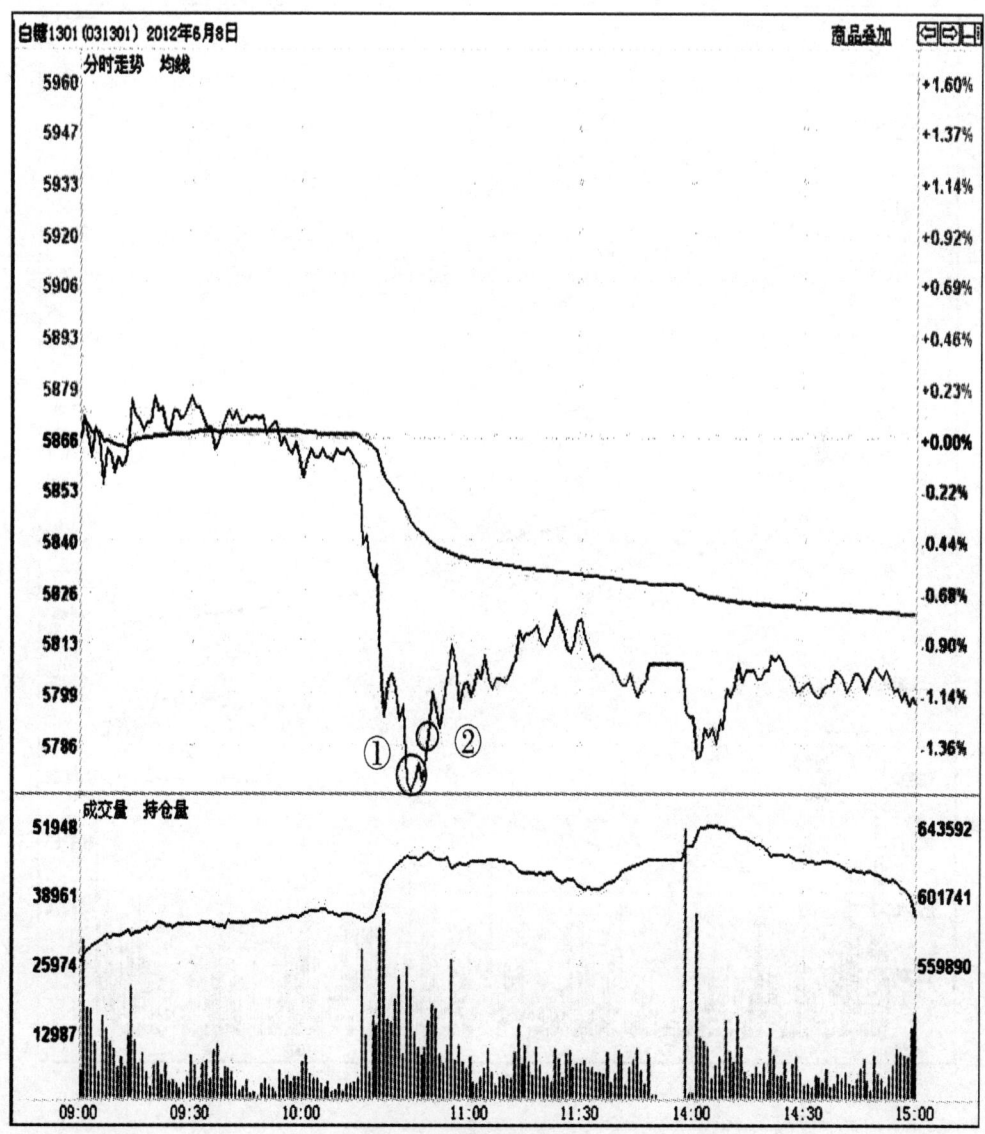

图 2-25

解说：一蹲：第一次买入阻击奏效，因此顺势再度介入。

二跳：顺势加码 300 手。

三落地：出现差价后，迅速于 5789 左右平仓。

白糖 1301（20120618），见图 2-26。

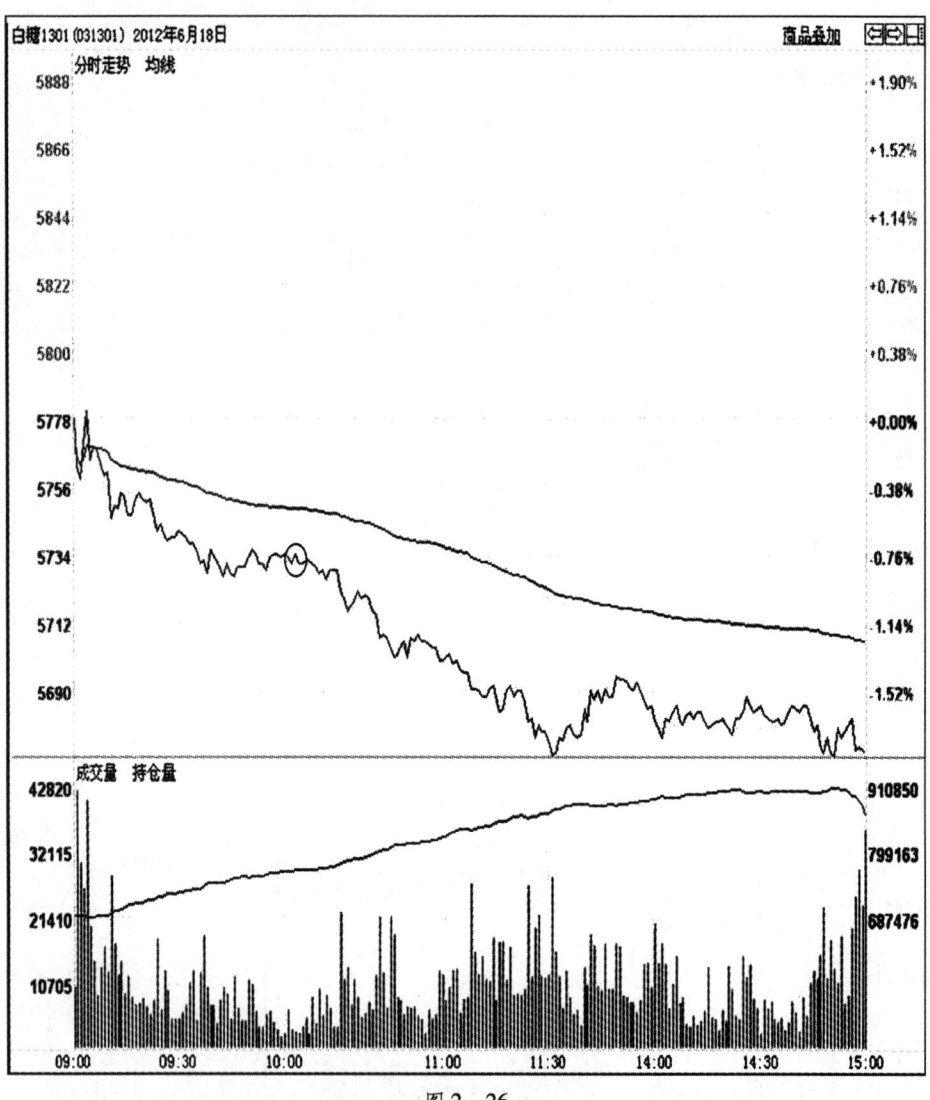

图 2-26

解说：一蹲：日 K 线及日内短线技术指标短线示弱时，理应卖出，而实际操作中却采取了上跳战术。

二跳：买入与加码共计 300 手，均价在 5733 点附近。

三落地：由于操作上没有做到顺势而为，顺势加码时遇到阻力，虽然只有一个点的赢利。但仍应立即离场，防止赢利变亏损。

白糖 1301（20120628），见图 2-27。

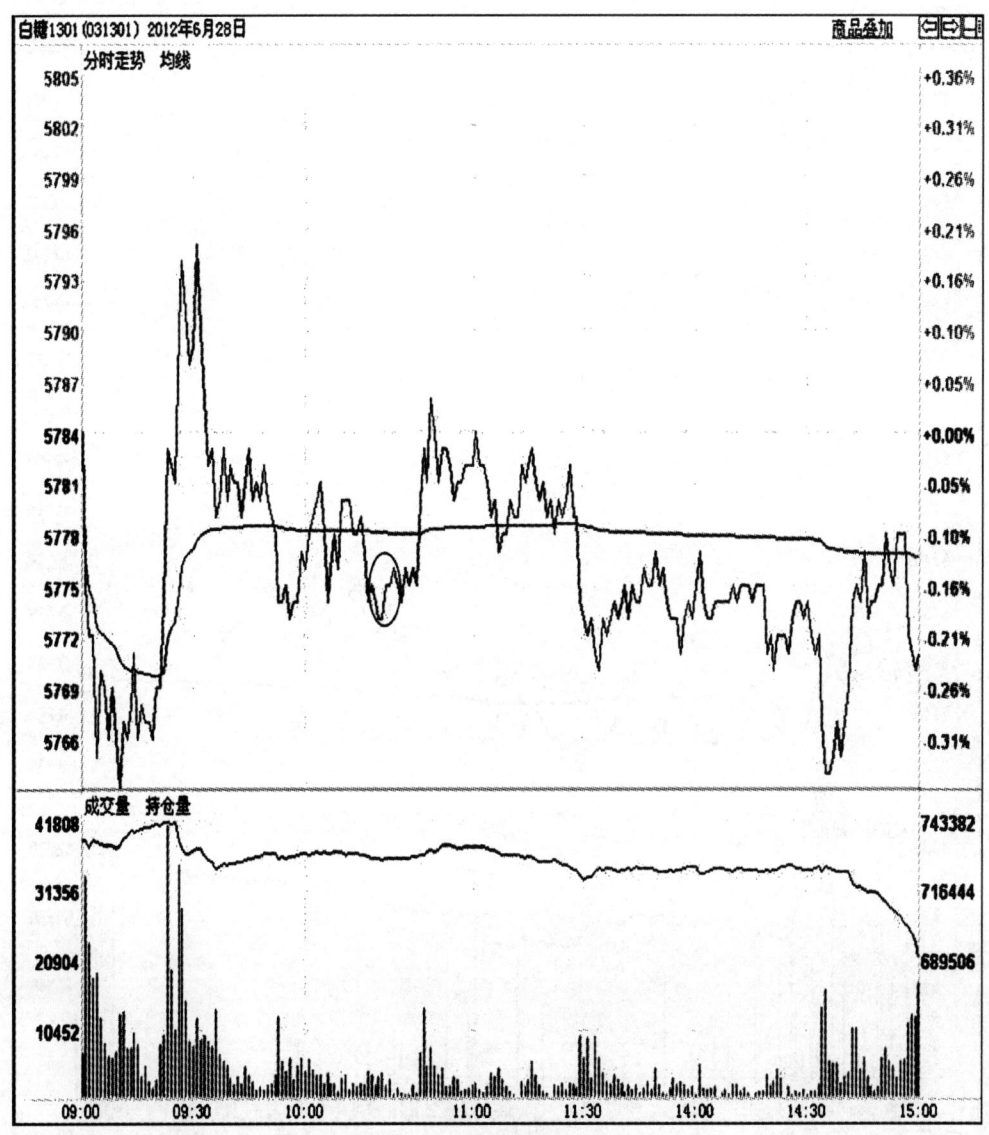

图 2-27

解说：一蹲：日 K 线及日内短线技术指标短线走强，盘中逢低吸入。

二跳：吸入与顺势加码共计 200 手。

三落地：出现两个点的价差后，迅速于 5776 附近平仓。

白糖 1305（20120629），见图 2-28。

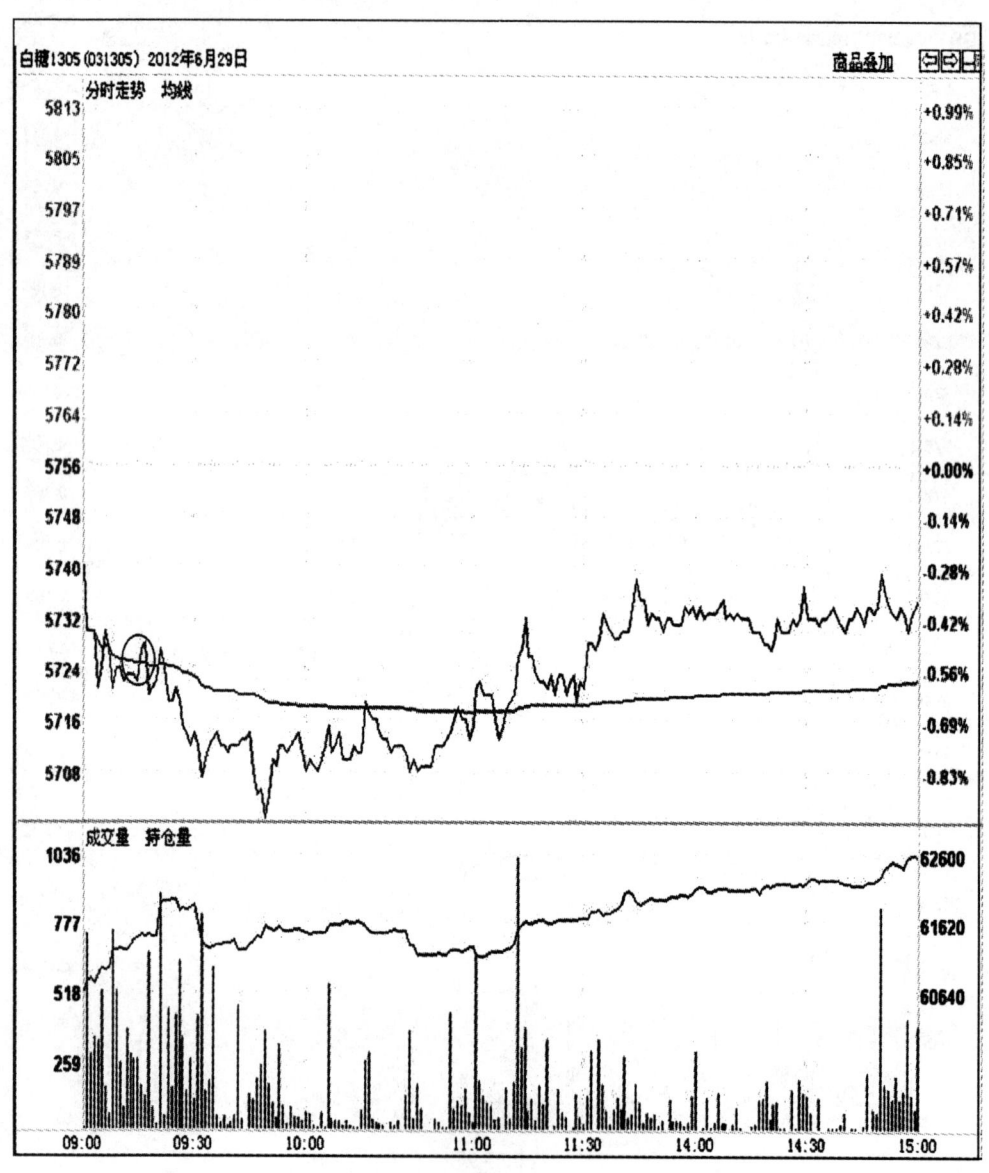

图 2-28

解说：一蹲：日 K 线及日内短线技术指标短线走强，盘中逢低吸入。

二跳：吸入与顺势加码共计 200 手。

三落地：出现三个点的价差后，迅速于 5727 附近平仓。

六、股票

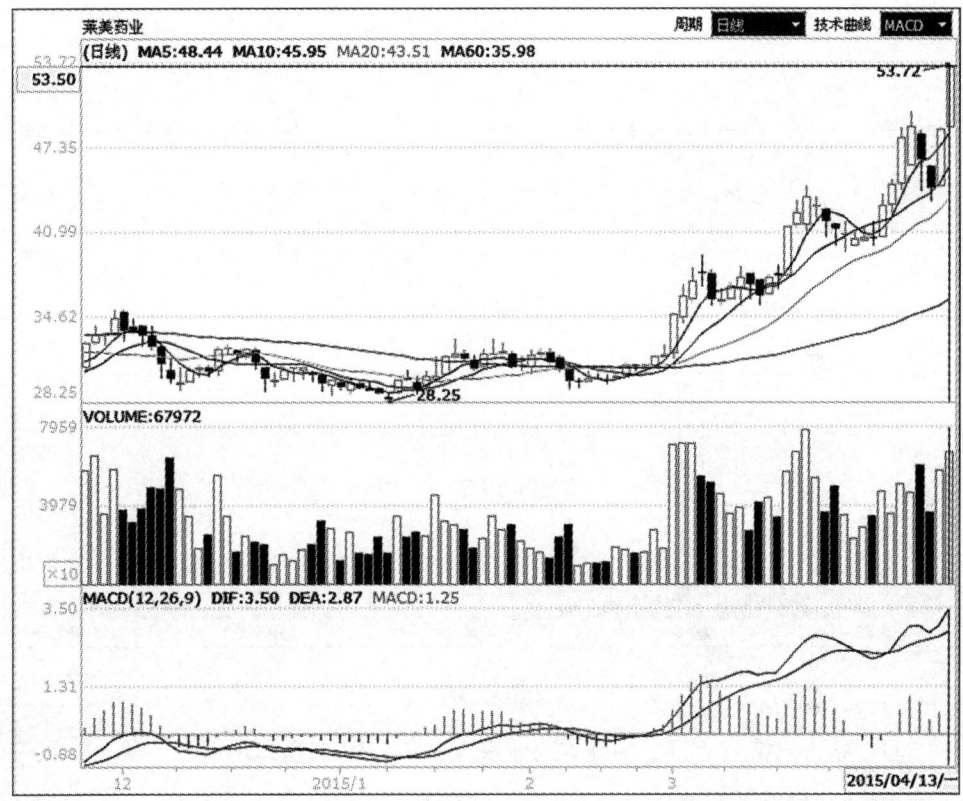

图 2-29

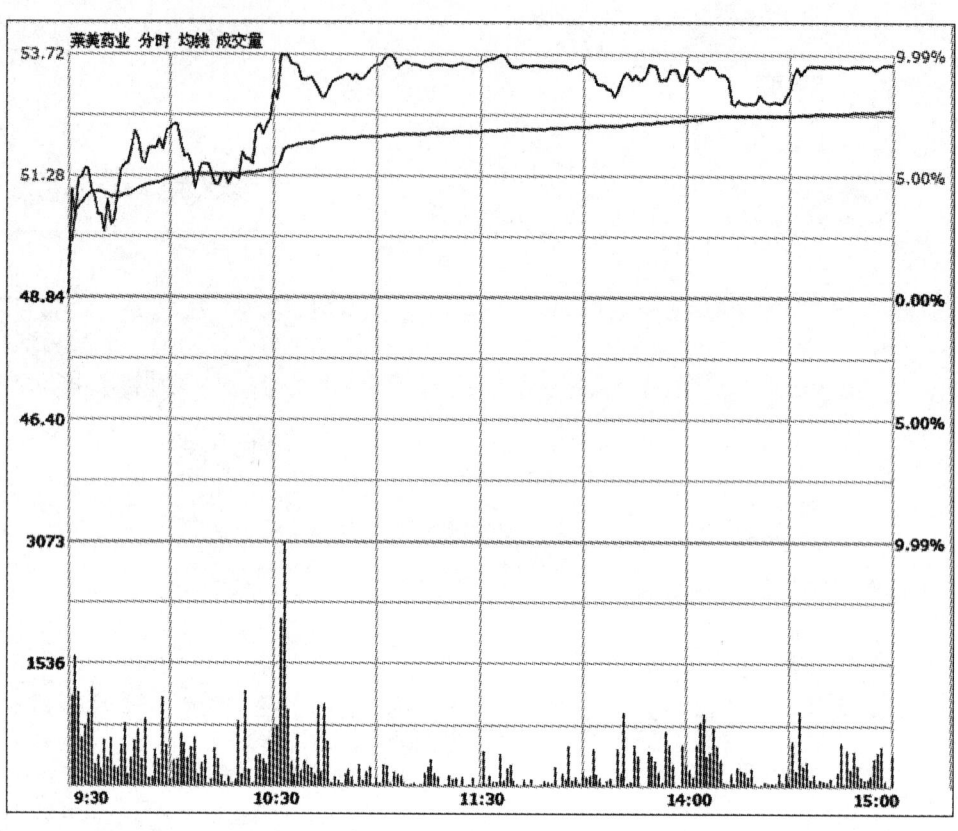

图 2-30

假设原来已持有 4 万股的莱美药业底仓，10：30 前盘口的买一、买二、买三有大买盘，此时可做一蹲二跳三落地。先在 51.28 附近买入 2 万股，到了 51.35 再买入 2 万股；价格涨至 51.5 附近时卖出 4 万股。这样手里还有 4 万股底仓，相当于自己跟自己做了一次 T+0。

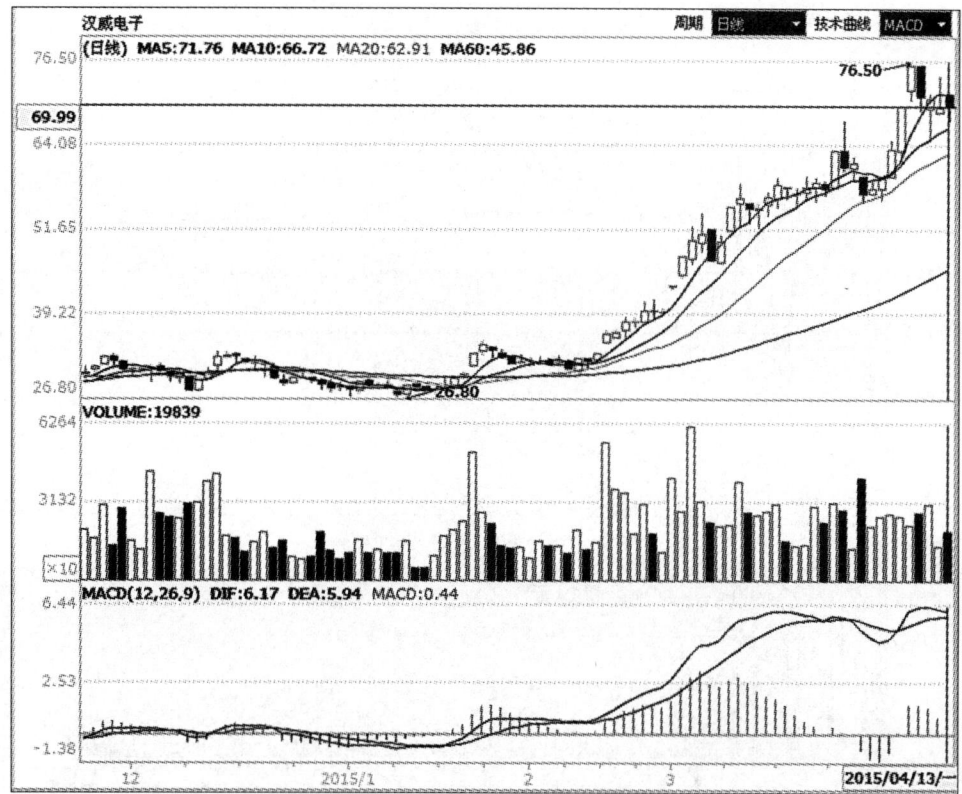

图 2-31

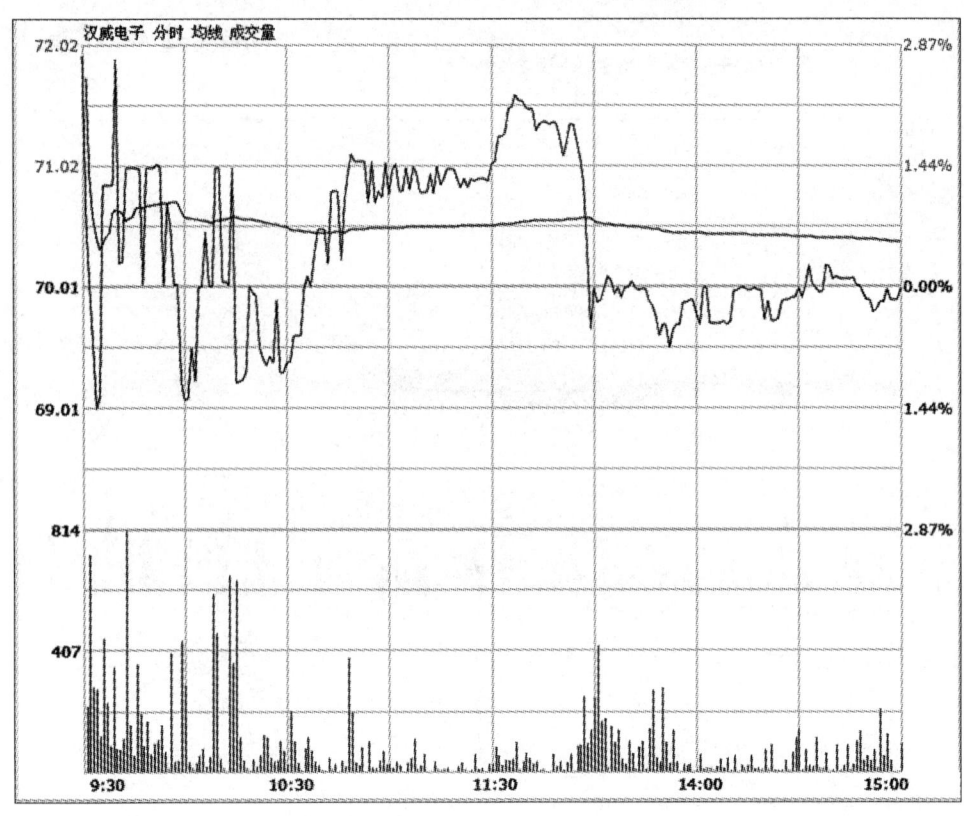

图 2-32

假设原先已有 4 万股汉威电子的底仓。在 10：00 附近盘口有大单买入，此时在 69 元买入 2 万股蹲守，价格涨至 69.2 时继续追击，买入 2 万股。69.5 时卖出 4 万手，落地平仓。在股票市场的 T+0 彻底恢复之前，只能进行自我循环，这样才可以不断地摊低成本增加利润，但前提必须短平快稳准狠，不可恋战，保持原有仓位。

第三章

蛙式交易兼容版实战

第一节 实战演绎蛙式交易兼容版理论

一、蛙式交易已经是理想的交易方法了，为什么还要推出蛙式交易兼容版

通过蛙式交易的理论和图解，我们可以清晰地感受到，在符合蛙式交易的三大前提——即合适的品种、合适的资金、合适的时机的情况下，蛙式交易有很大的操作优势，时间变短，空间可控，收益稳定，但同时也有一些投资者遇到的问题不可避免地暴露了出来。

首先，原版蛙式交易的适用范围仅局限于某些期货品种，这就造成了很大的局限性，失去了很多其他投资机会。

蛙式交易兼容版则适用于期货、股票、国债、基金、外汇等所有投机品种。尽管现在股票实行的是 T+1 制度，但只要投资者有底仓，就完全可以自己跟自己做 T+0 交易。比如你昨天买了一万股，今天再买五千股，出掉五千股，还有一万股底仓。特别是 11 月 17 日沪港通正式开盘，由于香港市场实行的是 T+0、无涨跌停板，蛙式交易的应用范围一下子就大大拓宽了。国内股票市场的 T+0 交易也即将实现，中国金融交易所的外汇期货也已开通仿真交易，全面放开指日可待，到时可就真像《小苹果》歌里唱的一样"花开满山坡"了。

其次，蛙式交易需要的资金偏大，通常需要一百万以上，否则无法完成一蹲二跳三落地的运动过程。这就给一般的投资者设置了一个巨大的门槛。换句话说，普通的中小投资者无法运用蛙式交易进行日常的操作，这就使得蛙式交易的

流行性和可行性大打折扣。而兼容版的操作门槛就不那么高了，十万八万的可以做，甚至一万两万都可以做，因此蛙式交易的兼容版又叫作大爷大妈操作法。工人农民可以做，学生也可以做，当兵的可以做，小商小贩也可以做，这样一来蛙式交易就可以草根化、群众化了。

最后，蛙式交易的典型交易过程是一蹲二跳三落地，决策顺序是长线服从短线，短线服从盘口，但是蹲单在市场中停留的时间过长，掌握不好容易带来时间上的风险。如何能巧妙地解决这一问题呢？兼容版对盘口的数量、变速、密度、愈合力做了进一步的丰满，并在实践中进一步细化，显得更有可操作性和风险可控性。我们在实践中想出了一个办法——把蹲的任务交给市场，让其他交易者去做，换句话说，在盘口遇到顺势大单时，比如一千手或两千手以上，我们只管二跳和三落地，三步并作两步走。这样可以大大地降低风险。所以我们把这种方法又叫作"千手观音操作法"。如果有几个顺势的千手排列（观音队），操作将更加有效，风险将更加可控。特别是有五档行情的交易者就能更好地对蛙式交易进行改进型操作，做到更短、更平、更快、更稳、更准、更狠。鉴于目前期货五档行情主要集中在大连商品交易所，因此投资者可以从该交易所的品种中寻求突破。

二、"1/7操作系统""蛙式交易""蛙式交易兼容版"三者之间有什么区别

如果把"1/7操作系统""蛙式交易""蛙式交易兼容版"的内核提炼出来，则可用图形描述三者之间的关系，见图3-1。

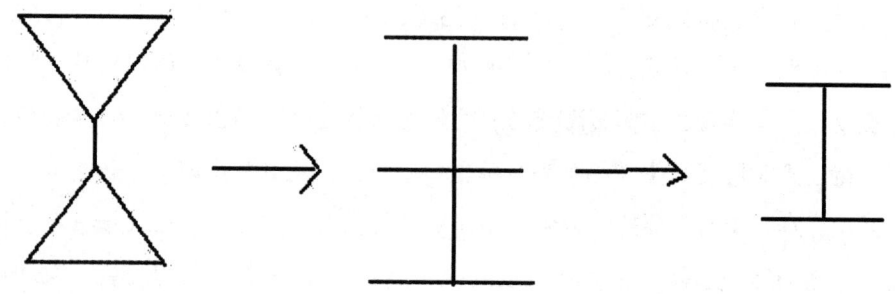

图3-1

注意事项：

（1）跳跃时要注意顺势，如果趋势向下，观音成空头排列，则沽空下跳成功率较高；若趋势向上，观音成多头排列，则买入上跳成功率高；若是盘整行情，则高抛低吸的成功率高。具体点位把握还要参考各种指标，如MACD、RSI、KDJ。

（2）一般说来，利用大单做掩护高抛低吸，在上午第一次冲击大单时比较有效，因为不管这种大单的真实意图是什么，第一次做同向跳跃成功率都比较高。到了第二第三次冲击，有效性将递减，危险性递增，尤其到了下午收盘前，大单被冲破的危险性较高，就不适合再跳跃了。

（3）每一次蹲跳和落地只追求一个价位，切不可贪多。

（4）如果跳跃失败，或者没有达到预想的效果，那么在大单减半时止损。

（5）沪港通实现以后，香港市场由于实行T+0交易，所以可以大胆进行蛙跳。内地股票市场在实现T+0之前，大单蹲跳时，原先必须要有底仓，否则无法进行T+0交易。

三、除了倚墙跳操作法，还有什么方法适合蛙式交易投资者呢

前面我们讲了倚墙跳操作法（千手观音操作法）。这里除了倚墙跳操作法，我还为广大的中小投资者总结提炼了树梢跳、塘底跳、循声跳等方法。这样一来，投资者不但可以应付多种T+0品种，同时对资金的要求也大大放宽了。也就是说，大资金可以做，中等资金可以做，小资金也可以做。时机更多了，手法也更丰富了。但无论哪一种跳法，都要求符合三适原则，即合适的品种、合适的资金、合适的时机。

（一）树梢跳

什么是树梢跳呢？如果一个品种的均线呈空头排列，即无交叉平行向下，对K线形成压制，而此时的K线组合又显示是空头市场，比如说下降通道、大圆顶、头肩顶等等，且指标系统又处于顶部死叉的位置，这种三合一的组合已经构成了做空时机。如果此时在分时图上机构或庄家突然将价格拉起，他就是逆势而为，就是失道寡助。此时的价格势必与日内均线乖离较大，就像挂在树梢上一

样，应该大胆下跳。如果有盘口配合，上面有巨量压单，四大因素发生共振，那么这就是难得的树梢跳的机会。如果上面的单量符合倚墙跳的一些条件，那么此时的树梢跳就可以稳准狠一些，但务必要短平快，因为稍事调整之后再做上攻也不是不可能的，所以获利目标可以定在一两个点，最多三四个点。

（二）塘底跳

如果一个品种的均线呈多头排列，即长期、中期和短期均线无交叉平行向上，对 K 线形成支撑，而此时的 K 线组合又显示是多头市场，比如说上升通道、大圆底、头肩底等等，且指标系统又处于底部金叉的位置，此时做多契机已经形成。如果此时日内分时图上庄家或机构突然将价格打压下去，而盘口又出现了很多多单，那么塘底跳的时机就出现了。如果下面有一堵墙，也就是说盘口符合倚墙跳的特征，这时蹲跳的单量就可以适当加大，目标点位可以适当放宽，但仍不应忘记速战速决。

（三）沼泽跳

如果一个品种处于横盘状态，不管是顶部横盘还是底部横盘，在没有突破之前，盘中日内可以进行上蹿下跳。上蹿下跳的短线均线、短期 K 线组合、短期指标系统都可以参照上述树梢跳和塘底跳的特征。在箱型顶部以树梢跳为主，箱型底部则以塘底跳为主。具体实际把握仍应以蛙式交易的盘口要求为准。以四大因素同方向共振为最佳。墙在上，则倚墙下跳；墙在下，则倚墙上跳。

（四）循声跳

我们都知道青蛙有一个特征，当远处的青蛙在叫的时候，它会做出回应，应声而叫或循声而去。这一特征对蛙式交易非常有启发。以倚墙跳为例，如果上方盘口出现一系列大空单，此时价格不见得就会立刻跳水，相反，离得比较远的较低的价格还有逐步向上攻击的欲望，以试探能否突破这堵墙。此时可以适当小单量做些多单上跳，如果成功在墙前止盈，如不成功也应立即蹲跳离场。同理，如果下方盘口出现一系列大买单，则此时价格也不见得就会立刻飙升，由于市场好奇心和引力的作用，往往会反复冲击大单，以试图突破，这时候就可以适当逢高沽空做些下跳，如果能突破这堵墙则更好，不能突破则立即墙前止盈，若往相反方向走就立刻蹲跳离场。

（五）顺水跳

如果均线系统、K线组合、指标系统、盘口系统都指向同一方向，而此时宏观背景又与技术分析互相映衬，则可以采取顺水跳。这种跳跃往往投入少、收益大、速度快，四两拨千斤，这时盈利空间可以适当放大，平仓时间可以适当延迟。比如，2008年金融危机期间，铜铝锌等诸多金属品种都出现了顺水跳的契机，铝、锌等品种在一年多的时间内持续阴跌，四大决策系统高度共振，美国金融危机恶化了全球经济环境并持续发酵。此时若采取顺水蛙跳，则可以起到"两岸猿声啼不住，轻舟已过万重山"的效果。再比如，近两年由于钢材的存量巨大、消费不振，导致了上海螺纹钢长期处于下降通道，并与其他决策系统互相牵引，形成良好的下跳溪流。此时一只青蛙置身其中，"飞流直下三千尺"的感觉也是不言而喻的。

（六）逃生跳

蛇口逃生是青蛙的本能，但是由于很多青蛙并没有真正掌握这一技巧，因此出现了不少事故。尽管以前的各章节都已经对止盈止损、蹲跳离场有了不少交代，并不厌其烦地重复，但为了确保各位投资者的资金安全，此处不得不再次提醒，就像一年到头寺庙的钟声一样，警钟长鸣。常言道，小心驶得万年船，谨慎方有千年跳。不管是上跳下跳，树梢跳，倚墙跳，循声跳，塘底跳还是顺水跳，总是会有脚下打滑的时候，被蛇暗算的当口，只有充分意识到危险的存在，洞察周围的杀机，才能蹲得稳，跳得快，吃得准，逃得干净。一旦出现不测，必须断臂求生，及时止盈止损，蹲跳离场，而不能心怀优柔寡断，舍壮士断腕之举。这就是青蛙生存千万年不可或缺的必备技能。

最后讲讲蹲跳的境界。毛主席老人家教导我们，"虚心使人进步，骄傲使人落后"。就像一个身怀绝技的高手，虽然手握独门暗器，但仍然不可以藐视天下，睥睨市场。只有握出类拔萃之暗器，抱虚怀若谷之谦卑，使变幻莫测之手段，方能道高一尺魔高一丈，"沧海一声笑，滔滔两岸潮"。只有牢记这些戒条，我们才能最终达到不以物喜不以己悲，把酒临风宠辱皆忘的巅峰。

第二节　蛙式交易兼容版实况直播

2015 年 1 月 6 日

蛙爷（13:53:13）：见图 3－2。

蛙爷（13:53:38）：见图 3－3。

蛙爷（13:54:13）：见图 3－4。

蛙爷（13:54:43）：见图 3－5。

蛙爷（13:55:45）：见图 3－6。

蛙爷（13:56:53）：今天蛙式交易实盘记录。

蛙爷（14:58:31）：今天做了十多次，成功率 100%。

蛙爷（15:00:23）：上面有观音队，所以全是先沽空再平仓。

蛙爷（15:01:34）：当然先要对该品种的蛙跳可行性进行观察和研究，不可随便跳。

蛙爷（15:02:52）：还有两种跳法也很有效：鸿运当头，海底捞月。

蛙爷（15:03:52）：一是下跳，一是上跳。

蛙爷（15:04:40）：不管哪种方法，都必须三合适。

玉米1505(c1505)			
卖五	2394	1605	
卖四	2393	915	
卖三	2392	799	
卖二	2391	283	
卖一	2390	39	
买一	2389	247	
买二	2388	293	
买三	2387	200	
买四	2386	69	
买五	2385	130	
最新	2390	结算	2391
涨跌	15	昨结	2375
幅度	0.63%	开盘	2387
总手	40692	最高	2394
现手	2	最低	2386
涨停	2470	跌停	2280
持仓	149282	仓差	-5248
外盘	20106	内盘	20580

图 3－2

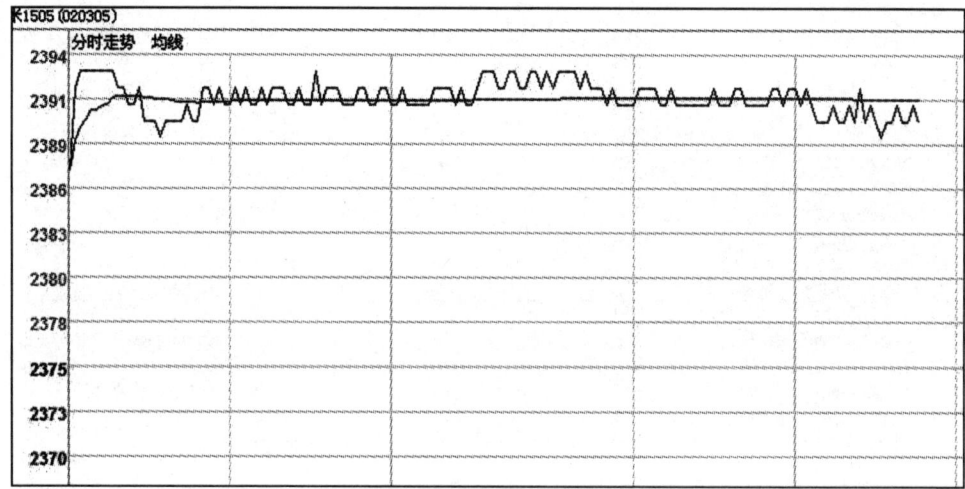

图 3-3

报单编号	合约	挂单状态	买卖	开平	报单手数	报单价格	成交手数	成交均价	报单时间	详细状态
10494028	c1505	未成交	卖	开仓	10	2393	0	0.0	11:02:49	未成交
10490938	c1505	全部成交	买	平仓	10	2391	10	2391.0	11:00:53	全部成交
10483065	c1505	全部成交	卖	开仓	10	2392	10	2392.0	10:54:57	全部成交
10481921	c1505	未成交	卖	开仓	10	2393	0	0.0	10:54:02	未成交
10468228	c1505	全部成交	买	平仓	20	2392	20	2392.0	10:43:28	全部成交
10453526	c1505	已撤单	买	平仓	10	2391	0	0.0	10:32:59	已撤单
10418231	c1505	全部成交	卖	开仓	10	2392	10	2392.0	09:49:08	全部成交
10365399	c1505	全部成交	买	平仓	10	2391	10	2391.0	09:25:02	全部成交
10361195	c1505	全部成交	买	平仓	10	2390	10	2390.0	09:22:49	全部成交
10351127	c1505	全部成交	卖	开仓	10	2391	10	2391.0	09:18:38	全部成交
10328787	c1505	全部成交	卖	开仓	10	2393	10	2393.0	09:11:11	全部成交
10328435	c1505	全部成交	卖	开仓	10	2392	10	2392.0	09:11:04	全部成交
10316030	c1505	全部成交	买	平仓	10	2391	10	2391.0	09:08:27	全部成交
10309394	c1505	全部成交	买	平仓	10	2392	10	2392.0	09:07:02	全部成交
10295858	c1505	全部成交	卖	开仓	10	2393	10	2393.0	09:05:02	全部成交
10294566	c1505	全部成交	卖	开仓	10	2394	10	2394.0	09:04:51	全部成交
10277378	c1505	全部成交	卖	平仓	20	2392	20	2392.0	09:02:02	全部成交

图 3-4

10550692	c1505	未成交	卖	开仓	10	2391	0	0.0	13:46:28	未成交
10550383	c1505	未成交	卖	开仓	10	2391	0	0.0	13:46:13	未成交
10545994	c1505	全部成交	买	平仓	10	2390	10	2390.0	13:42:43	全部成交
10543481	c1505	全部成交	买	平仓	10	2390	10	2390.0	13:40:48	全部成交
10540919	c1505	全部成交	卖	开仓	10	2391	10	2391.0	13:38:34	全部成交
10539060	c1505	全部成交	买	平仓	10	2390	10	2390.0	13:37:07	全部成交
10536885	c1505	全部成交	卖	开仓	10	2391	10	2391.0	13:35:56	全部成交
10535669	c1505	全部成交	卖	开仓	10	2391	10	2391.0	13:35:17	全部成交
10529987	c1505	未成交	卖	开仓	20	2392	0	0.0	13:31:41	未成交
10519690	c1505	全部成交	买	平仓	1	2391	1	2391.0	11:25:57	全部成交
10518764	c1505	全部成交	买	平仓	9	2391	9	2391.0	11:25:18	全部成交
10510940	c1505	已撤单	卖	开仓	10	2392	0	0.0	11:18:18	已撤单
10502681	c1505	全部成交	卖	开仓	10	2392	10	2392.0	11:09:54	全部成交
10494427	c1505	未成交	卖	开仓	10	2393	0	0.0	11:03:09	未成交
10494028	c1505	未成交	卖	开仓	10	2393	0	0.0	11:02:49	未成交
10490938	c1505	全部成交	买	平仓	10	2391	10	2391.0	11:00:53	全部成交
10483065	c1505	全部成交	卖	开仓	10	2392	10	2392.0	10:54:57	全部成交

图 3-5

1委托	2成交	3持仓	4预埋	5资金	6合约		
静态权益			506,640.48	可用资金			377,016.48
冻结保证金			133,960.00	持仓盈亏			0.00
冻结手续费			92.40	平仓盈亏			4,600.00
占用保证金			0.00	动态权益			511,068.88
手续费			171.60	可取资金			374,523.90
上次结算准备金			506,640.48	风险度			0.0%
上次信用额度			0.00	信用金额			0.00
上次质押金额			0.00	今日入金			0.00
质押金额			0.00	今日出金			0.00
保底资金			0.00				

可取资金、出入金、信用额度及质押金额需手动查询

图 3-6

2015年1月8日

蛙爷（9:37:33）：见图 3-7。

蛙爷（9:38:01）：看到了吧

蛙爷（9:39:20）：这就是树梢下跳的结果，上面墙的威力是不是很大？

中原（9:46:03）：期待肖老师更多的分享。

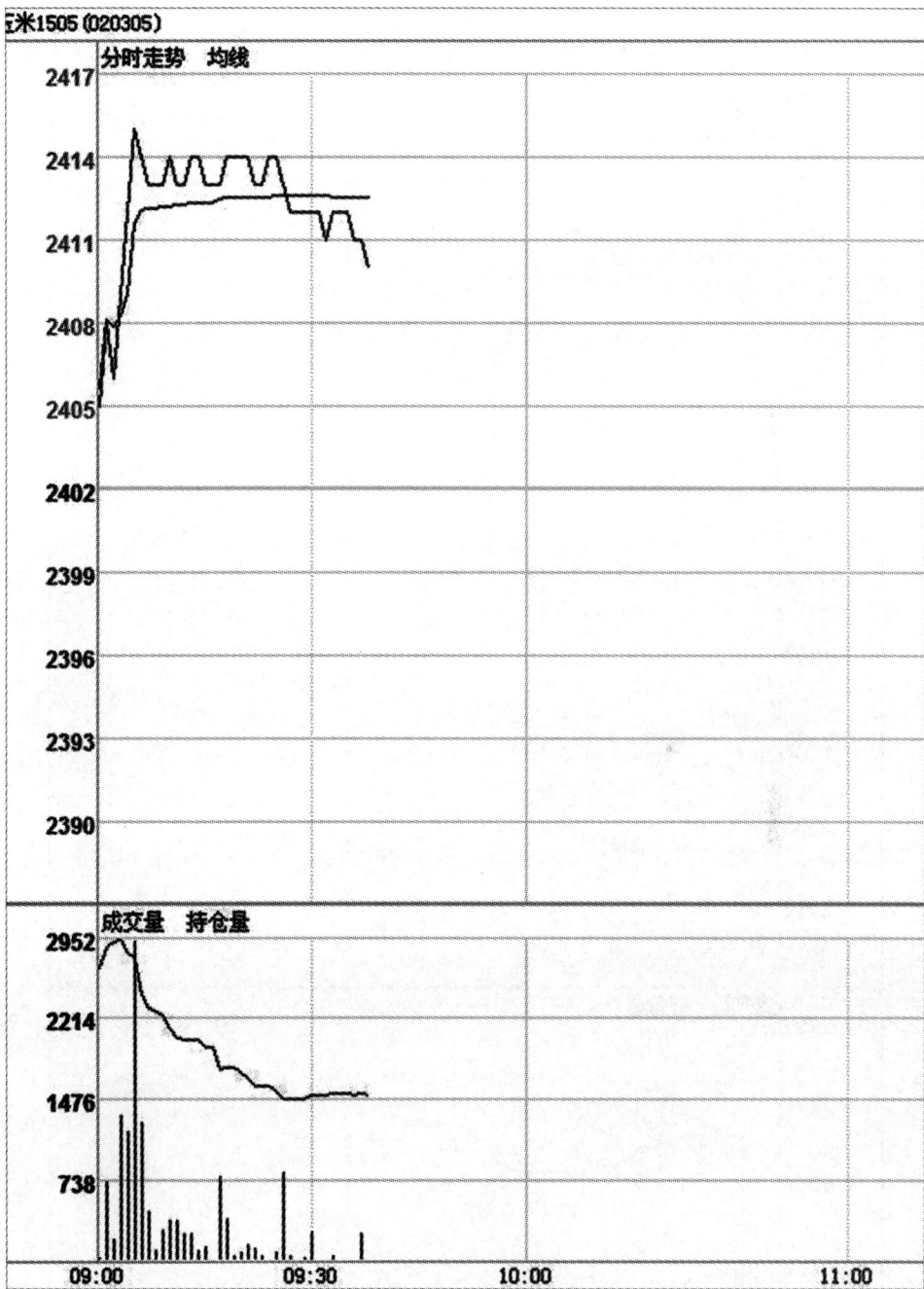

图 3-7

2015年1月12日

蛙爷（9:46:48）：见图3-8。

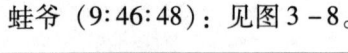

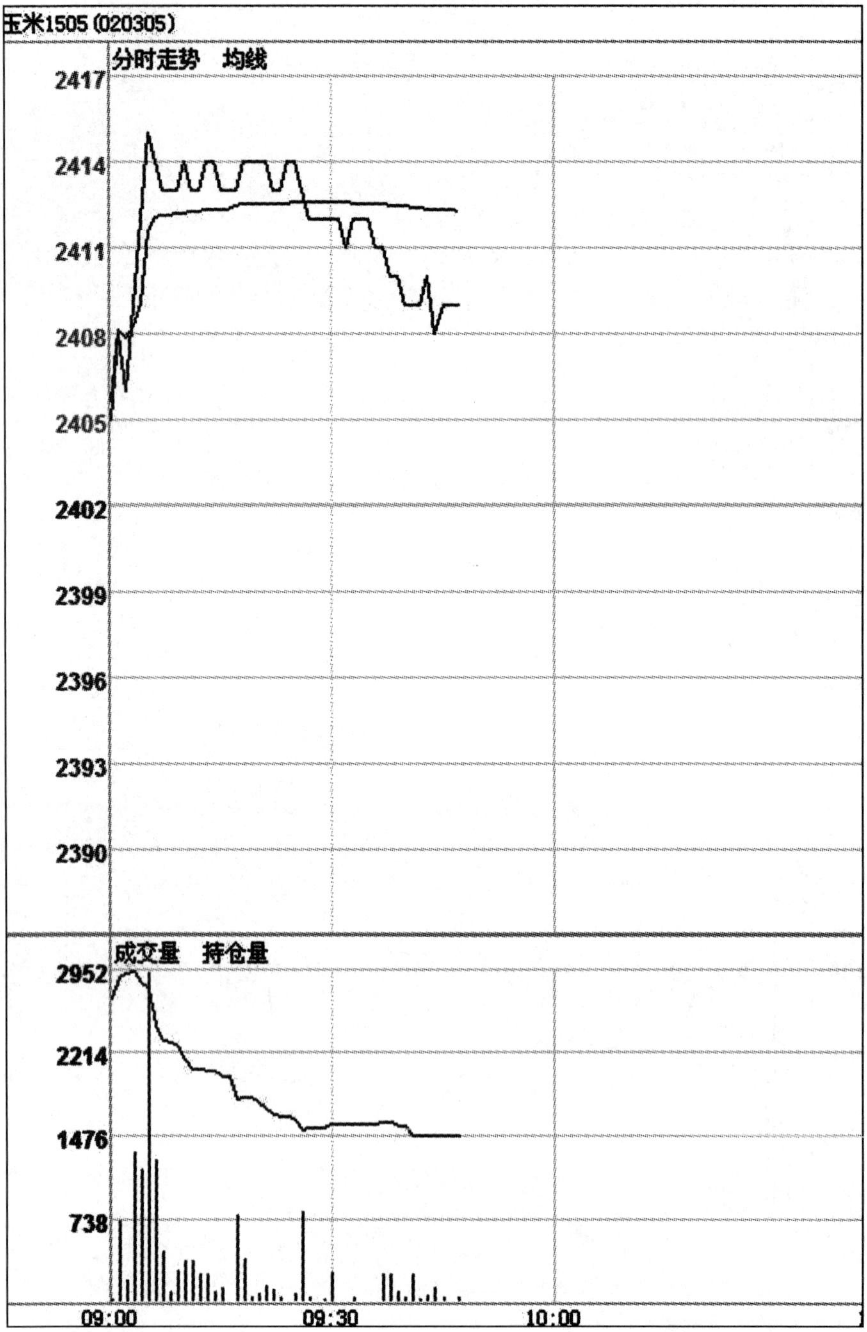

图3-8

蛙爷（9：47：51）：大家看，我们的判断不断得到验证，但我不为所动，绝不再跟杀。

蛙爷（9：48：46）：除非它再次进入我的伏击圈。

蛙爷（9：49：29）：这叫空跳，也就是耐心，等待的功夫。

蛙爷（9：51：17）：大部分时间都应该在空跳，也就是观察和等待。

2015年1月13日

蛙爷（9：28：04）：见图3-9。

蛙爷（9：28：36）：见图3-10。

中原（9：29：00）：肖老师，蛙跳开始了。

蛙爷（9：30：50）：开盘大幅低开，在塘底遇到墙，大胆进行塘底跳。

蛙爷（9：32：04）：见图3-11。

蛙爷（9：34：13）：大家看成交时间，只留一分钟。

中原（9：34：43）：肖老师10手每手10元钱。

中原（9：34：46）：到手了。

蛙爷（9：36：17）：每吨1元，每一手10吨。

中原（9：38：41）：100元。

蛙爷（9：39：21）：不贪不惧，不卑不亢。

蛙爷（9：40：41）：空跳时观察，下手时短平快，稳准狠。

股彩神助推器（9：41：58）：倚墙跳、树梢跳、塘底跳、沼泽跳、循声跳、顺水跳、飞跳、逃生跳。

股彩神助推器（9：43：13）：8种跳法，《蛙式交易天天赚》全部有，欢迎关注！

玉米1505（c1505）		
卖五	2407	129
卖四	2406	87
卖三	2405	98
卖二	2404	215
卖一	**2403**	**297**
买一	**2402**	**41**
买二	2401	109
买三	2400	1004
买四	2399	430
买五	2398	139
最新	2402	结算 2402
涨跌	-5	昨结 2407
幅度	-0.21%	开盘 2405
总手	7846	最高 2407
现手	6	最低 2401
涨停	2503	跌停 2311
持仓	138928	仓差 1406
外盘	2860	内盘 4986

图3-9

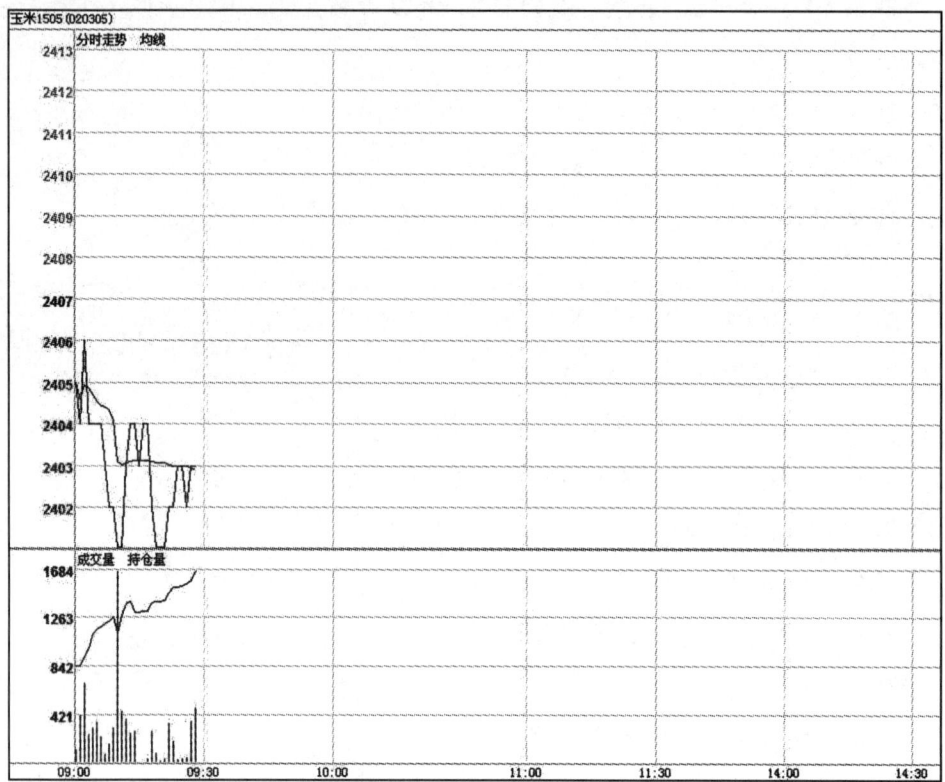

图 3 – 10

图 3 – 11

蛙爷（9:48:20）：空跳时可在心中彩排，怎么跳怎么跳，不断验证，不断积累，不断改进！

蛙爷（9:52:03）：见图3-12。

委托号	合约	买卖	开平	成交手数	成交价格	交易编码	库位号	系统号	成交号	成交时间	投保	交易所	币种
21412	c1505	卖出	平仓	7	2402	02238837	dce	10411016	23484	09:49:10	投机	大连	人民币
17720	c1505	卖出	平仓	10	2402	02238837	dce	10363630	19355	09:21:27	投机	大连	人民币
16450	c1505	买入	开仓	2	2401	02238837	dce	10343648	23220	09:46:45	投机	大连	人民币
16450	c1505	买入	开仓	4	2401	02238837	dce	10343648	23219	09:46:45	投机	大连	人民币
16450	c1505	买入	开仓	1	2401	02238837	dce	10343648	23228	09:46:50	投机	大连	人民币
16078	c1505	买入	开仓	8	2401	02238837	dce	10338010	19244	09:20:36	投机	大连	人民币
16078	c1505	买入	开仓	1	2401	02238837	dce	10338010	19213	09:20:25	投机	大连	人民币
16078	c1505	买入	开仓	1	2401	02238837	dce	10338010	19246	09:20:41	投机	大连	人民币

图3-12

蛙爷（9:58:38）：继续塘底跳

蛙爷（9:59:53）：见图3-13。

委托号	合约	买卖	开平	成交手数	成交价格	交易编码	库位号	系统号	成交号	成交时间	投保	交易所	币种
22107	c1505	卖出	平仓	5	2402	02238837	dce	10415697	24665	09:57:56	投机	大连	人民币
22107	c1505	卖出	平仓	1	2402	02238837	dce	10415697	24612	09:57:36	投机	大连	人民币
22107	c1505	卖出	平仓	1	2402	02238837	dce	10415697	24589	09:57:26	投机	大连	人民币
22107	c1505	卖出	平仓	1	2402	02238837	dce	10415697	24449	09:56:50	投机	大连	人民币
22107	c1505	卖出	平仓	2	2402	02238837	dce	10415697	24447	09:56:48	投机	大连	人民币
22107	c1505	卖出	平仓	1	2402	02238837	dce	10415697	24574	09:57:24	投机	大连	人民币
22107	c1505	卖出	平仓	1	2402	02238837	dce	10415697	24608	09:57:32	投机	大连	人民币
22107	c1505	卖出	平仓	1	2402	02238837	dce	10415697	24650	09:57:48	投机	大连	人民币
21412	c1505	卖出	平仓	7	2402	02238837	dce	10411016	23484	09:49:10	投机	大连	人民币
17720	c1505	卖出	平仓	10	2402	02238837	dce	10363630	19355	09:21:27	投机	大连	人民币
16450	c1505	买入	开仓	11	2401	02238837	dce	10343648	24211	09:54:36	投机	大连	人民币
16450	c1505	买入	开仓	1	2401	02238837	dce	10343648	24202	09:54:28	投机	大连	人民币
16450	c1505	买入	开仓	1	2401	02238837	dce	10343648	23228	09:46:50	投机	大连	人民币
16450	c1505	买入	开仓	4	2401	02238837	dce	10343648	23219	09:46:45	投机	大连	人民币
16450	c1505	买入	开仓	2	2401	02238837	dce	10343648	23220	09:46:45	投机	大连	人民币
16450	c1505	买入	开仓	1	2401	02238837	dce	10343648	24206	09:54:35	投机	大连	人民币
16078	c1505	买入	开仓	1	2401	02238837	dce	10338010	19246	09:20:41	投机	大连	人民币
16078	c1505	买入	开仓	1	2401	02238837	dce	10338010	19213	09:20:25	投机	大连	人民币

成交总手数 60　成交总金额（人民币）1440900.00　成交总金额（美元）0.00

图3-13

蛙爷（10:03:51）：全部成功，注意了，当一天中第三次第四次冲击墙的时候，要注意回避了！要观察空跳，不要昏了头。

蛙爷（10:05:50）：见图3-14。

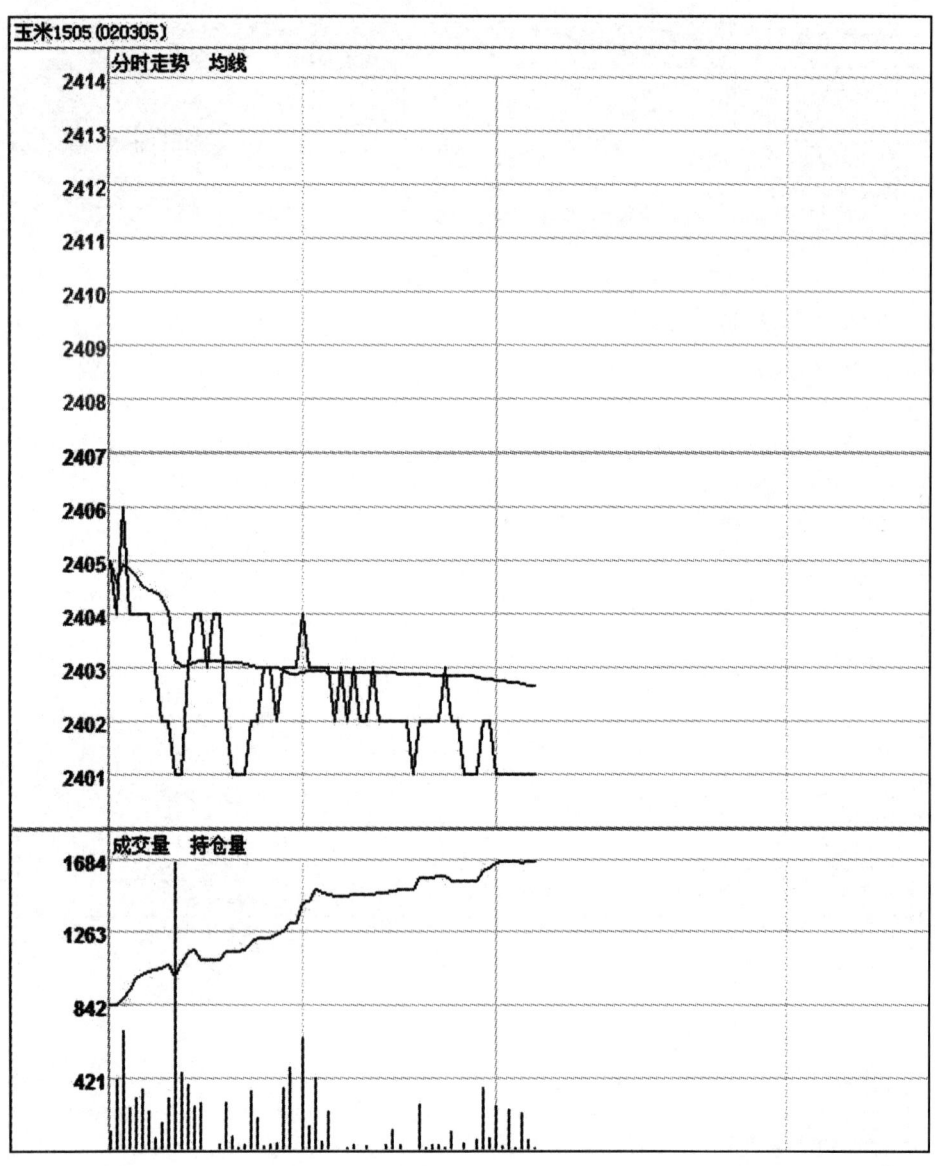

图3-14

蛙爷（10:06:49）：见图3-15。

蛙爷（10:08:26）：下面虽然有墙，但已是多次冲击，怎么办？回避！这是一个很重要的技巧！

蛙爷（10:11:20）：宁可错过，不要做错！

蛙爷（10:13:30）：赚你该赚的钱，不要冒无谓的风险！

蛙爷（10:15:36）：把所有风险都封杀于摇篮之中。

蛙爷（10:17:49）：见图3-16。

蛙爷（10:19:05）：不出所料，开始跳水，墙岌岌可危矣。

蛙爷（10:21:03）：见图3-17

蛙爷（10:21:35）：墙被冲开一大半了。

蛙爷（10:22:38）：此时循声跳可起作用了。

中原（10:23:21）：肖老师，墙被冲开了，是不是观望。

中原（10:23:25）：不能操作了？

蛙爷（10:24:25）：观望为上，循声跳也可。

水云深（10:24:40）：顺势追。

玉米1505(c1505)			
卖五	2405	328	
卖四	2404	295	
卖三	2403	157	
卖二	2402	124	
卖一	**2401**	**80**	
买一	**2400**	**1057**	
买二	2399	451	
买三	2398	385	
买四	2397	245	
买五	2396	301	
最新	2401	结算	2402
涨跌	-6	昨结	2407
幅度	-0.25%	开盘	2405
总手	12416	最高	2407
现手	2	最低	2400
涨停	2503	跌停	2311
持仓	140342	仓差	2820
外盘	5108	内盘	7308

图3-15

玉米1505(c1505)			
卖五	2405	329	
卖四	2404	300	
卖三	2403	207	
卖二	2402	125	
卖一	**2401**	**11**	
买一	**2400**	**797**	
买二	2399	451	
买三	2398	365	
买四	2397	250	
买五	2396	301	
最新	2400	结算	2402
涨跌	-7	昨结	2407
幅度	-0.29%	开盘	2405
总手	14022	最高	2407
现手	2	最低	2400
涨停	2503	跌停	2311
持仓	140570	仓差	3048
外盘	5694	内盘	8328

图3-17

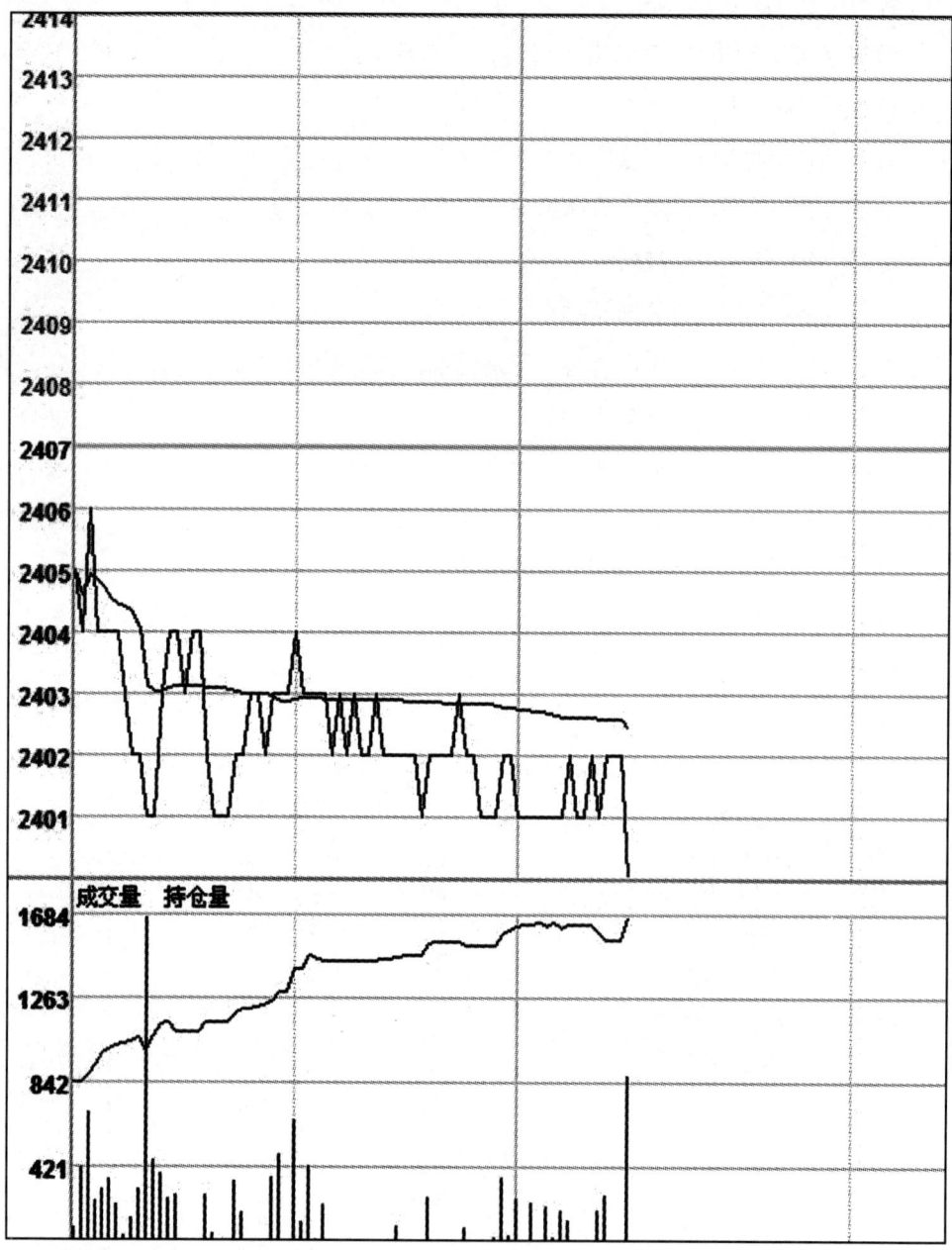

图 3-16

蛙爷（10：25：24）：循声跳不是顺势追，两个概念。

2015 年 1 月 13 日

蛙爷（10：30：37）：循声跳就是反复冲击墙时，可在墙的几步之遥处循声跳跃，利用市场好奇心和墙的回声下单！比如，今天你可在 2402 或 2403 处下沽空单，一样可以盈利！

蛙爷（10：32：34）：当然首选是观望。

蛙爷（10：33：03）：我今天就是观望空跳。

蛙爷（10：35：29）：观望空跳可以少犯错，多思考，不管市场接下来会干嘛，静观其变。

中原（10：36：14）：是不是均线向下，空跳更加安全。

蛙爷（10：37：04）：空跳不是沽空，沽空叫下跳。

蛙爷（10：38：04）：空跳就是不跳，就是悟道。

蛙爷（10：39：55）：记住，永远是你挖坑让别人进去，而不是别人挖坑你进去，要牢牢掌握主动权！

蛙爷（10：46：57）：大家不要做什么空头多头，要尽量做个滑头。

蛙爷（10：54：03）：刚才水云深说的顺势追实际上就是蛙式交易的顺水跳，但今天不合适。

蛙爷（10：56：05）：顺水跳是在四大决策依据发生同方向共振时才适用。

中原（10：56：14）：下跌的时候顺水跳？

蛙爷（10：59：19）：可上可下，关键要四大决策依据同向共振，无可置疑。

蛙爷（10：59：45）：可适当放宽时间空间。

蛙爷（11：03：45）：见图 3-18。

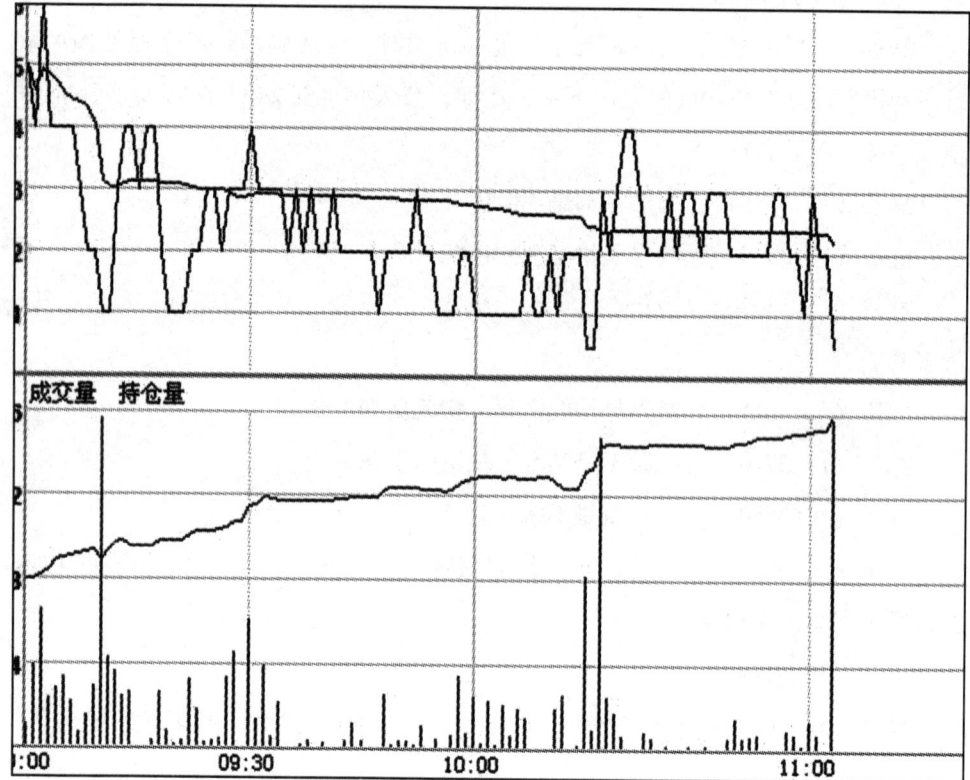

图 3-18

蛙爷（11：04：19）：见图3-19。

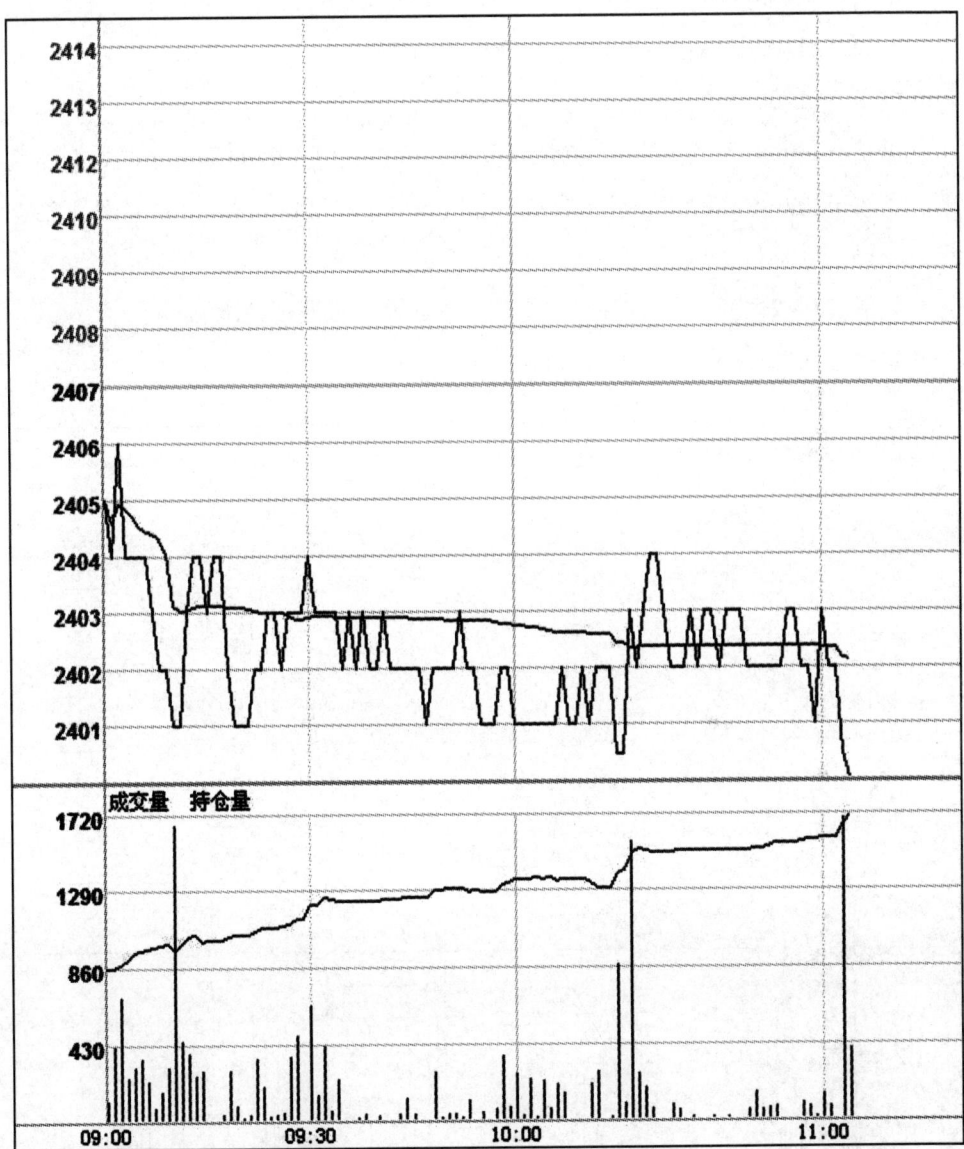

图3-19

蛙爷（11:04:44）：墙终于被击穿。

蛙爷（11:05:37）：刚才2402，2403沽空均可盈利。

中原（11:05:54）：一根大量，就把墙体击穿了。

蛙爷（11:06:34）：是的。

蛙爷（11:08:37）：循声跳就是反复冲击墙时，可在墙的几步之遥处循声跳跃，利用市场好奇心和墙的回声下单！比如，今天你可在2402或2403处下沽空单，一样可以盈利！

蛙爷（14:26:09）：好，刚才又等到一次机会，果断树梢跳。

蛙爷（14:27:39）：见图3-20。

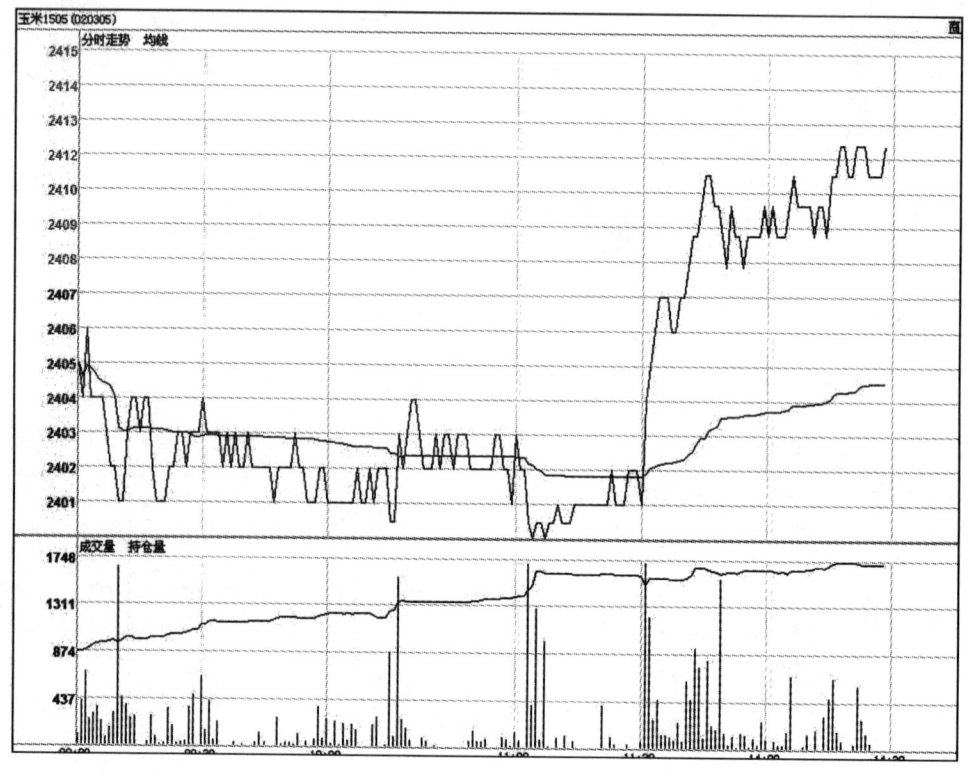

图3-20

蛙爷（14：28：08）：见图3-21。

蛙爷（14：29：33）：见图3-22。

蛙爷（14：32：26）：2412下跳，2411买入平仓！接着上午的最后一笔单，几小时的等待。

蛙爷（14：38：12）：上午如果你看到墙破了，去顺势沽空，可能就被套。如果去买，它又可能跳水！所以，我再三说，这时要等待，观察，空跳，把错误留给市场，把机会留给自己！

中原（14：40：00）：宁可错过，不要买错。

蛙爷（14：41：33）：记住，你是来提款的，不是来施舍的。

蛙爷（14：48：09）：还有十多分钟收盘了，一般来说，没有特殊机会，这时不要下单，因为可能由于时间不够平仓而去被迫留夜，这是很危险的一件事，也违背了蛙式交易的交易原则。

图3-21

委托号	合约	买卖	开平	成交手数	成交价格	交易编码	席位号	系统号	成交号	成交时间	投保	交易所	币种
40455	c1505	买入	平仓	10	2411	02238837	dce	10562581	45644	14:23:54	投机	大连	人民币
39999	c1505	卖出	开仓	10	2412	02238837	dce	10559891	45131	14:21:21	投机	大连	人民币
22107	c1505	卖出	平仓	5	2402	02238837	dce	10415697	24665	09:57:56	投机	大连	人民币
22107	c1505	卖出	平仓	1	2402	02238837	dce	10415697	24612	09:57:36	投机	大连	人民币
22107	c1505	卖出	平仓	1	2402	02238837	dce	10415697	24589	09:57:26	投机	大连	人民币

图3-22

（394801943）（14：49：54）：肖老师，可以教下个股嘛？

（394801943）（14：50：00）：新手都不懂。

蛙爷（14：51：05）：可以，但是现在股票是t+1。

蛙爷（14：51：42）：所以你必须有足够的底仓。

蛙爷（14：52：14）：而且股票的股性不能太活跃。

（394801943）（14：53：46）：足够的底仓？几十几百万？

（394801943）（14：53：59）：怎么看股性呢？

武林外传（14：55：24）：难道股性活跃不好吗？肖老师。

蛙爷（14：55：43）：就是贝塔值不能太大。

蛙爷（14：56：02）：波动率不能太高。

中原（14：56：42）：波动太大，蛙跳够不着。

蛙爷（14：58：10）：蛙吃虫必须在池塘在稻田，在大海就没法吃了。

蛙爷（14：59：00）：海那里风高浪急，风险大于收益！

蛙爷（15：05：36）：收盘，今天又是成功率100%。

中原（15：52：28）：明天开盘后再来观摩肖老师实盘蛙式交易。

2015年1月15日

（547119331）（11：07：43））：久闻其大名。多多指教。

蛙爷（11：08：34）：干嘛不操盘？蛙式交易天天赚嘛。

中原（11：09：19）：C1505比较适合蛙跳。

蛙爷（11：10：12）：一天做十次都不过分，不要我教了，大家都会做了。

中原（11：11：57）：肖老师，像L1505这种走势能做不？

中原（11：12：08）：好像没有玉米C1505好把握。

蛙爷（11：12：26）：最好别做！

中原（11：13：00）：您能说说理由吗？

蛙爷（11：13：48）：见图3-23。

中原（11：14：16）：这个不好把握。

中原（11：14：26）：波动起伏太大。

蛙爷（11：14：30）：塘底跳！

蛙爷（11：15：24）：要研究这个品种才可做，不可茫茫然地做。

中原（11：16：04）：哦，做一个品种前，先研究他，透彻才能做。

蛙爷（11：16：37）：见图3-24。

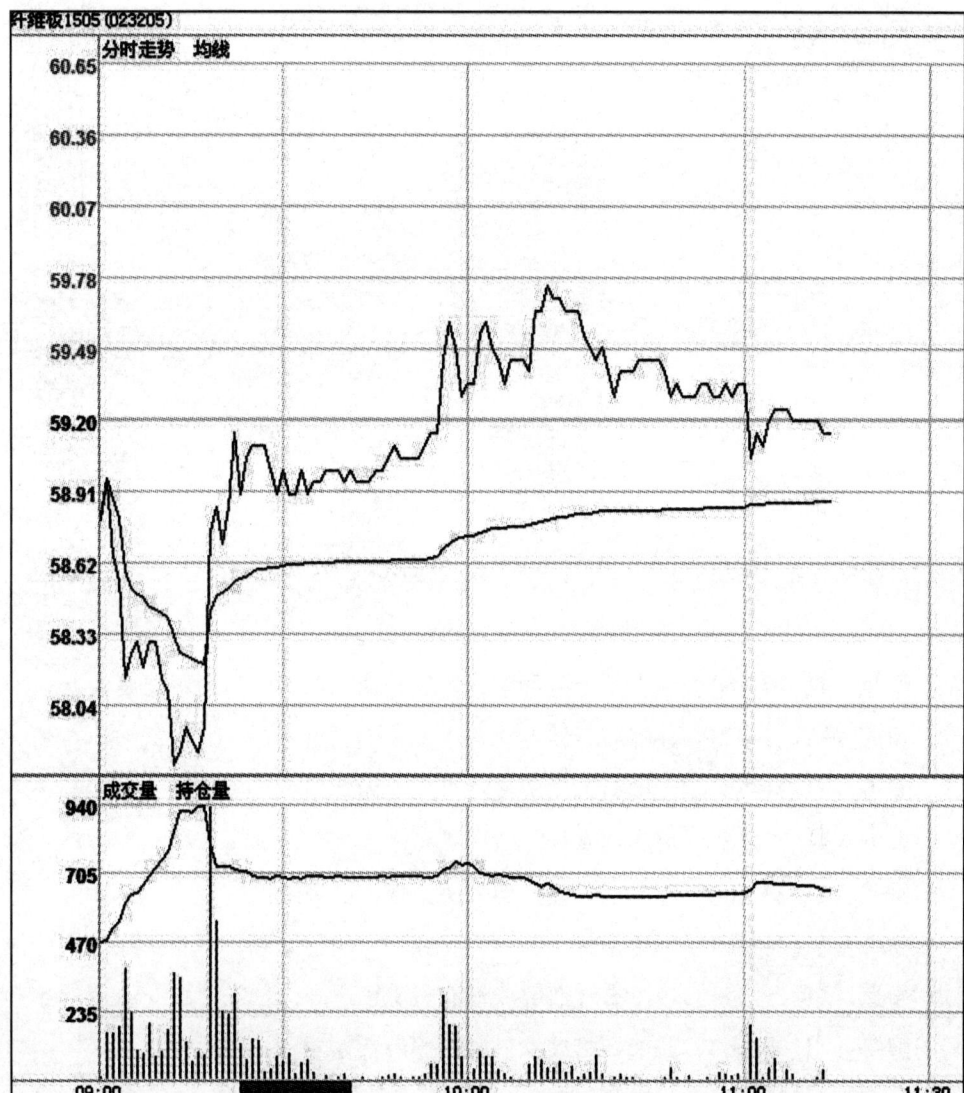

图 3-23

委托号	合约	买卖	开平	成交手数	成交价格	交易编码	席位号	系统号	成交号	成交时间	投保	交易所	币种
21767	fb1505	卖出	平仓	4	58.95	02238837	dce	10449073	25812	09:20:14	投机	大连	人民币
21767	fb1505	卖出	平仓	3	58.95	02238837	dce	10449073	25810	09:20:13	投机	大连	人民币
21767	fb1505	卖出	平仓	2	58.95	02238837	dce	10449073	25593	09:18:59	投机	大连	人民币
21767	fb1505	卖出	平仓	3	58.95	02238837	dce	10449073	25582	09:18:53	投机	大连	人民币
21767	fb1505	卖出	平仓	1	58.95	02238837	dce	10449073	25577	09:18:48	投机	大连	人民币
21767	fb1505	卖出	平仓	8	58.95	02238837	dce	10449073	25571	09:18:45	投机	大连	人民币
21767	fb1505	卖出	平仓	20	59.00	02238837	dce	10449073	25570	09:18:45	投机	大连	人民币
21767	fb1505	卖出	平仓	14	58.95	02238837	dce	10449073	25576	09:18:48	投机	大连	人民币
21767	fb1505	卖出	平仓	2	58.95	02238837	dce	10449073	25579	09:18:51	投机	大连	人民币
21767	fb1505	卖出	平仓	1	58.95	02238837	dce	10449073	25587	09:18:54	投机	大连	人民币
21767	fb1505	卖出	平仓	1	58.95	02238837	dce	10449073	25813	09:19:03	投机	大连	人民币
21767	fb1505	卖出	平仓	1	58.95	02238837	dce	10449073	25811	09:20:14	投机	大连	人民币
19364	fb1505	买入	开仓	1	58.30	02238837	dce	10407324	22936	09:06:02	投机	大连	人民币
19306	fb1505	买入	开仓	2	58.20	02238837	dce	10408031	23281	09:07:02	投机	大连	人民币
19306	fb1505	买入	开仓	1	58.20	02238837	dce	10408031	23226	09:06:54	投机	大连	人民币
19306	fb1505	买入	开仓	1	58.20	02238837	dce	10408031	23222	09:06:53	投机	大连	人民币
19306	fb1505	买入	开仓	4	58.20	02238837	dce	10408031	23199	09:06:50	投机	大连	人民币
19306	fb1505	买入	开仓	2	58.20	02238837	dce	10408031	23132	09:06:39	投机	大连	人民币
19306	fb1505	买入	开仓	2	58.20	02238837	dce	10408031	23197	09:06:49	投机	大连	人民币
19306	fb1505	买入	开仓	7	58.20	02238837	dce	10408031	23205	09:06:51	投机	大连	人民币
19306	fb1505	买入	开仓	1	58.20	02238837	dce	10408031	23225	09:06:53	投机	大连	人民币
19306	fb1505	买入	开仓	1	58.20	02238837	dce	10408031	23251	09:07:00	投机	大连	人民币
17767	fb1505	卖出	开仓	1	59.00	02238837	dce	10378222	20907	09:01:08	投机	大连	人民币

图 3-24

中原（11:20:58）：在做一个品种前，要看合约到期的时间，不要离太近。

中原（11:21:08）：还得看日线吧。

蛙爷（11:21:58）：说的对，一般现货月不要做。

蛙爷（11:22:56）：因为逼仓的缘故，猫腻太多。

蛙爷（11:23:38）：下单前，先把四大决策依据研究透。

蛙爷（11:24:36）：不要套住了，再去研究，那叫找安慰，不叫研究。

中原（11:25:54）：嗯，套住研究就没有意义了

蛙爷（11:26:16）：月线，日线，分时图等等都要看。

中原（11:26:20）：肖老师，能说说哪四大决策吗？

蛙爷（11:26:48）书上有啊。

蛙爷（11:29:29）：套住之后的研究带有明显的感情色彩。

中原（11:29:50）：套住了，就会找理由。

蛙爷（11:29:58）：一般都是找理由。

中原（11:30:02）：一厢情愿地认为能解套。

蛙爷（11:30:33）：是的，蛙式交易从不干这种蠢事。

蛙爷（11:32:13）：台上一分钟，台下百日功。

蛙爷（11:33:53）：千万不要被蛇咬住了，才想：我要是当初离它远点该多好啊！

中原（11:34:32）：肖老师的经验是实盘总结出来的。

蛙爷（11:34:38）：之前就要把蛇研究透。

蛙爷（11:35:38）：我下了二十多年的单，天天跟市场打交道。

蛙爷（11:35:59）：天天快乐，天天从零开始。

蛙爷（11:36:31）：不急不躁，不贪不惧，不卑不亢。

水云深（11:36:48）：不急不躁这个有时很难啊。

蛙爷（11:39:39）：你做的什么品种？

水云深（11:39:59）：大豆。

蛙爷（11:40:13）：谁让你做的？

蛙爷（11:40:37）：那是大海，不要做。

水云深（11:40:43）：觉得它活跃点。

蛙爷（11:41:18）：蛙式交易三大前提忘了？

蛙爷（11:42:26）：不会走路，怎么会赛跑？不会游泳，怎么能下海？

蛙爷（11:47:38）：你做豆有没有研究它的四大决策依据？

水云深（11:49:08）：有啊。

蛙爷（11:50:35）：说说你的下单依据。

水云深（11:51:18）：看盘口的占比较多。

水云深（11:55:59）：前面的这次，是83到87的单都很厚。

蛙爷（11:56:10）：你种单不能叫墙，最多算层窗户纸，一捅就破。

蛙爷（11:58:21）：像大豆这种二十多万持仓，没有几个一千手，不能叫墙，几百手只能叫窗户纸。

水云深（11:58:50）：原来这样，多谢老师！

蛙爷（11:59:39）：你犯了两个错误：一，不该做豆；二，把纸当墙。

蛙爷（12:04:00）：盘口的研究固然重要，但你不是主跳，你只是用兼容版，所以必须靠墙。

水云深（12:04:22）：上下的单很密啊。

蛙爷（12:05:08）：这算什么密？

蛙爷（12:06:17）：这只能叫土墙。

蛙爷（12:06:34）：没上千手。

蛙爷（12:07:39）：如果我们有几百万几千万，可以直接牛蛙跳。

蛙爷（12:08:28）：如果没有，就用兼容版，用八大跳吧。

水云深（12:11:09）：看肖老师的单子。

中原（12:11:23）：如果是小资金，就好比是小蝌蚪。

水云深（12:11:27）：成功率不可思议的高啊。

蛙爷（14:45:36）：见图3-25。

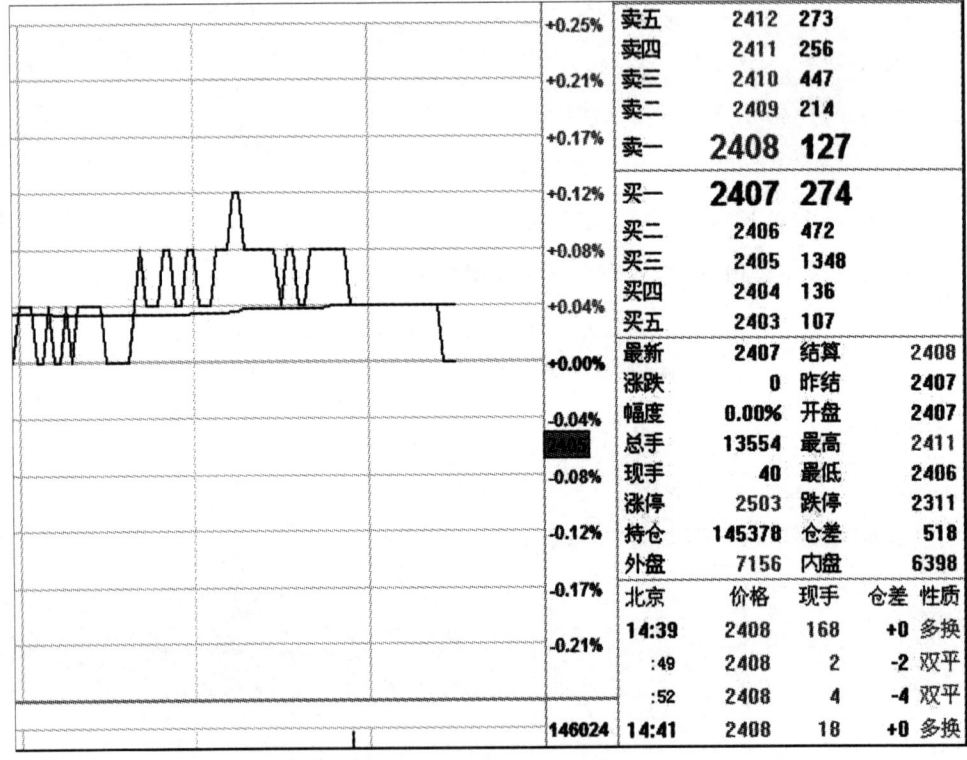

图3-25

中原（14:46:30）：肖老师，买三有1348手。

中原（14:46:44）：算不算墙呀？

蛙爷（14:47:05）：算墙。

中原（14:47:31）：下面支撑很强。

中原（14:47:42）：在中间做就不怕。

中原（14:48:55）：做蛙跳必须得整五档行情的软件才行。

中原（14:49:02）：只能做大连。

中原（14:50:56）：呵呵。现在有点明白了。

蛙爷（14:51:53）：见图3-26。

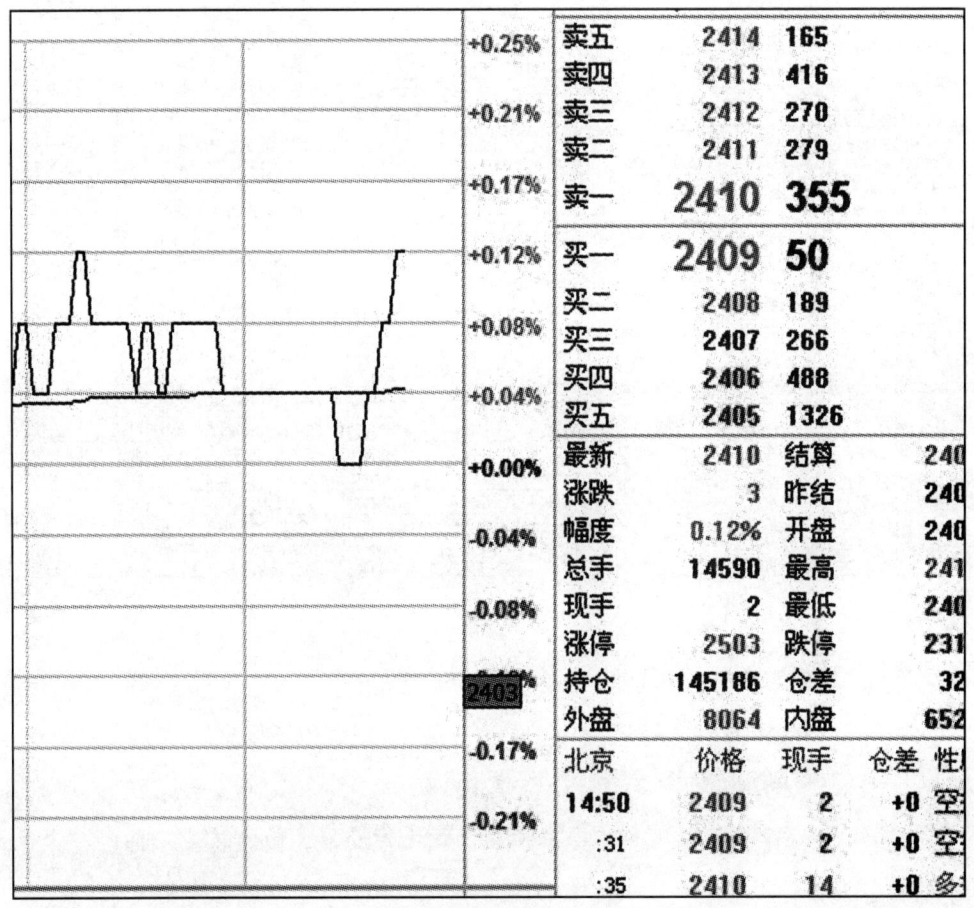

图3-26

蛙爷（14:52:35）：看到了吧，墙的威力。

蛙爷（14:52:59）：买了立刻赚。

蛙爷（14:58:55）：很多人不相信蛙式交易为什么有90%以上的成功率，并不能怪他，只是因为他不了解而已！因为这世界上没听说过有这样的成功率。

蛙爷（14:59:35）：了解了，就信了。

中原（15:01:49）：这个光看书是了解不完全的，一定要实盘。

蛙爷（15：06：53）：见图3-27。

委托号	合约	买卖	开平	成交手数	成交价格	交易编码	席位号	系统号	成交号	成交时间	投保	交易所	币种
52166	c1505	买入	平仓	6	2408	02238837	dce	10700374	65368	14:59:56	投机	大连	人民币
52166	c1505	买入	平仓	6	2408	02238837	dce	10700374	65251	14:59:33	投机	大连	人民币
49970	c1505	卖出	开仓	5	2409	02238837	dce	10684388	62250	14:49:50	投机	大连	人民币
49970	c1505	卖出	开仓	2	2409	02238837	dce	10684388	62248	14:49:50	投机	大连	人民币
49970	c1505	卖出	开仓	1	2409	02238837	dce	10684388	62246	14:49:50	投机	大连	人民币
49970	c1505	卖出	开仓	2	2409	02238837	dce	10684388	62243	14:49:50	投机	大连	人民币
49970	c1505	卖出	开仓	3	2409	02238837	dce	10684388	62241	14:49:50	投机	大连	人民币
49970	c1505	卖出	开仓	1	2409	02238837	dce	10684388	62239	14:49:50	投机	大连	人民币
49970	c1505	卖出	开仓	2	2409	02238837	dce	10684388	62240	14:49:50	投机	大连	人民币
49970	c1505	卖出	开仓	1	2409	02238837	dce	10684388	62242	14:49:50	投机	大连	人民币
49970	c1505	卖出	开仓	1	2409	02238837	dce	10684388	62244	14:49:50	投机	大连	人民币
49970	c1505	卖出	开仓	1	2409	02238837	dce	10684388	62247	14:49:50	投机	大连	人民币
49970	c1505	卖出	开仓	1	2409	02238837	dce	10684388	62249	14:49:50	投机	大连	人民币
43750	c1505	卖出	平仓	19	2408	02238837	dce	10644347	51936	13:50:34	投机	大连	人民币
43725	c1505	卖出	平仓	7	2408	02238837	dce	10644075	51897	13:50:25	投机	大连	人民币
43502	c1505	卖出	平仓	1	2408	02238837	dce	10642483	51895	13:50:25	投机	大连	人民币
43470	c1505	卖出	平仓	10	2408	02238837	dce	10642223	51894	13:50:25	投机	大连	人民币
42219	c1505	买入	开仓	4	2407	02238837	dce	10633250	51846	13:50:18	投机	大连	人民币
42219	c1505	买入	开仓	1	2407	02238837	dce	10633250	51815	13:50:07	投机	大连	人民币
42219	c1505	买入	开仓	1	2407	02238837	dce	10633250	51545	13:48:05	投机	大连	人民币
42219	c1505	买入	开仓	6	2407	02238837	dce	10633250	51489	13:47:17	投机	大连	人民币
42219	c1505	买入	开仓	3	2407	02238837	dce	10633250	51519	13:47:39	投机	大连	人民币
42219	c1505	买入	开仓	1	2407	02238837	dce	10633250	51616	13:48:49	投机	大连	人民币
42219	c1505	买入	开仓	6	2407	02238837	dce	10633250	51825	13:50:09	投机	大连	人民币
42219	c1505	买入	开仓	15	2407	02238837	dce	10633250	51847	13:50:18	投机	大连	人民币
21767	fb1505	卖出	平仓	1	58.95	02238837	dce	10449073	25811	09:20:14	投机	大连	人民币
21767	fb1505	卖出	平仓	1	58.95	02238837	dce	10449073	25599	09:19:03	投机	大连	人民币
21767	fb1505	卖出	平仓	1	58.95	02238837	dce	10449073	25587	09:18:54	投机	大连	人民币
21767	fb1505	卖出	平仓	2	58.95	02238837	dce	10449073	25579	09:18:51	投机	大连	人民币

图3-27

蛙爷（15：07：18）：这是全天的单，100%吧。

蛙爷（15：08：02）：一般我都说90%，怕有人说我们不谦虚。

蛙爷（15：08：40）：其实基本上都是100%。

蛙爷（15：09：59）：蛙式交易第一本书几千笔交易，就错过一笔而已，大家不妨自己去查！

中原（15：11：41）：晚上再好好看看您书里面的交割单。

蛙爷（15：13：59）：我们希望大家能掌握蛙式交易。

中原（15：14：38）：大家都能赚钱。

蛙爷（15：39：21）：大资金用牛蛙，小资金用兼容版，我现在天天教大家的就是兼容版，风险更小。

水云深（15：39：53）：肖老师的灵感实在太厉害了。

水云深（15：41：01）：还有火中取栗的一章。

中原（15：42：36）：期货本来就是火中取栗，要保护好自己为前提。

蛙爷（15：48：11）：保证大门不丢球，就已经起码是平局了。

蛙爷（15：48：37）：然后再想办法进球。

蛙爷（15：49：17）：如果进一个球，丢三个球，又有什么用呢？

中原（15：49：47）：交易第一位，就是保住本金，第二位参照第一位，前两位都没有做好就没有第三位。

蛙爷（15：50：45）：水和中原都可教也。

蛙爷（15：53：30）：一蹲二跳三落地就是牛蛙。

蛙爷（15：54：41）：现在兼容版不蹲了，跳和落地就可以了。

蛙爷（15：55：16）：有多少钱办多大事。

蛙爷（16：05：23）：一般投资者也不是天天亏，但他有一着没一着的，最终遇到突发情况，就出大事了。

水云深（16：09：33）：想不到哲学竟然和交易这么近。

水云深（16：19：52）：多谢肖老师了！

2015 年 1 月 16 日

中原（10：16：17）：跳得不好就成了大资金的盘中餐。

蛙爷（10：16：28）：你就蝌蚪跳吧，一样能长大。

中原（10：16：38）：嗯。

蛙爷（10：17：21）：做投资钱多没有用，关键找方法。

蛙爷（10：20：55）：有人从 3000 万元做到 5 万元，半年。有人从 5 万元做到 3000 万元，也是半年。

股彩神助推器（10：21：18）：有方法，但不恒定，也没有用。

蛙爷（10：22：14）：对，四个标准：风险可控、收益稳定、可以复制、过程平和。

蛙爷（10:56:31）：见图 3-28。

报机号	合约	买卖	开平	成交手数	成交价格	交易编码	席位号	系统号	成交号	成交时间	投保	交易所	币种
					2407	02238837	dce	10657804	45938	10:55:13	投机	大连	人民币
34922	c1505	卖出	平仓	1	2407	02238837	dce	10664804	45937	10:55:13	投机	大连	人民币
34726	c1505	卖出	平仓	4	2407	02238837	dce	10662729	45936	10:55:13	投机	大连	人民币
34456	c1505	卖出	平仓	4	2407	02238837	dce	10660333	45935	10:55:13	投机	大连	人民币
27772	c1505	买入	开仓	1	2406	02238837	dce	10583263	45726	10:53:09	投机	大连	人民币
27772	c1505	买入	开仓	1	2406	02238837	dce	10583263	45087	10:47:52	投机	大连	人民币
27772	c1505	买入	开仓	1	2406	02238837	dce	10583263	45079	10:47:48	投机	大连	人民币
27772	c1505	买入	开仓	1	2406	02238837	dce	10583263	44914	10:46:25	投机	大连	人民币
27772	c1505	买入	开仓	1	2406	02238837	dce	10583263	44754	10:45:44	投机	大连	人民币
27772	c1505	买入	开仓	1	2406	02238837	dce	10583263	44719	10:45:13	投机	大连	人民币
27772	c1505	买入	开仓	1	2406	02238837	dce	10583263	44845	10:46:09	投机	大连	人民币
27772	c1505	买入	开仓	1	2406	02238837	dce	10583263	45039	10:47:34	投机	大连	人民币
27772	c1505	买入	开仓	1	2406	02238837	dce	10583263	45086	10:47:51	投机	大连	人民币
27772	c1505	买入	开仓	1	2406	02238837	dce	10583263	45508	10:50:12	投机	大连	人民币
24329	c1505	卖出	平仓	10	2407	02238837	dce	10524520	33973	09:21:09	投机	大连	人民币
24230	c1505	买入	开仓	1	2405	02238837	dce	10521780	32641	09:15:46	投机	大连	人民币
24230	c1505	买入	开仓	1	2405	02238837	dce	10521780	32639	09:15:46	投机	大连	人民币
24230	c1505	买入	开仓	6	2405	02238837	dce	10521780	32638	09:15:46	投机	大连	人民币
24230	c1505	买入	开仓	1	2405	02238837	dce	10521780	32640	09:15:46	投机	大连	人民币
24230	c1505	买入	开仓	1	2405	02238837	dce	10521780	32642	09:15:46	投机	大连	人民币
21671	c1505	买入	平仓	1	2408	02238837	dce	10462685	28886	09:04:24	投机	大连	人民币
21671	c1505	买入	平仓	1	2408	02238837	dce	10462685	28877	09:04:21	投机	大连	人民币
21671	c1505	买入	平仓	1	2408	02238837	dce	10462685	28852	09:04:18	投机	大连	人民币
21671	c1505	买入	平仓	2	2408	02238837	dce	10462685	28853	09:04:18	投机	大连	人民币
21671	c1505	买入	平仓	1	2408	02238837	dce	10462685	28878	09:04:21	投机	大连	人民币
21671	c1505	买入	平仓	2	2408	02238837	dce	10462685	28976	09:04:58	投机	大连	人民币

图 3-28

股彩神助推器（10:58:43）：这是什么跳啊？

蛙爷（10:58:57）：实况转播，哈哈，不留死角。没办法，又是100%。

蛙爷（11:01:14）：这是沼泽跳。

蛙爷（14:12:34）：见图 3-29。

蛙爷（14:13:59）：在2410和2409之间可做很多次沼泽跳。

蛙爷（14:16:29）：见图 3-30。

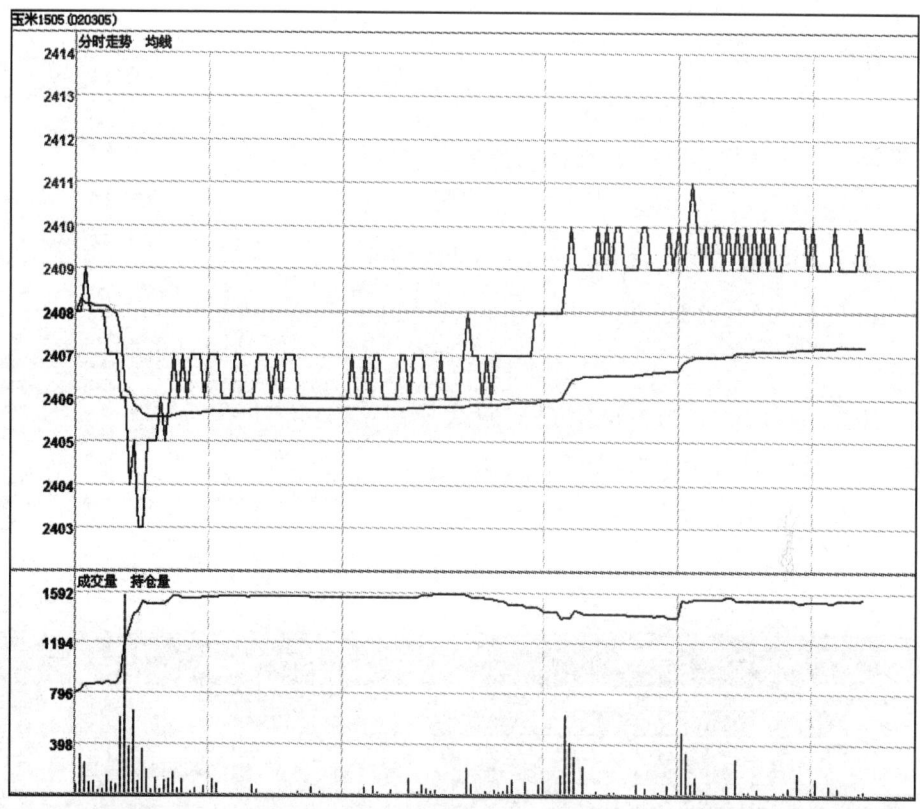

图 3-29

委托号	合约	买卖	开平	成交手数	成交价格	交易编码	席位号	系统号	成交号	成交时间	投保	交易所	币种
38642	c1505	买入	平仓	1	2409	02238837	dce	10706358	57716	14:05:02	投机	大连	人民币
38642	c1505	买入	平仓	1	2409	02238837	dce	10706358	57503	14:03:59	投机	大连	人民币
38642	c1505	买入	平仓	5	2409	02238837	dce	10706358	57455	14:03:25	投机	大连	人民币
38642	c1505	买入	平仓	1	2409	02238837	dce	10706358	57645	14:04:36	投机	大连	人民币
38642	c1505	买入	平仓	1	2409	02238837	dce	10706358	57786	14:05:07	投机	大连	人民币
36769	c1505	卖出	开仓	5	2410	02238837	dce	10687197	49634	11:20:45	投机	大连	人民币
36769	c1505	卖出	开仓	5	2410	02238837	dce	10687197	49623	11:20:38	投机	大连	人民币
36649	c1505	卖出	开仓	10	2409	02238837	dce	10684959	47395	11:04:33	投机	大连	人民币
35171	c1505	卖出	平仓	1	2407	02238837	dce	10667804	45938	10:55:13	投机	大连	人民币
34922	c1505	卖出	平仓	1	2407	02238837	dce	10664804	45937	10:55:13	投机	大连	人民币
34726	c1505	卖出	平仓	4	2407	02238837	dce	10662729	45936	10:55:13	投机	大连	人民币
34456	c1505	卖出	平仓	4	2407	02238837	dce	10660333	45935	10:55:13	投机	大连	人民币
27772	c1505	买入	开仓	1	2406	02238837	dce	10583283	45508	10:50:12	投机	大连	人民币
27772	c1505	买入	开仓	1	2406	02238837	dce	10583263	45086	10:47:51	投机	大连	人民币
27772	c1505	买入	开仓	1	2406	02238837	dce	10583263	45039	10:47:34	投机	大连	人民币
27772	c1505	买入	开仓	1	2406	02238837	dce	10583263	44845	10:46:09	投机	大连	人民币
27772	c1505	买入	开仓	1	2405	02238837	dce	10583263	44719	10:45:13	投机	大连	人民币
27772	c1505	买入	开仓	1	2406	02238837	dce	10583263	44754	10:45:44	投机	大连	人民币
27772	c1505	买入	开仓	1	2406	02238837	dce	10583263	44914	10:46:25	投机	大连	人民币
27772	c1505	买入	开仓	1	2406	02238837	dce	10583263	45079	10:47:48	投机	大连	人民币
27772	c1505	买入	开仓	1	2406	02238837	dce	10583263	45087	10:47:52	投机	大连	人民币
27772	c1505	买入	开仓	1	2406	02238837	dce	10583263	45726	10:53:09	投机	大连	人民币
24329	c1505	卖出	平仓	10	2407	02238837	dce	10524520	33973	09:21:09	投机	大连	人民币
24230	c1505	买入	开仓	1	2405	02238837	dce	10521780	32642	09:15:46	投机	大连	人民币
24230	c1505	买入	开仓	1	2405	02238837	dce	10521780	32640	09:15:46	投机	大连	人民币
24230	c1505	买入	开仓	6	2405	02238837	dce	10521780	32638	09:15:46	投机	大连	人民币
24230	c1505	买入	开仓	1	2405	02238837	dce	10521780	32639	09:15:46	投机	大连	人民币
24230	c1505	买入	开仓	1	2405	02238837	dce	10521780	32641	09:15:46	投机	大连	人民币

图 3-30

蛙爷（14:39:10）：见图3-31。

蛙爷（14:41:25）：这种对称的盘口，加上日K线在箱体，均线缠绕无方向，指标无方向，就可用沼泽跳。

蛙爷（14:47:25）：看来今天又是100%的成功率。

蛙爷（14:52:51）：等一下把全天成交发上，以供参考。

蛙爷（14:54:57）：早上提前跟大家说：2410、2411可沽空下跳，我做了好多个沼泽跳了。

蛙爷（15:03:26）：见图3-32。

图3-31

图3-32

蛙爷（15:04:12）：这样就全了，一天的成交。

蛙爷（15:11:36）：蛙式交易不会一夜暴富，但确实风险可控，收益稳定，可复制，交易过程平和，可打麻将，打扑克，亦可谈情说爱，可聊微信，可看电视。

水云深（15:19:59）：我想等一个大点的利润。

水云深（15:20:11）：结果等来一条大蛇。

蛙爷（15:22:47）：心惊肉跳是下不了好单的。

蛙爷（15：23：25）：不平和，就会忙中出错。

股彩神助推器（15：23：38）：心情不好做啥事都不行。

蛙爷（15：27：12）：很多人说要是我当初怎么样怎么样现在就发了，其实你当初是不可能做出正确决定，即使做了，也会被市场洗出来，为什么？交易过程不平和。

蛙爷（15：29：00）：所以蛙式交易就看眼前，就看当前，不谈明天，更不谈明年。

蛙爷（15：30：06）：平和不是天上掉下来的，是需要有交易原则的。

蛙爷（15：30：44）：你让他满仓过夜，他怎么平和得起来？

蛙爷（15：32：29）：半夜就睡不着了，就会起来在房里转圈圈，甚至大吼大叫。

蛙爷（15：37：12）：一条大蛇从几米处游来，你视而不见，就盯住眼前一条破虫，这就有问题了。

2015年1月21日

蛙爷（9：39：24）：这是刚才下的蛙跳。

股彩神助推器（9：40：46）：这个青蛙跳一下，赚了多少钱？

蛙爷（9：43：31）：这是对应的分时图，用资金十万，花五分钟，赚五百。

股彩神助推器（9：47：26）：2342到2343好像一个通道，很保险啊。

蛙爷（10：27：09）：现在做个大胆预测，免得有人说咱们是事后诸葛亮。

蛙爷（10：28：05）：我将在十点半准时做一笔。

（1553759166）（10：28：37）：期待您的杰作。

蛙爷（10：33：42）：大家看到了没有？

蛙爷（10：34：49）：这是预测下单，成交时间是10点32分。

蛙爷（10：37：18）：有没有涨？

蛙爷（10：38：25）：是不是配合？

蛙爷（10：38：38）：是不是事后诸葛亮？

（1553759166）（10：38：56）：这单赚了多少？

（1553759166）（10：39：29）：一次不算。

（1553759166）（10：39：32）：多试几次。

蛙爷（10：40：05）：十手，赚两点，两百！！

（1553759166）（10：40：08）：次次都能，就对得住本书说的，上升为理论了。

（1553759166）（10：40：51）：亲眼看到了，就不会再有这些疑问。

水云深（10：40：52）：都做了不知多少次。

（1553759166）（10：41：24）：那我去翻翻群记录。

蛙爷（10：59：16）：我想，他是有点不服气，但已经有了小小的震惊！

蛙爷（11：27：29）：今天下的单全是升级版的，男女老少都能做。如果资金大，就牛蛙跳，就更厉害了。

中原（11：28：49）：资金小就蝌蚪跳，对吧，肖老师。

蛙爷（13：47：34）：刚下的一笔，着早上的单，这种盘口一天可以反复下。

蛙爷（13：54：20）：这单已开，还没有平仓。

蛙爷（13：54：42）：但是我坚信它会盈利。

蛙爷（13：54：53）：等待！

蛙爷（13：56：41）：好，盈利出局！

蛙爷（14：06：45）：全程透明，公平公开公正。

蛙爷（14：26：04）：早上那位兄弟说一次不算数，所以我就多下几次给大家看看，都是先告诉大家再下单的，绝不搞事后诸葛亮。

猎股（16：34：49）：有没有做股票的？

猎股（16：36：53）：蛙式交易能用做股票么？

中原（16：37：04）：也能做。

股彩神助推器（16：37：28）：蛙式交易从做股票来。

猎股（16：46：34）：我不做期货没办法了？

股彩神助推器（16：47：07）：猎股，道理是相通的。

股彩神助推器（16：48：14）：做股票和做期货其实很多道理相通。

猎股（16：53：02）：股票资金管理的书有没有？

股彩神助推器（16：53：41）：蛙式交易就是源于股票交易和资金管理

水云深（16：54：24）：肖老式的蛙式交易，是他几十年交易经验的总结。

猎股（17：01：15）：我现在就是资金管理有问题。

股彩神助推器（17：02：08）：让肖老师教你管。

2015年1月22日

蛙爷（10:00:40）：大家好

蛙爷（10:01:20）：做得怎么样，这两天？

中原（10:03:02）：老师不在，没有方向呀。

蛙爷（10:04:45）：没方向，盘口对称，可做沼泽跳。

蛙爷（10:10:19）：以九月玉米为例

蛙爷（10:10:59）：见图3-33。

蛙爷（10:11:32）：见图3-34

蛙爷（10:15:25）：现在可以在43埋入多单。

蛙爷（10:16:30）：见图3-35。

蛙爷（10:18:23）：上来不要急。

蛙爷（10:18:35）：从小单开始。

蛙爷（10:24:58）：比如，你44买入，你立马挂45卖出平仓，有时需要排队。

中原（10:25:45）：哦

中原（10:26:05）：就是别人先委托的45先成交。

中原（10:26:18）：如果46我委托45就可以立马成交。

蛙爷（10:29:19）：价格优先，在同等价格时，时间优先。

蛙爷（10:31:24）：卖时，低价先成交；买进时，谁高价买谁先成交。

玉米1509(c1509)		
卖五	2449	293
卖四	2448	520
卖三	2447	275
卖二	2446	360
卖一	**2445**	**332**
买一	**2444**	**118**
买二	2443	401
买三	2442	756
买四	2441	589
买五	2440	572
最新	2444	结算	2444
涨跌	-2	昨结	2446
幅度	-0.08%	开盘	2445
总手	6464	最高	2446
现手	2	最低	2443
涨停	2543	跌停	2349
持仓	133008	仓差	3286
外盘	2686	内盘	3778

图3-33

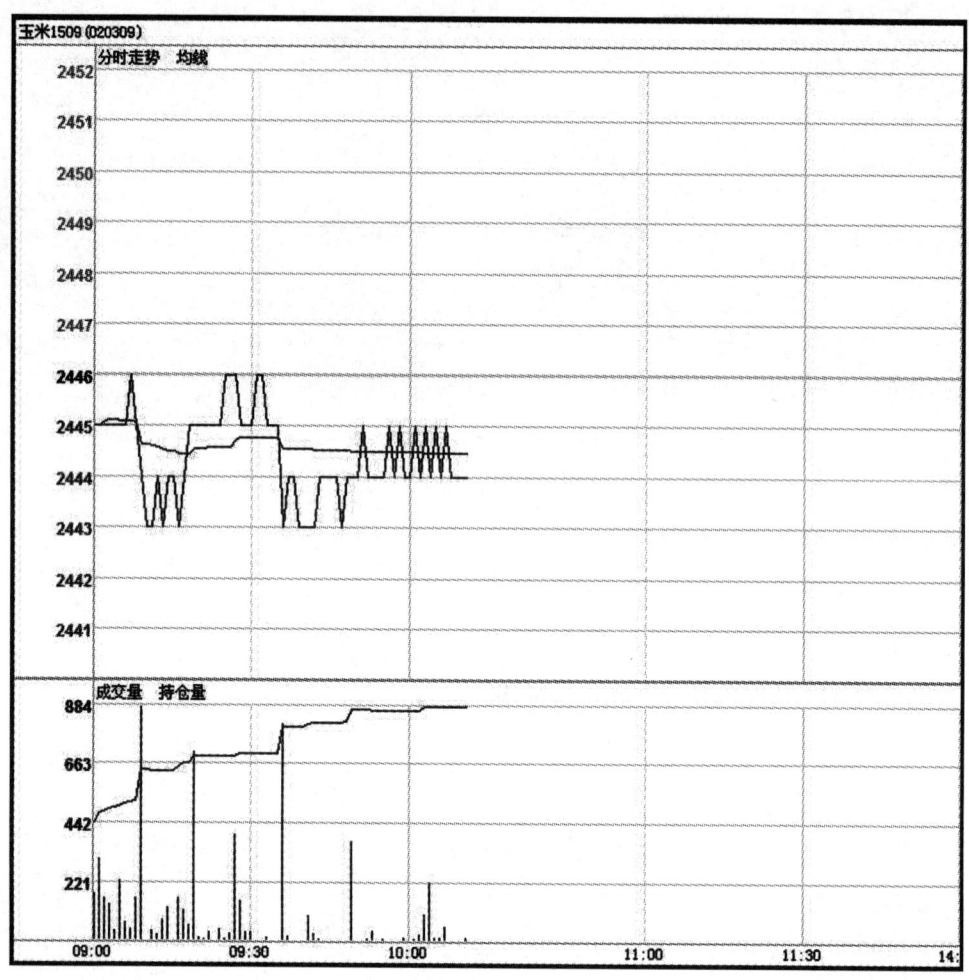

图 3-34

委托号	合约	买卖	开平	成交手数	成交价格	交易编码	席位号	系统号	成交号	成交时间	投保	交易所	币种
25495	c1509	卖出	平仓	3	2445	02238837	dce	10481722	34313	10:11:44	投机	大连	人民币
25495	c1509	卖出	平仓	5	2445	02238837	dce	10481722	34305	10:11:39	投机	大连	人民币
25495	c1509	卖出	平仓	3	2445	02238837	dce	10481722	34303	10:11:39	投机	大连	人民币
25495	c1509	卖出	平仓	4	2445	02238837	dce	10481722	34302	10:11:38	投机	大连	人民币
25495	c1509	卖出	平仓	3	2445	02238837	dce	10481722	34304	10:11:39	投机	大连	人民币
25495	c1509	卖出	平仓	2	2445	02238837	dce	10481722	34306	10:11:39	投机	大连	人民币
22808	c1509	买入	开仓	20	2444	02238837	dce	10443169	29405	09:35:50	投机	大连	人民币

图 3-35

中原（10:32:21）：嗯，跟股票一样。

蛙爷（10:32:57）：没错！跟菜市场买卖青菜是一样的道理。

猎股（10:33:49）：老师股票怎么做呢？

蛙爷（10：35：09）：最好是在T+0环境里。

猎股（10：36：03）：知道了，肖老师。

蛙爷（14：19：26）：大家沼泽跳了没有啊

蛙爷（14：46：16）：看来今天又是100%了，今天沼泽跳很好跳啊。

蛙爷（14：48：48）：见图3-36。

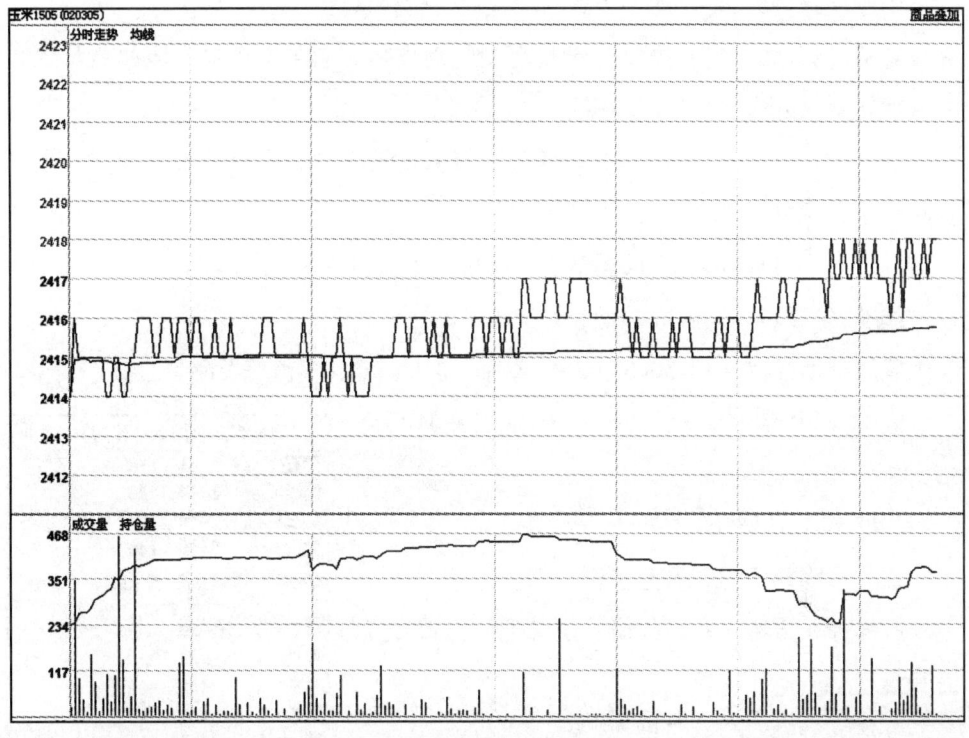

图3-36

蛙爷（14：50：36）：见图37。

委托号	合约	买卖	开平	成交手数	成交价格	交易编码	席位号	系统号	成交号	成交时间	投保	交易所	币种
44786	c1509	买入	平仓	20	2446	02238837	dce	10662761	51883	14:16:15	投机	大连	人民币
32159	c1509	卖出	开仓	20	2447	02238837	dce	10550983	50332	14:09:55	投机	大连	人民币
25495	c1509	卖出	平仓	3	2445	02238837	dce	10481722	34313	10:11:44	投机	大连	人民币
25495	c1509	卖出	平仓	5	2445	02238837	dce	10481722	34305	10:11:39	投机	大连	人民币
25495	c1509	卖出	平仓	3	2445	02238837	dce	10481722	34303	10:11:39	投机	大连	人民币
25495	c1509	卖出	平仓	4	2445	02238837	dce	10481722	34302	10:11:38	投机	大连	人民币
25495	c1509	卖出	平仓	3	2445	02238837	dce	10481722	34304	10:11:39	投机	大连	人民币
25495	c1509	卖出	平仓	2	2445	02238837	dce	10481722	34306	10:11:39	投机	大连	人民币
22808	c1509	买入	开仓	20	2444	02238837	dce	10443169	29405	09:35:50	投机	大连	人民币

图3-37

蛙爷（14:56:19）：最后几分钟通常不要做，因为你跳了万一时间不够就没法落地，就要留夜，那风险就大了。

中原（14:57:27）：哦

蛙爷（14:57:38）：要早点埋单，一早看到盘口有墙就要蹲守，时间优先啊。

中原（14:58:00）：哦

中原（14:58:14）：明白了，时间优先，价格优先。

蛙爷（15:00:14）：这些开盘技巧和收盘技巧看起来很简单，但如能落到实处，就能确保蛙式交易的成功率！

蛙爷（15:11:58）：沼泽跳在四大决策依据无方向的沼泽地带，特别是盘口呈哑铃形，就可一早埋单沼泽跳。

蛙爷（15:13:11）：上面埋沽空下跳单，下面埋买入上跳单。

蛙爷（15:14:12）：高抛低吸，上蹿下跳。

股彩神助推器（15:30:53）：熟练不熟练不一样，多点练习啊。

蛙爷（15:31:56）：是的，一般多练练就不会错了。

2015 年 1 月 23 日

蛙爷（8:56:55）：开盘了同学们。

股彩神助推器（9:17:21）：别急吧，先看好盘面和盘口。

蛙爷（9:51:44）：见图 3-38。

蛙爷（9:52:18）：下面有墙。

蛙爷（10:38:05）：刚才九月 2446 买了没有？

玉米1509(c1509)		
卖五	2451	116
卖四	2450	229
卖三	2449	176
卖二	2448	140
卖一	**2447**	**176**
买一	**2446**	**53**
买二	2445	926
买三	2444	409
买四	2443	310
买五	2442	71
最新	2446	结算	2446
涨跌	1	昨结	2445
幅度	0.04%	开盘	2448
总手	2728	最高	2450
现手	6	最低	2445
涨停	2542	跌停	2348
持仓	136350	仓差	222
外盘	1189	内盘	1539

图 3-38

蛙爷（10:41:16）：见图3-39。

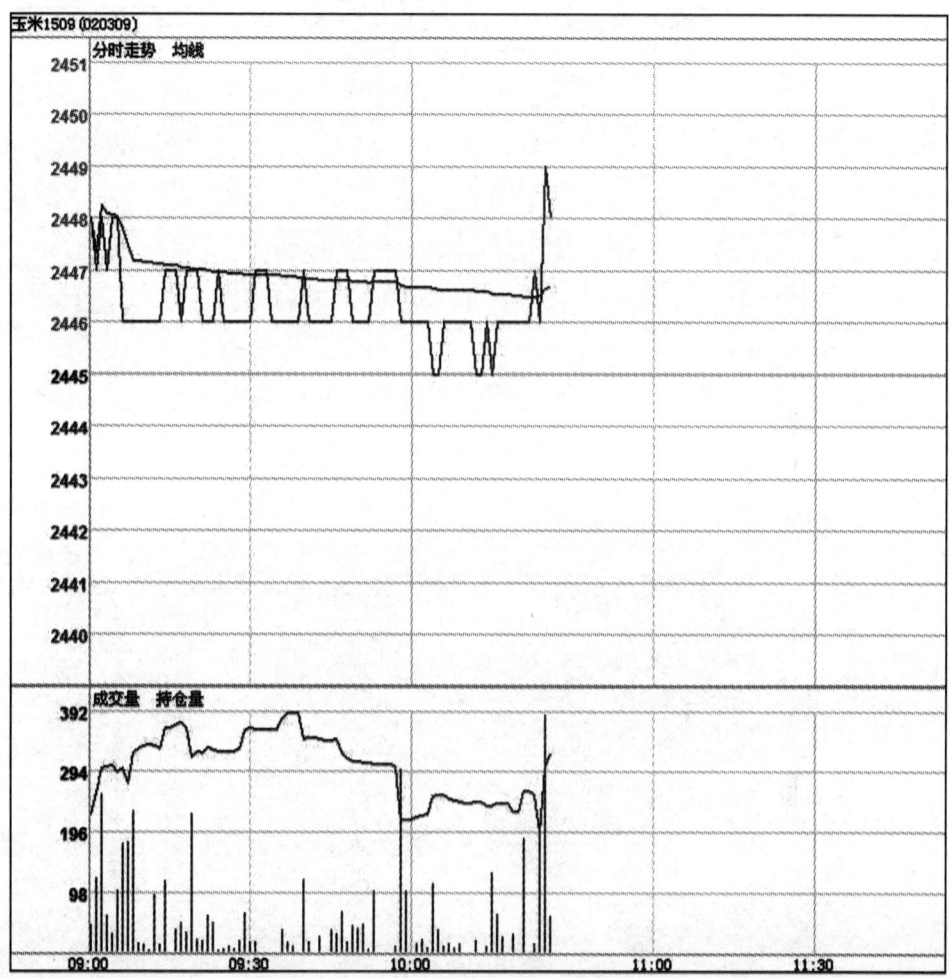

图3-39

蛙爷（10:48:01）：见图3-40。

委托号	合约	买卖	开平	成交手数	成交价格	交易编码	席位号	系统号	成交号	成交时间	投保	交易所	币种
21977	c1509	买入	开仓	20	2446	02238837	dce	10406704	28770	09:28:10	投机	大连	人民币
21977	c1509	买入	开仓	5	2446	02238837	dce	10406704	28732	09:27:49	投机	大连	人民币
21977	c1509	买入	开仓	2	2446	02238837	dce	10406704	28781	09:28:12	投机	大连	人民币
21977	c1509	买入	开仓	1	2446	02238837	dce	10406704	28854	09:28:55	投机	大连	人民币
20320	c1509	卖出	平仓	1	2447	02238837	dce	10382509	26131	09:13:49	投机	大连	人民币
20255	c1509	卖出	平仓	1	2447	02238837	dce	10381437	26130	09:13:49	投机	大连	人民币
20224	c1509	卖出	平仓	3	2447	02238837	dce	10380807	26129	09:13:49	投机	大连	人民币
20224	c1509	卖出	平仓	15	2447	02238837	dce	10380807	26001	09:13:00	投机	大连	人民币
20102	c1509	买入	开仓	1	2446	02238837	dce	10378741	25054	09:08:36	投机	大连	人民币
20102	c1509	买入	开仓	1	2446	02238837	dce	10378741	24833	09:07:41	投机	大连	人民币
20102	c1509	买入	开仓	5	2446	02238837	dce	10378741	24828	09:07:35	投机	大连	人民币
20102	c1509	买入	开仓	2	2446	02238837	dce	10378741	24782	09:07:31	投机	大连	人民币
20102	c1509	买入	开仓	10	2446	02238837	dce	10378741	24829	09:07:35	投机	大连	人民币
20102	c1509	买入	开仓	1	2446	02238837	dce	10378741	24991	09:08:10	投机	大连	人民币
17890	c1505	卖出	开仓	15	2417	02238837	dce	10341943	22393	08:58:59	投机	大连	人民币
17890	c1505	卖出	开仓	5	2417	02238837	dce	10341943	22392	08:58:59	投机	大连	人民币

图3-40

蛙爷（10:49:01）：见图3-41。

委托号	合约	买卖	开平	成交手数	成交价格	交易编码	席位号	系统号	成交号	成交时间	投保	交易所	币种
30091	c1509	卖出	平仓	27	2446	02238837	dce	10500586	37605	10:35:02	投机	大连	人民币
30091	c1509	卖出	平仓	3	2446	02238837	dce	10500586	37351	10:33:41	投机	大连	人民币
30091	c1509	卖出	平仓	10	2446	02238837	dce	10500586	37367	10:33:55	投机	大连	人民币
26195	c1509	买入	开仓	40	2446	02238837	dce	10461926	33608	09:57:57	投机	大连	人民币
23544	c1509	卖出	平仓	2	2447	02238837	dce	10427704	32243	09:48:07	投机	大连	人民币
23457	c1509	卖出	平仓	1	2447	02238837	dce	10426904	32242	09:48:07	投机	大连	人民币
23409	c1509	卖出	平仓	4	2447	02238837	dce	10426274	32241	09:48:07	投机	大连	人民币
23409	c1509	卖出	平仓	1	2447	02238837	dce	10426274	32144	09:47:01	投机	大连	人民币
23409	c1509	卖出	平仓	5	2447	02238837	dce	10426274	32194	09:47:36	投机	大连	人民币
23373	c1509	卖出	平仓	8	2447	02238837	dce	10425863	32049	09:46:12	投机	大连	人民币
23373	c1509	卖出	平仓	10	2447	02238837	dce	10425863	32100	09:46:36	投机	大连	人民币
23373	c1509	卖出	平仓	4	2447	02238837	dce	10425863	32143	09:47:01	投机	大连	人民币
23331	c1509	卖出	平仓	5	2447	02238837	dce	10425274	32048	09:46:12	投机	大连	人民币
22543	c1505	买入	平仓	1	2417	02238837	dce	10416376	27882	09:22:28	投机	大连	人民币
22543	c1505	买入	平仓	1	2417	02238837	dce	10416376	27880	09:22:28	投机	大连	人民币
22543	c1505	买入	平仓	1	2417	02238837	dce	10416376	27878	09:22:28	投机	大连	人民币
22543	c1505	买入	平仓	1	2417	02238837	dce	10416376	27876	09:22:28	投机	大连	人民币
22543	c1505	买入	平仓	1	2417	02238837	dce	10416376	27874	09:22:28	投机	大连	人民币
22543	c1505	买入	平仓	1	2417	02238837	dce	10416376	27872	09:22:28	投机	大连	人民币
22543	c1505	买入	平仓	3	2417	02238837	dce	10416376	27870	09:22:28	投机	大连	人民币
22543	c1505	买入	平仓	3	2417	02238837	dce	10416376	27868	09:22:28	投机	大连	人民币
22543	c1505	买入	平仓	1	2417	02238837	dce	10416376	27867	09:22:28	投机	大连	人民币
22543	c1505	买入	平仓	1	2417	02238837	dce	10416376	27869	09:22:28	投机	大连	人民币
22543	c1505	买入	平仓	1	2417	02238837	dce	10416376	27871	09:22:28	投机	大连	人民币
22543	c1505	买入	平仓	1	2417	02238837	dce	10416376	27873	09:22:28	投机	大连	人民币
22543	c1505	买入	平仓	1	2417	02238837	dce	10416376	27875	09:22:28	投机	大连	人民币
22543	c1505	买入	平仓	1	2417	02238837	dce	10416376	27877	09:22:28	投机	大连	人民币
22543	c1505	买入	平仓	1	2417	02238837	dce	10416376	27879	09:22:28	投机	大连	人民币

图3-41

蛙爷（10:55:22）：1509玉米，46买，47平仓。

股彩神助推器（11:02:17）：今天肖老师是什么跳？

蛙爷（11:02:45）：沼泽跳。

蛙爷（11:09:06）：现在可以塘底跳了。

蛙爷（13:49:21）：下面塘底跳跳了吗？

蛙爷（13:50:43）：我在2441埋地雷全成交了。

蛙爷（14:01:15）：见图3-42。

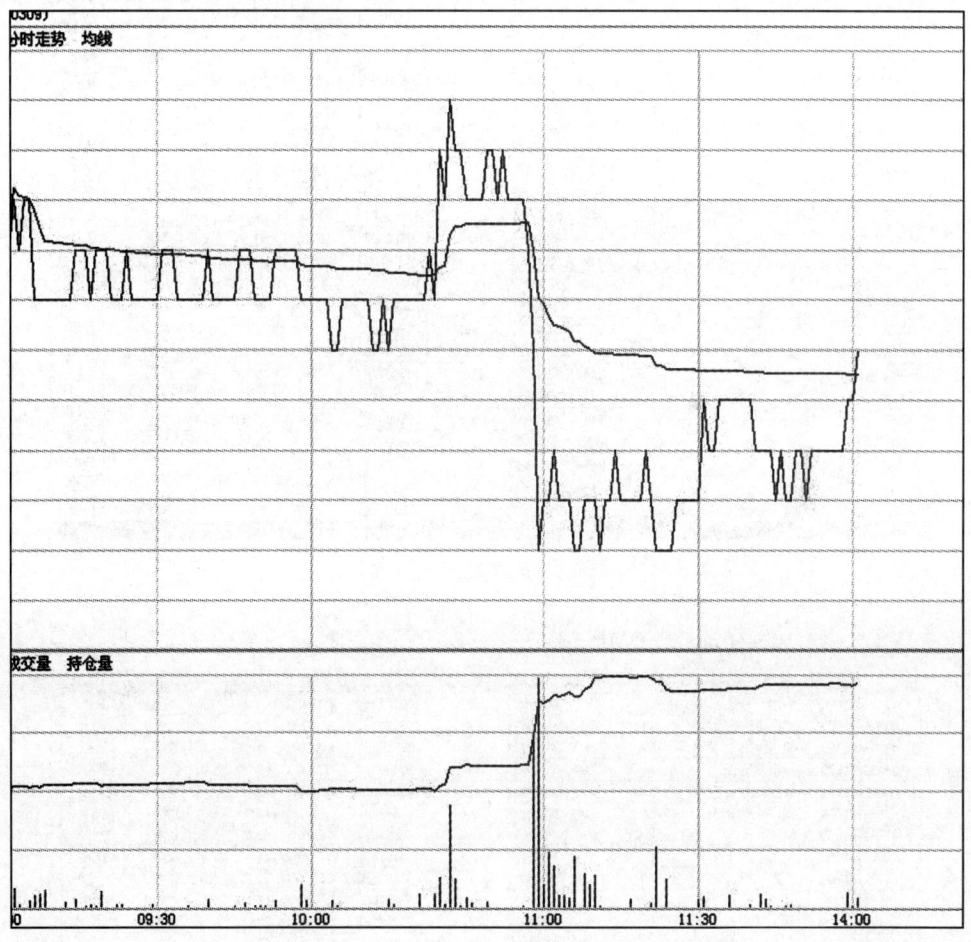

图3-42

蛙爷（14:08:40）：2444 全平仓。

蛙爷（14:52:06）：今天上午沼泽跳，下午塘底跳，下来几十笔单，成功率 100%。

蛙爷（14:59:35）：今天我都是提前告诉大家要怎么做怎么做，没有放马后炮，如果按我说的做，都是 100%。

蛙爷（15:01:25）：见图 3－43。

42131	c1509	买入	开仓	1	2442	02238837	dce	10610765	56663	14:28:04	投机	大连	人民币
42131	c1509	买入	开仓	1	2442	02238837	dce	10610765	56630	14:27:44	投机	大连	人民币
42131	c1509	买入	开仓	1	2442	02238837	dce	10610765	56495	14:26:59	投机	大连	人民币
42131	c1509	买入	开仓	1	2442	02238837	dce	10610765	56364	14:26:06	投机	大连	人民币
42131	c1509	买入	开仓	1	2442	02238837	dce	10610765	56363	14:26:05	投机	大连	人民币
42131	c1509	买入	开仓	1	2442	02238837	dce	10610765	56345	14:25:49	投机	大连	人民币
42131	c1509	买入	开仓	1	2442	02238837	dce	10610765	56275	14:25:20	投机	大连	人民币
41133	c1509	卖出	平仓	11	2444	02238837	dce	10598503	52451	13:58:14	投机	大连	人民币
41133	c1509	卖出	平仓	5	2444	02238837	dce	10598503	52334	13:57:03	投机	大连	人民币
41133	c1509	卖出	平仓	3	2444	02238837	dce	10598503	52061	13:55:02	投机	大连	人民币
41133	c1509	卖出	平仓	1	2444	02238837	dce	10598503	52014	13:54:41	投机	大连	人民币
41133	c1509	卖出	平仓	1	2444	02238837	dce	10598503	51921	13:54:15	投机	大连	人民币
41133	c1509	卖出	平仓	1	2444	02238837	dce	10598503	50896	13:47:21	投机	大连	人民币
41133	c1509	卖出	平仓	5	2444	02238837	dce	10598503	50894	13:47:20	投机	大连	人民币
41133	c1509	卖出	平仓	13	2444	02238837	dce	10598503	50181	13:42:20	投机	大连	人民币
40266	c1509	卖出	平仓	3	2444	02238837	dce	10590418	50072	13:41:47	投机	大连	人民币
40266	c1509	卖出	平仓	3	2444	02238837	dce	10590418	49979	13:41:16	投机	大连	人民币
40266	c1509	卖出	平仓	1	2444	02238837	dce	10590418	49797	13:39:58	投机	大连	人民币
40266	c1509	卖出	平仓	4	2444	02238837	dce	10590418	49790	13:39:50	投机	大连	人民币
40266	c1509	卖出	平仓	1	2444	02238837	dce	10590418	49751	13:39:31	投机	大连	人民币
40266	c1509	卖出	平仓	10	2444	02238837	dce	10590418	49694	13:39:00	投机	大连	人民币
40266	c1509	卖出	平仓	4	2444	02238837	dce	10590418	49675	13:38:41	投机	大连	人民币
40266	c1509	卖出	平仓	4	2444	02238837	dce	10590418	49623	13:38:17	投机	大连	人民币
40266	c1509	卖出	平仓	9	2444	02238837	dce	10590418	49542	13:37:41	投机	大连	人民币
40266	c1509	卖出	平仓	1	2444	02238837	dce	10590418	49437	13:36:59	投机	大连	人民币
34676	c1509	买入	开仓	40	2441	02238837	dce	10553434	43344	11:05:40	投机	大连	人民币

图 3－43

蛙爷（15:01:52）：见图 3－44。

48474	c1509	卖出	平仓	2	2443	02238837	dce	10670185	60048	14:48:30	投机	大连	人民币
48400	c1509	卖出	平仓	1	2443	02238837	dce	10669479	60047	14:48:30	投机	大连	人民币
48281	c1509	卖出	平仓	1	2443	02238837	dce	10668618	60049	14:48:30	投机	大连	人民币
48235	c1509	卖出	平仓	6	2443	02238837	dce	10668367	60046	14:48:30	投机	大连	人民币
48181	c1509	卖出	平仓	5	2443	02238837	dce	10668046	60045	14:48:30	投机	大连	人民币
48083	c1509	卖出	平仓	1	2442	02238837	dce	10667175	56631	14:27:44	投机	大连	人民币
47872	c1509	卖出	平仓	4	2443	02238837	dce	10665006	60044	14:48:30	投机	大连	人民币
42131	c1509	买入	开仓	1	2442	02238837	dce	10610765	57008	14:31:11	投机	大连	人民币
42131	c1509	买入	开仓	1	2442	02238837	dce	10610765	56992	14:31:03	投机	大连	人民币
42131	c1509	买入	开仓	1	2442	02238837	dce	10610765	56940	14:30:20	投机	大连	人民币
42131	c1509	买入	开仓	1	2442	02238837	dce	10610765	56841	14:29:28	投机	大连	人民币
42131	c1509	买入	开仓	5	2442	02238837	dce	10610765	58745	14:28:48	投机	大连	人民币
42131	c1509	买入	开仓	4	2442	02238837	dce	10610765	56684	14:28:15	投机	大连	人民币
42131	c1509	买入	开仓	1	2442	02238837	dce	10610765	56663	14:28:04	投机	大连	人民币
42131	c1509	买入	开仓	1	2442	02238837	dce	10610765	56630	14:27:44	投机	大连	人民币
42131	c1509	买入	开仓	1	2442	02238837	dce	10610765	56495	14:26:59	投机	大连	人民币
42131	c1509	买入	开仓	1	2442	02238837	dce	10610765	56364	14:26:06	投机	大连	人民币

图 3－44

猎股（15：03：13）：有没有股票示范？

蛙爷（15：04：45）：有，但是眼下一心不可二用，只能一样一样来。

蛙爷（15：12：50）：简单的事情重复做，就是成功！

中原（15：23：16）：持续复利是蛙式交易的核心。

蛙爷（15：26：31）：大家算过没有，我每天的赢利率控制在百分之一左右，不多也不少，多了少了都有问题。

蛙爷（15：27：04）：大家想一想，一年下来是多少？

水云深（15：27：19）：200个交易日。

水云深（15：27：27）：200%以上。

蛙爷（15：27：53）：够不够？

水云深（15：28：40）：如果是10万本金，收20万，不错。

水云深（15：28：53）：100万本金，收200万更好。

蛙爷（15：29：07）：所以说，简单的事情重复做就是成功。

蛙爷（15：30：17）：我当然知道股指好玩，刺激，但谁能保证我一年翻两倍？

蛙爷（15：30：56）：谁能保证我两年翻七倍？

蛙爷（15：46：13）：现在每天做的都是主跳，只是简化了，兼容了，压缩了！如果坚持一蹲二跳三落地，必须要足够资金，而且要稳准狠！

2015年1月27日

水云深（15：18：54）：最后的一把股指，又没拿住。

股彩神助推器（15：19：44）：不吸取教训？

蛙爷（15：19：46）：叫你别碰股指。

蛙爷（15：20：04）：五大禁区啊。

股彩神助推器（15：20：42）：没得做，就手痒了？

股彩神助推器（15：21：25）：手痒症，很多投资的通病啊。

蛙爷（15：21：53）：永远别在大海里吃虫。

蛙爷（15：24：08）：见图3-45。

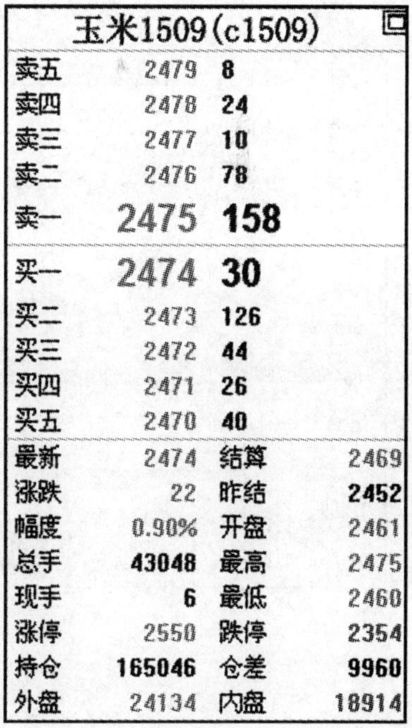

蛙爷（15：26：29）：这种盘口没有墙，那怎

图3-45

么做呢？？

蛙爷（15:26:55）：上下都是几十手的单。

蛙爷（15:29:27）：见图3-46。

图3-46

蛙爷（15:30:21）：没有墙就用没有墙的做法，看到了吗？

蛙爷（15:31:35）：见图3-47。

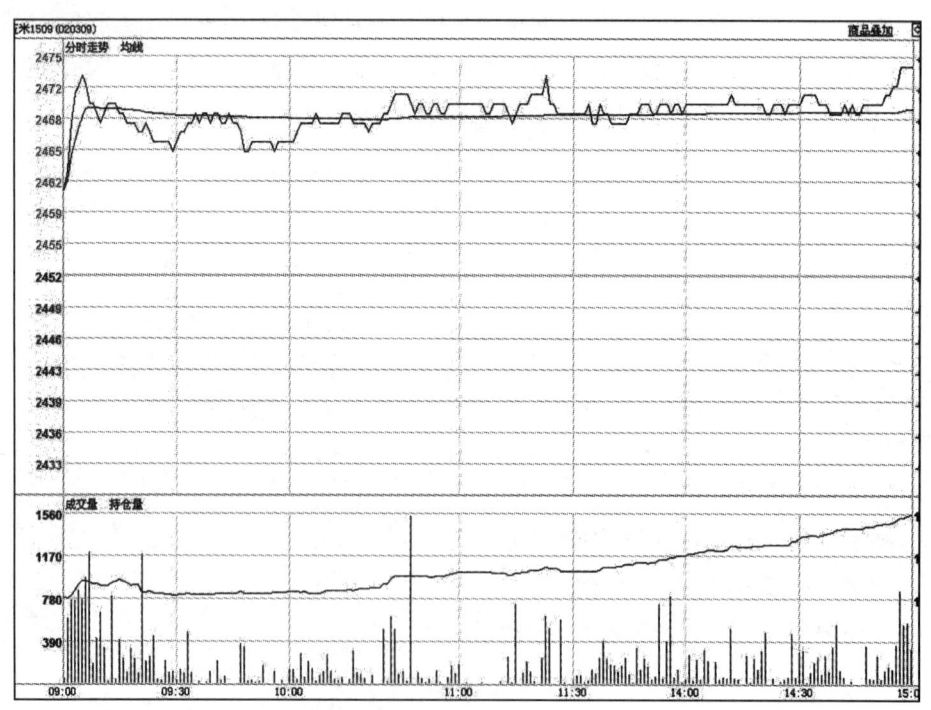

图3-47

蛙爷（15:33:05）：见图3-48。

蛙爷（15:34:33）：看到了吧，九月向上，5月向下，可以套跳。

蛙爷（15:36:14）：我不提倡大家用套跳。

蛙爷（15：36：36）：所以我没有鼓励大家去做。

蛙爷（15：37：22）：蛙爷自己玩玩。

蛙爷（15：38：20）：当然，降落伞我早就准备好了。

蛙爷（15：39：42）：进可攻，退可守。

蛙爷（15：41：10）：今天九月增仓增量，五月减仓减量。

蛙爷（15：42：32）：所以套跳关键是分析清楚。

蛙爷（15：42：45）：不可乱跳。

蛙爷（15：44：18）：而且要留有足够的防守资金，构筑几道防线。

蛙爷（15：45：12）：最好是1/7哑铃型套跳。

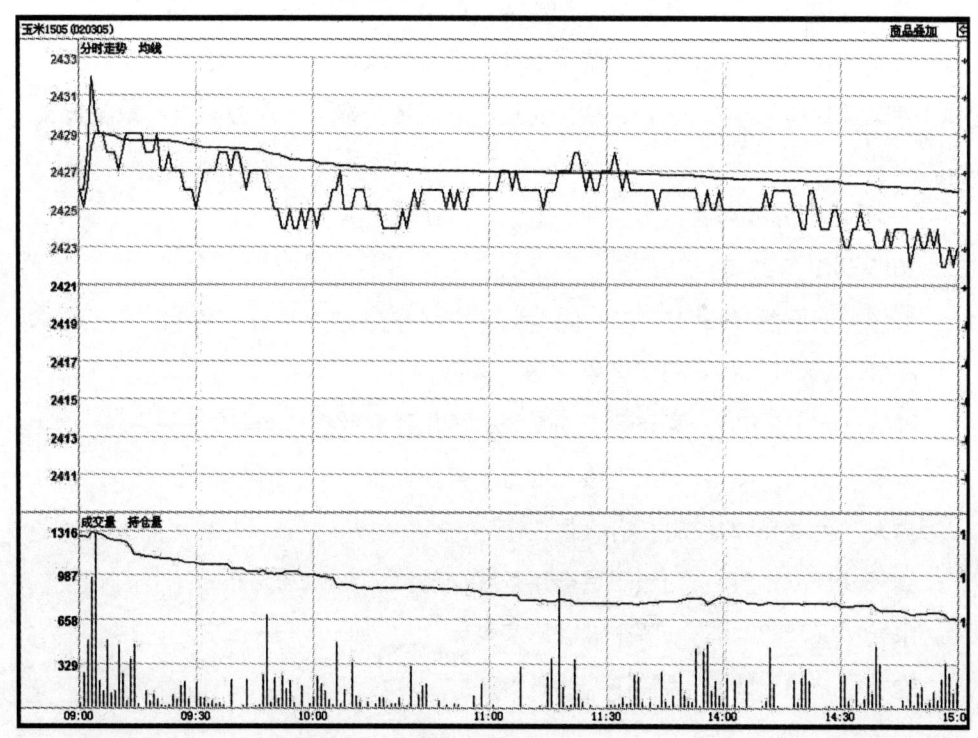

图3-48

蛙爷（15：47：04）：我甚至希望5月涨，9月跌。

蛙爷（15：51：18）：当然是沽5月，买9月。

蛙爷（15：52：44）：这是无墙操作。

蛙爷（16：09：03）：套跳有点复杂，我们就不讨论了。

蛙爷（16:30:37）：记住,分析跟交易是两码事。

蛙爷（16:31:31）：分析可以随便改掉,交易只有一次机会,没法改！

蛙爷（16:35:25）：你永远不要被蛇咬住,这就是生存之道！

蛙爷（16:36:39）：但凡看不清楚的草丛别去！

蛙爷（16:40:15）：你在进草丛时,你应该想：这里面有蛇！而不是想：这里面可能没有蛇！

蛙爷（16:41:30）：在解决了蛇的问题之后,才能够想：那虫子味道一定不错！

蛙爷（16:44:44）：先想风险,再想收益。

蛙爷（16:47:05）：蛙跳有八种跳法,没墙有没墙的办法。

蛙爷（16:47:43）：总之,要读通蛙式交易的风险与收益才行。

蛙爷（16:52:24）：量,包括持仓量,成交量,都不能作为决策的最终依据,只能参考。

蛙爷（16:53:14）：因为这两个量都可以作假。

2015年1月28日

股彩神助推器（15:31:12）：肖老师今天没有交易？

蛙爷（15:31:58）：期货轻松一点应该的。

蛙爷（15:35:06）：操作靠交易系统,不靠什么状态！

蛙爷（15:35:43）：如果把操作的希望寄托在状态上,问题就大了。

男人本色（15:24:36）：有人做白银吗？

蛙爷（15:31:54）：白银不适合用蛙式交易。

水云深（15:32:08）：哪个波动厉害啊。

蛙爷（15:32:15）：大海不要去玩。

2015年1月29日

蛙爷（14:16:57）：高编辑,《蛙式交易天天赚》很快就出来了吧？

(391024207)（14:59:41）：这本书是指导做期货还是做股票的？

蛙爷（15:03:57）：股票期货兼容版。

2015年1月30日

蛙爷（10:31:48）：见图3-49。

交易所	合约	买卖	开平	成交手数	成交价格	交易编号	报单号	高低开	成交日期	投保	交易所	币种
	c1509	卖出	平仓	50	2476	02238837				投机	大连	人民币
	c1509	买入	开仓	50	2472	02238837				投机	大连	人民币
	c1505	买入	平仓	100	2426	02238837				投机	大连	人民币
	c1505	卖出	开仓	100	2426	02238837				投机	大连	人民币

图3-49

蛙爷（10:34:24）：实际上全赢的，这是统计表。

蛙爷（10:36:03）：见图3-50。

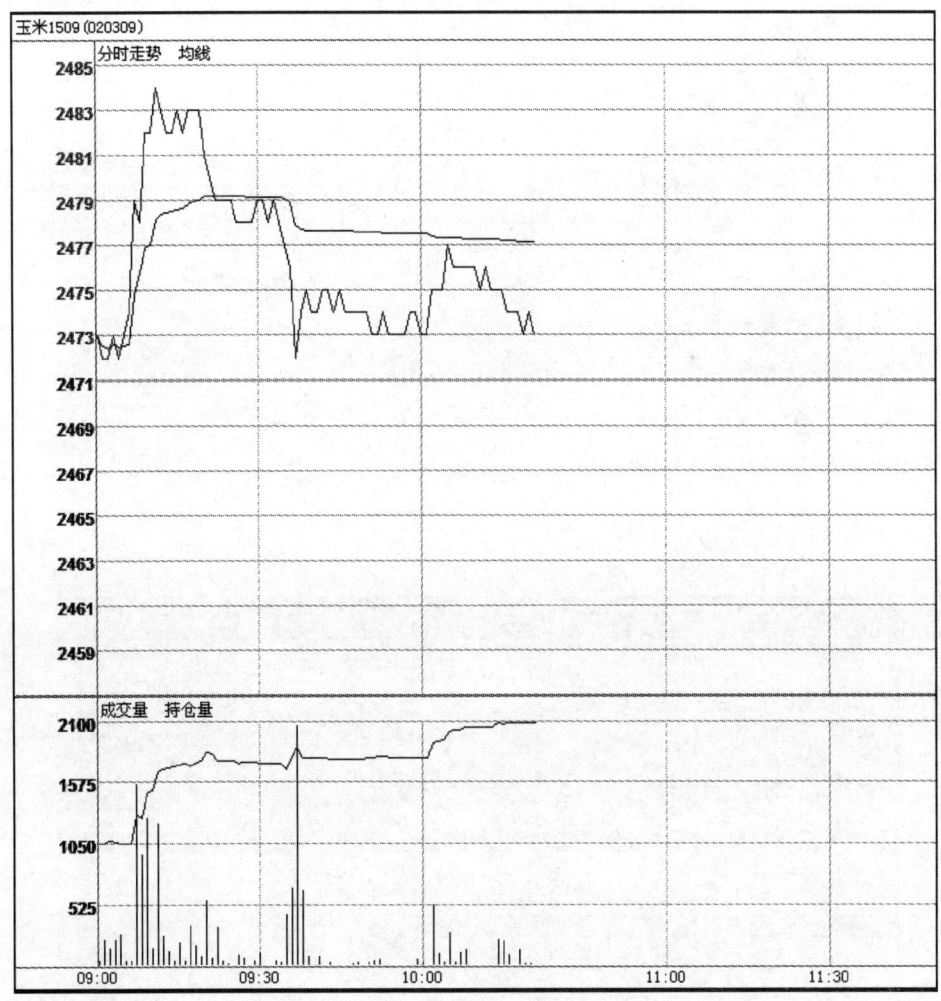

图3-50

蛙爷（10:37:19）：没有，全赢的，等下发明细给你。

蛙爷（10:37:36）：那是统计表。

中原（10:37:51）：哦！

蛙爷（10:48:56）：塘底跳2472买，2476平仓。

蛙爷（10:51:41）：见图3-51。

24654	c1509	卖出	平仓	3	2476	02238837	dce	10569401	29382	10:06:06	投机	大连	人民币
24654	c1509	卖出	平仓	1	2476	02238837	dce	10569401	29381	10:06:06	投机	大连	人民币
24654	c1509	卖出	平仓	42	2476	02238837	dce	10569401	29380	10:06:06	投机	大连	人民币
24550	c1505	买入	平仓	11	2425	02238837	dce	10568098	30373	10:13:24	投机	大连	人民币
24550	c1505	买入	平仓	2	2425	02238837	dce	10568098	30361	10:13:22	投机	大连	人民币
24550	c1505	买入	平仓	6	2425	02238837	dce	10568098	30312	10:13:02	投机	大连	人民币
24550	c1505	买入	平仓	10	2425	02238837	dce	10568098	30222	10:12:04	投机	大连	人民币
24550	c1505	买入	平仓	1	2425	02238837	dce	10568098	29907	10:10:33	投机	大连	人民币
24550	c1505	买入	平仓	2	2425	02238837	dce	10568098	29743	10:09:19	投机	大连	人民币
24550	c1505	买入	平仓	10	2425	02238837	dce	10568098	29326	10:05:46	投机	大连	人民币
24550	c1505	买入	平仓	1	2425	02238837	dce	10568098	29197	10:05:12	投机	大连	人民币
24550	c1505	买入	平仓	1	2425	02238837	dce	10568098	29194	10:05:11	投机	大连	人民币
24550	c1505	买入	平仓	1	2425	02238837	dce	10568098	29193	10:05:11	投机	大连	人民币
24550	c1505	买入	平仓	5	2425	02238837	dce	10568098	29192	10:05:11	投机	大连	人民币
21614	c1509	买入	开仓	14	2472	02238837	dce	10508577	25514	09:36:59	投机	大连	人民币
21614	c1509	买入	开仓	36	2472	02238837	dce	10508577	25513	09:36:59	投机	大连	人民币
21529	c1505	卖出	开仓	2	2425	02238837	dce	10505478	25377	09:36:22	投机	大连	人民币
21529	c1505	卖出	开仓	1	2425	02238837	dce	10505478	25376	09:36:22	投机	大连	人民币
21529	c1505	卖出	开仓	47	2425	02238837	dce	10505478	25375	09:36:22	投机	大连	人民币
17882	c1505	买入	平仓	44	2426	02238837	dce	10424497	21893	09:14:39	投机	大连	人民币
17882	c1505	买入	平仓	6	2426	02238837	dce	10424497	21882	09:14:31	投机	大连	人民币
17633	c1505	卖出	开仓	12	2427	02238837	dce	10418300	20829	09:09:11	投机	大连	人民币
17633	c1505	卖出	开仓	1	2427	02238837	dce	10418300	20818	09:09:11	投机	大连	人民币
17633	c1505	卖出	开仓	1	2427	02238837	dce	10418300	20816	09:09:11	投机	大连	人民币
17633	c1505	卖出	开仓	38	2427	02238837	dce	10418300	20814	09:09:11	投机	大连	人民币

图 3-51

蛙爷（10:52:14）：见图3-52。

24654	c1509	卖出	平仓	1	2476	02238837	dce	10569401	29386	10:06:06	投机	大连	人民币
24654	c1509	卖出	平仓	1	2476	02238837	dce	10569401	29385	10:06:06	投机	大连	人民币
24654	c1509	卖出	平仓	1	2476	02238837	dce	10569401	29384	10:06:06	投机	大连	人民币
24654	c1509	卖出	平仓	1	2476	02238837	dce	10569401	29383	10:06:06	投机	大连	人民币
24654	c1509	卖出	平仓	3	2476	02238837	dce	10569401	29382	10:06:06	投机	大连	人民币
24654	c1509	卖出	平仓	1	2476	02238837	dce	10569401	29381	10:06:06	投机	大连	人民币
24654	c1509	卖出	平仓	42	2476	02238837	dce	10569401	29380	10:06:06	投机	大连	人民币
24550	c1505	买入	平仓	11	2425	02238837	dce	10568098	30373	10:13:24	投机	大连	人民币
24550	c1505	买入	平仓	2	2425	02238837	dce	10568098	30361	10:13:22	投机	大连	人民币
24550	c1505	买入	平仓	6	2425	02238837	dce	10568098	30312	10:13:02	投机	大连	人民币
24550	c1505	买入	平仓	10	2425	02238837	dce	10568098	30222	10:12:04	投机	大连	人民币
24550	c1505	买入	平仓	1	2425	02238837	dce	10568098	29907	10:10:33	投机	大连	人民币
24550	c1505	买入	平仓	2	2425	02238837	dce	10568098	29743	10:09:19	投机	大连	人民币
24550	c1505	买入	平仓	10	2425	02238837	dce	10568098	29326	10:05:46	投机	大连	人民币
24550	c1505	买入	平仓	1	2425	02238837	dce	10568098	29197	10:05:12	投机	大连	人民币
24550	c1505	买入	平仓	1	2425	02238837	dce	10568098	29194	10:05:11	投机	大连	人民币
24550	c1505	买入	平仓	1	2425	02238837	dce	10568098	29193	10:05:11	投机	大连	人民币
24550	c1505	买入	平仓	5	2425	02238837	dce	10568098	29192	10:05:11	投机	大连	人民币

图 3-52

蛙爷（10:53:15）：见图3-53。

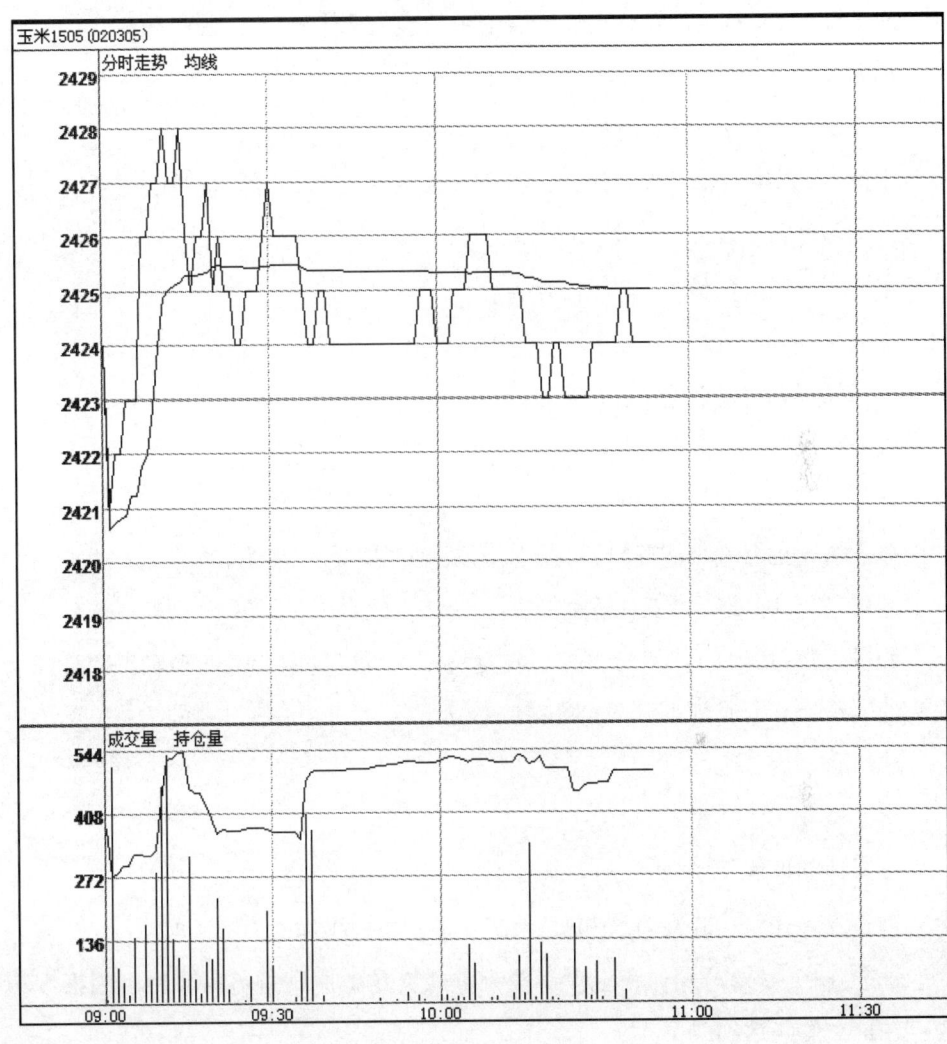

图3-53

蛙爷（10:53:57）：5月树梢跳。

蛙爷（11:19:03）：其实在操作过程中，原价平仓也是常用技巧，叫原地蹲跳。

蛙爷（11:20:24）：一旦发现不利状况，原地平仓，以保证保证金不受损失。

蛙爷（11:23:08）：打个比方，你准备吃前面一条虫，突然发现旁边有条蛇，怎么办？打住！必须要学会这一招，知难而退。

蛙爷（11:53:10）：高老师说了，状态不好不做，对的！我认为，状态就是执行纪律的状态，坚决，状态就好，不坚决，状态就不好！

水云深（13:34:28）：肖老师时不时贴出交易单来的。

水云深（13:34:47）：你可以结合书中的理论来体会。

禅非禅（13:34:55）：是期货交易单吗？

水云深（13:35:05）：是的。

中原（13:56:08）：水云深，在哪里？你要在广东，可以找机会去看肖老师实盘，学习学习。

水云深（13:56:57）：老师指导实盘？

水云深（13:57:11）：你去看一下吧。

水云深（14:42:57）：上下都无墙。

水云深（14:43:11）：不知如何跳？

蛙爷（14:43:33）：空跳。

股彩神助推器（15:03:51）：要忍得住，实在不行就空跳。

蛙爷（15:04:57）：三合适是前提。

蛙爷（15:19:18）：风险可控，收益稳定，可以复制，过程平和！这是成功交易的四个标准，时刻对照反省提高！

2015年2月3日

水云深（10:26:00）：赔钱了。

股彩神助推器（10:28:15）：为什么？找到原因了吗？

水云深（10:41:57）：反正就是状态不好，每次操作好像都不对。

蛙爷（10:45:22）：你肯定没能按照蛙式交易的原则进行操作，否则根本不会存在这样的纠结。

蛙爷（10:47:54）：见图3-54。

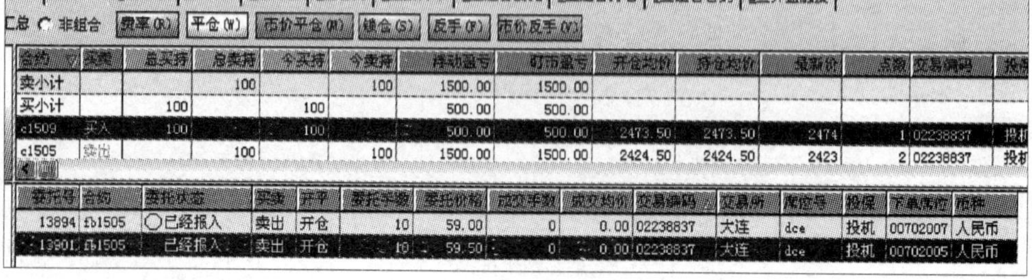

图3-54

蛙爷（10:49:05）：我今天已做过好几个连环跳，胜率不用说，还是100%。

股彩神助推器（10:50:02）：连环跳？盘口是什么情况？

蛙爷（10:50:49）：就是套跳，就是在盘口无墙的情况下。

蛙爷（10:54:53）：利用两个相关品种的不合理差价进行连环马跳。

蛙爷（14:43:38）：见图3－55。

普通品种浮动(盯市)盈亏	4000.00	货币换出
普通品种平仓盈亏	1000.00	当日出入金

图3－55

蛙爷（14:45:45）：见图3－56。

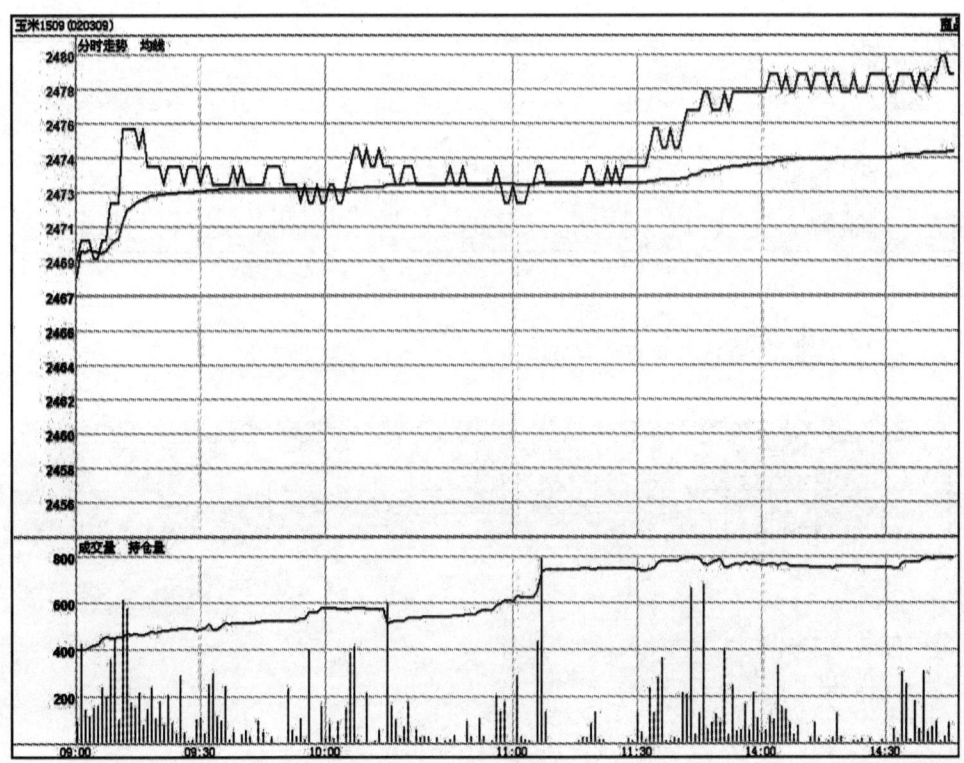

图3－56

蛙爷（14:46:11）：见图3-57。

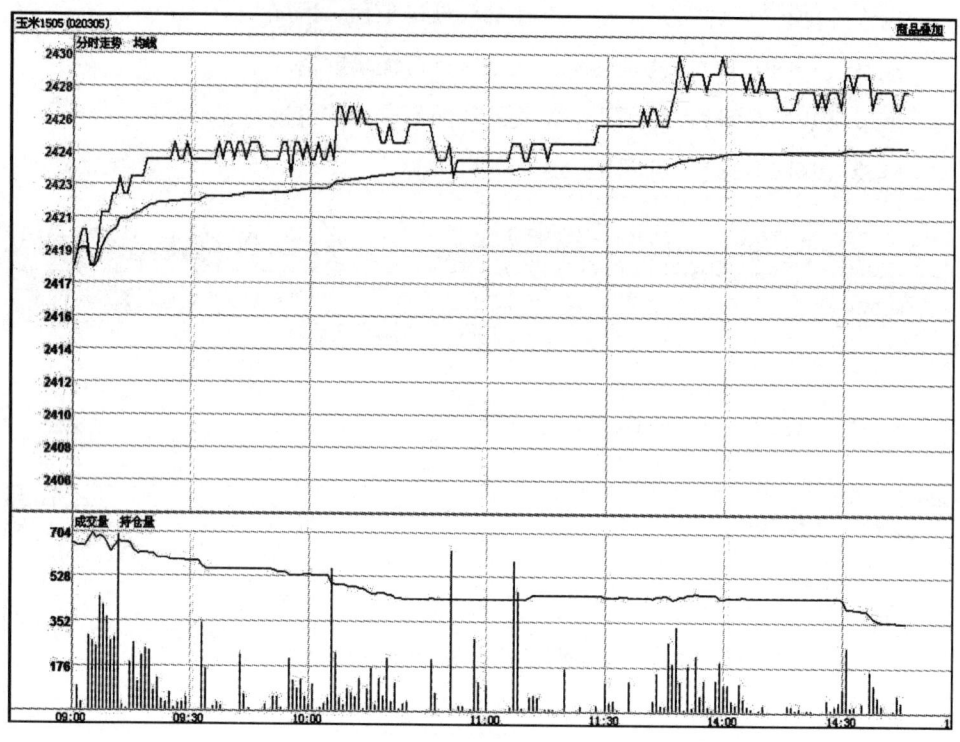

图3-57

蛙爷（15:15:00）：见图3-58。

		买卖	开平	成交量	成交价	合约号				投机	大连	币种
	c1509	买入	开仓	100	2474	02238837				投机	大连	人民币
	c1505	卖出	开仓	100	2425	02238837				投机	大连	人民币
	c1505	买入	平仓	50	2423	02238837				投机	大连	人民币
	c1509	卖出	平仓	50	2475	02238837				投机	大连	人民币

图3-58

蛙爷（15:16:00）：今天又是100%。

2015年2月5日

月亮河（14:44:03）：老师，这个技术能用在炒股上吗？

蛙爷（14:46:26）：可以用。

月亮河（14:46:59）：谢谢老师！

男人本色（15:42:17）：你们都不做白银的吗？

水云深（15:42:37）：为何要做它？

蛙爷（15：43：28）：白银是蛙式交易五大禁区之一。

蛙爷（15：44：44）：就相当于一只青蛙进入看不清的草丛，凶多吉少。

2015年2月6日

蛙爷（10：30：11）：见图3-59。

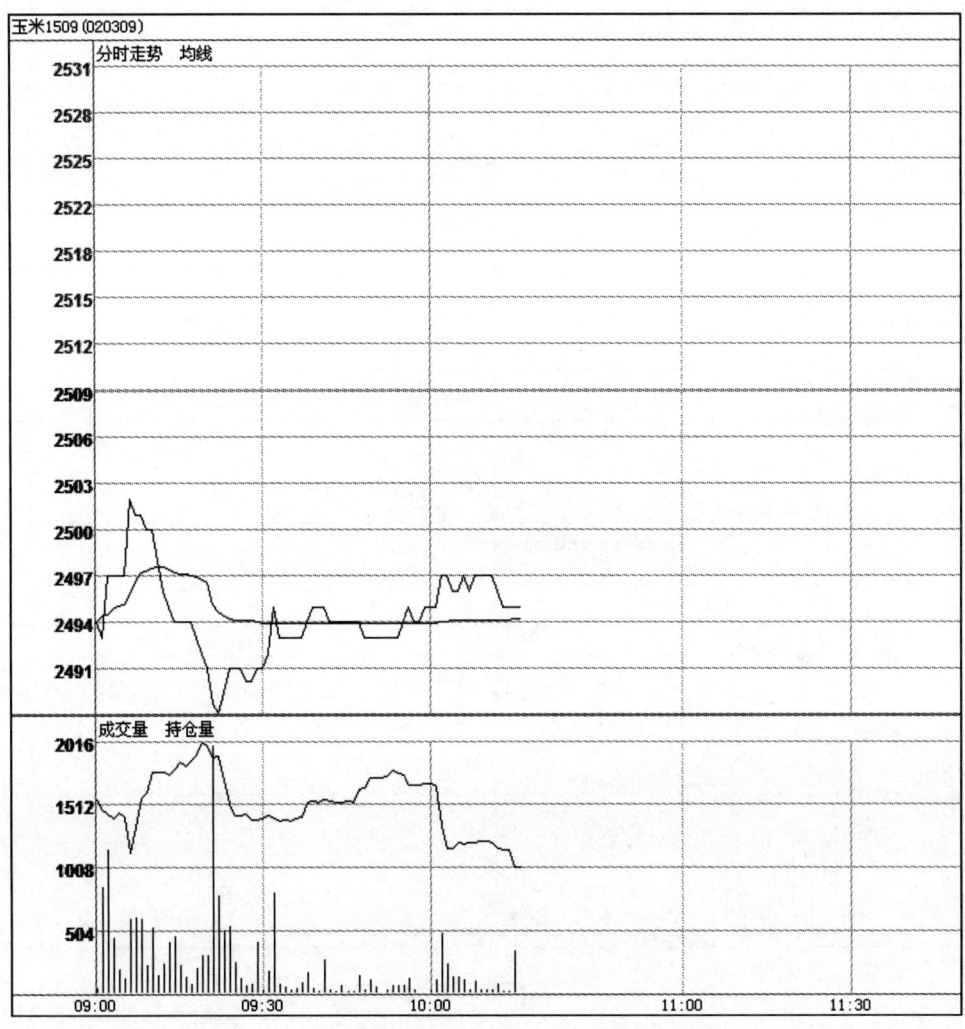

图3-59

蛙爷（10:31:09）：见图3-60。

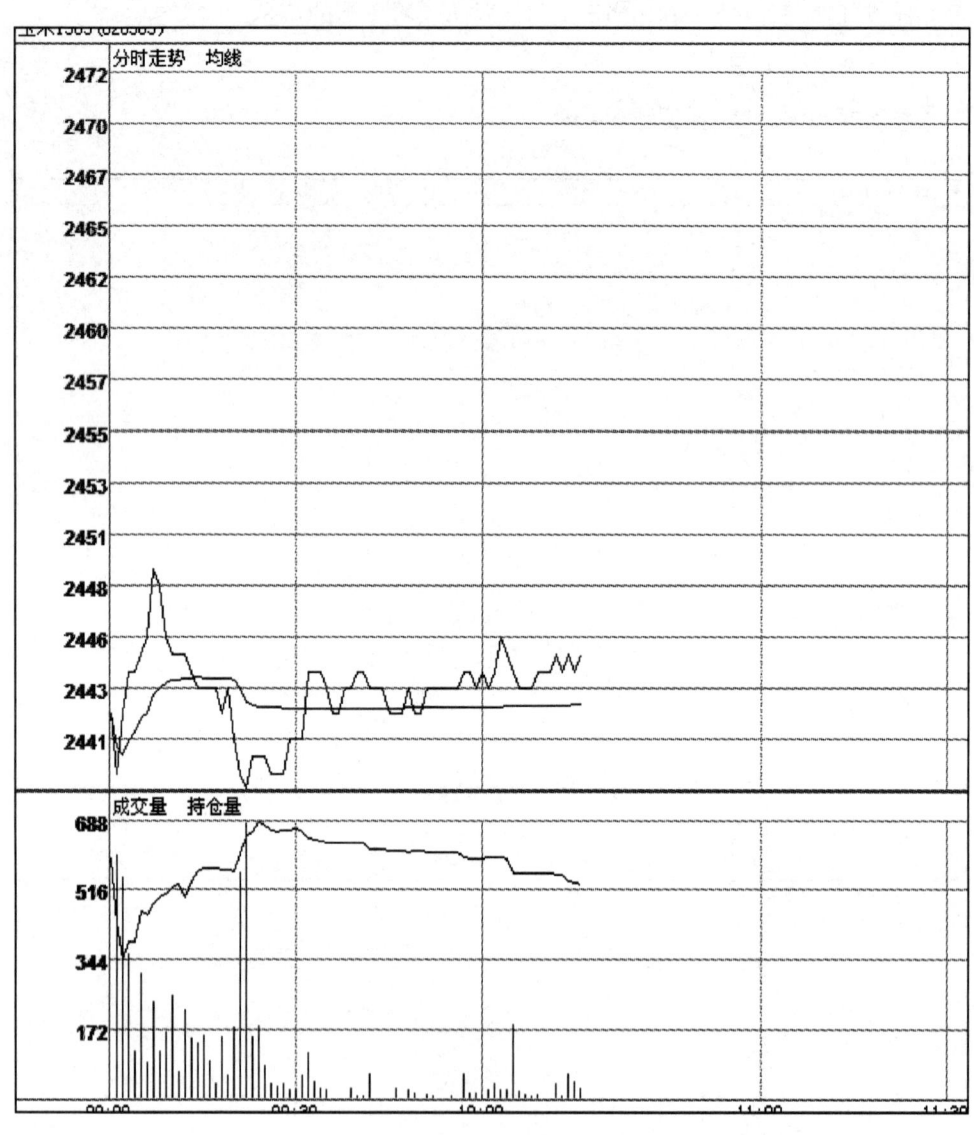

图3-60

蛙爷（10:32:31）：这两个图很好的塘底跳典型，上升趋势突然跳水，下面有墙。

蛙爷（13:27:26）：见图3-61。

委托号	合约	买卖	开平	成交手数	成交价格	交易编码	席位号	系统号	成交号	成交时间	投保	交易
	c1505	卖出	平仓	2	2445	02238837					投机	大连
	c1505	买入	开仓	2	2439	02238837					投机	大连
	c1509	买入	开仓	20	2489	02238837					投机	大连
	c1509	卖出	开仓	20	2490	02238837					投机	大连

图3-61

蛙爷（13:27:40）：我今天赚的也不多

蛙爷（13:28:26）：见图3-62。

普通品种浮动(盯市)盈亏	0.00
普通品种平仓盈亏	320.00

图3-62

蛙爷（13:30:24）：水云深的悟性很不错，只是在品种、时机上还要下功夫。

水云深（13:31:18）：多谢肖老师！

男人本色（14:13:33）：蛙式交易是专门针对期货的吗？

蛙爷（14:14:02）：股票也可以。

男人本色（14:14:48）：是超短线交易？

蛙爷（14:14:57）：当然。

2015年2月13日

蛙爷（14:28:42）：来了

蛙爷（14:44:01）：见图3-63。

普通品种浮动(盯市)盈亏	2010.00
普通品种平仓盈亏	490.00
普通品种买冻结	0.00

图3-63

蛙爷（15:01:49）：见图3-64。

蛙爷（15:02:07）：这是5月分时图。

蛙爷（15:02:40）：见图3-65。

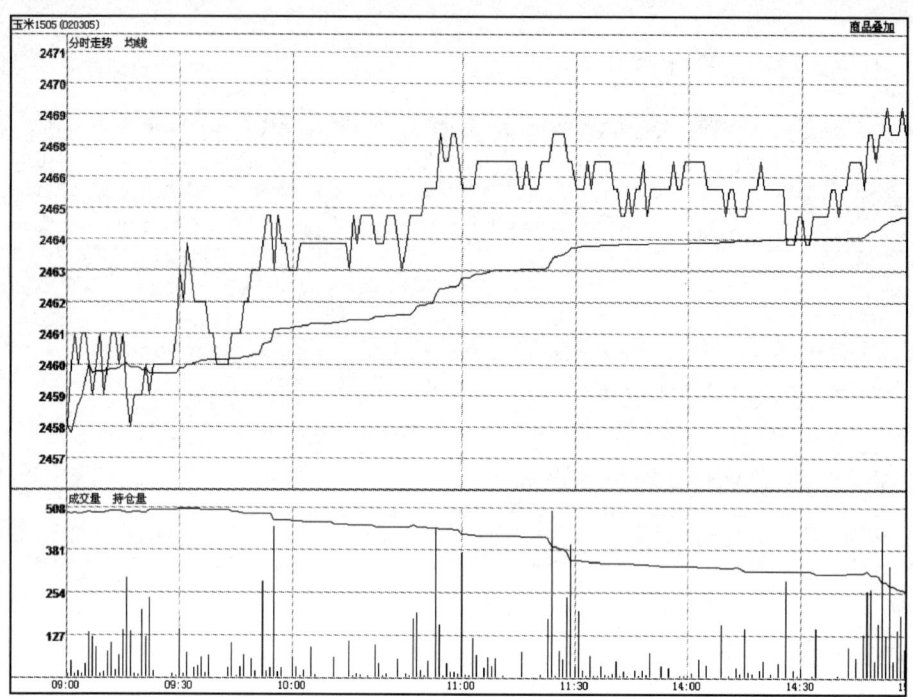

图 3-64

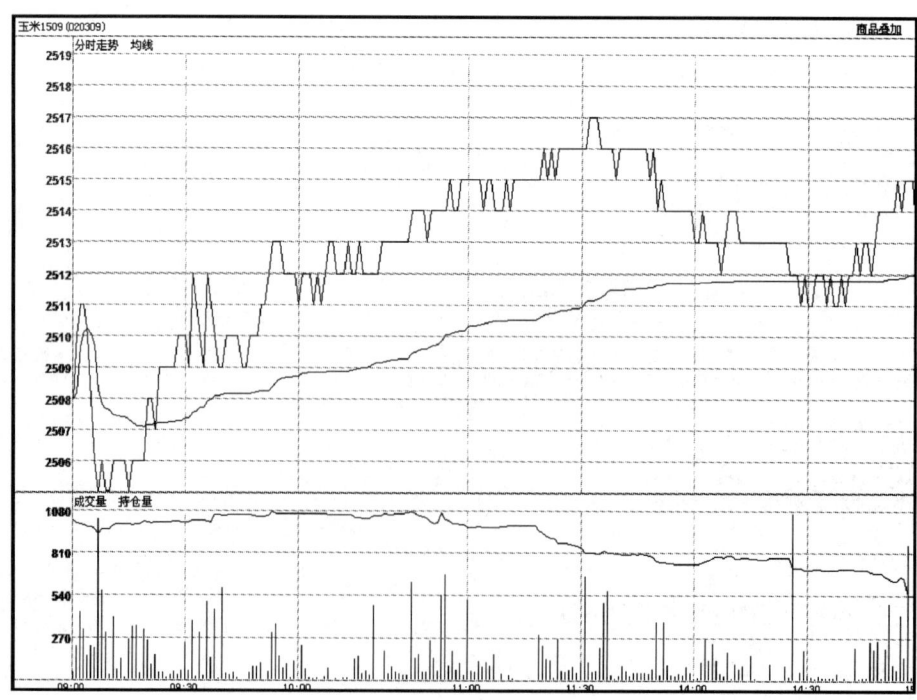

图 3-65

蛙爷（15：02：56）：这是9月分时图。

蛙爷（15：12：31）：见图3-66。

图3-66

蛙爷（15：13：05）：见图3-67。

图3-67

蛙爷（15:13:47）：无墙操作。

2015年2月16日

蛙爷（9:23:29）：见图3-68。

普通品种浮动(盯市)盈亏	3800.00	货币换
普通品种平仓盈亏	0.00	当日出
普通品种买冻结	0.00	信用金

图3-68

蛙爷（9:24:14）：连环跳大获成功。

蛙爷（9:27:01）：见图3-69。

普通品种浮动(盯市)盈亏	5800.00	货币
普通品种平仓盈亏	0.00	当日
普通品种买冻结	0.00	信用

图3-69

蛙爷（9:27:22）：扩大优势。

蛙爷（9:35:31）：见图3-70。

合约	买卖	总成交	总成交均价	今买持	今卖持	浮动盈亏	盯市盈亏	买持均价	卖持均价	收盘价	总持	证券编号
c1505	买入	100		20		5210.00	3800.00	2462.79	2464.20	2468	4	02238837
c1509	卖出			100	20	2000.00	3000.00	2510.00	2511.00	2508	3	02238837
买小计		100		20		5210.00	3800.00					
卖小计				100	20	2000.00	3000.00					

图3-70

蛙爷（9:39:11）：见图3-71。

普通品种浮动(盯市)盈亏	6800.00	货币换出
普通品种平仓盈亏	0.00	当日出入金
普通品种买冻结	0.00	信用金额

图3-71

蛙爷（9:39:30）：继续扩大优势。

蛙爷（9:49:21）：见图3-72。

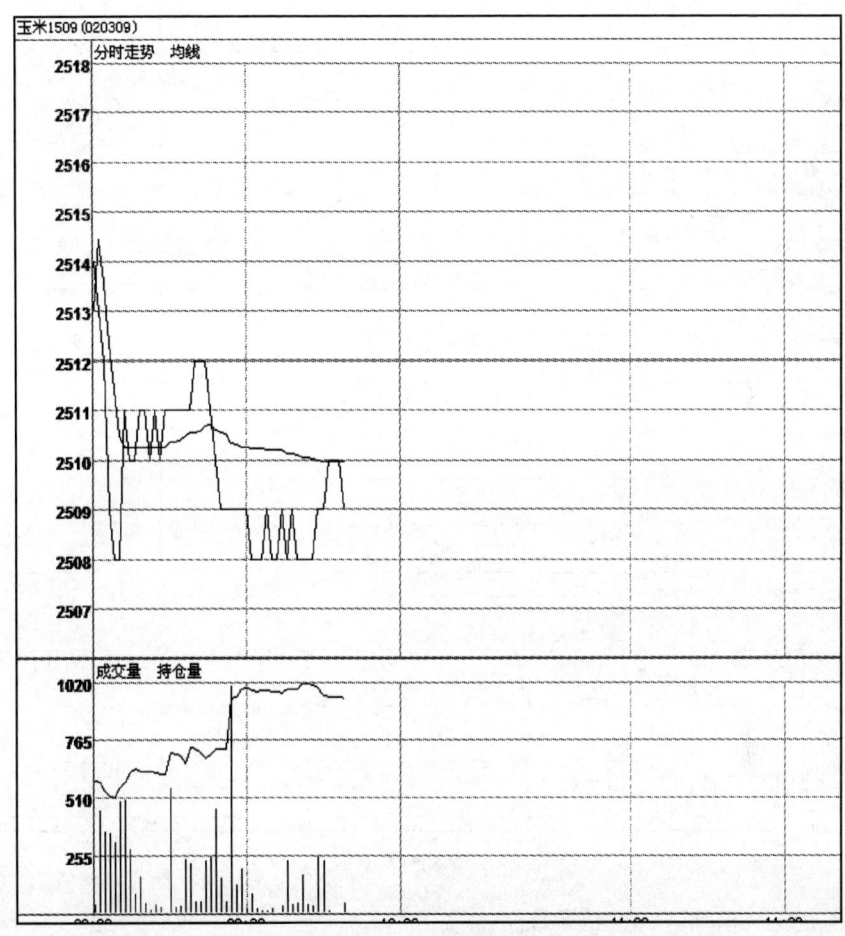

图3-72

蛙爷（9:49:32）：这是9月。

蛙爷（9∶49∶58）：见图3-73。

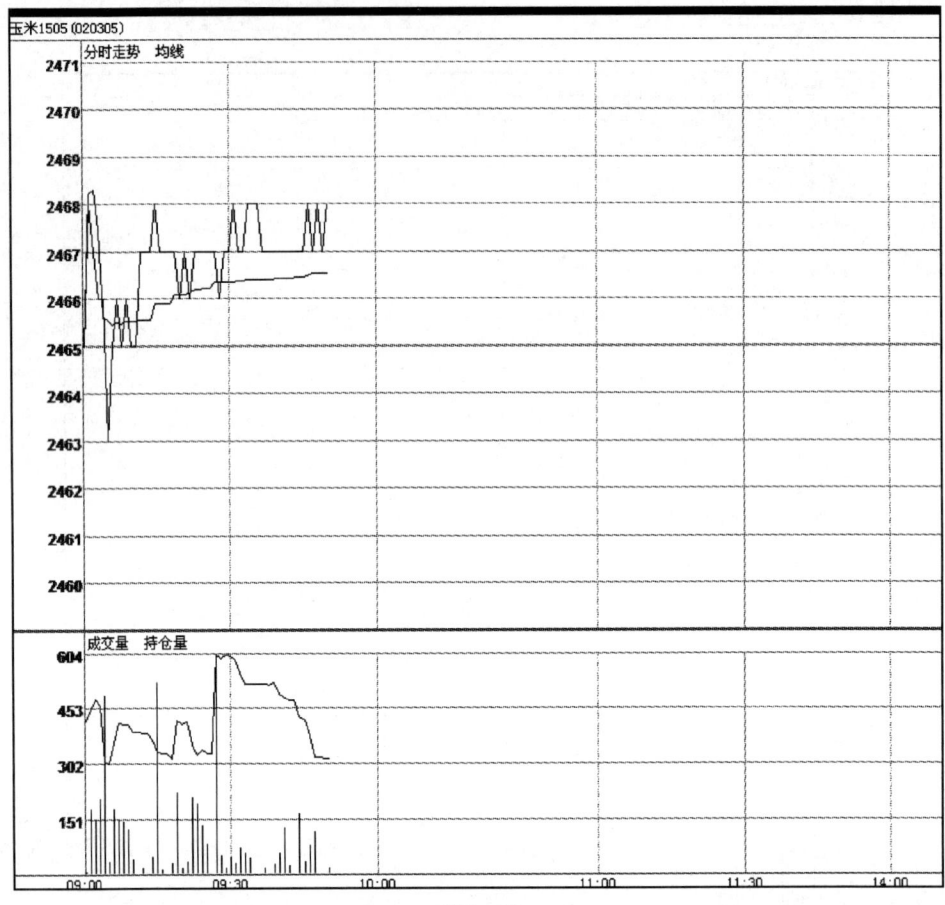

图3-73

蛙爷（9∶50∶11）：这是5月。

蛙爷（9∶50∶40）：5月强，9月弱，很明显。

股彩神助推器（10∶53∶56）：过一个肥年。

禅非禅（11∶56∶16）：各位做期货爆过仓吗？

股彩神助推器（14∶57∶37）：用蛙式交易，绝对爆不了仓。

2015年3月9日

蛙爷（9∶22∶02）：见图3-74。

19326	c1509	卖出	平仓	20	2532	02238837	dce	10367971	24123	09:13:57	投机	大连
15732	c1509	买入	开仓	19	2531	02238837	dce	10289743	24086	09:13:35	投机	大连
15732	c1509	买入	开仓	1	2531	02238837	dce	10289743	24087	09:13:35	投机	大连

图3-74

蛙爷（9:22:27）：见图3-75。

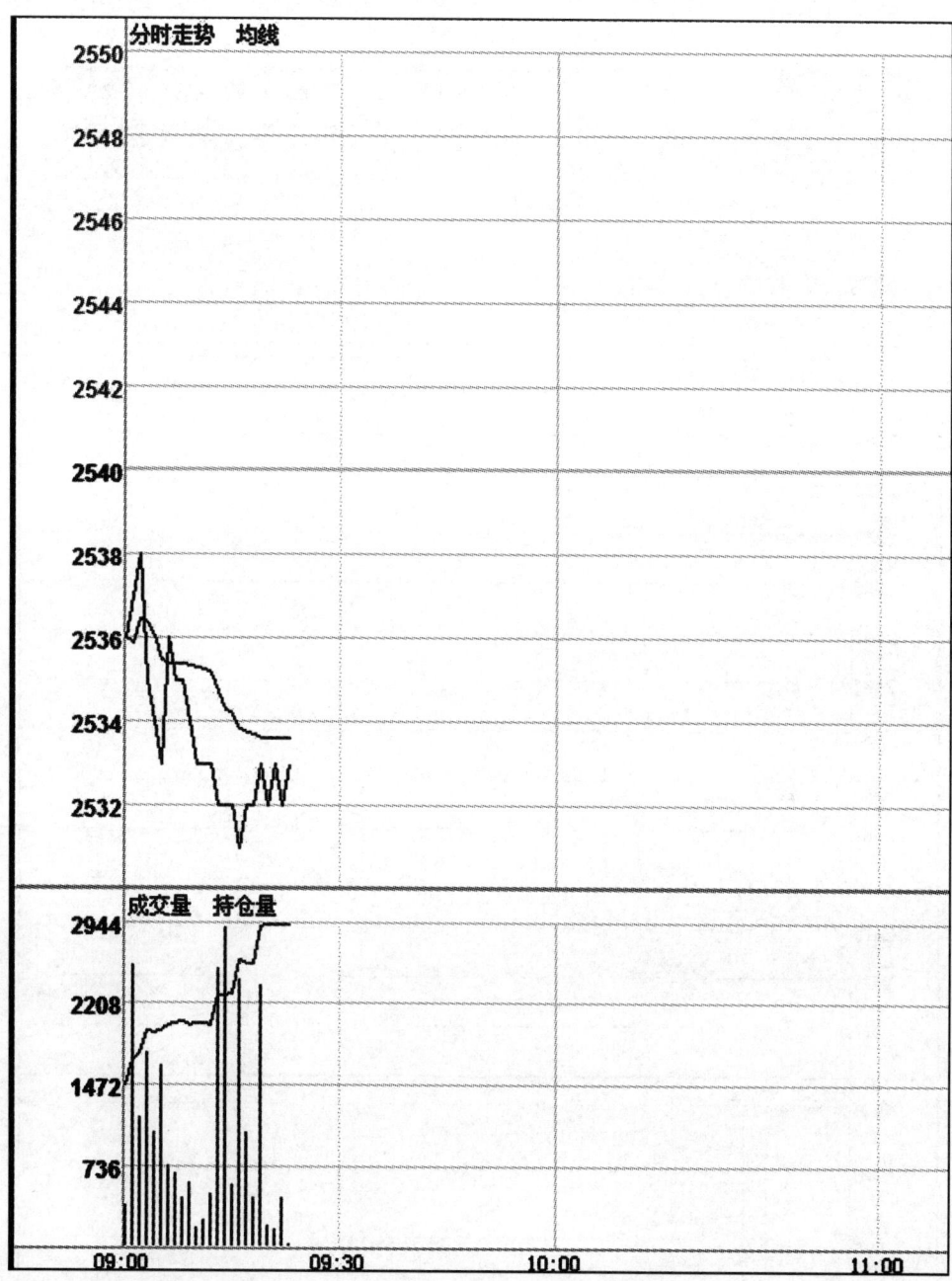

图3-75

蛙爷（9:23:28）：塘底跳成功

蛙爷（9:24:47）：9月玉米2531买入，2532卖出平仓。

蛙爷（9：24：55）：20 手。

蛙爷（9：41：57）：见图 3-76。

c1505	买入	平仓	10	2487	02238837					投机	大连
c1505	卖出	开仓	10	2489	02238837					投机	大连
c1509	卖出	平仓	20	2532	02238837					投机	大连
c1509	买入	开仓	20	2531	02238837					投机	大连

图 3-76

蛙爷（9：42：28）：见图 3-77。

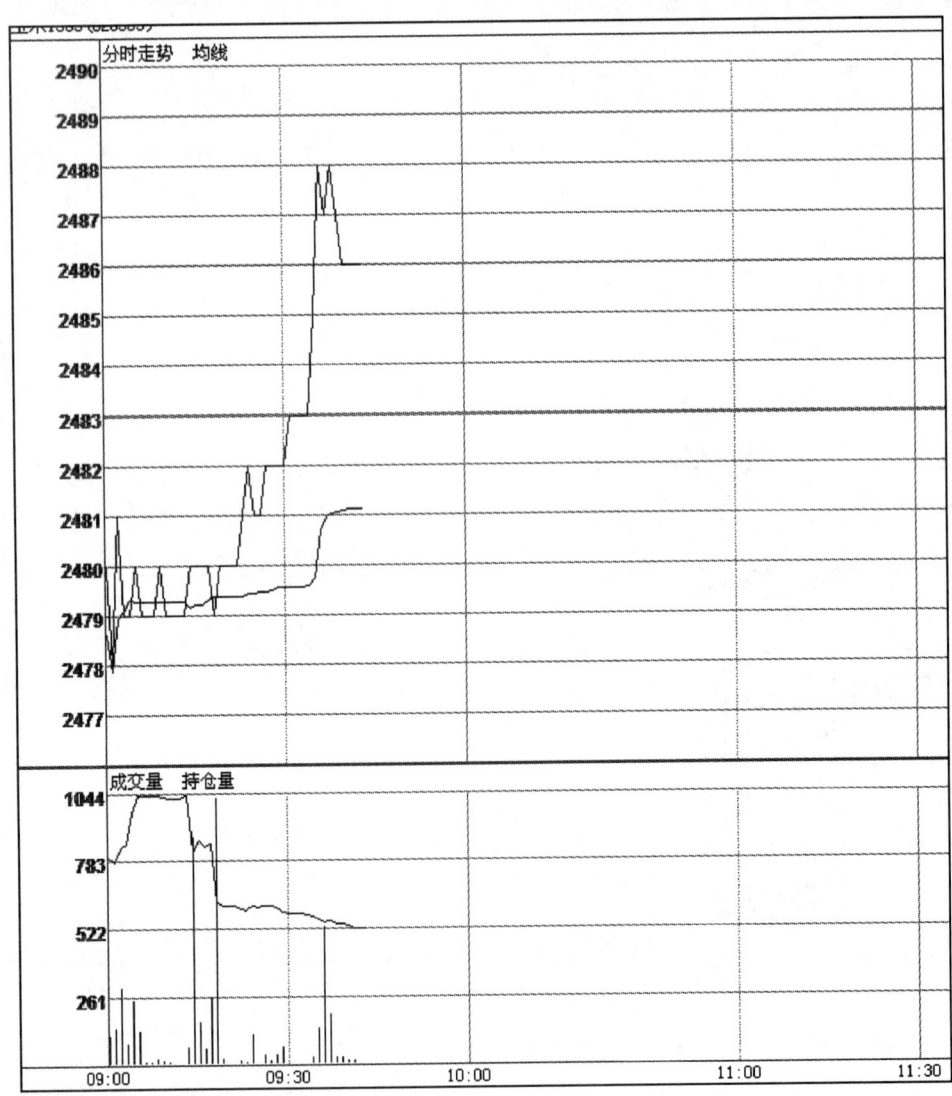

图 3-77

蛙爷（9：42：50）：树梢跳又成功！

蛙爷（9：43：24）：5月玉米2489沽，2487获利平仓。

蛙爷（9：45：07）：见图3－78。

普通品种浮动（盯市）盈亏	0.00	货币换出
普通品种平仓盈亏	400.00	当日出

图3－78

蛙爷（9：47：44）：见图3－79。

蛙爷（9：50：26）：盘口上无墙，故高抛之后立刻平仓。

蛙爷（9：51：15）：如上面有厚墙下压，可适当等一等，低一点再平仓。

蛙爷（9：52：15）：和塘底跳原理一样，如果下面有厚墙，可看高几个点再平仓。

蛙爷（9：52：32）：如果没有，立刻平仓。

2015年3月10日

蛙爷（9：28：20）：见图3－80。

蛙爷（9：28：46）：见图3－81。

蛙爷（9：29：20）：见图3－82。

蛙爷（9：29：34）：见图3－83。

玉米1505（c1505）		
卖五	2491	112
卖四	2490	55
卖三	2489	89
卖二	2488	31
卖一	**2487**	**83**
买一	**2486**	**73**
买二	2485	74
买三	2484	5
买四	2483	116
买五	2482	7
最新	2486	结算	2481
涨跌	3	昨结	2483
幅度	0.12%	开盘	2478
总手	5404	最高	2490
现手	10	最低	2477
涨停	2582	跌停	2384
持仓	92352	仓差	-688
外盘	1954	内盘	3450

图3－79

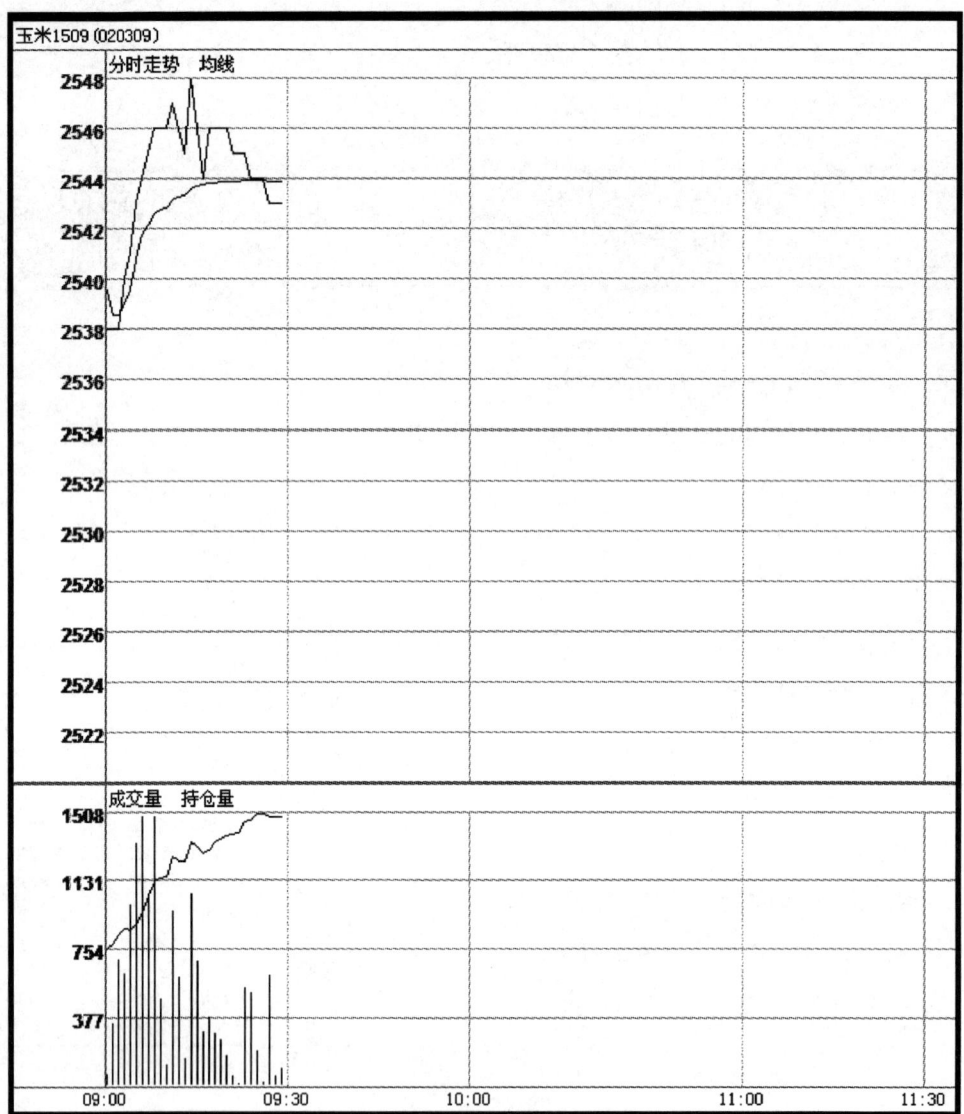

图 3-80

玉米1509（c1509）		
卖五	2547	86
卖四	2546	233
卖三	2545	347
卖二	2544	180
卖一	**2543**	**66**
买一	**2542**	**234**
买二	2541	205
买三	2540	270
买四	2539	455
买五	2538	159
最新	2543	结算 2543
涨跌	9	昨结 2534
幅度	0.36%	开盘 2540
总手	16040	最高 2548
现手	2	最低 2537
涨停	2635	跌停 2433
持仓	245890	仓差 3722
外盘	9299	内盘 6741

图 3-81

玉米1505（c1505）		
卖五	2493	221
卖四	2492	110
卖三	2491	183
卖二	2490	269
卖一	**2489**	**43**
买一	**2488**	**73**
买二	2487	115
买三	2486	134
买四	2485	8
买五	2484	2
最新	2489	结算 2488
涨跌	8	昨结 2481
幅度	0.32%	开盘 2481
总手	4580	最高 2492
现手	2	最低 2480
涨停	2580	跌停 2382
持仓	90856	仓差 -962
外盘	2538	内盘 2042

图 3-83

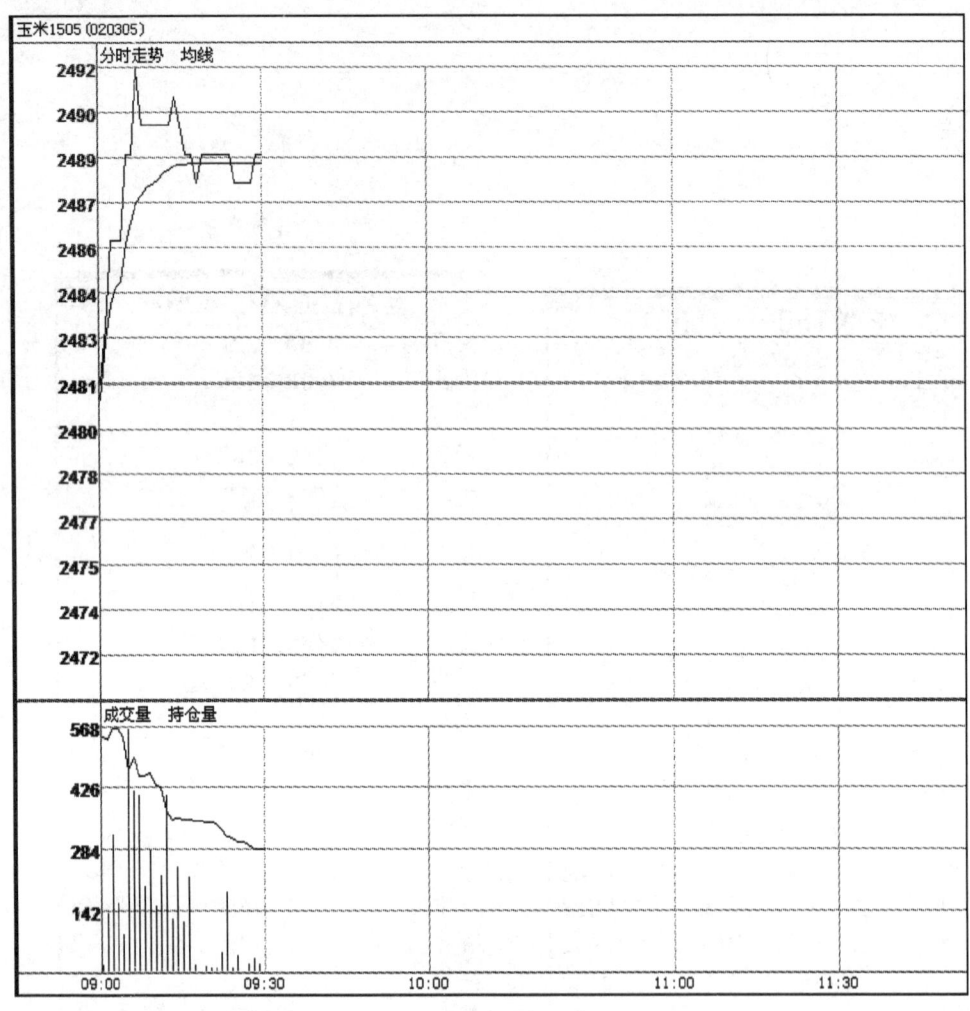

图 3－82

蛙爷（9：30：28）：见图 3－84。

图 3－84

蛙爷（9：31：17）：两个树梢跳成功。

蛙爷（9：33：49）：盘口势均力敌，无墙，故速战速决。

蛙爷（9：34：36）：如有墙下压，可低一两个点再平仓。

蛙爷（9:41:23）：见图3-85。

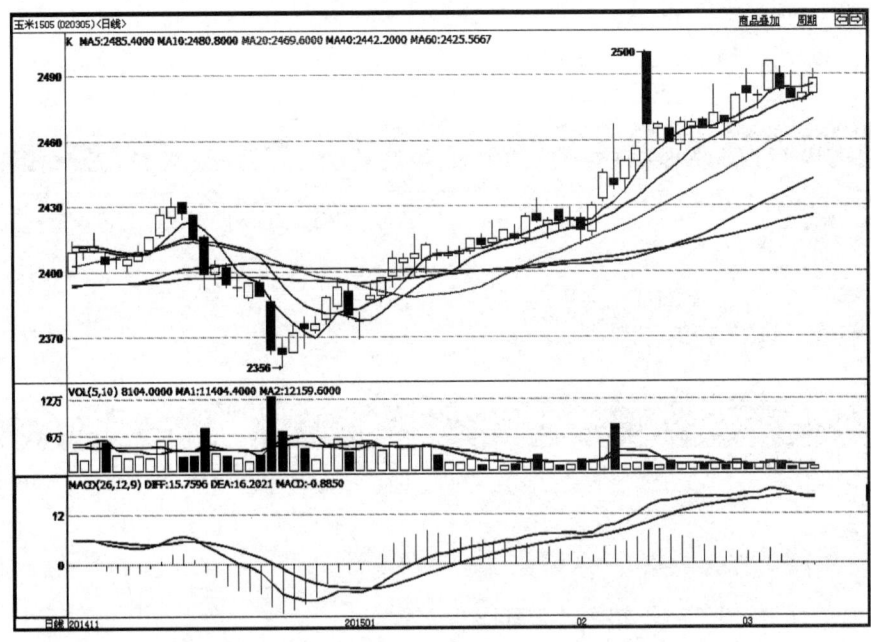

图3-85

蛙爷（9:42:15）：见图3-86。

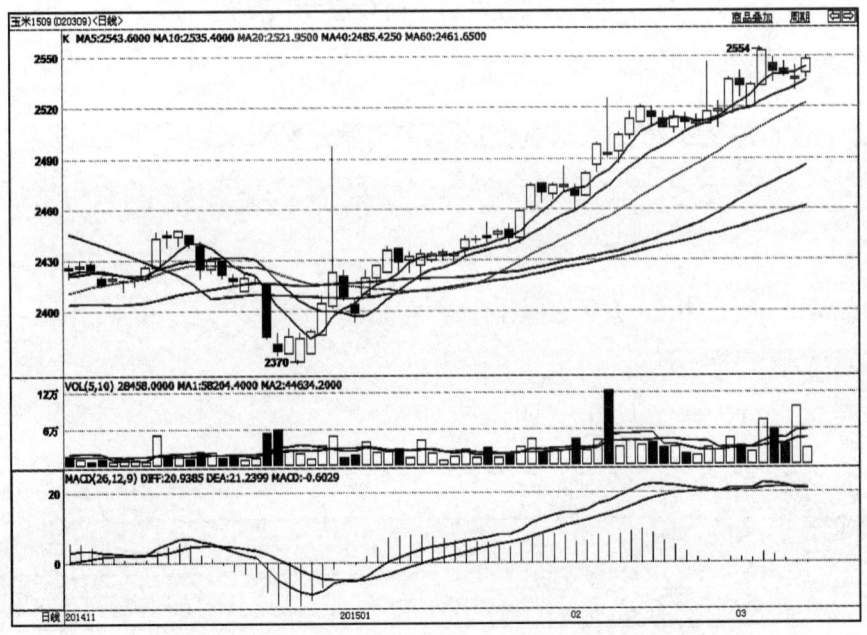

图3-86

蛙爷（9:42:42）：5月9月的日K线图。

2015年3月11日

蛙爷（11:12:39）：见图3-87。

合约	买卖	总买持	总卖持	今买持	今卖持	浮动盈亏	盯市盈亏	开仓均价	持仓均价	最新价	点数	交易编号	投保
c1505	卖出		40		40	-800.00	-800.00	2493.00	2493.00	2495	-2	02238837	投机
c1509	买入	40		40		800.00	800.00	2567.00	2567.00	2569	2	02238837	投机
cs1505	买入	40		40		600.00	600.00	2966.50	2966.50	2968	2	02238837	投机
cs1509	卖出		40		40	-1200.00	-1200.00	3085.00	3085.00	3088	-3	02238837	投机

图3-87

蛙爷（11:17:50）：见图3-88。

合约	买卖	总买持	总卖持	今买持	今卖持	浮动盈亏	盯市盈亏	开仓均价	持仓均价	最新价	点数	交易编号
c1505	卖出		40		40	-800.00	-800.00	2493.00	2493.00	2495	-2	02238837
c1509	买入	40		40		1200.00	1200.00	2567.00	2567.00	2570	3	02238837
cs1505	买入	40		40		1600.00	1600.00	2966.50	2966.50	2971	5	02238837
cs1509	卖出		40		40	-1600.00	-1600.00	3085.00	3085.00	3089	-4	02238837

图3-88

蛙爷（11:18:31）：超级大连环跳。

蛙爷（11:34:28）：就相当于四只青蛙围攻一只大虫！

蛙爷（11:35:19）：世界上所有的事都需要创新。

蛙爷（11:38:22）：我都是买强沽弱，而且互为降落伞。

蛙爷（13:55:50）：见图3-89。

合约	买卖	总买持	总卖持	今买持	今卖持	浮动盈亏	盯市盈亏	开仓均价	持仓均价	最新价	点数	交易编号	投保	
c1505	卖出		40		40	-1200.00	-1200.00	2493.00	2493.00	2496	-3	02238837	投机	dce
c1509	买入	40		40		400.00	400.00	2567.00	2567.00	2568	1	02238837	投机	dce
cs1505	买入	40		40		-200.00	-200.00	2966.50	2966.50	2966	-1	02238837	投机	dce
cs1509	卖出		40		40	3200.00	3200.00	3085.00	3085.00	3077	8	02238837	投机	dce

图3-89

蛙爷（14:09:48）：我把它叫作四蛙戏大虫。

2015年3月13日

蛙爷（9:12:09）：见图3-90。

普通品种浮动(盯市)盈亏	3600.00	货币换出
普通品种平仓盈亏	0.00	当日出入金
普通品种买冻结	0.00	信用金额

图3-90

蛙爷（9:13:01）：再度挺进3600！

蛙爷（9:13:31）：见图3-91。

品种	买卖	总买持	总卖持	今买持	今卖持	浮动盈亏	盯市盈亏	持仓均价	平仓均价	新价	合约	交易编码	投保	会员
c1505	卖出		40		0	2800.00	-400.00	2493.00	2485.00	2486	-1	02238837	投机	dc
c1509	买入	40		0		-3200.00	400.00	2567.00	2558.00	2559	1	02238837	投机	dc
cs1505	买入	40		0		4200.00	12400.00	2966.50	2946.00	2977	31	02238837	投机	dc
cs1509	卖出		40		0	10400.00	-7600.00	3085.00	3040.00	3059	-19	02238837	投机	dc

图3-91

蛙爷（9:14:15）：总盈利逼近2万。

蛙爷（9:15:44）：开盘赢13000。

蛙爷（9:17:50）：见图3-92。

普通品种浮动（盯市）盈亏	6400.00	货币换出
普通品种平仓盈亏	0.00	当日出入
普通品种买冻结	0.00	信用金额

图3-92

蛙爷（9:18:08）：再度挺进6400！

蛙爷（9:19:02）：见图3-93。

品种	买卖	总买持	总卖持	今买持	今卖持	浮动盈亏	盯市盈亏	平仓均价	持仓均价	新价	合约	交易编码
c1505	卖出		40		0	2000.00	-1200.00	2493.00	2485.00	2488	-3	02238837
c1509	买入	40		0		-2400.00	1200.00	2567.00	2558.00	2561	3	02238837
cs1505	买入	40		0		7800.00	16000.00	2966.50	2946.00	2986	40	02238837
cs1509	卖出		40		0	9200.00	-8800.00	3085.00	3040.00	3062	-22	02238837

图3-93

蛙爷（9:19:57）：总总盈利两天突破2万。

蛙爷（9:22:57）：只花了20万元而已。

股彩神助推器（9:24:00）：10%盈利。

蛙爷（9:25:48）：见图3-94。

普通品种浮动（盯市）盈亏	7600.00	货
普通品种平仓盈亏	0.00	当
普通品种买冻结	0.00	信

图3-94

蛙爷（9:26:07）：继续7600！

蛙爷（9:27:23）：盈利向三万大关进发！

中原（9:27:25）：当当的《蛙式交易天天赚》到了！

蛙爷（9:28:40）：蛙式交易具有超强的稳定性！

蛙爷（9:29:49）：这两天表演的是四蛙戏大虫！全程透明公开！

蛙爷（9:38:52）：大家只要好好看，一定学得会！很简单的。

蛙爷（9:44:12）：见图3-95。

普通品种浮动（盯市）盈亏	8000.00	货币
普通品种平仓盈亏	0.00	当日出
普通品种买冻结	0.00	信用

图3-95

蛙爷（9:45:50）：见图3-96。

普通品种浮动（盯市）盈亏	8800.00	货币换出
普通品种平仓盈亏	0.00	当日出入
普通品种买冻结	0.00	信用金额

图3-96

蛙爷（9:46:09）：继续挺进！

股彩神助推器（9:46:45）：肖老师像刘邓大军那样挺进大别山？

蛙爷（9:47:39）：向10万大山挺进！

蛙爷（9:48:36）：争取十天盈利50%！

蛙爷（10:17:36）：见图3-97。

普通品种浮动（盯市）盈亏	9600.00	货币换出
普通品种平仓盈亏	0.00	当日出入
普通品种买冻结	0.00	信用金额

图3-97

蛙爷（10:17:59）：继续挺进，保证金只用20万。

钢铁战士（464551845）10:19:55）：我做股票的，期货还有点遥远。

钢铁战士（464551845）10:23:44）：期货的门槛高，玩不了。

蛙爷（10:24:21）：期货门槛比股票低。

蛙爷（10:24:44）：几千元就可以玩。

蛙爷（10:26:36）：我就专门开了一个小资金户，教大家蛙式交易兼容版。

钢铁战士（464551845）10:27:10）：不是起步要50万元才能开吗？

蛙爷（10:27:20）：就是想告诉大家，蛙式交易谁都可以做，并不一定需要大资金！！！

蛙爷（10:27:36）：50万元，那是股指期货。

月亮河（10:28:34）：@蛙爷我在炒股票，现在学习《蛙式交易天天赚》，还需要学习第一版《蛙式交易——两年七倍的超级密码/肖兆权著》这本书吗？谢谢！

股彩神助推器（10:30:35）：@月亮河，两本书都买的话，肖老师的心路历程你就了解了。

股彩神助推器（10:36:03）：你要想看实战案例，就要看第三本了。

股彩神助推器（10:36:19）：《蛙式交易实战》

月亮河（10:37:30）：《蛙式交易实战》出版了吗？

股彩神助推器（10:37:36）：还是先看《蛙式交易天天赚》吧，先让自己认同肖老师的理念。

月亮河（10:37:52）：谢谢！

蛙爷（10:42:53）：蛙式交易一学就会，不像波浪理论，老是学不会。

2015年3月16日

蛙爷（9:12:48）：见图3-98。

普通品种浮动(盯市)盈亏	4800.00
普通品种平仓盈亏	0.00
普通品种买冻结	0.00

图3-98

蛙爷（9:13:13）：再度挺进！

中原（9:13:15）：一大早就赚4800了。

蛙爷（9:13:23）：势如破竹！

蛙爷（10:24:03）：9月玉米上升通道，跳水有大墙支撑，这是典型的塘底跳。

蛙爷（10:24:23）：见图3-99。

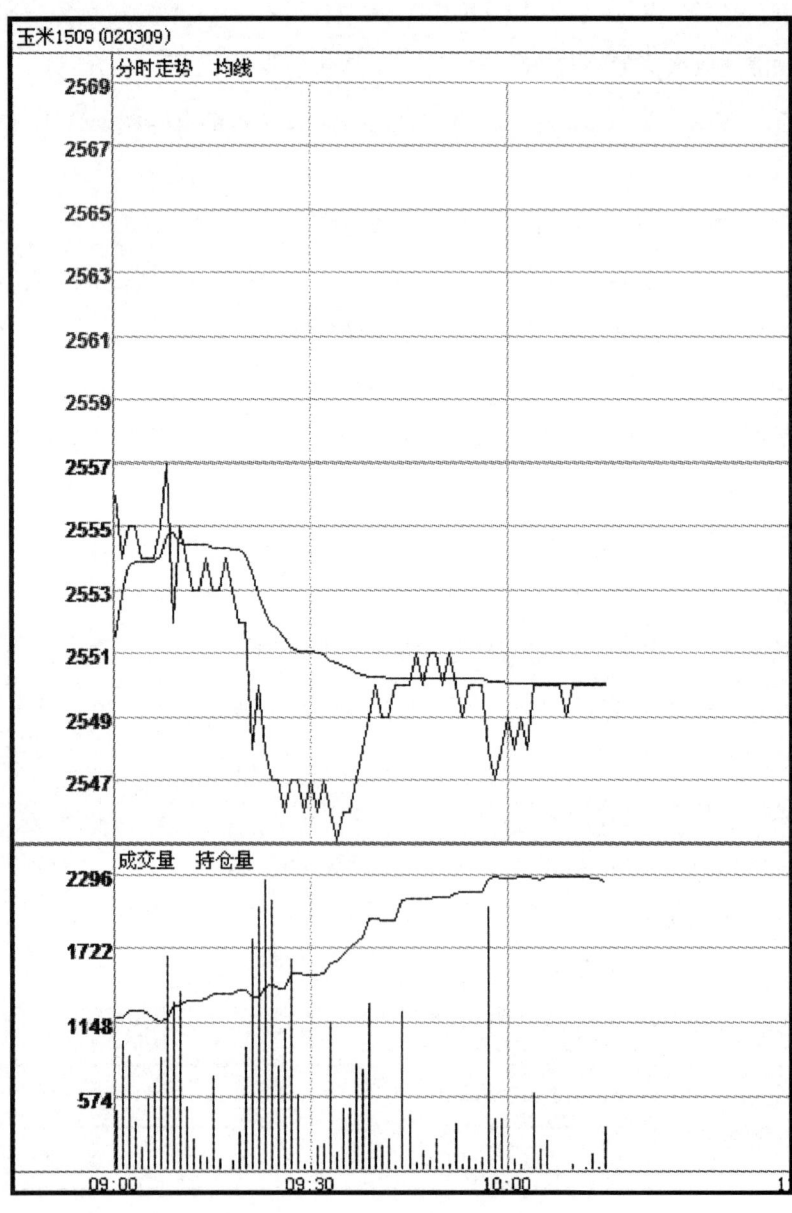

图3-99

蛙爷（10:24:35）：见图3-100。

```
玉米1509(c1509)
卖五    2555   49
卖四    2554   195
卖三    2553   164
卖二    2552   265
卖一    2551   155
买一    2550   129
买二    2549   59
买三    2548   284
买四    2547   1101
买五    2546   1015
最新    2550   结算   2550
涨跌    -7     昨结   2557
幅度    -0.27% 开盘   2550
总手    39922  最高   2559
现手    2      最低   2545
涨停    2659   跌停   2455
持仓    268590 仓差   7620
外盘    17596  内盘   22326
```

图3-100

蛙爷（10:34:06）：塘底应该以买入为主。

蛙爷（10:39:58）：短线服从盘口。

蛙爷（10:55:24）：见图3-101。

普通品种浮动(盯市)盈亏	7200.00	货币换出
普通品种平仓盈亏	0.00	当日出入金
普通品种买冻结	0.00	信用金额

图3-101

蛙爷（11:00:11）：见图3-102。

普通品种浮动(盯市)盈亏	8400.00	货币换出
普通品种平仓盈亏	0.00	当日出入金
普通品种买冻结	0.00	信用金额

图3-102

蛙爷（11:00:24）：继续挺进！

2015年3月18日

禅非禅（21:36:32）：有做黄金、白银的吗？

禅非禅（21:37:50）：做交易有没有特简单的盈利方法？

股彩神助推器（22:06:28）：蛙式交易就是特简单的盈利方法。

2015年3月19日

蛙爷（15:18:45）：淀粉看来是个好东西，味道不错。

水云深（15:20:51）：昨晚开头闷，做豆，不过瘾。

蛙爷（15:23:57）：那个东西少做！！！这个道理就相当于说，草丛里有条虫，但旁边盘了一条蛇，这虫吃还是不吃呢？

蛙爷（15:24:29）：答案是显而易见的。

钢铁战士（464551845）16:48:31）：蛙爷还是有见识。

禅非禅（21:48:41）：期货白银很难做，玉米、豆类相对好做些。

2015年3月20日

蛙爷（10:39:34）：见图3-103。

普通品种浮动(盯市)盈亏	1660.00	货币换出
普通品种平仓盈亏	0.00	当日出入
普通品种买冻结	0.00	信用金额

图3-103

蛙爷（10:48:24）：见图3-104。

普通品种浮动(盯市)盈亏	2460.00	货币换出
普通品种平仓盈亏	0.00	当日出入金
普通品种买冻结	0.00	信用金额

图3-104

2015 年 3 月 24 日

蛙爷（9:33:15）：见图 3-105。

普通品种浮动(盯市)盈亏	1300.00	货币换出
普通品种平仓盈亏	18560.00	当日出入金
普通品种买冻结	0.00	信用金额

图 3-105

蛙爷（9:51:22）：见图 3-106。

普通品种浮动(盯市)盈亏	15300.00	货币换出
普通品种平仓盈亏	18560.00	当日出入金
普通品种买冻结	0.00	信用金额

图 3-106

蛙爷（9:52:27）：一天 30%。

2015 年 3 月 26 日

金鑫来（15:09:35）：见图 3-107。

合约	方向	属性	持仓	可用	开仓均价	浮动盈亏	止损/数量	止盈/数量	投保
c1505	卖	-	1	1	2459	-30			投机
c1509	买	-	1	1	2530	50			投机
cs1505	买	-	1	1	3038	10			投机
cs1509	卖	-	1	1	3082	20			投机

图 3-107

金鑫来（15:10:12）：按照肖老师的四只青蛙戏大虫操作的。

蛙爷（15:11:28）：好好的拿住，后面有大戏。

蛙爷（15:14:54）：刚才在浮亏的时候就可加一手。

金鑫来（15:15:25）：没敢再加。

蛙爷（15:15:50）：慢慢来，别着急。

蛙爷（15：16：18）：关键，做期货上来就要走正道，否则很容易出问题。

金鑫来（15：18：24）：对！关键要有良好的操作习惯。

金鑫来（15：19：17）：扎实的基本功。

金鑫来（15：21：36）：同学们，有这么好的肖老师，一定要好好学《蛙式交易》。

蛙爷（15：38：02）：见图3-108。

蛙爷（15：39：43）：这是5月的盘口，多头凶相毕露，我估计给空头的时间不多了，这个组合很快要爆发。

蛙爷（15：45：25）：见图3-109。

图3-108

图3-109

蛙爷（15:49:48）：四蛙战大虫，乃独门暗器。

蛙爷（15:56:55）：我强烈建议你明天四蛙战法，我估计明天是给战法的最后时间，下周不会再有机会了。

蛙爷（15:57:52）：因为5月淀粉已箭在弦上！

水云深（15:58:20）：多5月空9月？

蛙爷（15:59:13）：是，玉米是空5多9，淀粉多5空9。

水云深（15:59:52）：玉米是反套，淀粉是正套。

蛙爷（16:02:36）：一定四蛙，实在不行，就买5沽9淀粉。

水云深（16:03:00）：就做淀粉。

蛙爷（16:04:13）：4蛙式最高境界，二龙戏珠有一定风险。

蛙爷（16:06:19）：但风险肯定比单边小很多。

2015年3月27日

蛙爷（9:18:08）：见图3-110。

普通品种浮动(盯市)盈亏	0.00	货币换出
普通品种平仓盈亏	11860.00	当日出入金
普通品种买冻结	0.00	信用金额

图3-110

中原（9:19:29）：肖老师，早盘才19分钟，就挣一万多啦。

蛙爷（9:20:05）：我说了，淀粉5月会爆发。

蛙爷（9:22:37）：见图3-111。

蛙爷（10:35:30）：我今天赚一万多，我知道，如果做得好可以赚2万，但那不是蛙式交易。

蛙爷（10:36:04）：记住：钱多的是，不着急，慢慢来。

蛙爷（10:36:32）：蛙式交易天天赚嘛。

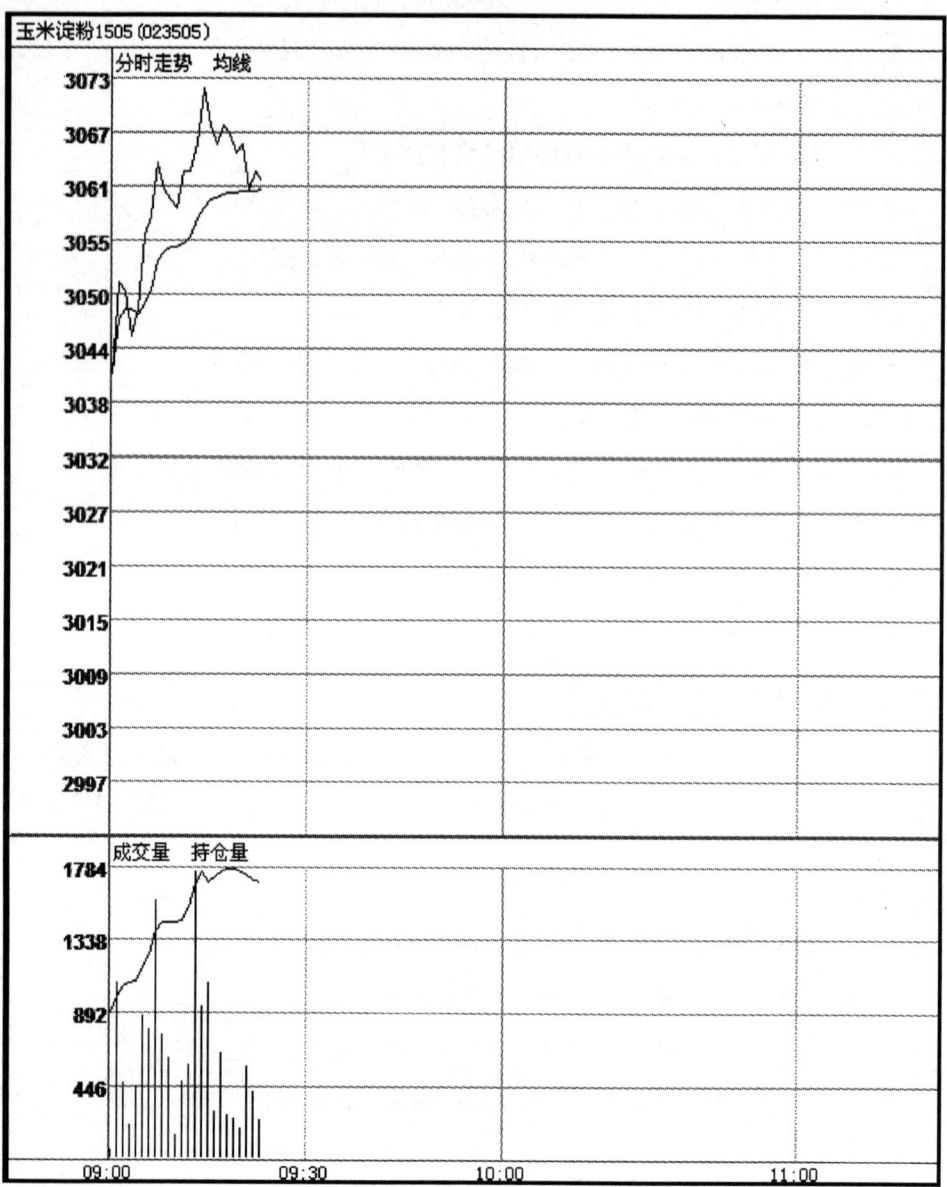

图 3-111

蛙爷（13:49:56）：见图3-112。

普通品种浮动(盯市)盈亏	800.00	货币换出
普通品种平仓盈亏	11860.00	当日出入金
普通品种买冻结	0.00	信用金额

图3-112

蛙爷（14:02:20）：见图3-113。

普通品种平仓盈亏	14750.00	当日出入金
普通品种买冻结	0.00	信用金额
普通品种卖冻结	0.00	风险级别

图3-113

蛙爷（14:03:20）：扬长而去了。

蛙爷（14:04:07）：蛙式交易就是短平快。

蛙爷（14:18:05）：今天任务完成了，一般我不会连续下单，一般不超过三次。

2015年3月30日

蛙爷（10:29:48）：那位同学挣钱了？

金鑫来（10:52:28）：见图3-114。

合约	方向	属性	持仓	可用	开仓均价	浮动盈亏	止损/数量	止盈/数量	投保
c1505	卖	-	3	3	2463.333	-20			投机
c1509	买	-	3	3	2534.333	-130			投机
cs1505	买	-	3	3	3064.667	10			投机
cs1509	卖	-	3	3	3084.667	500			投机

图3-114

金鑫来（10:52:43）：持仓没动。

蛙爷（10:54:32）：拿住！

金鑫来（10:54:44）：嗯！

金鑫来（10:58:37）：都挣钱了！

金鑫来（10:58:53）：两个方向！

蛙爷（10:59:44）：蛙式交易终于有几个好学生了，后继有人。

第三节 蛙式交易兼容版操盘日记

一、玉米

玉米1409，K线图，见图3-115。

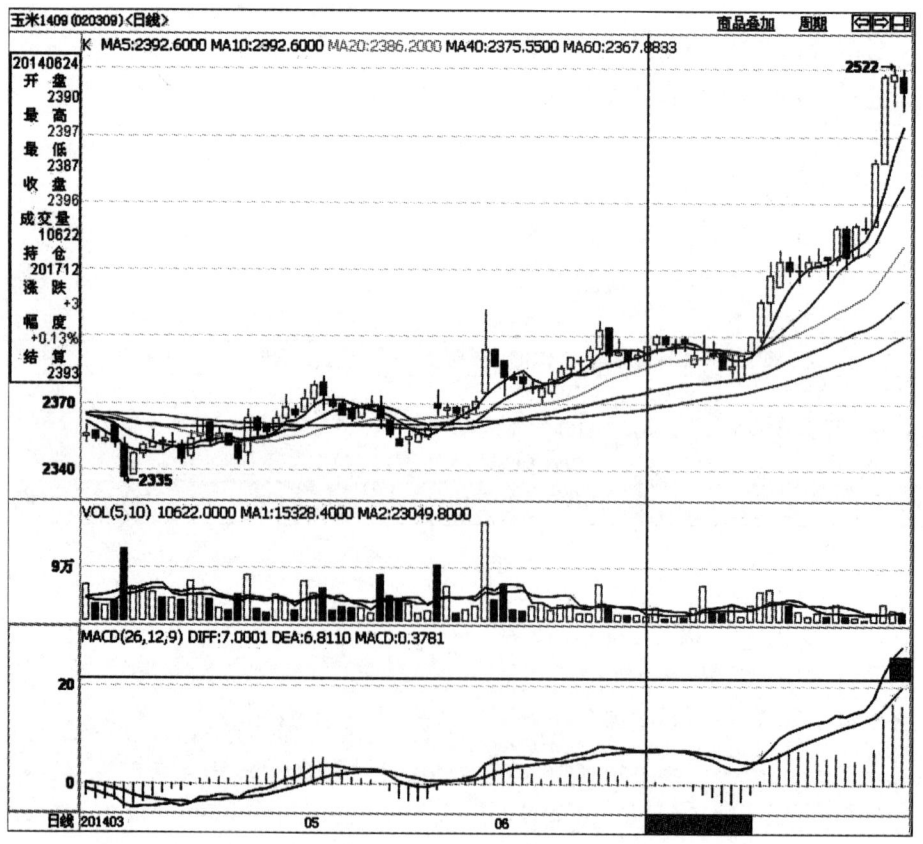

图3-115

2014年6月24日,玉米1409,见图3-116。

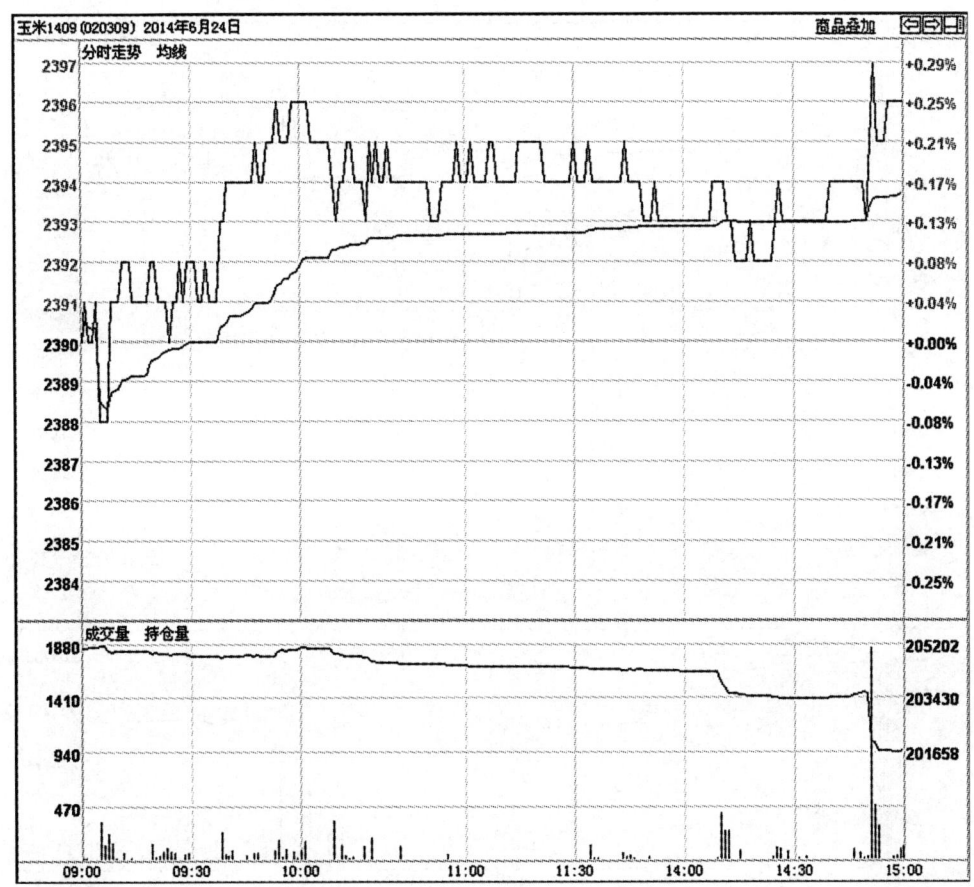

图3-116

在五档行情上以盘口大单为依托(最好是以千手为单位的大单),在2395到2397之间高抛低吸,把蹲的任务交给市场,直接二跳三落地,既避免风险,又提高成交速度,做到更短更平更快,而且即使错了,止损点位容易控制,直接返身在大单撞斩。

2014年6月25日，玉米1409，见图3-117。

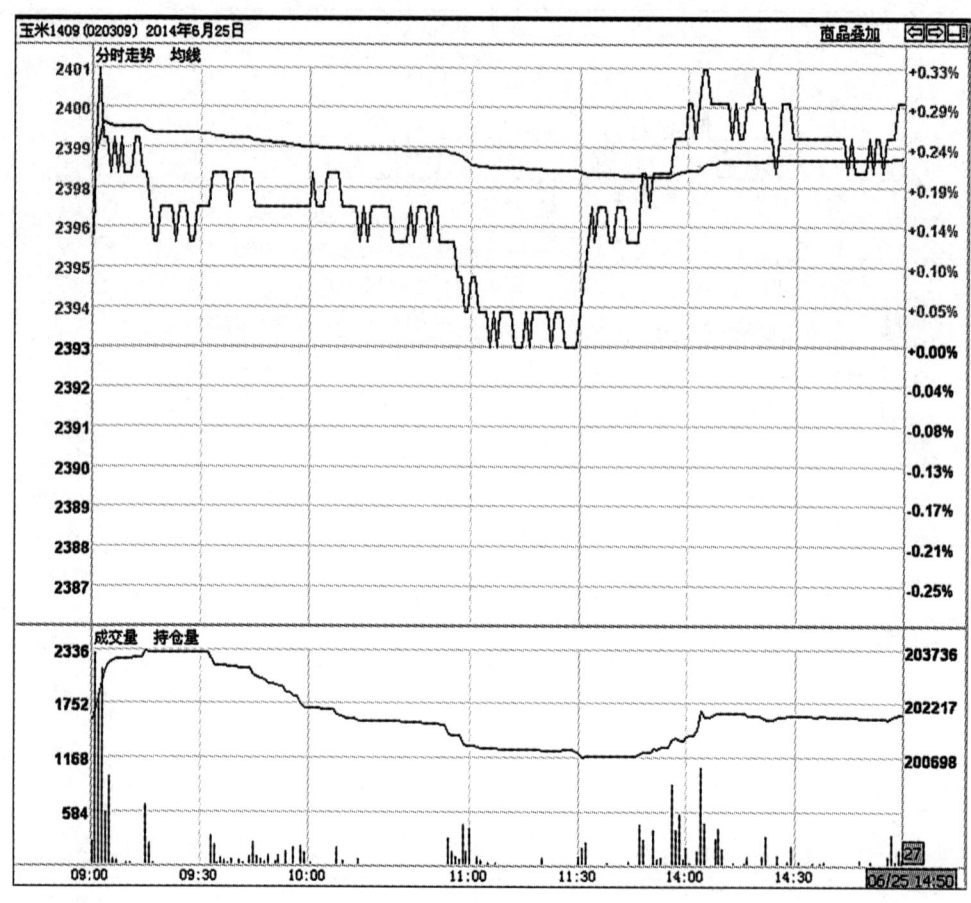

图3-117

在2401有千手以上大单，于是在2400卖出20手，后在2399及2398分别平仓。在大单下移至2400时，在2399沽出10手，后在2397平仓。

2014年7月3日,玉米1409,见图3-118。

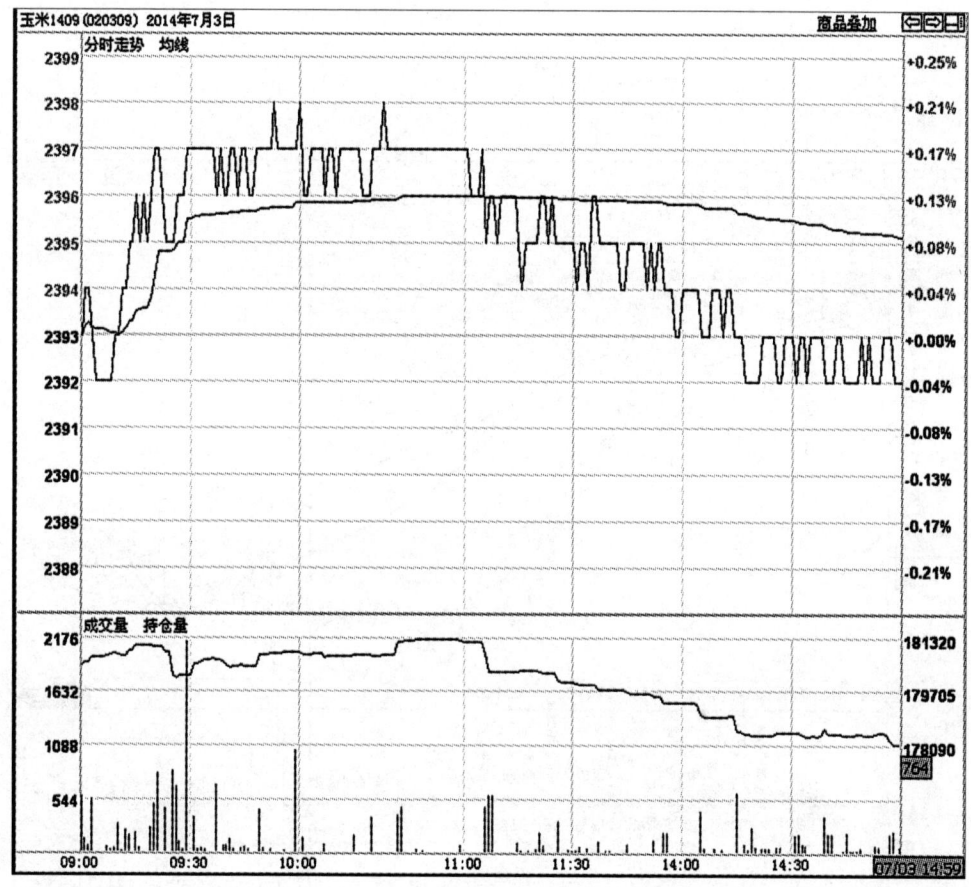

图3-118

在五档行情上以盘口大单为依托(最好是以千手为单位的大单),在2395到2397之间高抛低吸.

二、纤维板

纤维板 1409，K 线图，见图 3-119。

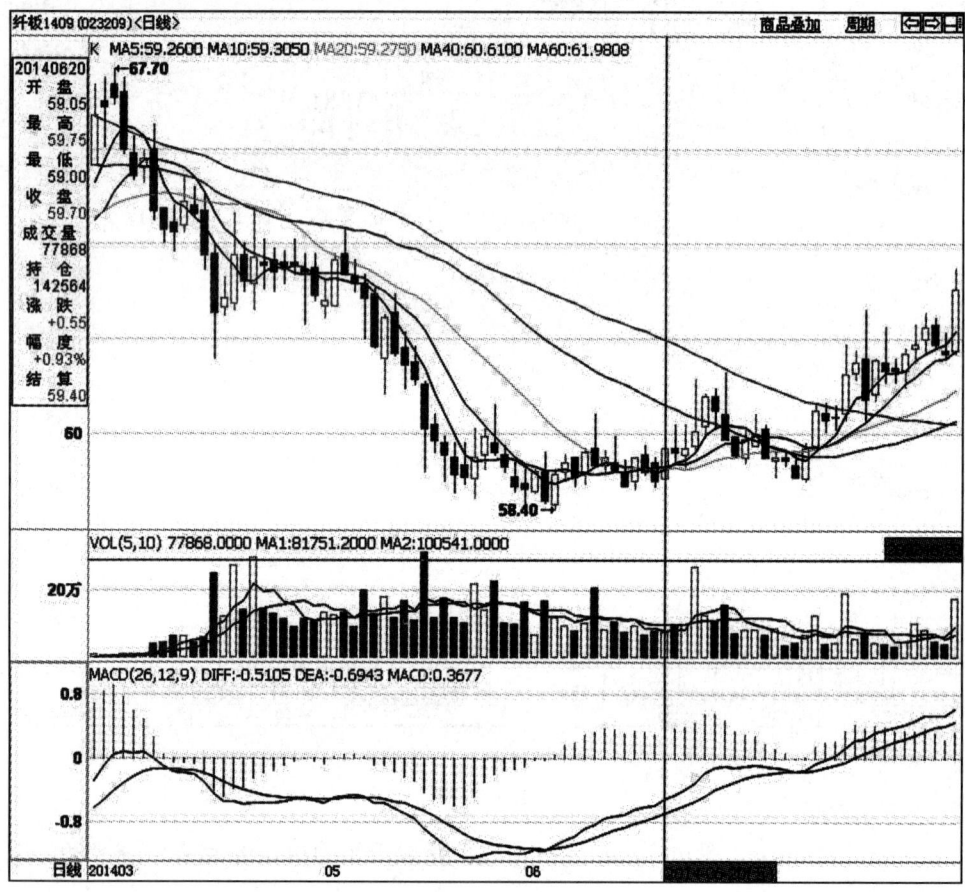

图 3-119

2014年6月20日,纤维板1409,见图3-120。

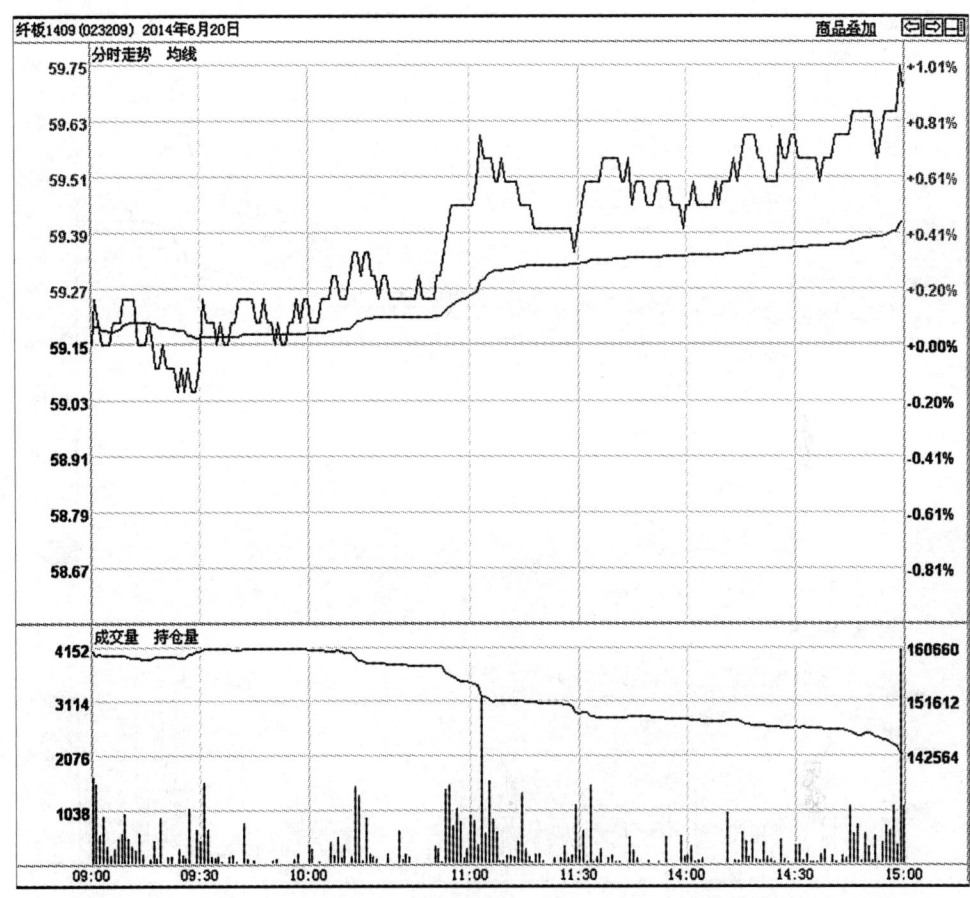

图 3-120

在五档行情上盘口在59.30有一千手以上的空单,因此在59.25抢跳40手,后在59.20、59.15、59.10迅速落地平仓。花费的资金才10多万。要点是在发现千手的时候第一时间抢跳,一旦成交,立刻平仓。

2014年6月24日,纤维板1409,见图3-121。

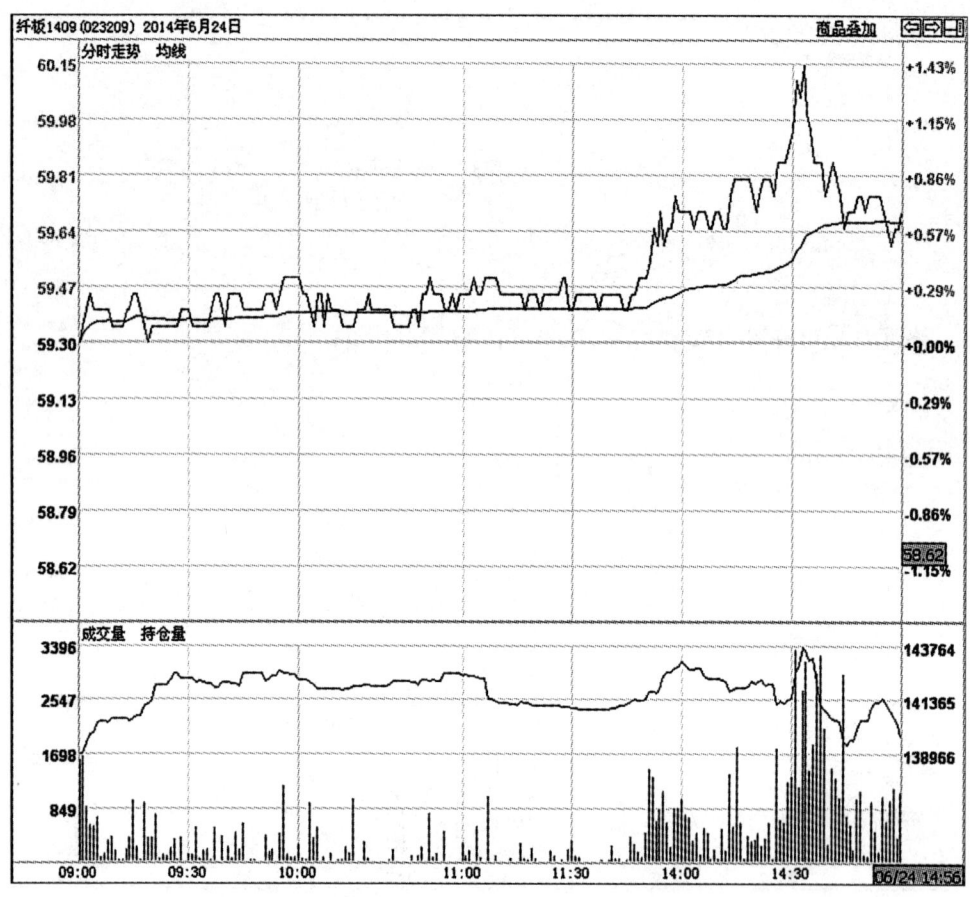

图 3-121

在五档行情上以盘口大单为依托,在59.35到59.45之间高抛低吸。

2014年6月25日，纤维板1409，见图3-122。

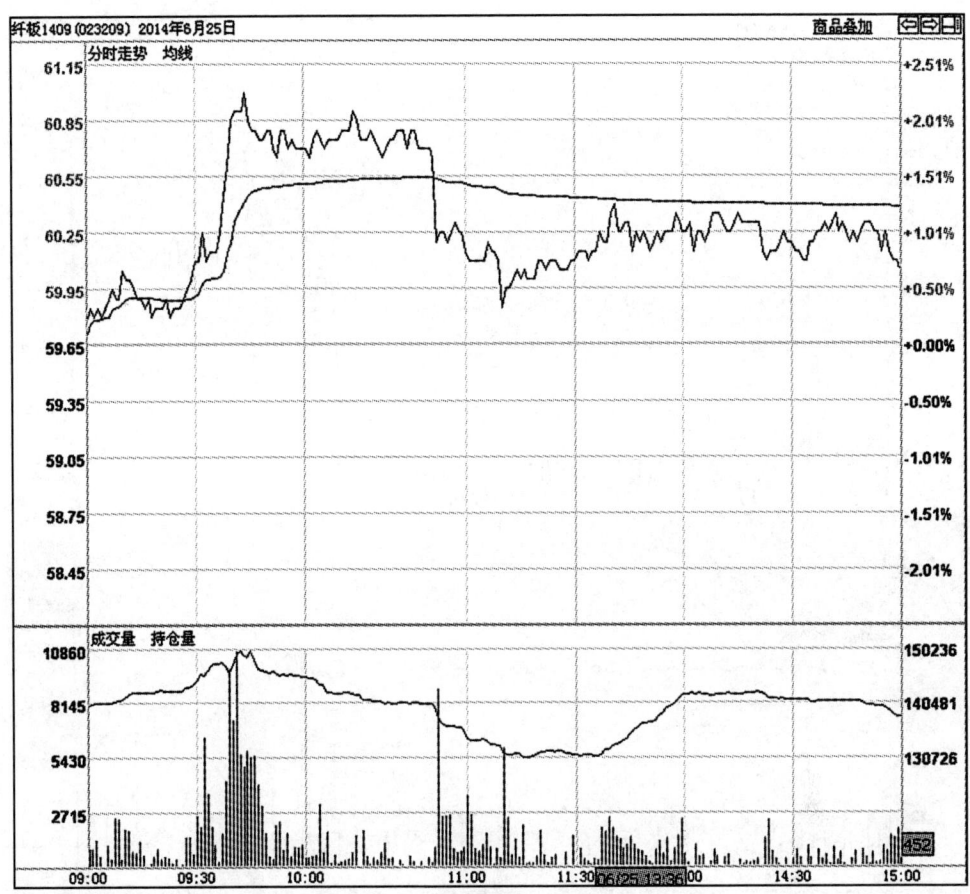

图3-122

在五档行情上盘口在60.30有一千手以上的空单，因此在60.25抢跳10手，后在60.20迅速落地平仓。后在59.90沽出30手，在59.85全部平仓。

2014年6月26日，纤维板1409，见图3-123。

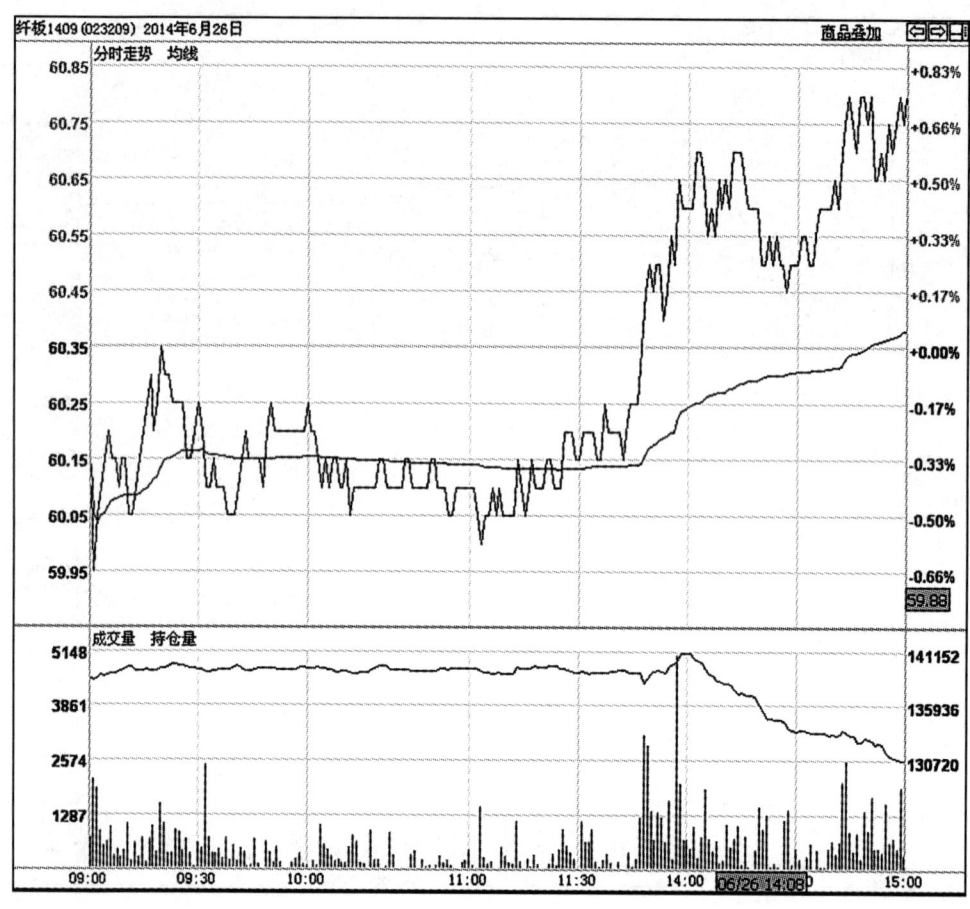

图3-123

在五档行情上盘口在60.85有一千手以上的空单，因此在60.80抢跳10手，后在60.75平仓。大单下移后，又分别在60.75、60.70、60.65、60.60沽出10手，并依次在60.70、60.65、60.60、60.55买入平仓。

2014年6月27日，纤维板1409，见图3-124。

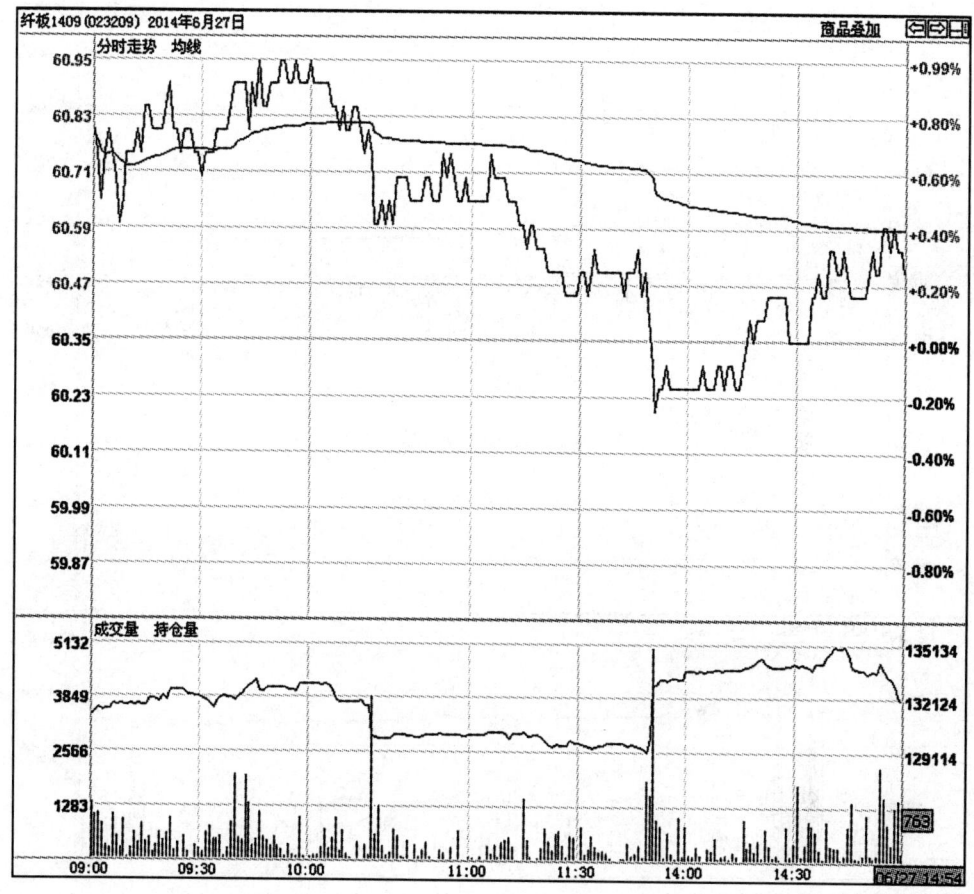

图3-124

在五档行情上盘口在60.95有一千手以上的空单，因此在60.90抢跳40手，后在60.85平仓。大单下移后，又分别在60.85到60.35区间卖出开仓，并依次在60.80到60.40之间买入平仓。

2014年6月30日,纤维板1409,见图3-125。

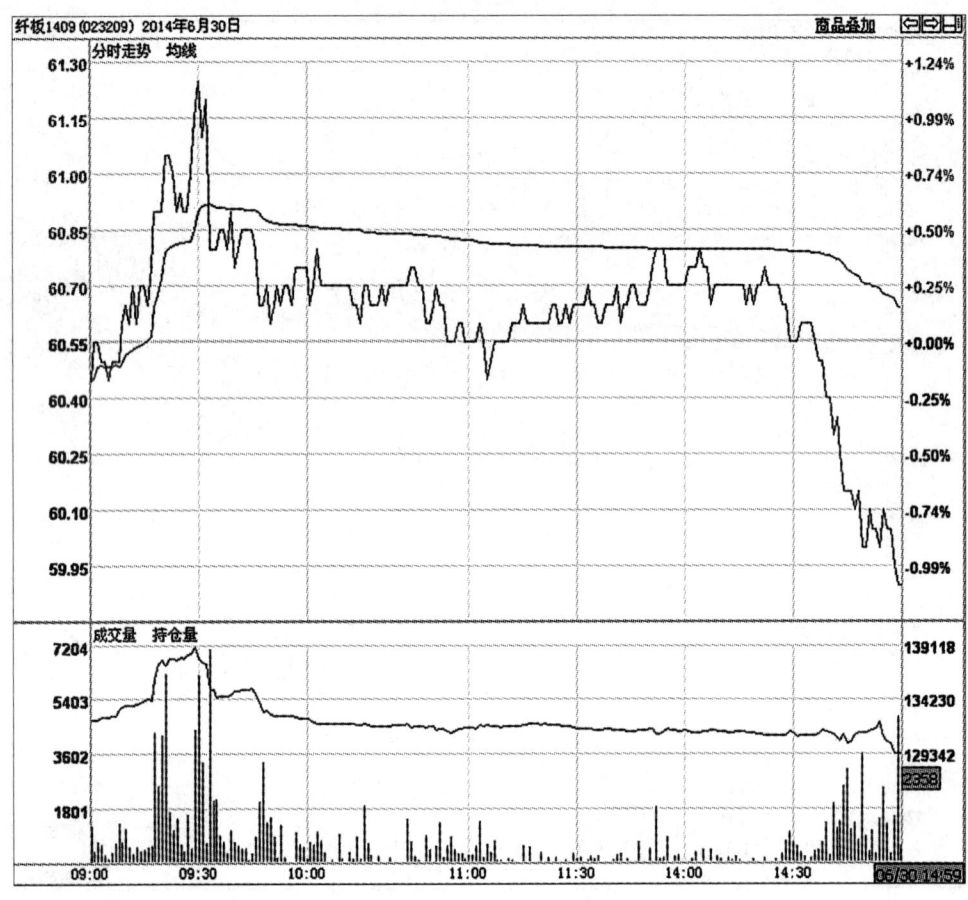

图3-125

在五档行情上盘口61.05有千手以上空单,因此在61.00抛出10手,后在60.95平仓。大单下移后,在60.90卖出30手,后在60.85平仓;随后又在60.55和60.45分别卖出10手,并在60.50和60.40分别平仓。

2014年7月3日,纤维板1409,见图3-126。

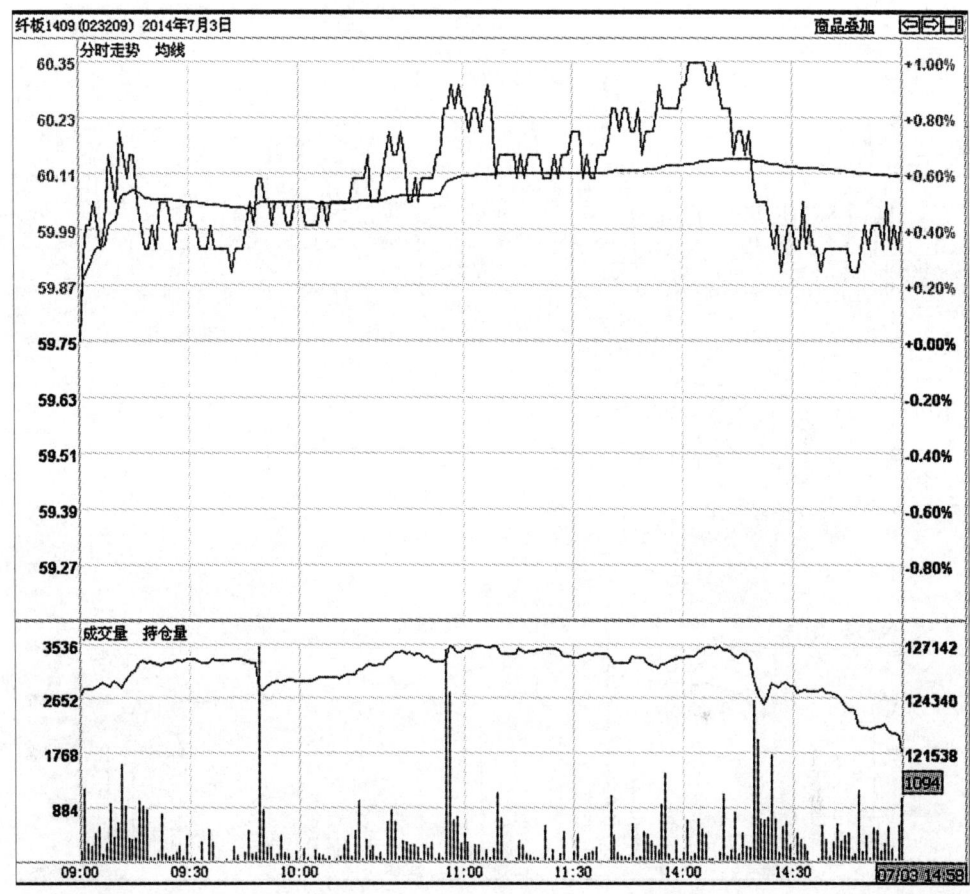

图3-126

由于五档行情上在60.05有较大的空单,因此在60.00卖出,59.95和59.90买入平仓。

2014年7月8日,纤维板1409,见图3-127。

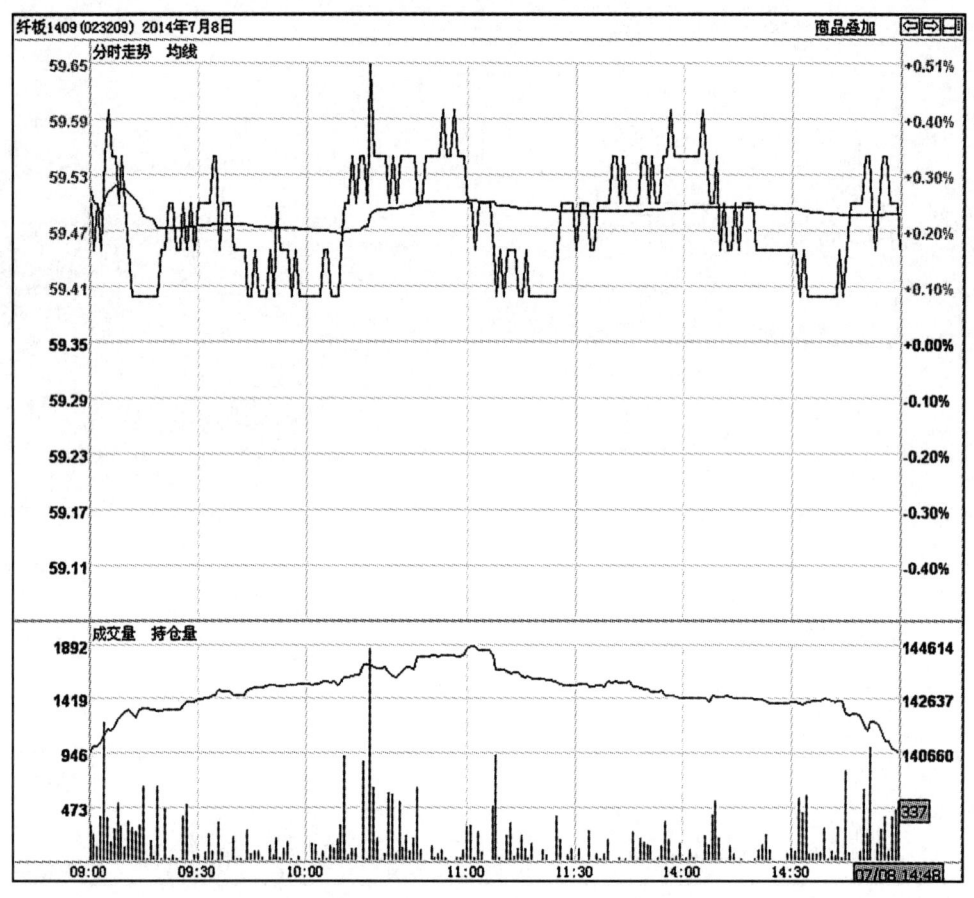

图3-127

K线向下,均线系统向下,盘口在59.65、59.70出现千手以上的大单,而且有三四组以上的空单同时出现,因此在59.60、59.55反复卖出,然后在59.50、59.45买入平仓,滚动操作

2014年7月9日,纤维板1409,见图3-128。

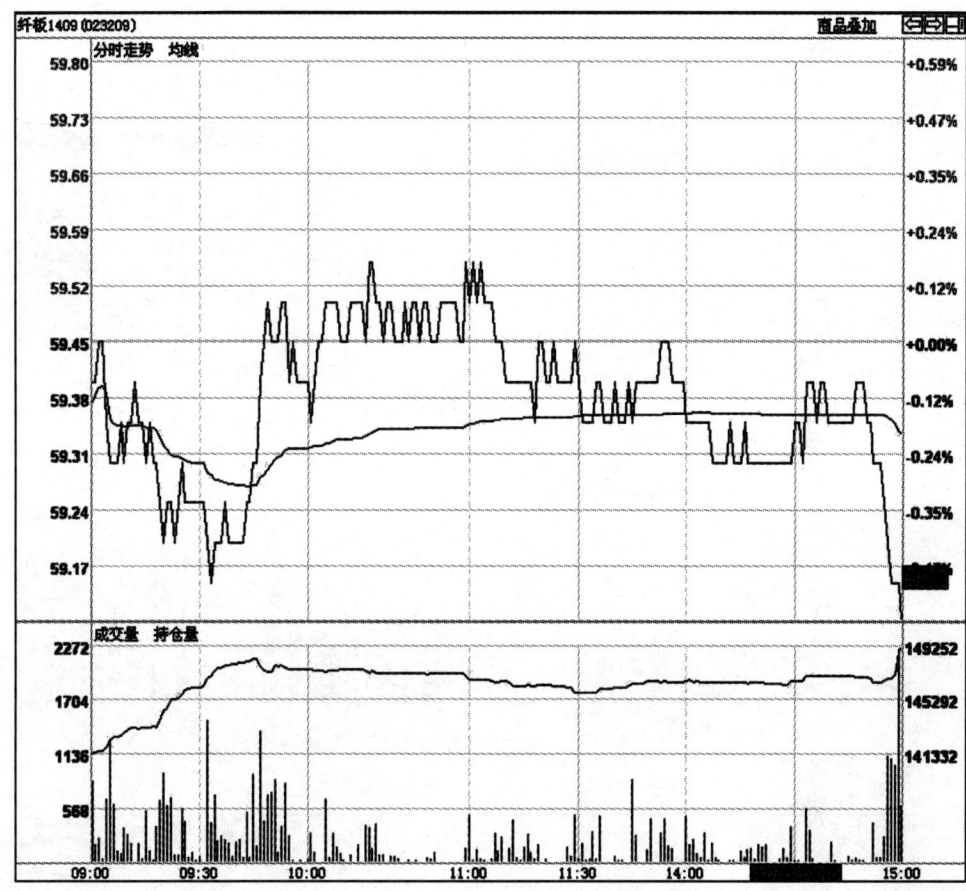

图3-128

K线向下,均线系统向下,在59.55到59.30之间逢高沽空,然后在59.50到59.15之间买入平仓,滚动操作

三、股票

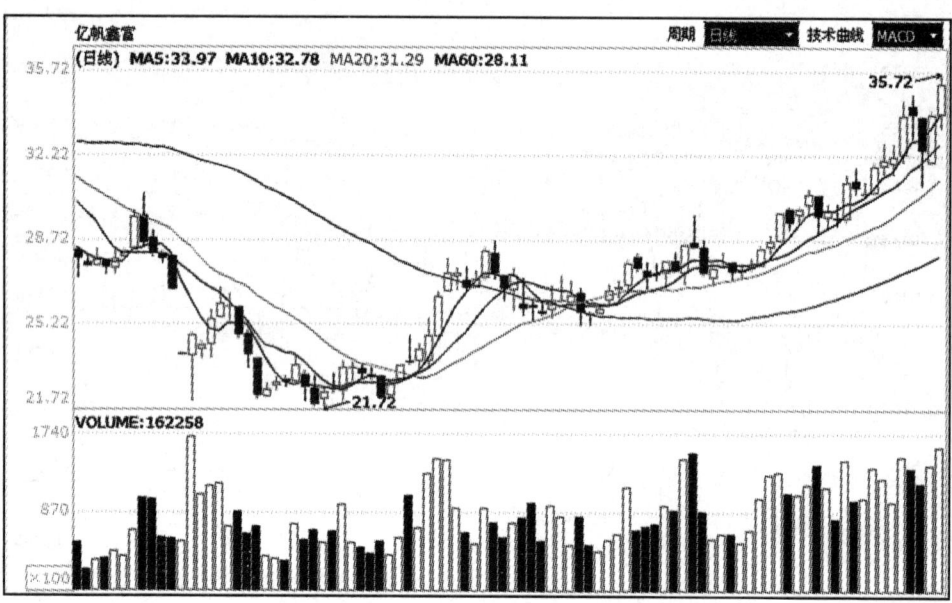

图 3 – 129

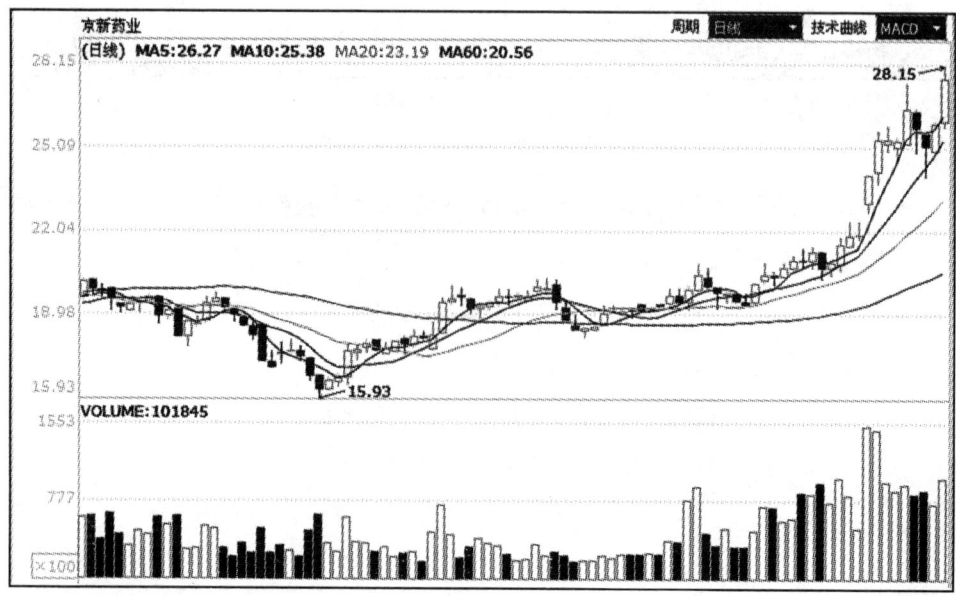

图 3 – 130

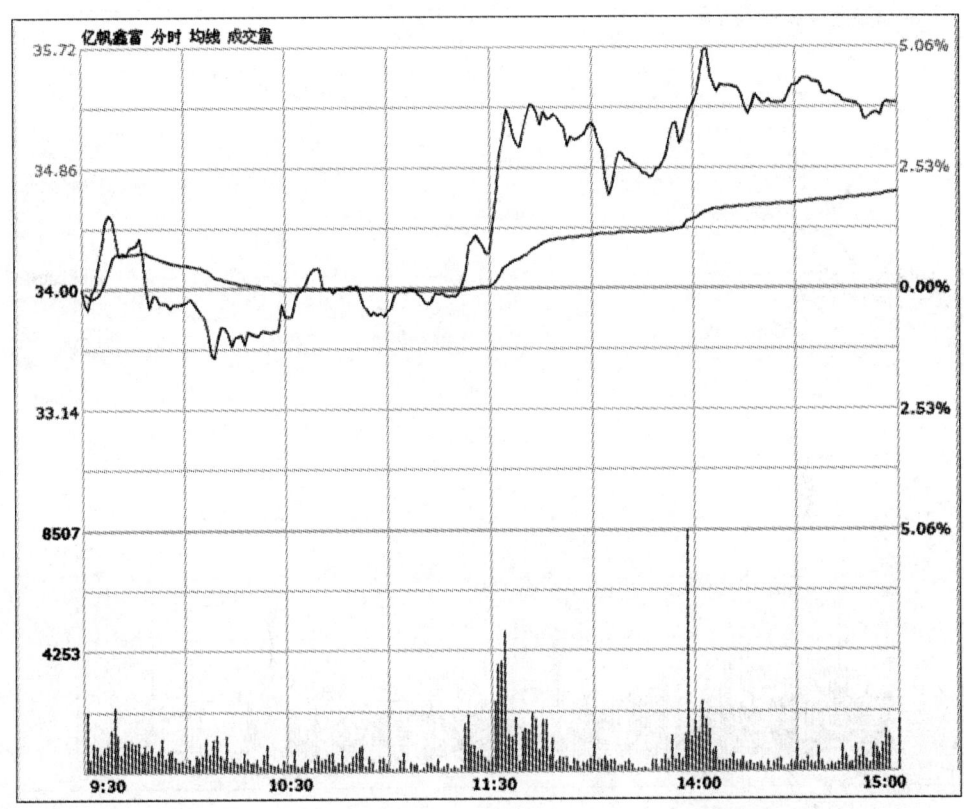

图 3-131

假设已有 1 万股亿帆鑫富的底仓。14:00 附近盘口有大单买入,在 35.3 附近买入 1 万股,价格涨至 35.6 时卖出 1 万股,完成落地。这种方法适合资金量较小的投资者,将蹲的任务交给市场,三步并作两步走。

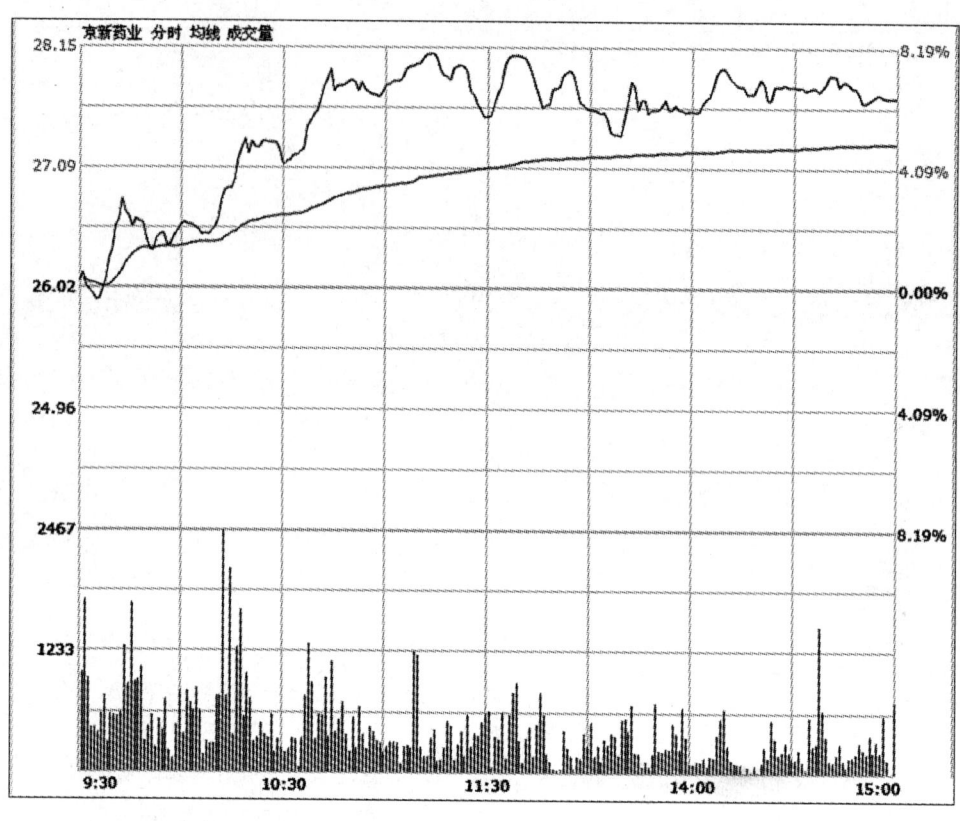

图 3-132

假设已有 1 万股京新药业的底仓。10∶15 附近，盘口出现大单买盘，在 26.5 元附近买入 1 万股，价格涨至 27 元时卖出 1 万股，完成平仓落地。